도널드 노먼,
인류를 위한 디자인

도널드 노먼,
인류를 위한 디자인

도널드 노먼, 인류를 위한 디자인

더 나은 세상을
만드는
디자인 전략

Design for
a Better
World

도널드 노먼 지음 | 김보미 옮김

유엑스리뷰

일러두기

- 책 제목, 잡지 제호 등은 《 》로, 책이나 잡지 안에 포함된 장이나 단일 기사의 경우는 〈 〉를 사용했다. 신문, 논문, 영화 등의 작품도 〈 〉를 사용했다.
- 국내에서 이름이 잘 알려진 인물이거나 번역서가 나온 경우는 원어를 병기하지 않았으며, 저자 및 책 제목 표기는 국내 출간작에 의거했다.
- 외국의 인명, 지명, 독음 등은 사전 및 외래어 표기법을 따르되 이에 해당하지 않는 경우는 언어 발음 그대로 따랐다.

과거와 현재
그리고 미래의 독자들에게

목차

1부
인위적 세계

우리는 만들어진
세상에서 살고 있다

사진 1.1 창밖으로 보이는 풍경도 디자인되었다. ⓒ 도널드 노먼

01.

정교하게 디자인된 세계

글을 쓰기 위해 앉아 있는 지금, 왼쪽 창밖을 내려다보면 남쪽으로 펼쳐진 풍경이 눈에 들어온다. 창밖의 수마일에 걸쳐 벌과 도마뱀, 벌새와 방울새, 까마귀, 붉은가슴매, 그리고 미처 이름을 댈 수도 없는 수많은 생물이 사는 숲과 초목이 내 시야를 채운다. 가끔 토끼도 보인다. 저 멀리 소형 보트들로 가득 찬 미션베이에는 파도가 출렁이고, 그 오른쪽으로는 대형 배들과 배들이 떠 있는 태평양을 볼 수 있으며, 맑은 날에는 코로나도 제도의 언덕과 여기서 가까운 멕시코의 산맥까지도 볼 수 있다. 나는 캘리포니아 샌디에이고의 가파른 언덕에 살고 있다.

우리가 보는 거의 모든 것은 인위적이다. 즉 디자인되었다는 말이다. 집은 사람이 디자인하고 만들었다. 언덕과 계곡을 신중하게 다듬어 마당을 조성했다. 일부분은 파내고 일부분은 흙으로 채워 평평하고 매끈하게 만들었다. 미션베이는 한때 축축한 습지대였다. 그 습지대를 개발한 결과 미국에서 가장 큰 인공 수생 공원이 탄생했다. 이런 종류의 프로젝트에서 흔히 볼 수 있듯이 생태학적인 문제보다 즐길거리가 우선된다.

식물과 동물들은 자연적이지만 사람이 인위적으로 관리하는 대상이다. 우리가 허락하지 않는 동물은 제거되거나 옮겨진다. 집과 도로 역시 분명히 디자인된 형태이다. 잔디부터 우뚝 솟은 야자수에 더해 높이가 100피트(30미터) 이상인 나무에 이르기까지 식물들은 신중하게 심어지고 유지된다. 잡초는 계획되지 않은 부작용으로 '예상치 못한 결과'라고 말하지만, 사실 늘 예상되는 부분이다.

동물들은 어떨까? 야생동물은 자연적이지만 그 서식지와 생존은 전적으로 해당 지역의 자연 구조물과 건축물 등이 제공하는 보호에 달려 있다. 모든 생물체는 서로에게 먹이가 될 가능성으로 존재하며 공생한다. 야생동물의 생존은 다양한 식량 자원의 가용성에 크게 의존한다. 예를 들어 일부 새들은 잎과 꽃을, 다른 일부는 씨앗, 곤충, 그리고 벌레를 먹이로 삼는다. 그리고 맹금류 같은 포식자들은 작은 동물이나 다른 새들을 사냥하여 생존한다. 이처럼 다양한 생명체의 존재는 생태계 내에서 또 다른 부수적인 효과를 낳는다. 일부 동물들은 예상되고 환영받는 반면, 다른 일부는 잡초처럼 방해가 되고 해충으로 여겨진다. 땅다람쥐나 방울뱀과 같은 동물들이 그 예다.

'잡초'와 '해충'이라는 용어조차도 자연계에서 사용하는 표현이 아니며 인공적이라는 점에 주목하자. 해충으로 분류되는 동물이 단순히 생존을 위해 진화한 방식으로 살아가는 것처럼 잡초 역시 완벽하게 자연적인 식물이다. 그저 인간이 자연적인 식물이나 동물을 편의에 따라 야자수라거나 민들레 혹은 벌새와 두더지로 분류하는 것뿐이다. 사람들은 잘 가꾸고 관리된 잔디를 선호하므로 잡초는 볼썽사나운 것이 된다. 그리고 사람들은 자신이 조성한 환경을 해치지 않는 (혹은 적어도 보이지 않는 곳에서만 그렇게 하는) 동물만 가까이한다. 두더지는 땅에 구멍을 뚫어, 인공적으로 심어 가꾸고 관리한 잔디의 '자연스러움'을 파괴한다. 이는 세상의 많은 문제를 잘 나타내는 비유다. 우리는 다양성과 자연스러움을 선호하지만, 삶을 방해하지 않는 한해서만 그렇다.

우리는 사람이 디자인한 세상에 살고 있다. 집과 옷에서부터 도구, 책에 이르기까지 많은 인위적 가공물들이 넘쳐난다. 국가라는 개념과 정부의 형태 역시 사람이 디자인한 인위적인 것이다. 심지어 우리가 자연이라고 생각하는 지구와 환경, 동물 그리고 식물 같은 자연의 일부도 사람들의 창조물과 활동으로 형성된 결과물이다. 디자인은 단지 사물에만 영향을 미치는 것이 아니다. 조직 구조와 그 관리 방법도 고안하고 디자인한다. 사냥과 농사, 음식을 준비하고 조리하는 방식 역시 마찬가지다. 또 무엇이 있을까? 무엇을 생각하든 그것이 인공적이며 디자인되었다는 사실을 깨닫게 될 것이다. 돈, 법률과 변호사, 옷, 국가 개념, 사람의 이름을 짓는 방식 등이 모두 그렇다. 그리고 디자인이 이런 개념과 사물을 만들고 제약했듯이 우리를 조형화하므로 우리 역시 더 이상 자연스럽지 않다.

우리가 디자인하는 것들, 즉 인의적인 모든 것들은 행동과 행위 방식을 바꾼다. 우리가 디자인을 통해 무언가를 변화시킨 것처럼 디자인 역시 우리가 행동하고 살아가는 방식에 영향을 미치는 것이다. 다시 말해, 우리는 세계를 디자인하고 세계는 다시 우리를 디자인한다. 우리 각자는 모든 인류와 지구 전체, 심지어 태양계 전체를 포괄하는 역동적으로 상호작용하는 시스템의 일부일 뿐이다. 우리의 삶, 심지어 우리의 유전자와 주변 사물들의 존재는 날씨, 바다의 조수, 일조량 및 기후의 주기에 맞게 진화했으며, 모두 태양계 내에서 지구의 위치에 따라 강력한 영향을 받는다. 우리는 혼자서는 생존할 수도, 행동할 수도 없으며, 오로지 우리가 존재하는 우주 안에서만 살아갈 수 있다.

디자인된 세계가 자연스러워 보이는 이유

영국이 인도를 지배하던 시기에는 인도인은 2등 시민으로 취급되며 엄격한 제약과 행동 규칙을 따라야 했다. 1947년 인도인이 영국인을 강제로 추방한 후 자와할랄 네루Jawaharlal Nehru가 인도의 첫 번째 총리가 되었다. 하지만 인도 상류층 자녀들이 영국의 최고 교육기관(이튼, 해로우, 윈체스터, 케임브리지, 옥스퍼드)에서 교육을 받을 수 있게 되었음에도, 여전히 그들을 2등 시민으로 남게 했다. 이후, 네루는 "우리 대부분이 이 계급적 체제를 삶과 운명의 자연스럽고 불가피한 질서로 받아들였다는 것은 놀라운 일"이라고 적었다. 이렇게 기존의 질서에 순응하는 것은 우리도 마찬가지다. 우리 눈에는 우리의 존재 자체와 존재하는 방식이 너무도 자연스러워 보이지만 사실 이는 태어났을 때부터 경험한 것이기 때문이다. 스스로 곰곰이 생각해서 꼭 이런 방식일 필요는 없다는 것을 깨닫고 대안을 제시하기란 사실 대단히 어려운 일이다. 우리는 기술에 문제가 생기면 대부분 자신을 탓한다. 그럴 때 나는 "아니요. 우리 잘못이 아닙니다. 이건 디자인의 문제입니다."라고 말한다. 글쎄, 오늘날 세상이 엉망진창이라고 사람들이 불평할 때도 대답은 같다. "디자인이 문제입니다." 여기서 디자인이란 전문 디자이너가 디자인한 일을 뜻하는 것이 아니라 인류의 역사가 시작되면서부터 시행된, 오늘날 우리가 알고 있는 세계를 창조하고 구축하며 발전시킨 설계를 말하는 것이다.

오랫동안 우리는 지구가 몹시 거대하므로 그 자원도 실용적인 목적에 따라 무한하게 사용 가능하다고 가정해왔다. 마찬가지로 지배 계급은 상위 계층이나 하위 계층에 속하는 모든 사람이 동등하지 않다고 가정했다. 일부는 피부색이나 종교, 출신지 또는 신념 체계 때문에 차별받았다. 인간은 소규모의 협력적인 집단을 형성하는 능력과 동시에 외부의 다른 인간 그룹과 자신들을 다양한 방식으로 구별하는 능력도 있다. 이는 1930년대에 고고학자 그레고리 베이트슨 Gregory Bateson 이 연구하던 공동체에서 관찰한 현상이다. 베이트슨은 이 경향을 '분열생성 Schismogenesis'이라고 불렀다. 이웃하는 사회들이 더 비슷해지도록 서로 차용하고 모방하는 대신 많은 사람이 차이점을 확대하려고 한다. 결과적으로 극단적인 왜곡이 발생하며, 실제로는 서로 유사한 사회를 상당히 다른 사회로 보이게 만든다. 그 결과로 극단적인 차이가 만들어지며, 이전에 없었던 인공적인 차별이 이루어진다.

사람들은 종종 눈에 띄는 작은 차이점을 가지고 분열과 편견을 만들어내는 경향이 있다. 이러한 경향은 피부색, 성별, 종교, 출신 국가, 언어 또는 억양과 같은 다양한 요소에 기반한 차별과 편견의 근본적인 원인으로 보인다. 이는 인위적으로, 한 집단을 다른 집단과 구별하는 결정적인 특성으로 만들어내며, 때로는 중요하지 않은 작은 차이점이 큰 불화의 원인이 될 수 있다.

우리는 삶과 존재의 근본을 바꿔야 한다. 우리 모두가 이 지구에 함께 존재하고 있다는 사실, 즉 인간과 자연, 환경이 하나의 복잡한 시스템을 이루고 있어 어느 한 부분의 변화가 전체에 영향을 미칠 수 있다는 사실을 인식하고 이 지구에 존재하는 방식을 바꿔야 한다. 현재 살고 있는 시스템과 그 역사를 이해하기 위해서는, 그 역사를 통해 형성된 경로의존성Path Dependence을 고려해야 한다. 이는 삶의 근본적인 변화를 요구하며, 지구상 삶의 방식을 근본적으로 바꾸는 것을 의미한다.

우리가 살아가는 방식과 우리가 만들어내는 것들, 우리가 믿고 있는 것들, 그리고 우리가 행동하는 방식까지 거의 모든 것을 바꿔야 한다. 우리가 당연하게 여기는 모든 것에 의문을 갖고 재검토해야 하며, 이러한 신념과 활동이 완전히 다른 틀에서도 가능할 수 있다는 것을 인식해야 한다. 우리가 당연하게 여기는 많은 아이디어와 사물이 우리보다 앞선 사람들에 의해 만들어진 인위적인 구조물임을 인정한 다음에야, 우리는 새로운 시작을 할 수 있다.

디자인이 우리를 구할 수도 있을까?

    세계는 혼란스럽다. 이 말을 듣는 많은 이들의 머리에 기후 변화가 떠오르겠지만, 그건 우리가 겪는 문제의 증상이지 원인은 아니다. 기후 변화는 오늘날의 문제를 일으킨 근본적인 원인을 구성하는 많은 다른 근본적인 병폐들의 결과일 뿐이다. 기후 변화를 해결하려면 그 증상에 대처해야 하는 건 당연하지만, 근본적인 원인을 해결하지 않는 한 문제는 계속될 것이다. 가장 큰 문제는 우리의 존재 방식 자체라고 할 수 있다. 지구에 사는 우리의 생활 방식이 문제이며, 지구의 자원을 자유롭게 사용하여 삶을 편안하게 하고 향상할 권리가 우리 인간에게 있다는 허황된 믿음이 가장 큰 문제다. 여기서 더 큰 문제는 '우리'가 모든 사람을 의미하는 것이 아니라는 사실 때문에 더 복잡해진다는 것이다. 다른 사람들을 지배하고, 삶의 질을 개선하고, 영토를 정복하고 통치할 수 있는 건 부와 권력을 가진 지배 계급이다. 강대국은 약한 국가를 지배해왔다. 처음에는 물리적으로 식민지화하고 그다음에는 경제적으로 식민지화하여 자원을 약탈했다.

    우리는 사회, 경제, 신념 및 행동, 상업, 교육, 건강, 질병의 확산, 생태적 재앙 등 세계의 모든 측면을 아우르는 복잡한 사회기술체계 Sociotechnical System 속에 살고 있다. 어떤 관계는 직접적이고 명백하지만, 대부분은 간접적이고 둔하며 잘 보이지 않는다. 후자의 상호작용은 아주 위험할 수 있는데, 보이지 않는 형태로 조용하게 살며시 다가오기 때문이다. 그것을 인식하고 행동을 취할 때쯤이면 이미 너무 늦었을 수 있다. 그런 사례는 차고 넘친다. 일례로 미래의 전염병에 대한 예측에도 불구하고, 2019년 코로나19 COVID-19 팬데믹에 대응하는 과정은 혼돈 그 자체였다. 더군다나 낙관적인 시기와 비관적인 시기가 반복되면서 회복하는 데도 더디고 우왕좌왕했다. 많은 국가와 정치 조직은 사람들에게 제

각각 일관되지 않은 지침을 제공했고, 심지어 같은 정치 영역 내에서도 마찬가지였다. 한편, 질병의 원인인 코로나바이러스는 변이를 반복하면서 의료적 치료를 비켜가는 다양한 변종을 만들어냈다. 이로 인해 과학자들은 접근법과 지침을 바꿔야 했다. 다양한 변종 바이러스에 대처하는 과학적 조언은 혼선을 빚었고, 빈번한 지침 변화에 따른 책임은 바이러스가 아니라 과학자들에게로 돌아가게 되었다. 그 결과, 과학적 조언에 대한 신뢰도 감소했다.

사회적 편견과 극단적인 민족주의, 사회적 불평등의 증가 역시 우리가 살고 있는 복잡한 시스템의 간접적인 결과다. 소수의 사람은 편안하게 사는 반면, 다수는 그렇지 못한 상황에서 소득과 생활 수준의 큰 격차는 종종 다수의 불만을 불러일으킨다. 이러한 불만을 이용하여 정부의 개혁을 약속하는 사람들이 등장하고, 그들의 주도로 정부의 변화가 일어날 수도 있다. 하지만 그들은 권력을 얻은 후에는 자신들의 이익을 위해 그 권력을 남용하고, 다시 다수의 사람을 속이고 배신한다.

이는 현대 자본주의의 관행 때문이다. 자본주의의 개념 자체가 나쁜 건 아니다. 정확히 말하면 대기업들, 그중 여러 국가를 합친 것보다 부유한 일부 기업 및 세계적 대형 금융시장과 은행에 의해서 자본주의가 변형되어 실행되는 방식이 원인이다. 이러한 기관이나 단체들은 사람과 환경에 대한 대가와는 관계없이 이익 추구가 우선한다. 이익이라고 불리는 건 그렇게 거창한 것이 아니다. 단지 매순간 달라지는 사물의 가치 평가(때로는 초 단위의 아주 짧은 순간으로 측정될 수도 있다)에 기반할 뿐이다. 경제학자들이 만들어낸 모델은 이러한 활동을 주도한다. 이러한 모델은 사회적인 성취가 아닌 금전적 가치의 증가로 성공을 측정한다. 인간의 삶이나 환경에 미치는 영향과는 무관하게 금전적 가치의 측면에서만 판단한다. 이러한 공식적 모델의 문제점은 잘못된 가정을 가지고 있음에도 불구하고 인간의 행동에 영향을 미친다는 점이다.

　　새롭게 시작한다는 것은 한 사람이나 하나의 조직이 할 수 있는 영역이 아니다. 세상을 바꿀 수 있도록 우리의 존재 방식을 바꾸려면 많은 사람과 조직이 동참해야 한다. 성공을 돈이나 국내총생산GDP, Gross Domestic Product과 같은 지표로 측정하는 것이 아니라 사람, 즉 모든 사람의 건강과 행복으로 측정하는 방식으로 바꿔야 한다.

　　이러한 모든 복잡한 문제를 고려할 때, 디자인이 해결책의 일부가 될 수 있을까? 나를 포함한 대다수 사람들은 처음에는 디자인이 해결책이 될 수 있다는 것을 받아들이지 못했다. 그러나 이 책을 쓰기 위해 연구를 하고 세계 곳곳의 사람들과 이야기를 나누는 과정에서, 내가 가진 가정을 근본적으로 수정해야 했다. 그리고 우리를 여기까지 오게 한 문제의 중심에 디자인이있다는 것을 깨달았고, 디자인을 재정의하고 재구성하면 문제에서 벗어날 수 있다는 것을 깨달았다. 현재 우리의 삶을 구성하는 신념과 행동은 정부와 종교를 설계한 초기 개발자들이 만든 디자인이다. 그로 인한 사회적 계급과 편견은 인위적이다. 디자인 전문직도 역사적으로 정의된 것으로, 산업혁명이 만들어낸 상품의 판매를 높이는 과정에서 현대 자본주의의 도구로 발전한 것이다. 그 결과 오늘날 디자인 및 디자인 교육은 디자이너를 고용하는 기업과 클라이언트의 수익성을 위해 주도되고 있다.

　　따라서 현대 디자인 분야는 부지불식간에 문제를 가중시켰다. 원료 채굴 작업에서 생태계에 해를 끼치는 상품을 디자인하고, 제조 과정에서 유해성을 더하며, 제품 사용 중에 유해한 에너지를 소비하게 한다. 소비자가 이런 제품을 계속해서 사용하게끔 만드는 것 역시 유해하다. 제품을 수리하거나 업그레이드하기 어렵게 디자인하여 폐기를 유도하고 폐기할 때도 환경을 파괴한다. 이 모든 내용은 이 책의 3부 '지속 가능성'에서 자세하게 논의된다. 이런 피해는 의도적인 것이 아니라 시스템적 사고의 부족, 특히 서구 문화와는 다른 문화에서의 사회적 태도와 행동에 미치는 영향을 이해하지 못한 데에서 나오는 직접적인 결과다.

　　이 모든 행동은 인간 행위의 결과라는 점에서 인위적이다. 다시 말해, 모두 바뀔 수 있다는 것을 의미한다. 하지만 변화는 디자인 직업의 역할과 교육, 그리고 활동을 재고하고 재정의하며, 디자인이 사람들의 삶과 거버넌스^{Governance}(정부뿐만 아니라 비정부 조직, 민간 등 다양한 이해관계자가 공동의 목표 달성을 위해 상호작용하는 일), 산업에 미치는 영향력을 재설정할 때만 가능할 수 있다. 그것이 내가 이 책에서 다루고자 하는 주제다. 이러한 작업은 많은 디자이너가 현장을 재구성할 필요성을 인식하게 됨에 따라 생각보다 수월하게 이루어졌다. 이들의 문제점은 1800년대 후반을 거쳐 1900년대 초반과 중반에 이미 나타났다는 점을 기억하자. 오늘날 점점 더 많은 디자이너가 이러한 우려의 목소리에 동참하고 있으며, 나 역시 다른 이들과 함께 목소리를 더하고 있다. 나의 문제의식은 인간 행동에 중점을 둔다는 점에서 차이를 보이지만, 디자이너와 비디자이너를 막론하고 많은 사람이 우려를 표명하고 행동을 취하기 시작했다는 사실은 우리가 상황을 바꿀 수 있다는 낙관적 전망을 갖게 한다.

02.

지속 가능한 디자인으로의 전환

"우리가 보는 거의 모든 것이 인위적이다. 즉 디자인되었다." 라는 말로 이 책을 시작했다. 왜일까? 디자인하는 행위 자체가 사람이 인위적으로 창조하는 것이기 때문이다. 디자인 과학이란 용어는 노벨경제학상 수상자인 허버트 사이먼Herbert Simon의 책 《인공과학》에서 사용한 표현이다. 이렇게 디자인 분야가 학문이자 실무로 존재하지만, 디자인이라는 이름이 붙기도 전부터 사람들은 역사를 통틀어 자신들의 삶과 생활 방식을 바꾸기 위해 도구와 구조를 끊임없이 디자인해왔다.

모두가 디자인을 한다. 이는 어떤 활동을 더 쉽고 효율적으로 수행하기 위해 의도적으로 결정하는 모든 과정이 디자인 결정이라는 뜻이다. 따라서 그 결과는 필히 인공물이 된다. 물리적 장치(예를 들어, 도구)와 자연현상을 통제하는 방법(예를 들어, 보온과 보호, 조명과 요리를 위해 불을 이용하는 것) 또는 집단을 지배하는 방식과 사건을 기록하는 방식, 물질의 수를 세는 방법, 그리고 아이디어를 조작하는 방식 등이 모두 인공물에 속한다.

물론 전문 디자이너도 이런 일을 수행하는데, 그들은 더 크고 보다 근본적인 문제에 기술을 적용하도록 훈련받는다. 또는 많은 사람이 안정적이고 효과적이며 경제적인 방식으로 아이디어를 사용할 수 있도록 디자인하는 방법을 훈련받는다. 이렇게 전문 디자이너가 만들었든, 기술자, 과학자, 엔지니어, 예술가, 귀족이나 하인이 만들었든 간에 디자인은 오늘날의 세계를 창조해왔다. 그건 지속 가능하지 않은 세계다. 그건 부유하고 권력을 가진 사람과 가난하고 권력에서 벗어난 사람 사이에 갈등을 일으키는 세계다.

근본적인 원인은 정치와 경제에 있으며, 정부, 경제, 법률 및 절차의 시스템에 깊이 뿌리를 두고 있다. 이 모든 것은 수 세기에 걸쳐 디자인된 인위적인 구조와 실행 방식이다. 이러한 구조와 방식 중 많은 것들이 유럽 열강의 세계 식민지화에서 비롯되었는데, 식민화로 인해 토착 문화가 유럽 문화로 대체된 결과다. 그중 가장 중요한 것은 유럽(그리고 미국)에서 실행된 자본주의 경제 구조, 과학에서의 측정에 대한 강조, 그리고 산업혁명으로 발생된 공장을 가동하기 위한 원료와 노동력 공급의 필요성이었다. 문화는 인간이 만들어낸 것이므로 변할 수 있다. 많은 문제가 초기 디자인 작업의 예상치 못한 결과물로, 종종 디자인 전문가가 아닌 이들이 디자인 작업을 수행했기 때문에 물리적 구조는 잘 설계되었더라도, 환경이나 사람 및 삶에 미치는 영향에 대한 고려가 거의 없거나 전혀 없었다. 아울러 그로 인해 발생할 수 있는 폐기물에 대한 고려도 없었다. 이번에는 전문 디자이너가 참여해야 한다. 다시 말해, 우리에게는 사람과 사회에 미치는 영향을 고려하도록 훈련받은 이들이 필요하다.

다행히도 디자이너와 학교, 그리고 재단들이 이러한 문제에 대응하기 시작했다. 점점 더 많은 디자이너가 주요 사회 문제를 연구하고 있다. 이제 세계가 돌아가는 방식을 바꿀 시간이 왔다. 지속 가능한 시스템을 디자인하고, 사람에게 미치는 디자인의 영향을 고려하며, 모든 사람을 염두에 두고 디자인을 진행하면서 지속 가능성과 공정성을 목표로 삼아야 할 때다.

모두가 디자이너다

누구나 디자인한다는 것은 모두가 디자이너이며 세상을 바꾸는 일이 모두에게 달려 있다는 뜻이다. 하지만 전문 디자이너는 훨씬 더 큰 책임을 진다. 전문 디자이너는 사람의 삶에 큰 영향을 미치고 그에 따라 지구에도 영향을 미칠 수 있는 교육과 지식을 갖추고 있기 때문이다. 오늘날 우리가 직면한 많은 문제, 즉 수리할 수 없고 부품 재사용이 불가능한 기기들로 가득 찬 쓰레기 더미라는 문제는 부분적으로 전문 디자이너의 책임이다. 전문 디자이너들에게는 삶과 행동 방식이 초래한 문제를 바로잡아야 할 더 큰 책임이 있다.

세상을 구하는 디자인

디자인이 세계를 오늘날의 혼란 속으로 몰아넣었다면, 우리를 구할 수 있는 것도 디자인이라고 생각한다. 하지만 현재의 디자인 개념과 실행 방식으로는 안 된다. 세계의 다양한 이슈, 사람, 정치인 그리고 기업을 다룰 수 있는 새로운 형태의 디자인이 필요하다. 디자인은 사고방식이자, 거대한 사회기술체계에 접근하는 방법이어야 한다. 모든 생명체, 지구, 육지, 바다로 이루어진 세계를 복잡한 체계로 보고, 각 개체를 이 체계의 한 구성 요소, 쉽게 말해 부품으로 인식해야 한다. 왜냐하면 한 부품이 다른 부품들에 영향을 미치기 때문이다. 인류가 존재하기 위해서는, 이 복잡한 체계가 지속 가능하고 탄력적이며 반복 가능해야 한다. 하지만 지금은 그렇지 않다.

의도하지 않게 파괴적인 영향을 미친 디자인을 의식적으로 건설적인 것으로 바꿔야 한다. 잘못된 점을 고치고, 소외된 목소리와 협력하며, 지구의 제한된 자원을 지속 가능하게 유지해야 한다. 우리가 해야 할 대대적인 변화는 생활 방식을 근본부터 다시 생각하는 것이다. 즉, 무엇이 '좋은 것'인지를 측정하고 산업, 학교, 정부, 그리고 경제 시스템을 재고해야 한다. 삶의 방식은 역사의 흐름에 따라 사람들이 설계한 인위적인 것이기 때문에 미래에도 바뀔 수 있고 그 변화는 사람의 손에 의해 이뤄질 수 있다.

03.

역사는 중요하다

과거를 기억하지 못하는 자는 그것을 되풀이하게 된다.
- 조지 산타야나^{George Santayana}, 《이성의 삶 1부^{The Life of Reason,vol,1}》

틀렸다. 과거를 기억하든 못하든 역사는 반복되지 않는다. 그렇지만 반복되지 않는다고 해서 역사의 중요성이 줄어드는 것은 아니다. 사람들이 과거, 즉 역사적으로 어떻게 행동했는지는 미래에 중요한 영향을 미친다. 우리의 신념, 옳고 그름에 대한 감각과 자신이 세상의 어떤 위치에 있는지에 대한 자각, 그리고 우리가 적절하다고 믿는 행동은 모두 자기 경험과 개인적인 역사에서 비롯된다. 이는 가족과 주변 사람들의 경험에 영향을 받으며, 더 나아가 이 모든 것이 역사에 영향을 받는다. 우리는 역사를 반복하지는 않지만, 역사에 의해 만들어진다.

경로의존성

역사는 반복되지 않지만, 과거는 중요하다. 자연과학에서 아주 단순한 모델은 '경로독립성^{Path Independence}'이라는 원칙을 따른다. 현재의 행동은 역사와는 독립적이며, 전적으로 현재 상태에 따라 결정된다는 뜻이다. 현재 상태로 도달하게 된 데에는 여러 경로가 있을 수 있지만,

해당 상태에 어떻게 도달되었는지는 중요하지 않다. 즉, 경로독립적인 것이다.

경로독립성은 많은 과학적 가정과 마찬가지로 계산을 더 쉽게 만들어주며, 고전 물리학에 잘 들어맞는다. 예를 들어, 내가 공을 던지면 그 경로는 역사적 경험에 영향을 받지 않고 현재의 상태와 내 손을 떠날 때 공에 가해진 힘에만 영향을 받는다.

물리적인 세계는 여러 면에서 인간 세계보다 더 이해하기 쉽다. 우리는 물리적 세계의 과학에서 사용되는 방법들이 생물학적 세계를 이해하는 데에도 적합하다고 믿는 오류를 범해서는 안 된다. 특히 인간 세계를 이해하는 데는 이러한 방법이 부적절하다. 우리는 공중에 던져진 공이 아니다. 인간은 신념과 감정에 영향을 미치는 기억과 역사를 가지고 있다. 사람과 사회의 행동은 경로독립적이지 않고 경로의존성을 가진다. 사람들이 어떻게 현재의 신념과 생각에 도달했는지는 종종 수 세기까지 거슬러 올라가야 알아낼 수 있다.

국가 간이나 국가 내에서 오랫동안 지속된 불화를 살펴보자. 수백 년 또는 수천 년 전의 모욕과 재앙이나 악행은 여전히 현재까지 기억되며 지금의 행동과 신념을 형성한다. 인종차별과 편견, 많은 식민지화와 그 식민지 사람들에 대한 용서할 수 없는 처우, 원주민 문화의 파괴, 자연 훼손 등이 모두 우리 역사의 일부다. 이것이 우리가 식민주의, 자본주의 그리고 약자에 대한 권력자들의 무절제한 행동의 역사를 이해해야 하는 이유다.

세계의 사회, 제국, 국가가 걸어온 역사는 경로독립적이지 않다. 우리가 과거를 기억하든 그렇지 못하든, 우리가 존재하는 현재 상태는 과거의 영향을 받았다. 결과적으로 과거의 불의를 극복하는 유일한 방법은 기억하는 것뿐만 아니라 이해하는 것이다. 그런 것들이 오늘날 세상에 어떻게 영향을 미쳤는지를 이해하고, 그에 따라 경로를 바꾸기 위해 무엇을 해야 하는지를 이해해야 한다. 그렇지 않으면, 과거의 죄를 되풀이하게 될 뿐이다.

하지만 역사의 경로를 연구하고 추적하는 학자들을 제외하고는 대부분 사람은 그 영향을 잘 알지 못한다. 세상에 태어나서 처음 한 경험과 신념 체계는 너무 당연하고 명백해 보여서 다른 가능성을 상상하기란 어렵다. 사람들은 일상생활의 기본적인 것, 즉 가족과 함께 생활하고 학교에 다니며, 그곳에서 특정한 방식으로 가르쳐주는 주제들을 배우고, 직업을 갖는 것 등을 당연하게 여긴다. 많은 나라에서 직업은 대부분 가족과 떨어져 낮에 일하는 시스템이며, 종종 밤 근무까지 이어지기도 한다. 이 모든 것들이 당연시되고 있다.

그렇다면 왜 가족과 떨어져서 일해야 하는 시스템이 된 걸까? 왜 일부 문화권에서는 시민들에게 새벽부터 해 질 녘까지 주간 6일씩이라는 긴 근로 시간을 요구하는 것이며, 이에 따라 배우자와 자녀들이 종일 힘들게 지내야 하는 걸까? 한 장소에 많은 노동자가 필요한 이유는 역사 초기부터 시작되었다. 예를 들어, 이집트에서는 파라오가 피라미드 건설을 위해 사람들을 동원했다. 이는 부분적으로는 인구가 집중된 도시와 국가가 성장하면서 나타난 자연스러운 결과다. 많은 사람에게 음식을 제공하기 위해서는 노동자들이 모여야 했으며, 그건 9세기 바그다드에서 열린 요리 경연대회든 12세기 초 베니스에서 있었던 선박 건조든 상관없이 모두 같다. 공장에서의 작업 표준화는 1700년대 초 산업혁명을 시작하면서 영국의 가정용품 제조뿐 아니라 실크와 면직물의 직조와 방적을 위해 이루어졌다.

서구 국가의 표준이 세계로 퍼져나가 노동자의 삶을 통제했으며, 노동자는 닳아 없어질 때까지 기계처럼 취급되다가 대체되었다. 시간이 노동자의 삶을 지배했다. 종과 호루라기가 언제 일을 시작하고 마쳐야 하는지, 휴식 시간은 언제까지 허용되는지, 언제 점심을 먹을 수 있는지를 알려주었다. 시간이 일을 지배하고, 일은 건강과 만족감 그리고 가족을 지배했다. 꼭 이런 식이어야만 했을까? 결코 그렇지 않다.

역사가 왜 중요한 걸까? 역사 안에서 현재의 많은 신념과 가치들이 결국 인위적이라는 사실이 드러나기 때문이다. 인위적이라는 것이 틀렸다는 의미는 아니다. 역사가 기록된 대략 5,000년에 걸친 관행과 지난 세기 또는 지난 수십 년 동안 발생한 일부 관행에서 오늘날의 업무 구조가 발전해왔음을 보여준다. 무엇보다 중요한 것은 현재의 기존 구조가 우리 각자가 태어나기 전에 이미 만들어졌다는 사실이다. 우리는 태어나서 역사적인 사건들이 구성해 놓은 세계에서 자라나지만, 우리가 태어나게 된 세계가 만들어지기까지 벌어진 모든 일을 알지 못한다. 그저 우리의 생활 방식을 당연한 것으로 받아들일 뿐이다. 우리 중 몇몇은 편안하고 순응적인 삶으로 태어나고, 또 다른 몇몇은 투쟁과 편견으로 가득한 삶으로 태어난다. 우리의 삶이 편안할수록, 인공성을 인식하기는 더 어려워진다. 심지어 지구의 한계와 문제 그리고 다른 사람들에게 미치는 영향을 인식했더라도 직접적으로 해결할 수 있는 증상으로만 생각하는 경향이 있다.

오늘날 세계의 많은 주요 문제들은 간단한 해답이 있는 것처럼 보인다. 기후 변화? 대기오염을 줄이면 된다. 가뭄? 물을 더 효율적으로 사용하고 새로운 자원을 찾는 방법이 있다. 수위 상승과 폭우, 그리고 홍수는? 더 높은 제방을 건설하는 것으로 해결할 수 있다. 인종, 피부색, 종교적 신념, 출신 국가, 계급 차별에 근거한 편견은? 대처하기 어렵긴 하지만 마음만 먹는다면 해결할 수 있는 문제다. 그러나 이러한 간단한 해결책은 말 그대로 너무나 단순하다. 어떤 해결책은 증상을 해결하긴 하지만 근본적인 원인은 다루지 않으며, 어떤 해결책은 보기에 단순해 보이지만 실제로는 훨씬 더 복잡하다.

의미 있는 변화를 끌어내기 위해서는 공략하기 어려운 깊은 근본적인 원인부터 재구성해야 한다. 어떤 원인은 학습된 신념과 편견이 너무 강해서 사람들은 그것을 편견이나 편향이라고 생각하지 못한다. 그리고 자신들이 가진 신념과 편견을 진실로 믿고 모두가 존중해야 한다고 생각한다. 이러한 신념은 거버넌스와 생활 방식, 여러 가지 인위적인 구조물들, 제조 및 유통 방식, 보상 및 승진과 처벌 방식 등이 포함된다. 변화는 증상을 파고든다고 이루어지지 않는다. 반드시 인과적 요인인 체계에 개입해야 한다.

삶의 방식은 바뀔 수 있지만, 실제로는 어렵다. 역사를 배우는 것은 얼마나 많은 신념이 인위적인지 이해하는 데 도움이 되지만, 주의해야 할 점이 하나 있다. 역사는 승자, 성공한 자들이 쓰고 전한 기록이다. 승자였던 선조들은 자신이 보기에 인위적(실제로도 인위적)이고 자신들의 신념과 안위에 해로운(그럴 수도 있는) 변화를 거부했다. 역사상 이익을 얻은 사람들에게는 변화할 이유가 거의 없다. 꼭 이기적이라서가 아니라, 다른 방식으로 존재할 수도 있다는 상상을 할 수 없기 때문이다.

오늘날 인류의 행동 방식을 어떻게 바꿀 수 있을까? 우선 여러 면에서 세계의 역사를 따져보아야 한다. 패배한 이들과 승리한 이들의 시각을 모두 고려하여 다른 가치 체계와 아이디어, 거버넌스 및 삶의 방식을 이해할 수 있어야 한다. 무언가가 오래되었다고 해서 무조건 유익하다는 것을 의미하지는 않는다. 하지만 대체 역사Alternative History 역시 승자들이 쓴 역사와 마찬가지로 편향되고 오해를 불러일으킬 수 있다. 공정성은 모든 관점을 고려하는 데서 온다. 비록 서로 모순되는 경우가 많고, 오늘날에는 종종 시시비비를 가릴 수 있는 증거가 거의 없더라도 말이다.

오늘날의 역사관은 유럽 또는 서양의 사고방식 일변도다. 말하자면, 세계의 기술 선진국들로 종종 '글로벌 노스Global North(주로 북반구의 유럽과 북아메리카 등의 선진국을 일컫는 말)'라고 불리는 지역이다. 여기서

'유럽', '서양' 그리고 '글로벌 노스'는 지리적 용어가 아닌 정치적인 용어라는 점에 주목하자. 미국과 캐나다는 '유럽' 전통의 일부이며, 호주도 글로벌 노스와 서구, 그리고 유럽에 속한다. 일반적으로 서구 사상은 아이디어, 상업, 교육 관행을 지배해왔다. 유럽 국가들은 1800년대 중반 산업혁명이 시작된 이래로 상업회사들을 설립하고 영토를 점령하며 본격적으로 식민지화하면서 세계를 지배해왔다. 식민지화는 현지의 토착문화를 파괴하여 유럽과 서양의 사고방식과 행동 방식으로 대체했다. 이는 대부분 강압적인 방식으로 달성되었다.

면화를 예로 들어보자. 하버드대학교 교수인 스벤 베커트^{Sven Beckert}는 저서 《면화의 제국》에서 1700년대 후반 영국 상인들이 면화를 세계적으로 지배한 역사를 추적한다. 그들은 거대한 무역 회사를 설립하고, 동양(인도네시아와 인도)에서 면화를 영국으로 운송하여 옷을 제조한 후, 전 세계에 판매했다. 면화에 대한 수요는 영국과 유럽 국가들이 인도 및 여러 나라를 식민지화하는 행태로 이어졌다. 면화 종류 중 하나는 신대륙에 원산지가 있었으며, 1500년대 중반에 현재의 플로리다에 정착한 사람들이 경작했다. 그렇게 면화 농장은 1700년대에 영국 섬유산업에 재료를 공급하기 시작했다. 목화를 재배하고 선적하기 위해 씨앗을 제거하여 준비하는 것은 매우 노동 집약적인 일이다. 서부 아프리카 부족 전쟁의 포로들이 노예가 되어 미국 남부로 보내져 필요한 노동력이 되었다. 미국 남부에서는 이러한 노예를 재산으로 간주했기에 합법적으로 시장에서 매매되었다.

목화 관련 이야기는 유럽이 비유럽 영토를 착취한 역사의 일부분에 불과하다. 영국은 세계에서 가장 크고 강력한 해군을 보유하고 있었으므로 가장 강력한 영향력을 행사했는데, 영국의 동인도 회사는 '동아시아와 남아시아 그리고 인도와의 무역을 위해 설립된 회사'로 상품(면, 비단 그리고 향신료)과 노예 무역 모두에서 중요한 역할을 했다. 여기에는 목화를 영국으로 운송하고 천과 의류를 다시 미국으로 가져오는 동시에 아프리카에서 새로운 노예를 확보하는 과정이 포함된다. 그렇게 아프리카 출신의 노예들은 미국 무역에서 면화의 중요성을 이야기할 때 중요한 부분이다. 사실 노예는 세계적으로 오랫동안 존재해왔으며, 구약 성서에서도 언급되었을 정도다. 하지만 미국의 노예들은 대부분 아프리카에서 와서 피부색으로 구별될 수 있으며, 이는 편견의 원인 중 하나가 되었다.

면화의 역사는 길고 복잡하지만, 오늘날의 문제 원인인 군사력, 식민지화, 노예 제도, 인종 편견 등과 떼려야 뗄 수 없는 관계였다. 이렇듯 세계의 역사는 오늘날 사람과 국가의 행동에 영향을 미친다.

기술과 현대성의 역할

이 책의 주요 주제는 기술과 현대성의 철학이 인간의 삶에서 차지하는 지배적인 역할이다. 우리는 사실상 모든 것을 기술의 지시에 맞춰야 하는 2등 시민이 되었다. 아침에 몇 시에 일어날지, 무엇을 살지, 어떤 종류의 직업을 갖을지를 결정(통지받는 편에 가까움)할 때 기술의 지시를 받는다. 우리가 그것을 얼마나 즐기는지와 관계없이 말이다. 하지만 우리에게 지시를 내리는 진짜 범인은 기술이 아니다. 그건 단지 세계의 산업화된 국가에서 지배적인 생활 방식의 일부일 뿐이다.

이 모든 요소를 하나로 묶는 철학이 모더니즘이다. 1933년 시카고 세계 박람회의 주제는 모더니즘의 근본적인 원칙을 이렇게 밝힌다. '과학은 발견하고, 천재는 발명하며, 산업은 적용하고, 인간은 적응한다…… 개인, 그룹, 인류 전체가 과학과 산업의 진보 속도에 발맞추어 나아간다.'

확실히 (여전히 여러 가지 면에서) 서양의 일반적인 견해다. 현대성은 과학과 기술, 이성적 사고 그리고 무엇보다도 기술과 상업의 측면에서 정의된 진보를 의미한다.《브리태니커 백과사전》은 현대성의 영향에 대해 다음과 같은 설명을 제공한다. '현대성은 글로벌 자본의 신속한 이동, 위성을 통한 이미지 전송, 즉각적인 글로벌 의사소통과 관련이 있다. 그러나 이러한 발전에도 불구하고, 현대성은 보이지 않는 주주들의 이익을 위해 운영되는 기업에서부터 공교육의 문화적 편견에 이르기까지 세계적으로 야만적인 불평등을 정의하게 되었다.' 현대 철학은 정치, 행정, 사업, 경제, 형평성, 노동자 처우, 사회 계층 등 서구 생활의 거의 모든 측면을 포괄한다. 글로벌 노스와 글로벌 사우스Global South 간의 상호작용을 살펴보면, 후자는 전자에게 기본 원료와 저비용의 노동력을 공급하는 경우가 많다.

사람에게 미치는 기술의 지배력을 이해하기 위해서는 문명의 역사를 이해해야 한다. 역사가 기록된 이래로 전쟁 기술, 특히 기계와 무기 기술은 부족, 사회, 지역, 왕조 그리고 국가가 국민을 지배하고 농업 무역, 도시 그리고 행정 구조를 확립하는 것을 가능하게 했기 때문이다. 이러한 삶의 방식은 부유한 사람들에게 힘을 실어주면서 계급의 개념을 확립했고 출생부터 사망할 때까지 다른 사람을 지배하는 신분제를 만들어냈다. 또한 집단의 규모, 축적된 부의 양 그리고 지배자들의 힘으로 측정되는 '진보'를 지속적으로 추구하는 원인이 되었다. 부유한 사람들은 진보의 삶을 살았고, 가난한 사람들은 '모더니즘'을 살았다. 과거 특히 1900년대 중후반 사람들에게 모더니즘은 진보의 원동력이었다. 그러나 오늘날 많은 사람이 모더니즘을 악의 주도자로 여긴다. 한 집단의 진보는 언제나 다른 집단이 노예가 되든 농장, 밭 또는 공장에서의 노동자가 되든 그들의 권리 박탈을 통해서만 달성되기 때문이다.

현대성의 폐단

"디자인보다 더 해로운 직업은 극소수에 불과하다."

이 인용문은 20세기의 뛰어난 (그리고 논란의 여지가 있는) 디자이너 빅터 파파넥Victor Papanek의 책 《인간을 위한 디자인》에 나오는 첫 문장이다. 파파넥은 현실 세계를 위한 디자인을 지지했다. 서구 국가들의 화려하고 값비싸며 자원 낭비적인 디자인이 아니라 자원이 거의 없는 곳을 위한 디자인 말이다.

파파넥은 왜 이런 말을 한 걸까? "디자이너가 환경에 해를 끼치고, 지속 불가능한 소비를 조장하는 제품을 만들어내며 사회에 부정적인 영향을 미치고 있다"는 맥락이다.

이쯤에서 밝히자면, 《인간을 위한 디자인》 첫 문장에 나오는 '산업 디자인'이라는 표현에서 산업이라는 단어를 삭제하여 첫 인용 문장을 바꿨다. 원래 파파넥은 '산업 디자인'을 비난했지만 모든 디자인에 적용하도록 그 비판을 확장하고 싶었다. 파파넥도 이를 동의하고 승인해주리라 확신한다. 파파넥이 책을 쓸 당시에는 실제로 산업 디자인이 문제였지만, 오늘날에는 너무나 많은 디자이너가 시스템, 서비스, 소프트웨어, 디지털 제품(종종 '비물질적'이라고 불리는 것들)에서 작업하고 있기에 그 비판은 전체 디자인 분야에 적용해야 한다. 그러므로 산업 디자인 외 다른 중요한 디자인 하위 분야들이 책임을 피하는 것은 공정하지 않다.

파파넥의 비판적인 발언은 오늘날 널리 퍼져 있지만, 이 메시지를 세계에 전달하려고 시도한 사람은 그가 처음이 아니었다. 지그프리트 기디온Siegfried Giedion은 파파넥보다 20년 빠른 1948년에 《기계화는 명령한다Mechanization Takes Command》라는 위대하고 영향력 있는 책에서 비슷한 주장을 했지만, 그 역시 첫 번째는 아니었다.

새롭게 하라

1930년대 중반, 시인 에즈라 파운드^{Ezra Pound}는 《새롭게 하라^{Make It New}》라는 제목으로 에세이 시리즈를 집필했다. 여기서 새로운 것은 좋은 것이며 오래된 것은 열등한 것이었다. 파운드는 예술가와 시인에게 '동시대의 형식적이고 맥락적인 기준을 깨야 한다'라는 주장을 펼쳤다. '새롭게 하라'는 모더니즘의 적절한 모토였지만, 이 구절과 그 안에 담긴 신념은 파운드가 당시 읽고 있던 성리학자 주희(서기 1130~1200)의 글까지 거의 천 년 전으로 거슬러 올라간다.

모더니즘이라는 용어는 미학, 예술, 건축 또는 전통과 단절한 새로운 형태의 예술, 무용, 연극 그리고 문학을 창작하는 것을 목표로 하는 광범위한 문화의 발전을 의미한다. 파운드는 적어도 예술과 시에 있어서는 모더니즘을 위해 투쟁했다.

현대성이라는 용어는 모더니즘과 관련이 있으며(종종 모더니즘과 혼용하여 사용됨), 이성, 계몽주의 그리고 과학과 기술에서 일어나는 큰 변화에 대한 지식과 철학에 중심점을 둔다. 모더니즘은 또한 경제와 상인(후에 사업가라고 불리게 되는)의 역할에 영향을 미쳤다. 그들은 과학적인 회계 방식을 사용했고, '진보'를 돈을 버는 것으로 정의했다. 윤리적인 고려는 완전히 무시되었다. 파파넥은 모더니즘, 특히 전문 디자이너가 기업을 도와 '사람들이 계속해서 새로운 물건을 구매하게 만들면서 발생하게 되는' 사람과 환경에 대한 피해에 맞서 싸웠다. 그는 광고 전문가를 강력하게 반대하는 입장이었다. 광고업계는 사람들에게 새로운 물건이 필요하다는 믿음을 갖게 한다. 실제로 새로 살 필요가 없거나 심지어 여전히 완벽하게 잘 작동하는 이전 버전을 가지고 있더라도 말이다.

파파넥의 주장은 여전히 오늘날에도 적용된다. 하지만 그는 전문 디자이너를 비난하는 오류를 범했다. 디자이너도 산업혁명의 피해자일 뿐 그것이 초래한 해악의 원인이 아니다. 디자이너들은 대학 학과 순위나 기업에서의 영향력 수준 그리고 개인 컨설팅에서 고객의 의사에 미치는 영향력 등을 고려할 때 세계에서 주로 중간 수준의 위치를 차지하고 있다. 파파넥 역시 핵심적인 문제가 아니라 증상을 지적하고 있는 것이다. 핵심 문제는 과학과 기술, 이성적인 사고에 지나치게 의존하는 반면, 사람과 인류 그리고 자연은 강조하지 않는 현대성의 철학에서 비롯된 것이다. 여기서 새로운 것은 좋고 오래된 것은 나쁘고 열등한 것으로 여겨졌다. 현대성은 또한 소비주의의 철학이기도 하다. 과학이나 공학 그리고 응용 기술은 잘못될 수 없다는 개념이며, 디지털이나 물리적 사물, 회사나 조직의 지속적인 구축이 '진보'이고, 진보로 정의되는 것은 '옳다'는 개념이다.

이런 종류의 '진보'는 부와 권력을 가진 사람들에게는 옳을 수 있지만, 모두에게는 확실히 옳지 않은 선택이다. 미국 전역의 도시에서 점점 많은 수의 사람들이 집을 소유하지 못하고 있는 것과 권력과 자본을 소유한 극소수와 그렇지 않은 사람들 사이에 벌어지는 소득 격차 역시 '진보'의 실패를 상징한다. 금융시장이 이러한 불연속성을 증폭시켜서, 기업은 장기적 이익보다는 단기적인 이익을 목표로 삼게 된다.

이는 18세기 경제학자이자 철학자 애덤 스미스^{Adam Smith}가 《국부론》에서 묘사하고 추구한 자본주의가 아니다. 실제로 스미스는 현재 우리가 목도하고 있는 과잉을 경고했었다. 스미스는 '동일 업종에 종사하는 이들은 서로 어울리는 일이 극히 드물지만, 어쩌다 나누는 대화라 하면 거의 대중의 이익에 반하는 음모나 가격을 올리기 위한 어떤 계략으로 끝나기 마련이다'라고 썼다. 애덤 스미스의 자본주의 이론을 현재의 자본주의 관행과 혼동해서는 안 된다. 인간의 탐욕이 그 이론을 왜곡시켰기 때문이다.

이 책에서 제기한 요점 중에서, 오늘날 세계에 가장 중요한 역사적 영향을 미치는 세 가지는 현대성과 산업혁명 그리고 경제이론(애덤 스미스는 종종 경제학의 아버지로 불린다)이다. 이 세 가지 영향력은 긴밀하게 얽혀있다. 세 가지 모두 거의 비슷한 시기인 1700년대 중반에 시작되었으며, 모두 종합적으로 오늘날 우리가 마주하는 정부와 경제 시스템을 만들어내고, 사업의 운영과 산업에서 노동자 고용에 큰 영향을 미쳤다. 1700년대 이후 세 가지 모두에서 많은 발전이 있었음에도, 경로의존성의 압박이 많은 결정과 행동을 지배하고 있다. 현대성은 그 사고방식이 아직 살아있기는 하지만 현재 급속히 인기를 잃고 있다. 산업혁명은 이제 4차 단계가 진행 중이지만, 일부 사람들은 이미 5차 혁명의 모습을 구체화하고 있다.

제1차 산업혁명. 증기와 수력으로 작동하는 기계가 도입되었으며, 직물을 만드는 것으로 시작해 곧 다양한 가정용품과 도구의 제작으로 확대되었다. 생산 가능한 상품의 양이 급증함에 따라 가격이 급격히 하락했다.

제2차 산업혁명. 1800년대 말부터 1900년대 초까지 진행되었다. 전신과 전화와 같은 새로운 통신 방법과 자동차, 트럭, 대륙을 가로지르는 철도 시스템과 같은 새로운 이동 수단은 사업과 가정생활의 많은 부분을 바꿔놓았다. 그리고 전기와 가스, 석유, 석탄이 널리 사용되는 에너지원이 되었다. 헨리 포드Henry Ford는 조립 라인을 개발하여 이보다 훨씬 더 저렴한 가격으로 자동차를 생산함으로써 인구 이동에 급속한 변화를 가져왔고, 도시에서 교외로 인구가 분산되게 만드는 결과를 가져오게 했다.

제3차 산업혁명. 제2차 세계대전이 끝난 후인 1940년대 중반에 시작되었다. 전자제품과 초기 컴퓨터의 출현이 특징이며, 기계 장비의 주도에서 정보 기반으로 이동하며 그 힘과 유연성이 급격히 증가했다.

제4차 산업혁명. 21세기 초에 시작되어 현재 진행 중이며, 지능적인 기계의 등장을 비롯해 인터넷과 정보 네트워크를 통해 전 세계 어디에서든 즉각적으로 원하는 정보에 접근이 가능한 특징이 있다. 자율형 기계와 차량이 출현하기 시작하여, 한때 기계로 수행하는 것이 불가능하다고 생각되던 많은 직군에서 사람들의 일자리가 대체되고 있다. 변호사, 회계사, 심지어 의사(MRI와 X-ray를 판독하고 더 나아가 치료법 처방까지)가 하는 업무 중 단순 작업들이 대체되고 있다.

제5차 산업혁명. 현시점에서는 기존의 발달 과정을 고려할 때 꿈에 가깝다는 의견도 있다. 하지만 양자 컴퓨터와 완전 자동화, 고도로 지능화된 시스템, 암호화 및 블록체인을 통한 향상된 보안체계, 그리고 사이버 화폐가 힘을 발휘하고 있다. 또한 생물학에서는 염기서열 분석기, 합성기, 자르기 같은 유전자 가위 등 새로운 DNA 도구가 디자인되면서 진전이 이루어지고 있다. 센서는 기계와 과학, 의학의 성능을 극적으로 변화시키고 있다. 우주여행도 가능해져서 관광객들은 이제 (비록 매우 높은 비용을 지불하지만) 우주여행을 한다. 한편으로는 새로운 전염병이 세계를 휩쓸고 있다. 그리고 기후 변화의 위험성이 증가하는 와중에도 사회적 필요와 기후 변화 방지법보다 군비와 무기 개발에 더 많은 자금이 투입되고 있다.

이 다섯 단계는 기술 발전의 결과물이지만, 인간 행동의 많은 중요한 측면들을 무시하고 있다. 그중 하나는 낭비의 시대라는 주제인데, 이는 3부에서 자세히 다룰 예정이다. 자동화로 인해 일자리를 잃은 일부 사람들이 다른 일을 하는 데 필요한 기술을 개발할 수 없는 상황은 그들의 삶에 큰 영향을 미친다. 수학적 모델을 사용하고 의미 없는 변수들을 정확하게 측정하는 작업을 지속하면서, 우리가 측정할 수 없는 중요한 변수들은 무시한다(이는 2부에서 논의). 기후 변화는 어떤가? 5차 산업혁명가들은 이를 단순한 기술 결함이라고 주장하며, 기술로 해결할 수 있다고 말한다. 틀렸다. 우리는 그렇게 할 수 없다. 문제의 근본적인 원인은 인간의 행동이기 때문이다.

현대성, 기술, 그리고 현재의 경제이론은 본 책의 나머지 부분에서 증명하듯이 더 나은 삶을 방해하는 장애물이다.

04.

정밀하지만 인위적인 측정

시간, 날씨 그리고 삶의 모든 측면은 인간의 활동과 감정, 수면 주기를 비롯해 건강에 영향을 준다. 이런 경험들은 *주관적*이다. 단순히 '개인적'이라는 의미로, 예를 들어 느낌이나 취향, 신념, 감정에 영향을 받았다는 뜻이다. 과학자들은 이러한 주관적인 경험의 변동성에 좌절해서, 매우 인공적인 정의와 측정 시스템으로 이를 대체해버렸다. 정확하고 반복 가능한 측정의 필요성을 반대하려는 것이 아니다. 문제는 과학에 필요한 이러한 정의가 우리의 사적인 경험을 정의하고 묘사하는 데 사용되고 있다는 것이다. 그렇게 인류의 일상생활을 지배하며, 과학적인 정확성과는 관련이 없는 방식으로 삶에 영향을 미치고 있다.

우선 임의적이고 자연스럽지 않은 특성에도 불구하고 우리 삶을 지배하고 있는 고도로 인위적인 두 개의 시스템을 살펴보는 것으로 시작해보자. 바로 한 해의 계절을 과학적으로 정의하는 것과 시간을 과학적으로 측정하는 것이다. 다음 두 가지 질문을 생각해보자.

1. 우리는 왜 여름이 언제 시작되는지 보기 위해 날씨를 보는 대신 달력을 보는가. 실제로는 하루하루 날씨가 사람과 모든 생물에게 중요한 변수다. 과학적으로 정의된 계절은 인위적이다.
2. 우리는 왜 식사 시간을 결정하기 위해 배고픔이라는 본능적 욕구를 살피는 대신, 시계를 보는가. 우리가 신경 써야 하는 건 시

간대가 아닌 몸의 필요와 신호다. 과학적으로 정의된 시간은 인위적이다.

과학이 정의한 계절은 인위적이다

왜 일 년을 기준으로 사계절이 있는 것일까? 아마 대부분의 사람들은 이 질문에 대해 생각해본 적조차 없을 것이다. 만약 여러분이 태어나서 대부분의 삶을 글로벌 노스가 정의한 세계에서 살았다면, 사계절은 자연스럽고 적절하게 보일 것이다. 각 계절이 시작되는 날짜와 끝나는 날짜는 지구가 태양 주위를 도는 경로에 따라 정해졌으므로, 정확하다고 생각할 테니 말이다. 하지만 한 해의 계절을 정의할 때, 실제 온도나 날씨, 또는 계절이 농업과 인간의 활동에 미치는 중요성을 고려하지 않고, 인위적인 천문학적 주기와 달력 날짜에 의존한다.

계절은 지구가 기울어진 상태로 태양 주위를 돌면서 생긴 자연스러운 결과다. 이로 인해 지구의 각 지역마다 도달하는 태양광의 양이 다르며, 한 해 동안 다른 패턴의 날씨를 유발한다. 북반구와 남반구의 사람들이 이러한 차이를 두 계절로 인식한 이유는 쉽게 이해할 수 있다. 하나는 따뜻하며 밤보다 낮이 긴 계절로, 다른 하나는 춥고 낮보다 밤이 긴 계절이다.

적도에 가까운 나라들의 경우, 일조량과 평균 기온은 일 년 내내 큰 차이가 없다. 그런데도 이 나라들 중 많은 곳에서 구분이 무의미한 사계절을 구별하기 위해 글로벌 노스의 정의를 모방하고 있다. 많은 나라가 단순히 우기와 건기라는 두 계절만 구분해도 충분하지만, 그렇게 하는 나라는 몇몇에 불과하다.

그렇다면 우리는 왜 사계절을 가지고 있는 것일까? 한 해를 자연스럽게 구분해주기 때문일까? 우리는 따뜻하고 밝은 기간은 '여름'이라고 부르고, 춥고 어두운 기간을 '겨울'이라고 부른다. 여기에 여름으로의 전환을 나타내는 '봄'과 겨울로의 전환을 나타내는 '가을'이라는 두 가지 과도기적 기간을 추가한다.

천문학자들은 지구가 태양 주위를 도는 동안 그 위치에 근거하여 임의로 일 년을 사계절로 나누었다. 중요한 것은 태양으로부터의 거리가 아니라 지구의 기울어진 축과 태양을 중심으로 한 타원형 경로 사이의 각도다. 경로상의 다른 위치에서는 서로 다른 밤과 낮의 시간이 생성된다(적도 지역은 제외). 과학은 우리의 실제적인 경험과 모든 생물체의 자연스러운 생물학적 행동을 무시하고, 네 번의 전환이 두 개의 지점(하지와 동지)과 두 개의 분점(춘분과 추분)으로 표시된다고 규정했다. 바로 이것이 우리가 인위적인 시작과 끝 날짜를 정하고 한 해를 사계절로 나누는 것을 받아들이게 된 이유다.

기술적으로 따져보자. 사계절 간의 전환을 나타내는 네 개의 날짜, 즉 두 개의 지점과 두 개의 분점은 일조량에 따른 밤낮의 비율이 중요하기 때문에 선택되었다. 이는 최대, 최소 및 평균 양의 일광과 어둠이 기준이 된다. 이런 지점과 분점은 기후와 관련이 있지만, 상관관계는 통계적 평균이며 실제로 특정 연도에서 어떤 일이 일어나고 있는지를 나타내지는 않는다. 특정 달이나 특정 날짜의 날씨는 달력 날짜와는 상관이 없으며, 어떤 날의 실제 날씨 조건은 위치에 따라 큰 차이가 날 수 있다.

세상의 모든 사람이 이러한 '천문학적 계절'을 사용하여 한 해를 구분하는 건 아니다. 어떤 나라들은 '기상학적 계절'이라고 불리는 방식을 사용하여 분점과 지점이 나타나는 월의 첫날을 계절의 시작으로 삼는다. 하지만 이 경우에도 계절의 시간 구분과 표기는 인위적인 것이지 날씨에 의존하여 삶과 생계를 꾸리는 사람들에게 실제 필요한지 여부와는 전혀 상관이 없다.

왜 네 개의 계절일까? 왜 계절은 온도와 식물의 수명, 그리고 동물의 이동을 관찰할 것과 일치하지 않는 걸까? 새와 동물은 날씨 패턴에 따라 이주 시기를 정하고, 식물 역시 달력이 아닌 날씨에 따라 계절적 변화를 조절한다. 마찬가지로, 자연적인 인간 행동은 태양 주위를 도는 지구의 정확한 위치(대부분의 사람에게는 인위적인)가 아니라 날씨 패턴에 따라 통제된다. 예를 들어, 호주 원주민들은 지역별로 1년을 다르게 나누었다. 어떤 지역에서는 매년 두 계절만 지정했고, 또 어떤 지역에서는 여섯 개의 계절을 지정하기도 했다. 서로 다른 부족들 간에 계절의 명칭이 불일치하는 충돌을 야기하지 않았다. 불화를 일으키는 건 인간이 정해놓은 경계와 날씨, 식물, 동물의 자연적인 행동 사이의 불일치다.

이렇듯 사람과 동물, 식물의 삶에 미치는 영향으로 계절을 정의하는 것이 더 자연스러운데, 사람들은 왜 그렇게 하지 않을까? 예전에는 그랬었다. 세계 각지의 원주민들은 기후 패턴의 인식에 따라 삶을 계획했으며, 연간 날씨 패턴을 특정 필요에 맞게 그룹으로 나누고 식물과 동물에 미치는 날씨의 영향력에 따라 날짜를 선택했다. 앞에서 언급했듯이, 적도 근처의 많은 나라들이 건기와 우기라는 오직 두 계절만을 가지고 있다. 계절을 네 개로 구분 짓는 것은 정확하지도 자연스럽지도 않다.

물론, 계절의 구분이 날씨 패턴을 따른다면 한 계절의 시작과 끝은 관찰에 따라 매년 결정될 것이다. 그러면 세계의 서로 다른 지역뿐 아니라 같은 나라의 다른 지역에서도 매년 계절이 달라질 것이다. 끔찍한 일일까? 그렇지 않다. 이는 지역적인 조건에 부합할 것이다. 세계가 혼란스러워질까? 그것도 아니다. 그런 시스템은 날씨에 따라 생계가 결정되는 사람들에게 훨씬 더 유용할 것이다.

하지만 이러한 시스템은 다양한 스포츠와 학교 교육의 시작과 종료 날짜 같은 반복적인 행사의 일정을 어렵게 하지 않을까? 그렇지 않다. 이런 행사는 달력상의 고정된 날짜로 결정하면 된다. 계절의 실제 경

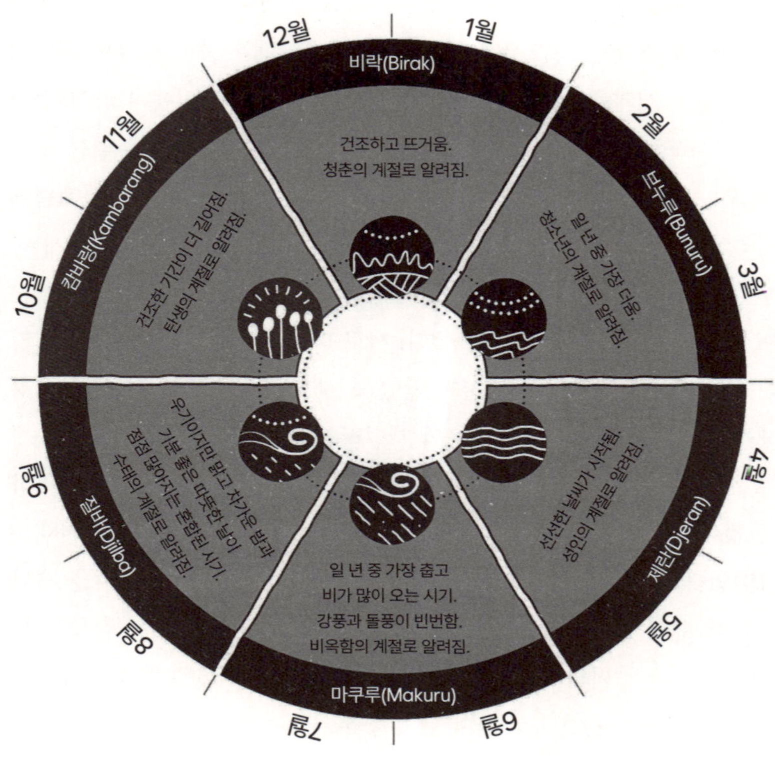

그림 4.1 '눙가르족의 여섯 계절'

눙가르족은 호주 남서쪽 지역에 거주하는 원주민이다. 이 달력은 여섯 계절을 보여주고, 각 계절의 전형적인 꽃과 식물 및 동물과 날씨 양상을 나타낸다. 이 계절 구분은 사냥과 식량 채집, 야영 등의 활동 시기를 결정하는 데 도움을 준다.

출처 '남서부의 여섯 계절: 세계에서 가장 오래된 생활 문화', 호주 사우스웨스트, https://www.australiassouthwest.com/south-west-inspo/six-seasons-south-west. 호주 사우스웨스트의 허가를 받아 재인쇄됨.

계 속에서 발생하는 가변성은 이런 일정에 영향을 주지 않기 때문이다.

계절을 구분 방식이 바뀐 이유는 무엇일까? 과학자들이 정확성과 확실성을 선호하기 때문이다. 과학자들은 지역 날씨의 특이성이나 동식물의 행동이 지배하는 시스템의 불확실성을 질색한다. 그래서 자신들의 인위적인 범주를 강요한 것이다. 처음에는 유럽에서 시작하여 그들의 식민지에 강제로 적용함에 따라 점차 대부분의 국가들로 확대되었다.

과학이 정의한 시간은 인위적이다

오늘날 자연과학 세계에서 시간과 거리는 시공간(공간과 시간을 결합한 개념으로, 시공간 또는 공간-시간이라는 하나의 단어로 표기됨)이라는 단일 통합 개념으로 더욱 세분화된다. 다행히도 자연과학에서 시간과 공간을 동일시하는 것은 우리의 일상적인 시간 측정 시스템에 강제로 적용되지는 않을 것이다.

시간은 자연과학에서 중요한 역할을 하지만, 사람이 인식하는 것과 같은 '시간'은 아니다. 예를 들어, 사람들은 여러 사건이 발생한 기간은 빠르게 지나가는 것으로 인식하지만, 사건이 없는 기간은 오랜 시간 동안 지속된 것으로 인식한다. 흥미롭게도, 사람들의 기억력은 그 기간 동안의 경험과는 정반대다. 나중에 사건에 대해 질문하면, 사람들은 여러 사건이 발생한 기간은 오래 지속되었다고 기억하는 반면, 사건이 없는 기간은 짧았다고 기억한다. 왜 그런 걸까? 심리학 과학 저널에서 여전히 논의하는 안건이긴 하지만, 내 의견(많은 심리학자에게 지지받는)을 얘기하자면 해당 기간에 얼마나 바쁘게 활동했느냐가 사람들의 시간 인식을 크게 좌우해서다. 즉, 더 많이 활동할수록(혹은 활동이 더 복잡할수록), 기억 속에서 그 기간은 더 길게 느껴질 수 있다. 하지만 사건이 없던 기간에는 기억할 내용도 없는 것이다.

시간은 과학에서 매우 중요한 역할을 하는데, 초기 과학자들은 시간의 흐름과는 관계없이 일정하고 공통적인 시간 척도가 필요했다. 이 척도는 누구나 언제나 같은 결과를 얻을 수 있어야 하며, 사람들의 개인적인 경험에 영향을 받지 않아야 했다. 그런 필요성의 결과로 과학자들은 반복되는 물리적 현상을 세는 방식으로 시간을 측정하기 시작했다. 한 기간의 시작과 끝 사이의 진자 흔들림의 횟수로 시작한 측정은 오늘날에는 안정 동위원소(세슘-133)의 원자 공명을 사용한 원자적 측정으로 정점을 찍게 되었다. 여기서 9,192,631,631,770 펄스가 1초를 정의한다 (약 9.2기가헤르츠).

시간을 정의하고 측정하는 이 고도의 정밀도는 다양한 과학과 기술 분야의 발전에 매우 중요하다. 예를 들어, 범지구위치결정시스템^{GPS,} Global Positioning System은 내비게이션 시스템에 정확한 위치 정보를 제공하는 데 도움을 준다. 확실히 과학적으로 시간을 측정하는 것은 중요하고 유용한 결과를 가져오지만, 이는 인간의 인식과 행동과는 전혀 관련이 없다. 만약 과학자들이 그들이 측정하는 것을 정의하는 데 다른 용어를 사용했다면, 결과는 더 나았을지 모른다. 과학자들이 사용하는 *시간*이라는 단어와 사람들이 사용하는 *시간*이라는 단어는 거의 관련이 없으니 말이다.

오늘날 우리는 하루를 인위적으로 24시간으로 나누고, 더 나아가 시간당 60분으로 그리고 분당 60초로 나누어 사는 것을 배워왔다. 과학자들의 주장대로 시간이 진동하는 원자의 규칙적이고 물리적으로 변하지 않는 수로 정의된다면, 시간이 우리에게 중요할 필요가 있을까? 우리 삶에 어떤 영향을 미치는 것일까?

이렇게 정확한 정의가 필요했을까? 전혀 그렇지 않다. 과학자들은 세상을 원하는 대로 정의할 수 있지만, 그러한 정의는 오직 과학에만 사용해야 한다. 그런데도 모두에게 이러한 분류를 강요하면서, 결국 과학적 측정의 인위적인 정확성과 규격이 필요하지 않은 등교 시간과 하교 시간, 휴가 시기, 점심 식사 시간, 근로 시간 등을 비롯해 다양한 일과를 지시하고 있다.

작위적이고 인위적인 측정이 삶을 지배한다

계절을 과학적으로 정의하고 시간을 정밀하게 측정하기 위해 기계와 원자를 사용하는 데, 이는 인간의 행동과는 무관하게 과학의 필요에 따른 것이다. 그렇다면 이런 정의는 왜 과학에 국한해 사용하면 안 되는 것일까? 왜 우리 삶에 강제로 적용되는 것일까? 일, 달, 년의 개념은 지구와 달 그리고 태양의 물리학적 리듬에 자연적인 기초를 두고 있다. 밝음 후에 어둠이 뒤따르는 반복적인 리듬은 '낮'의 정의를 비교적 쉽게 만들어주지만, 하루의 시작과 끝은 사실 인위적이다. 어떤 문화권에서는 일출에, 또 어떤 문화권에서는 일몰에 하루를 시작하며, 과학자들은 매일의 시작을 자정으로 정의한다. 당연히 이 시스템은 통용되지 못했다.

달력을 개혁하려는 여러 시도들이 있지만, 그중 하나는 매달 같은 요일이 같은 날짜에 오도록 하는 것이다. 이 방식은 일부 문제를 간단하게 해결할 수 있다. 하지만 5년이나 6년에 한 번씩 윤閏주나 추가일을 달력에 넣어야 하며, 이는 새로운 복잡성을 만들 수 있다.

달력은 인공적인 발명품인 만큼, 그 종류도 다양하게 개발되었다. 시간의 세 가지 자연적인 지표는 일(밝음과 어둠의 주기), 달(연속적인 보름달 사이의 일수) 그리고 년(지평선에서 태양이 떠오르거나 지는 위치로 결정되며, 날씨 양상과 더불어 두 극단을 제외한 모든 위치가 일 년에 두 번 반복)이 있다. 하지만 자연은 스스로 계산할 수 없으므로, 연간 한 달의 수가 정수일 수 없고 일 년의 길이가 일정할 수도 없다. 그래서 달력은 연간 일정한 양식과 맞추기 위해 때때로 날짜를 추가해야 한다. 오늘날 세계의 대부분 국가는 가톨릭 교황이 고안한 개정된 달력을 따르고 있다. 교황은 4년마다 하루를 추가하는 규칙(100년마다 윤년을 건너뛰되, 연도가 정확하게 365 1/4일이 아니라 365.2422일이기 때문에 400으로 나누어 떨어지는 연도는 제외한다)을 정해 음력과 양력을 하나의 태양력에 기반한 달력으로 조화시키려고 노력했다. 많은 종교적인 휴일은 여전히 음력 주기에 따라 결정되는데, 이것이 음력에서의 고정된 시간이 표준화된 태양력에서는 가변적인 날짜로 해석되는 이유다.

아마도 인위적인 시간의 정의가 가장 큰 영향을 미친 시기는 공장의 탄생과 함께 산업혁명 동안이었을 것이다.

시계가 삶을 지배하게 만든 산업

옛날 사람들의 삶은 인간의 필요와 자연의 순환이 교차되는 곳에서 통제되었다. 산업혁명 이전에는 시간이 심리적 변수였으며 사람마다 심리적 기분뿐 아니라 수행하는 활동을 포함한 많은 요소에 따라 다르게 경험했었다. 가족들은 종종 시계가 아니라 해가 뜨고 지는 것에 따라 생활했다. 일과 가정을 인위적으로 분리하지 않았다. '일Work'이라는 개념이 존재하지 않았으며, 해야 할 일Chore과 수행해야 할 활동activity이 있었을 뿐이다. 농장에서는 식물과 동물을 돌보았고, 공예가나 상인은 할 일이 있었지만 그 시간은 개인의 판단에 맡겨졌다. 하루에서 가족과 떨어져 일하는 시간과 함께 지내는 시간을 인위적으로 구분하는 일은 없었다. 가정 측면에서 보면, 하루의 활동과 가족 구성원 간의 상호작용들이 뒤섞여 있었으므로 일과 가정생활이 구분되지 않았다.

사람들의 활동은 끝내야 할 시간에 맞춰 수행되었다. 여러 그룹과 가족들은 서로 다른 활동 주기를 가지고 있었다. 가족의 삶이 언제나 편안하고 심지어 즐거웠던 것처럼 미화하는 것은 아니지만, 그들의 작업 방식은 가족의 삶과 일이 조화를 이루게 해주었다. 시간은 자연스러운 것이었다.

그러나 산업혁명과 함께 공장은 사람이 같은 시간에 함께 있어야만 하도록 디자인되었다. 삶은 곧 공장의 호루라기와 교회 종소리의 명령으로 규제되었으며, 자연적이 아닌 인위적인 리듬으로 언제 일어나고, 일하고, 식사를 하며, 하루를 마치는지가 정해졌다.

가족들은 떨어져 있었고, 직장이 있는 가족 구성원은 급히 직장으로 떠나 종종 밤늦게까지 집으로 돌아오지 않았다. 나는 한국과 일본의 근로자가 매일 장시간 일하고 퇴근 후에는 반의무적으로 술자리에 참석하는 광경을 보았다. 회식 자리가 너무 늦게 끝나는 터라 집에서 출근할 시간이 안 돼 호텔에서 밤을 보내기도 한다. 그들의 업무 습관은 시간의 노예인 동시에 일을 하고 있다는 생각에 사로잡힌 노예다. 긴 업무 시간은 근로자가 수면 부족 상태에 있다는 것을 의미하며, 실제로 그들은 종종 회의나 업무 혹은 통근 중에 잠에 빠져들기도 한다. 연구에 따르면, 일하는 시간이 길수록 짧고 집중된 시간 동안 일하는 일부 국가들보다 일의 생산성이 떨어진다고 한다.

인공성은 사회적 안티어포던스를 초래한다

사회의 인위적인 성격은 다양한 방식으로 인간의 행위를 통제한다. 너무 많은 인위적인 규칙과 습관이 무의식적으로 너무 깊게 뿌리내려서 인간 행동이 어떻게 구속되는지조차 인식하지 못한다. 이는 때때로 특정 활동을 장려하기도 하지만, 제한하는 활동이 훨씬 더 많다.

행위에 대한 이러한 미묘한 통제는 '어포던스Affordance'라는 개념을 반영한다. 어포던스라는 용어는 원래 1966년에 인지심리학자 J. J. 깁슨J. J.Gibson이 환경(세계)과 행위자(사람, 동물, 기계) 사이의 행동 가능한 특성을 언급하기 위해 고안한 말이다. 다시 말해, 어포던스는 관계다. 예를 들어, 의자는 지지를 제공하는 어포던스를 가지고 있어 적절한 크기의 물체를 위한 의자로서의 역할을 한다. 작은 의자는 거구(또는 코끼리)를 지탱할 어포던스를 제공하지 않는다. 어떤 의자는 던져도 괜찮지만, 그런 어포던스는 의자를 들어 올리고 던질 수 있을 정도로 강한 사람들에게만 국한된다. 의자는 비생물체인 책과 서류에도 지지를 제공하지만, 역시 적절한 크기와 무게일 때에 한정된다.

나는 1988년에 저술한 《디자인과 인간 심리》에서 디자인 분야에 깁슨의 용어를 소개했다. 일반적으로 디자이너들은 사람이 어떤 행동이 가능하다고 (또는 불가능하다고) 인식하는지에 관심을 가진다. 어포던스는 어떻게 인식되는 걸까? 행위자들이 모든 어포던스를 필수적으로 알고 있는 건 아니다. 때로는 우연히 새로운 어포던스를 발견하고, 때로는 다른 사람들을 관찰함으로써 알게 되며 때로는 교육을 통해 발견하기도 한다. 2008년, 나는 어포던스의 인지를 관계 자체와 개념적으로 분리해 볼 것을 제안했다. 그 신호(지각된 어포던스)를 '기표Signifier'라고 부르고, 관계성 자체를 '어포던스'라고 명명했다. 적절한 기표들은 우리가 일상에서 마주치는 수천 가지의 새로운 사물들과 적절하게 상호작용하게 만들어준다. 여태 본 적이 없거나 어떻게 사용해야 하는지 교육받은 적이 없을지라도 말이다.

일반적으로 기표는 행위자들이 어포던스가 제공하는 관계를 발견하는 것을 돕기 위해 사용되지만, 때로는 모든 기표를 숨기거나 제거하는 것이 바람직할 수 있다는 사실을 알아두자. 무언가를 사적으로만 사용하거나 비밀을 공유한 사람들만이 이해하고 발견할 수 있는 사용에 대해서는 말이다. 마찬가지로 잘못된 어포던스는 많은 창의적인 방법으로 잘못 이해될 수 있는데, 어떤 것은 유익하고 어떤 것은 유해할 수 있다. 유사한 방식으로, 안티어포던스Anti-affordance는 일부 활동을 금지하는 데 사용될 수 있다(그리고 잘못된 기표는 활동이 가능함에도 불구하고 금지된 것처럼 보이게 만들 수 있다).

어포던스라는 개념은 인간이 만든 인공물과 정부, 행동 방식의 인공성과 어떤 관련이 있는 것일까? 이들의 관련성은 물리적 세계의 어포던스를 기술 체계로 단순히 일반화함으로써 도출된다. 다시 말해 미디어와 그래픽의 사용, 행동을 유도하는 기술 체계 등에 어포던스 개념을 적용할 수 있는데, 이러한 기술 체계의 디자인은 일부 사용을 권장하거나, 제한, 차단하는 등의 행동을 유도한다. 시간의 작위적인 규칙, 1년을 고정된 계절로 나누는 것 그리고 정부의 규칙 및 예절에 대한 논의가 인위적으로 사회적 어포던스를 구축하며, 어떤 활동은 허용하고 또 어떤 활동은 제한한다. 사회의 관습(풍습)과 규범은 각 사회적 집단이 어떻게 살고, 활동을 조직하며, 어떤 종류의 사회적 상호작용을 허용하는지는 물론 통치 체계와 법적 체계를 결정하는 사회적 어포던스다.

어떤 예가 있을까. 이를테면, 한 문화권에서는 손가락으로 음식을 먹으면서도 오른손으로 먹는 것은 금지한다. 어떤 사람들은 그릇째 수프를 홀짝이는 반면, 어떤 사람들은 숟가락을 고집한다. 이러한 차이는 우리 행동의 많은 부분이 인위적이라는 사실을 나타내지만, 규범을 따르지 않기로 결정한 사람에게 그 당위성을 설명하기란 쉽지 않다.

어포던스의 원래 개념과 사회적 어포던스와 같은 일반화된 개념의 차이점은 현실 세계에서 어포던스와 안티어포던스는 각각 물리적으로 가능한 행동이나 불가능한 행동을 의미한다는 것이다. *허용과 금지*

라는 단어는 사회적 어포던스가 강력하게 준수하기를 제안하지만, 물리적 세계의 어포던스나 안티어포던스와는 달리 위반할 수 있다는 점을 내포한다.

사회적 어포던스는 인공성이 존재하고 지속되는 데 중요한 역할을 한다. 그리고 다른 문화권 사이에서 어포던스 간의 모순은 농담거리가 될 수 있지만, 의도했든 의도하지 않았든 모욕의 원천이 될 수도 있다. 진짜든 거짓이든 어포던스와 안티어포던스 그리고 기표들은 종종 사람들이 의식하지도 못한 채 인간 행동에 강력한 영향을 발휘하며, 이 모든 것은 인간 사회의 인위적인 본성을 창조하고 강화하는 데서 파생되었다.

인위적인 우리 삶의 방식이 지구 사회에 미치는 통제력은 아무리 강조해도 지나치지 않다. 이런 인공성은 주요한 편견, 유해한 행동 그리고 전쟁으로 이어졌을 뿐 아니라 이제는 한 인간의 삶에 필수적인 생태계를 파괴할 위험에 처해있다. 우리는 인류세Anthropocene(지구온난화 및 생태계 교란 등 인류로 인한 자연환경 파괴를 맞게 된 현재의 지질학적 시기)라는 인류의 행동에서 비롯된 새로운 지질학적 시대에 처해있다. 이는 나쁜 소식이다. 좋은 소식은 인간의 행동, 인위적인 신념과 관습이 우리를 이런 상황에 빠지게 한 것이라면, 우리는 신념과 행동을 바꿀 수 있으며 우리 자신과 지구의 다른 거주자들을 이 상황에서 벗어나게 할 수 있다는 것이다. 이것이 앞으로 5장의 주제다.

05.

기술이 우리를 구할 수도 있을까?

    산업혁명과 기술은 우리에게 시간 체계를 엄격하게 준수하도록 강요했다. 그러나 오늘날 많은 신기술은 이전의 기술 경직성에서 우리를 자유롭게 해줄 것으로 보인다. 스마트폰이 발달해서 얻은 예상치 못한 큰 결과 중 하나는 우리가 시간에 대해 유연해질 수 있는 능력을 갖추게 됐다는 점이다. 저녁 7시에 만나기로 했는가? 그렇다면 휴대전화를 사용하여 시간, 장소, 심지어 함께 할 사람을 계속해서 유연하게 조율하고 협상할 수 있으며, 일찍 왔거나 늦는다고 설명할 수도 있다. 스마트폰은 고정된 시간의 경직된 틀에서 벗어나 모든 사람이 만족할 수 있도록 행동을 조정하면서 더 유연하게 살 수 있게 해준다.

    코로나19의 확산으로 세계적인 팬데믹이 일어나면서 사람들은 직장에 나가지 않고 격리되어야 했다. 다행히도 인터넷을 통한 화상 회의 기술이 가능해진 시기였기에, 수백만 명의 사람들이 집에서 일하고 영상 자료를 통해 다른 사람과 의논할 수 있었다. 급속히 도입된 다른 기술과 마찬가지로, 이 기술 역시 예상치 못한 결과를 낳았는데 우선 긍정적인 면을 이야기해 보겠다. 화상 회의는 출장을 갈 필요 없이 장소에 상관없이 회의 일정을 조정할 수 있게 해주었다. 이동의 감소는 많은 유익한 효과를 가져왔다. 개인 여행객의 경우, 멀리 떨어진 장소로 여행하는 시간 낭비(그리고 시차 적응)를 줄이게 해주었다. 그리고 화상 회의가 아니라면 열 수 없는 회의를 가능하게 해주었으며, 화석 연료로 움직이는 차량의 이동이 감소하자 기후 변화에 영향을 미치는 유해 배출물도 눈에 띄게 감소했다.

나 또한 장거리 이동의 대체 수단으로 화상회의를 사용했다. 이로써 캘리포니아의 샌디에이고에 있는 집에 앉아 미국, 유럽, 아프리카, 중국, 인도 등 여러 지역에서 수많은 기조연설을 하고 수업도 할 수 있었다. 물론 시차를 고려하여 아침 일찍 일어나야 할 때도 있었지만, 그런 것을 감안하더라도 더 수월하며 비용도 훨씬 적게 들었으며 환경에 해를 끼치는 일도 줄일 수 있었다. 그렇다면 부정적인 영향에는 무엇이 있을까. 눈에 띄는 건 교육 현장, 특히 대학입학을 준비하는 학생들에게 그 피해가 컸다는 점이다. 또한 사적인 교류도 긴장감이 높아지고 껄끄러워졌다. 사람들이 하루 종일 화상 수업이나 회의로 바빴던 날에는 정신적으로나 신체적으로 피로감을 호소한 것으로 보고되었다.

코로나19의 사회적 거리두기와 격리는 직업의 종류에 따라 상당히 다른 영향을 미쳤다. 대부분의 업종에서는 지속해서 자리를 지킬 근무자가 필요하다. 제조, 식품 가공, 운송 및 창고 보관 또는 음식점에서 조리 및 서빙이나 청소, 택배와 같은 많은 육체노동 관련 직업들이 그렇다. 의료 서비스 역시 일부는 화상 회의를 통해 원격으로 수행할 수 있지만, 대부분의 경우 의사와 간호사 및 의료 기사의 온전한 손길이 필요하다. 이런 직종에 종사하는 사람은 팬데믹 동안 수요가 더 많아져서 집을 떠나 근무하는 시간이 더 증가하였으며, 심지어 새로운 스트레스와 바이러스 감염에도 더 많이 노출되었다. 소방관과 경찰, 사회복지사 그리고 의료전문가들은 여전히 지속해서 대기해야 했다. 반면 사업체가 문을 닫는 관계로 많은 일자리가 사라졌다. 노동자들은 일자리를 잃었고, 이는 대개 수입이 없어졌다는 것을 의미했다.

서류 작성과 보고, 회의 참석과 관련된 일을 하는 소위 화이트칼라 노동자의 경우, 집이나 화상 컴퓨터를 통한 회의 및 협업 도구를 통해서도 일을 잘 처리할 수 있다. 오히려 부모와 자녀가 어쩔 수 없이 떨어져야 했던 부분은 상당히 완화되기까지 했다. 화상 회의를 하는 동안 종종 어린이나 동물이 화면에 잡히고, 때때로 회의 중에 아이가 부모를 방해하는 일이 흔한 일상이었다. 이런 갑작스러운 침입은 참석자들의 개인적이고 인간적인 면을 보게 해주었고, 이는 계속되는 화상 회의의 심각함과 지루함 그리고 스트레스를 덜어주었다.

팬데믹이 완화되었어도 기업과 교육에 미친 이러한 이점은 상당수 지속될 것이다. 기술의 발전으로 인한 유연성은 일정을 정하는 엄격하고 고정된 인공적인 방식에 대한 우리의 의존성을 바꿀 수 있게 해준다. 우리는 일상생활에 유연성을 더하는 것이 업무의 질을 저해하지 않으면서도 삶의 질을 향상시킬 수 있다는 것을 증명했다. 하지만 이런 유연성은 다양한 직업에서 각각 달리 작용된다. 이미 극도의 유연성이 가능한 경우도 있는 반면, 모든 사람이 물리적으로 함께 모이는 고정된 시간이 필요한 경우도 있다. 어떤 직업은 작업 기간 내내 모두가 동일한 장소에 꼭 모여야 한다. 이런 직업 중 일부는 바뀔 수 있지만 바뀌지 못할 수도 있다. 그렇지만 이렇게 많은 직업이 유연성을 허용하지 않는 것처럼 보일지라도, 몇몇 기발한 새로운 디자인들이 비즈니스에 피해를 주지 않고 근로자의 삶을 개선시킬 작업 패턴의 변화를 만들어낼 수 있다. 근로자가 만족스러운 생활을 영위하면 이는 종종 업무 수행에 우수한 성과로 이어진다. 팬데믹 기간에 우리가 어쩔 수 없이 적응해야 했던 것이 이제는 우리 삶의 다른 측면을 변화시키고 있다.

기술적 표준 결합하기

과학적 시간 기준은 인위적 성격을 지녔음에도 불구하고, 많은 사람에게 매우 유용하다. 엄격하고 형식적인 표준 시간은 조정과 계획에 적용되어 사용될 때 가장 큰 장점이 드러난다. 사물에 대한 엄격하고 과학적인 정의와 보다 더 일반적인 인간 중심의 정의는 각각 장단점을 가진다. 그렇다면 유연하게 두 가지 접근법을 결합하는 건 어떨까?

현대 교통 시스템이나 세계 각지의 사람들이 참석하는 회의에 필요한 국제적 협력을 위한 조정을 생각해보자. 이를 위해서는 공식적이고 엄격한 시간 정의를 사용하는 것이 필수적이다. 매일의 시간은 태양의 위치에 의해 정의되며, 태양이 동쪽에서 서쪽으로 이동하면서 하늘을 가로지르는 동안 태양이 최고점에 도달하는 시기가 정오를 나타내도록 설정되어 있다. 그러나 1800년대의 기차 여행은 '서로 다른 지리적 위치에서의 동기화를 가능하게 하는 표준 시간의 부재로' 어려움에 직면하였으며, 그 결과 수많은 열차 사고가 발생하였다. 그리하여 1800년대에 세계 표준 시간이 고안되었으며, 처음으로 영국 런던 남동쪽에 있는 그리니치 천문대를 시간대의 세계 표준 위치로 사용했다. 관례적으로 하루는 24시간이기 때문에, 원래의 목표는 지구를 24개 구역으로 분할하여 각각을 지구의 15도 자전(인간 관찰자의 관점에서는 태양이 하늘을 가로지를 때까지 얼마나 움직이는지를 의미함)을 표시하는 시간대로 설정하는 것이었다. 공식적인 시간 정의는 일정 조율을 가능하게 했고, 사람들도 계속해서 태양이 최고점에 가까울 때 정오가 되기를 원했기 때문에, 시간대는 엄격한 과학적 정확성과 사람들의 선호까지 반영하며 좋은 타협점을 제공했다.

그러나 시간대가 15도 간격으로 된 경도선으로 엄격하게 시행되었다면, 일부 도시는 두 개의 다른 시간대로 분할되거나 심지어 집이나 직장이 분할되었을 수도 있다. 결과적으로는 과학적으로 결정된 엄격한 시간대 경계가 완화되어 시간대 분할을 상당히 자유롭게 배치하여 지역사회의 혼란을 최소화할 수 있었다. 그 결과, 각 시간대의 경계선이 들

쭉날쭉해서 외부인에게는 혼란스러울 수 있지만, 해당 지역의 거주자에게는 합리적이다. 세계의 일부 지역에서는 60분 대신 30분 또는 45분의 오프셋 시간대를 선택하기도 했다. 중국은 워낙 커서 15도마다 시간대를 두려면 5개의 시간대(미국 대륙은 4개의 시간대로 나누어져 있다)가 필요하므로, 전국적으로 단일 시간대를 사용하기로 결정했다. 중국의 경우, 일관된 단일 시간대를 갖는 것은 비즈니스에는 편리하다. 하지만 일부 지역에서는 농부와 상점들이 지역 활동을 위해 현지 시간을 사용한다.

과학과 인간의 경험을 모두 사용하자

시간대의 역사는 과학적 정확성과 인간의 일반적인 활동이란 두 가지 요구를 수용하는 방법을 보여준다. 정밀성에 대한 필요가 관용성에 대한 필요를 만날 때, 타협점을 찾아 두 가지 요구 사항을 모두 안정적으로 수용할 수 있다.

사람들에게는 활동을 서로 동기화해야 할 경우가 많다. 마찬가지로 정해진 시간에 발생해야 하는 이벤트도 있다. 이 모든 경우에 우리는 정확한 일정에 동의할 수 있도록 확실한 과학적 시간대를 사용해야 한다. 이와 달리, 일정이 유동적인 경우도 있다. 그러면 사람들은 자신이 선호하는 시간대를 따를 수 있으며, 비공식적인 일정이 필요한 경우에는 항상 사용 가능한 통신 기술(예를 들어, 스마트폰)이 있으므로 회의나 행사를 자유롭게 조정하고 합의된 날짜나 시간 또는 장소를 변경할 수 있다.

한 문제에 대해 다양한 접근 방식이 있는 경우, 각 접근 방식에는 장단점이 모두 있는 경우가 많다. 우리는 모든 사람과 모든 상황에 동일한 해결책을 고집해서는 안 된다. 가능한 한 유연성을 부여하여 사람들이 의미 있는 삶을 살도록 해주자. 물론 유연성은 사람들이 필요한 작업을 수행하지 않아도 됨을 의미하지 않는다. 그보다는 일을 더 빨리 끝내고 더 즐겁게 하면서도 지치지 않게 하는 데 도움이 될 수 있다. 타협은 모든 세계에서 최상의 해결책을 제공할 수 있다.

자본주의가 잘못된 지점

일부 기업은 제조 과정에서 발생하는 실제 비용을 지불하지 않는다. 공장에서 대기 중에 유독 가스를 배출하거나 독성 물질을 하수도나 지역 수로로 방류한 후에 이를 '외부효과(또는 외부성)externality'이라고 부르고 재무제표에 기록하지 않는다. 그러면 청소 비용은 누가 지불할까? 대중이 세금으로 내거나 질병과 열악한 생활환경을 몸소 겪는 것으로 대신 치르게 된다.

기업의 상품을 구매하는 사람들을 고객이라고 부른다. 그리고 개인적인 용도로 상품을 구매하는 사람을 소비하는 존재인 소비자라고 부른다. 따라서 기업은 생산된 품목을 고객이 점점 더 많이, 더 자주 소비할 수 있게 만들 다양한 방법을 고안해왔다. 음식을 판매하는 기업은 음식이 그 자체로 소비되기 때문에 항상 새로운 음식을 구매할 수요가 생기므로 상대적으로 쉬운 편이다. 하지만 재구매까지 시간이 더 걸리는 제품의 경우, 기업은 고객이 계속해서 소비를 이어나갈 수 있을 만한 이유를 고안해내야 한다. 한 가지 방법은 사람들이 이미 가지고 있는 것들을 유행이 지났다고 설득하여 쓸모없게 만드는 것이다. 패션 산업은 소비자에게 유행이 중요하다고 확신시켜서 오래된 옷이 아직 정상적이더라도 새로운 옷을 구매할 수밖에 없도록 만든다. 유행은 오늘날 의류 분야를 넘어서 자동차, 스마트폰, 컴퓨터, 가전제품들까지 훨씬 더 많은 분야로 확장되고 있다. 확장 가능한 분야의 목록은 기업의 마케팅 부서가 가진 창의성의 한계에 따라서만 제한될 것이다.

두 번째 접근법은 계획된 노후화Planned Obsolescence다. 이는 '제품의 수명을 의도적으로 단축하여 사람들이 새로운 기능을 갖춘 대체품을 구매하도록 강제하는 것'으로 정의된다. 노후화는 제품이 지속적으로 고장 나서 수리 비용이 새 제품의 구매 가격보다 크면 발생한다. 또 다른 접근법은 기능을 계속 추가하고, 이러한 기능이 성공과 행복 또는 직무 생산성에 절대적으로 필수적이라고 사람들을 설득하는 것이다. 그 밖에 다른 접근법은 사용 표준과 플랫폼을 주기적으로 변경하여 플랫폼 변경 전에는 작동에 무리가 없던 구식 제품이 더 이상 작동하지 않게 하는 것이다.

인공적인 구매 욕구를 유발하기 위한 이 모든 전략은 행동과학의 발달이라는 환경적 요인과 함께 성장했다. 행동과학의 연구 결과는 처음에 기업의 마케팅 부서에서 사용되었는데, 보통 학계 연구원들은 자신의 연구 결과가 사용된 사실에 놀라워했다. 연구원들이 자신이나 제자의 취업 기회 및 연구 자금 조달의 새로운 원천을 알게 되자, 곧바로 그러한 관행이 더 강화되었다. 그 결과 상품을 더 매력적으로 만들고, 상품과 상점, 웹사이트 그리고 기업의 여러 측면을 더 중독적이고 더 '스티키sticky'하게 만드는 요소들을 개발하기에 이르렀다. 스티키라는 용어는 소비자가 제품에 할애하는 시간을 말한다. 예를 들어, 상점이라면 상점 내부에 오래 머물면서 탐색과 질문을 비롯하여 상품을 구매하는 데 걸리는 시간을 말한다. 웹사이트면 웹사이트 내에서 소비하는 시간이라고 할 수 있다. 그리고 이 모든 요소를 고려해볼 때, 행동이 얼마나 중독성이 있었는가? 해당 고객은 일주일에 몇 번 제품을 찾는가? 게임과 소셜미디어와 같은 극단적인 경우에는 하루에 몇 번 혹은 한 시간이나 심지어 일 분에 몇 번 사용하는지에 따라 스티키가 결정된다. 어떤 상황에서는 기업들이 측정 기준에 따라 스티키를 너무 잘 설계해서 대인관계와 직장 혹은 학교에서의 성과뿐 아니라 수면 등에도 영향을 미친다. 이제 매출과 이익에 미치는 긍정적인 특징과 사람에게 미치는 부정적인 영향에 대한 결과는 모두 광범위하게 연구되고 있으며, 크리스 노더Chris Nodder의 《사악한 디자인》, 나타샤 도우 슐Natasha Dow Schüll의 《디자인이 만든 중독Addiction by Design》 그리고 쇼샤나 주보프Shoshana Zuboff의 《감시 자본주의 시대》와 같은 제목의 책이 출간되기에 이르렀다.

이윤을 향상시키기 위한 의도적인 노력은 사람과 지구에 극심한 피해를 입힌다(지구가 입는 피해는 3부 지속 가능성의 주제다). 디자이너는 제조업체가 새롭고 향상된 장치를 만들 수 있도록 제품을 디자인한다. 하지만 이런 제품들은 대량으로 생산되면서 환경에 부정적인 영향을 미친다. 자재를 채굴하는 과정에서 환경에 해를 끼치며 제조하다가 발생한 폐기물을 그대로 배출하기 때문이다. 행동과학을 십분 활용한 회사들은 이익 극대화를 위해 사람들의 생각과 행동을 조작하며 삶의 질과 사회적 이에 악영향을 끼친다. 그리고 소비자들의 관심과 인지도, 시간 그리고 당연히 돈을 차지하기 위한 전쟁에서 의도하지 않은 부작용인 외부 효과를 가져온다.

그렇다. 이 모든 것은 잘못되었으며 해악을 끼칠 수 있다. 하지만 실제 원인은 여러 세대에 걸쳐 축적되어 온 보상 체계와 행동 기준이다. 그중 많은 것들이 이제 더 이상 적절하지 않기 때문이다(일부는 전혀 그렇지 않지만). 이런 관행을 모두에게 유익하고, 지구상의 모든 생명체의 삶을 향상시키며, 인간의 건강과 행복 그리고 교육에 도움이 되는 것으로 바꾸기 위해서는 모든 것을 전면적으로 재고해야 한다. 우리가 어떻게 살고 어떤 것을 보상할지, 어떤 활동을 중단해야 하는지를 결정하는 방식 자체를 말이다. 그리고 이런 재고의 과정은 단순히 사물의 디자인을 넘어 해로운 활동을 장려하는 정치, 경제, 법철학으로 옮겨가야 한다. 우리는 모든 것을 바꿔야 한다.

06.

의미 있고 지속 가능한 인류 중심 디자인을 위해

인류의 삶은 과학적 측정 도구와 산업적 필요에 의해 통제되고 있다. 그리고 다시 산업은 세계의 경제이론과 재료, 장비, 운송, 노동 비용을 지불하기 위한 화폐의 필요성에 의해 통제된다. 이 모든 것이 법률, 규정, 관습 등 인위적인 절차에 의해 통제되고 있다. 이 통제권을 가진 자들은 종종 자신의 이익을 위해 이러한 규칙과 절차를 정의하며 다른 사람들은 이러한 인위적이고 상당히 자의적인 명령을 따라야만 한다.

경영대학원과 금융계는 산업의 목표를 성장과 지속적인 수익 증대로 정의했다. 이런 목표들은 어디서 비롯된 것일까? 바로 기업가와 상인, 은행가들이 고안하고, 그다음에는 경제학자들에 의해 수학적 이론으로 체계화되어 우리 삶을 통제하는 법과 규제의 형태로 나타난다. 성장과 이익을 추구하는 것은 지구의 무한한 것처럼 보이는 자원을 제품으로 만드는 데 사용하고, 제조 과정과 사용 중에 발생하는 폐기물 역시 무한한 것처럼 보이는 강과 바다, 대기에 버리는 것을 의미한다.

지구의 자원은 한정되어 있지만, 인간의 소비와 활동은 그 한계를 넘어서고 있다. 이로 인해 지구의 기온은 계속 상승하고, 대기는 독성 물질로 오염되고, 식품은 과잉으로 재배되면서 화학물질은 증가하고 있다. 이 모든 것들은 우리의 건강에 악영향을 미치고 있다. 이런 상황을 어떻게 바꿀 수 있을까? 충분한 수의 사람들이 기업가, 교육자 그리고 정치인들과 협력할 때만 가능하다. 변화는 지구가 균형을 회복하고, 사람의 삶이 더 균형을 이루게 하는 데 필수적이다. 이는 많은 사람과 우리가 살아가는 방식에서 근본적인 변화를 요구하는 거대한 작업이다.

이 책에서 그전에 많은 사람과 조직, 출판물이 다루었던 것과 동일한 문제를 다룬다. 하지만 다른 시각에서다. 이전 접근 방식은 대부분 삶의 방식을 바꾸는 데 도움이 될 기술적인 접근이나 정책 변화에 초점을 맞춘다. 물론 이런 접근법도 중요하지만, 나는 어떠한 활동이든 사람과 그 삶의 방식과 질에 미치는 영향에 우선순위를 두면서 인간적 측면에 초점을 맞춘다. 이러한 변화는 세계 다수의 사람의 지지를 필요로 한다. 그 지지 없이는 정책을 변경하거나 기술적인 해결책을 시행하는 것이 불가능하기 때문이다.

다루지 않는 내용

이 책에서는 인간의 행동이 어떻게 현재의 생태학적, 사회적 위기를 악화시키고 있는지, 그리고 이러한 위기를 해결하기 위해 우리가 어떻게 행동을 바꿔야 하는지를 살펴보겠다. 인간의 행동은 생태계와 지구에 심각한 부정적인 영향을 끼치고 있으며, 극단적인 기상 변화를 초래하고 있다. 이 책의 목표는 이 문제의 원인과 해법을 밝히고, 인간의 행동을 개선하는 방법을 제시하는 것이다. 이런 행동이 바뀌지 않는다면, 모두의 삶은 돌이킬 수 없는 손상을 입을 것이다. 지구 자체는 위험에 처해 있지 않다. 지구는 많은 집단 멸종과 변화에서 살아남았다. 이번 위기에서도 비록 그 모습은 변하더라도 살아남을 것이다. 하지만 인간 역시 생존한다고 해도 그 삶은 크게 달라질 수 밖에 없다.

이 주제에 초점을 맞춘다는 건 내가 모든 종류의 편견과 사람들이 받는 대우 및 주거 방식, 그리고 교육받는 장소와 어디서 일하고 어떻게 처우받으며 급여를 받는지에 있어 발생하는 불평등에 대한 주요한 사회적 문제를 다룰 공간이 없다는 것을 의미한다. 나는 세계의 금융 시스템에 대해 살펴보고 그들이 어떻게 글로벌 정부와 기업, 그리고 사람들의 삶과 행동에 지배적인 영향을 미치는지에 대해 논의하겠지만, 이런 문제들에 어떻게 대응할 것인지에 대해서는 언급하지 않을 것이다.

거버넌스는 인공적이며 편향적이다. 많은 곳에서 거버넌스는 오만하고 독재적이거나 부패한 것으로 알려져 있다. 대다수 민주주의 국가의 정부 구조는 국민의 상충된 이해관계와 관점 사이에 균형을 맞추려고 노력한다. 하지만 그 결과로 교착 상태에 빠질 수 있다. 즉, 일을 처리할 수 없는 상황으로 이어질 수 있는 것이다. 당사자들이 조치를 취하기로 합의했더라도, 입법 과정에서 통과되기 위해서는 상충된 의견을 설명하고 충분한 표를 얻기 위한 많은 합의가 필요하다. 이러한 요구 사항들은 입법의 중요한 측면을 너무 약화시켜서 결국 무력하고 무의미한 법률로 만들어질 수 있다. 이에 대해서도 자세히 논의하지 않을 것이다.

또한 기술이 우리의 행동을 통제하고 부분적으로 우리를 감시하기 위해 사용되는 방식에 대해서도 논의하지 않는다. 기업의 지배력을 증대시키기 위해 우리가 그들의 영역에서 점점 더 많은 시간을 보내도록 유인되는 것뿐만 아니라 정부, 경찰기관, 정당의 지배력을 통해 우리가 특정 방식으로 행동하도록 유도되는 부분에 대해서도 마찬가지다.

개인적으로 관심을 두고 있는 다른 많은 중요한 것들에 대해서도 언급하지 않겠다. 나는 사람들이 서로를 대하는 방식을 바꿔야 한다고 아주 강하게 믿고 있다. 우리는 사람을 엄격한 어떤 범주의 구성원이 아닌 한 개인으로 판단할 필요가 있다. 키가 얼마나 크고 작은지, 얼마나 마르고 뚱뚱한지, 혹은 피부색이나 신체적 기형의 유무, 그리고 종교나 신조, 출신 국가, 성별로 판단해서는 안 되며, 돈이나 권력에 대한 접근성에 따라 판단해서도 안 된다. 오늘날 우리의 시스템은 끔찍할 정도로 편향되어 있으며, 많은 경우에 이러한 편견과 불공평한 처우를 초래하는 요소들은 너무 오랫동안 존재해서 우리는 그것들을 자연스러운 것으로 생각한다. 거의 현 상황에 의문을 제기하지 않는다. 그리고 편견의 많은 부분이 우리와는 다른 사람에 관한 것이며, 억양이나 언어, 성별, 인종, 외모, 능력 등으로 인해 발생한다. 하지만 이러한 편견과 편향의 대부분은 의도적이며 결코 용납될 수 없다.

자연은 생물학적인 것이며, 생물학적이란 디지털이 아니라는 뜻이다. 더 정확히 말하자면, 그건 이진법적이지 않다. 여름이 갑자기 가을이나 겨울이 되지는 않으며, 그사이에는 미묘한 상태가 수없이 존재한다. 식물과 동물 종의 차이도 명확한 경계가 있지 않으며, 단계별로 나뉜다. 마찬가지로 피부색, 인종, 그리고 종교적 믿음에 대해서도 같은 말을 할 수 있다. 종들 사이의 구분은 단계별로 이루어지며, 종종 연속적이고 경계가 불분명하다. 철학자 루트비히 비트겐슈타인^{Ludwig Wittgenstein}은 이미 오래전에 엄격한 범주를 형성하는 어려움에 대해 썼다. 언어는 그 자체가 의도적으로 모호하다. 만약 내가 거꾸로 놓인 휴지통이나 농구공 혹은 축구공 위에 앉는다면, 그것들이 갑자기 의자로 변하는가? 어떠한 것보다 더 많은 정치적 논란에 있는 성별은 또 어떠한가? 자연은 엄격한 경계를 가지고 있지 않다. 그건 아날로그적이며, 생물학적이고 점진적이다. 남성과 여성 역시 많은 변수에 의해 결정되는 만큼 그사이에 많은 음영이 있으며, 여러 가지 혼합된 변수들이 존재할 수 있다. 우리는 사람을 개인으로서 존중해야 하며, 엄격하고 인공적으로 정의된 범주를 강요해서는 안 된다.

이 책에서 이러한 문제를 다루지는 않지만, 제외한 이유를 관심이 부족해서라고 해석하지는 않길 바란다. 나는 이런 문제를 해소하기 위해 많은 사람과 상호작용했다. 직접 만나기도 했고, 때로는 화상 회의나 그들이 쓴 글과 책을 통해 이루어지기도 했다. 책 뒷부분에 나오는 이 장에 해당하는 참조에 내가 세상을 이해하는 데 영향을 준 몇 가지 중요한 책들을 소개하고 있다. 나를 일깨워준 모든 분들께 감사드린다.

다루는 내용

나는 우리 사회의 몇 가지 근본적인 문제를 다룬다.

인공성. 우리 문명을 지탱하는 대부분은 사람이 창조했기 때문에 인공적일 수밖에 없다. 행동과 신념 그리고 문화적 가치 또한 인공적이다. 이는 바꾸기가 어렵다. 사람들은 수 세기에 걸쳐 문화적 신념과 가치에 이끌려왔기 때문에 그것들이 자연스럽고 적절하며 변할 수 없다고 생각한다. 하지만 그 모든 것들은 인공적이기 때문에 바뀔 수 있다.

기술은 인공적인 것이며, 우리 사회의 구조와 행동에 영향을 미치고 있다. 이는 대부분 무의식적으로 일어나지만, 중요한 기술의 발명은 우리의 일상을 바꾸면서, 특정한 사회적 양상과 습관을 자연스럽게 만들어내고 있다. 기술의 힘은 수학의 힘과 함께, 기술을 설명하는 언어를 통해 표현된다. 그러나 이러한 언어는 비기술자들에게는 난해하게 느껴질 수 있다. 더욱이, 기술의 근간이 되는 수학과 과학은 적절하지 않은 상황에서도 적용되기도 한다. 예를 들어, 경제학은 돈이라는 동일한 척도로 모든 것을 측정한다. 이는 소득, 행복, 가치 등을 돈으로만 판단하게 하며, 이는 사람들과 사회에게 과학과 기술의 지시를 따르게 한다. 그러나 이러한 지시는 자연스럽지 않고 종종 과학자와 기술자의 편리성 때문인 경우가 많지만, 이가 사회에 미치는 부정적인 영향에 대해서는 대부분 무관심한 채로 남아있다.

STEM(Science^{과학}, Technology^{기술}, Engineering^{공학}, Mathematics

^{수학})을 강조하는 것은 인간성을 배제하는 것이다. 우리는 기술에 종속되었다. 원래는 그 반대로 기술이 사람을 섬기도록 되어야 한다. 하지만 불행하게도 STEM 분야는 사람, 사회, 예술, 문학, 그리고 삶을 가치 있게 만드는 다른 많은 지식 분야를 고려하지 않는다.

인간과 생명 그리고 지구의 생태계를 고려하지 않고 우리를 괴롭히는 모든 문제에 대한 해결책으로서 기술을 강조하는 것은 우리를 쓰레기 시대로 이끌었다. 여기서 우리의 기술적이며 산업적 사회의 폐기물들은 편리하게 '외부효과'라고 분류해 그 누구도 책임지지 않은 채 지구상의 생명체를 파괴하고 있다. 우리는 생태학적이고 인간 중심적인 문제와 가치를 우선시하고, 다른 모든 것은 중요도를 떨어뜨려야 한다.

이게 전부다. 그저 우리 사회의 몇 가지 간단한 근본적인 문제들을 다룰 뿐이다. 내가 앞서 다루지 않았다고 언급한 몇 가지 주제들을 모두 담을 수 없었던 이유다. 이 책에 한 가지 주제가 있다면, 인간의 가치로 돌아가 인간성에 초점을 맞춰야 한다는 것이다. STEM과 경제학에 이끌려 오늘날의 상태가 되게 한 건 인간의 행동이고, 우리를 벗어나게 해 줄 수 있는 것도 인간의 행동이다. 우리는 수많은 기술적인 문제에 직면해 있지만, 그중에서도 가장 어려운 문제는 이 책의 주제인 인간의 행동이다.

이 책의 주요 주제가 인간과 인간의 행동이라면, 나는 왜 이렇게 많이 디자인의 역할에 대해 말하는 걸까? 그 이유는 디자이너의 역할이 점점 더 기술과 정책 그리고 사람들 사이의 인터페이스로 작용하기 때문이다. 디자인은 사람을 이해하고 그들의 필요와 이해를 중점으로 하는 핵심 분야다. 오늘날, 그 초점은 모든 생명체와 세계의 생태계 그리고 우리 모두가 살아가는 복잡한 시스템을 의미하는 인류를 포함하도록 확장되어야 한다. 그것이 이 책이 초점을 맞추는 부분이다.

이 책이 변화를 줄 수 있다면 기쁘겠지만, 모든 불공평이 해결될 때까지 나는 만족하지 않을 것이다.

디자인의 역할

이 책에서 나는 21세기를 위한 새로운 형태의 디자인에 대해 이야기한다. 이 디자인은 모든 인류의 필요에 주안점을 두면서 해당 디자인의 대상이 되는 사람들의 삶과 문화에 대한 세심함을 고려해야 한다. 여기는 세 가지 근본적인 주제가 있다. 첫째, 사람들에게 의미 있는 방식으로 세상을 묘사할 것. 둘째, 생태계에 해로운 제품 생산하지 말 것. 셋째, 커뮤니티가 주도하고 디자이너는 조력자로서 공동체 프로젝트 수행하는 것이다.

이 책은 여섯 부분으로 구성되어 있다. 1부에서는 인간의 삶과 관련된 거의 모든 것이 인위적이며 인공성을 가진다는 이 책에서 가장 중요한 개념을 이야기한다. 2부에서 6부까지는 현재 문제를 다루며, 그중 5부와 6부에서는 우리가 취해야 할 조치와 그 조치들을 달성하기 어려운 이유에 초점을 맞춘다.

2부와 3부, 그리고 4부는 주요 주제들을 검토한다. 즉, 우리는 삶을 의미 있고(2부), 지속 가능하며(3부), 인류 중심(4부)이 되도록 변화시킬 필요가 있다는 주제들이다. 다음은 이 세 가지 중요한 원인이 지구 생태계의 다양한 문제의 근본적 원인이 되는 인과적 설명에 대한 간략한 개요다.

의미성

사람들은 삶의 모든 측면, 즉 직장이나 학교에서, 가족과 사회적 상호작용에서, 그리고 소유하거나 창조한 인공물에서도 의미를 찾는다. 오래되고 초점이 맞지 않는 개인적인 사진 한 장에도 깊고 중요한 의미를 부여할 수 있다. 우리는 더 많은 것을 의미 있게 만들어야 한다.

정부와 기업이 현대 생활을 정의하는 많은 지표는 일반인이 이해하기 어렵다. 심지어 그것을 사용해야 하는 전문가에게도 어려운 경우가 있다. 이해할 수 없는 것들은 의미가 있을 수 없고, 의미가 있다 하더라도 그것은 그로 인해 생긴 좌절과 불안으로 가득 찬 부정적인 것일 뿐이다.

삶의 질을 이해하고 측정하기 위해서는 경제보다는 사람들이 관심을 기울이는 것들을 우선시해야 한다. 국가와 기업을 판단하는 데 사용하는 지표를 수익과 성장이 아닌 삶의 질을 높이는 것으로 바꿔야 한다. 웰빙과 건강, 교육, 안보, 행복과 같은 사회적 기준에 초점을 맞춘 의미 있는 심리적 측정 방법을 사용해야 하며, GDP나 경제적 이익, 주식 시장의 지수 등 경제적 측정 방법 사용은 중단해야 할 것이다.

지속 가능성

세상은 복잡하게 상호작용하고 있는 하나의 네트워크다. 그 결과, 주요 사회 문제에 간단하고 쉬운 해결책이란 없다. 사회적 탄력성과 지속 가능성이라는 두 가지 주요 문제만 보더라도 지역, 세계, 기술, 조직 및 정치 등 다양한 수준의 조치를 필요로 한다. 천연자원은 어떤 경우에는 고갈되고, 어떤 경우에는 오염된다. 세계의 제조 공정은 쓰레기를 생산한 다음, 무책임하고 해로운 방식으로 폐기물을 처리하고 있다.

3부에서 더 나은 모델, 즉 재화를 수리하고, 보수하고, 재사용할 수 있는 순환 경제를 제시한다. 더 좋은 점은 사용되는 모든 재료가 생물학적인 것으로, 자연에 존재하는 것과 같이 자체 지속 가능한 시스템을 생성한다는 것이다. 이는 모든 것이 탄력적이고 재생 가능하며, 재사용할 수 있고, 가능한 한 회생할 수 있는 순환 경제다.

인류 중심성

세계 공동체를 개선하기 위한 프로젝트는 반드시 디자인이 목표로 하는 대상자와 협력하여 수행되어야 한다. 이를 위해서는 주제와 관련된 여러 분야의 전문가의 지원과 협력이 필요하다. 디자인 업계는 일반인의 의견을 반영하지 않은 디자인을 중단하고, 무언가를 하거나 원하도록 유도하는 대신 공동체를 위한 촉진자와 지원자로서의 역할을 해야 한다. 우리에겐 정부와 법률, 경제, 공학, 보건, 그리고 교육 등 다양한 분야에서 광범위한 전문지식을 갖춘 전일적인 디자인이 필요하다. 대규모의 시스템이나 프로젝트를 다룰 때, 모든 것을 한 번에 완벽하게 설계하고 구현하는 것은 어려울 수 있다. 시스템의 복잡성과 다양한 요소들의 상호작용을 고려해야 하기 때문이다. 이때 초기에 작은 단위의 프로젝트를 진행하고, 해당 작업의 결과를 바탕으로 후속 작업을 결정하고 진행하는 것이 효과적이다. 소규모 프로젝트들은 유연하면서도 책임감이 있어서 대규모 프로젝트보다 지역 사회에 보다 더 수월하게 활용될 수 있다. 우리는 다양한 소규모의 유연한 프로젝트들을 통해 큰 문제를 해결할 수 있다. 우리의 디자인은 인류에 도움이 되는 동시에 생태계에도 기여해야 한다.

목표는 의미 있고 지속 가능한 인류 중심적 세계를 만드는 것이다. 이를 위해서는 모든 사람이 우리 삶을 지배하는 기본 전제와 존재 방식을 재고하고 재구성해야 한다. 1부에서 4부까지에서 이러한 삶의 인공성에 대해 다루었다. 각 부분에서 우리 세계를 의미 있고 지속 가능하며 인류 중심으로 만들어야 할 필요성에 대해 논의한다. 이제 2부로 넘어가서 '무엇이 의미 있는가'에 대해 살펴보겠다.

2부
의미성

이해하기 쉬운 방식으로
소통하기

07.

___

의미의 가치

우리는 의미가 복잡하고 추상적인 법률적, 기술적, 정부 관련 전문 용어들이 난무한 세상에서 살아간다. 하지만 때로는 이들 용어의 부족한 명료함은 의도치 않은 상황을 야기한다. 전문 영역 밖에서 의사소통하는 데 익숙하지 않은 사람이 일반 대중을 위한 글을 쓰려고 할 때, 전문 분야의 언어가 비전문가들에게는 완전히 의미 없고 더 나아가 위협적일 수 있음을 깨닫지 못하기 때문이다. 반대로 복잡성을 의도한 경우도 있다. 이를테면, 컴퓨터용 응용 프로그램을 구매하거나 웹사이트에 로그인할 때마다 우리는 법률 언어로 된 긴 양식에 동의해야 한다. 작은 창을 통해서만 볼 수 있는 이 양식은 모든 단어가 대문자(소문자보다 읽기 어려운)로 표시되어 있다. 그런데도 우리는 그 문서에 동의하지 않고는 일을 진행할 수 없다. 여기서 문서 작성자는 사용자가 읽지 않고 동의하기를 원한다(그리고 문서를 읽으려고 해도 의도적으로 이해하기 어렵게 되어 있다는 것을 곧 깨닫게 된다). 사람들이 의료, 재정, 안전에 관한 조언을 이해하거나 기후 변화 혹은 경제 예측과 같은 문제에 대한 조언을 신뢰하고 응답하는 데 어려움을 겪는 것은 이상한 일이 아니다. 그렇다. 우리는 사람이 만든 대부분의 인공적인 세상에 살고 있다. 그렇다면 왜 이 세상은 그렇게 이해하기 어렵고 의미 없는 형태로 만들어진 것일까?

과학자가 기후 변화 위기를 설명하는 방법

일반 대중과 기업 경영진, 정치인 등 모든 사람에게 기후 변화를 심각하게 받아들이도록 하는 일은 매우 어렵다. 문제는 지구 평균 기온이 산업화 이전 수준보다 2도 이상 오르는 것을 막는 일이다. 여기에서 단어들이 매우 이해하기 쉬운데도 불구하고, 메시지 자체는 완전히 전달되지 않는다. 내 경우, '산업화 이전^{Preindustrial}'이 언제인지 (답은 대략 1750년) 찾아보기 위해 인터넷을 검색해야 했다. 300년 전이라고? 그래서? 2도 상승은? 내가 사는 곳(샌디에이고)의 기온은 매일 그보다 훨씬 더 많이 변한다. 그러니 그게 뭐가 그리 대단한 일인가? 해수면 상승 문제도 마찬가지다. 2100년의 예상 상승폭은 0.9미터에서 1.4미터(3에서 4.5피트)다. 지금으로부터 80년 후? 내가 사는 곳에서는 보름달이 뜰 때마다 조수로 인해 해수면이 1.8미터(6피트) 이상 상승한다.

과학자가 과학적으로 말하는 것(과학어라고 할까?)에 대해 왜 일반 대중이 주의를 기울여야 할까? 평범한 사람에겐 이러한 예측은 중요한 의미를 갖지 않는다. 바다에서 멀리 떨어진 곳에 사는 사람이 해수면에 대해 걱정해야 할 이유가 있을까? 위험은 대중에게 의미 있는 방식으로 설명되어야 한다. 평균 기온이나 해수면 상승을 말해서는 안 된다. 대신 재난을 이야기하자. 세계는 이미 기후 변화로 인한 많은 재난에 직면해 있다. 광범위한 대형 화재에 대해 이야기를 꺼내라. 그리고 허리케인, 몬순, 토네이도, 태풍, 폭우와 같은 기록적인 강도의 폭풍을 말하고, 그것이 바다에서 멀리 떨어진 곳까지 대규모 홍수와 재난을 일으킨다는 것을 설명하라. 또한 지역 사회에 영향을 주어 심각한 어려움을 겪게 하는 대규모 가뭄을 이야기하자. 중요한 식량을 공급하는 많은 주요 경작지에서 더 이상 필요한 양을 생산할 수 없게 되는 세계 농업 작물의 대규모 변화를 설명하자.

하지만 재난에만 초점을 맞추지는 말아야 한다. 그런 메시지는 '어두운 전망'이라고 불린다. 사람들을 걱정하게 만들며, 끔찍한 메시지가 자주 전달될수록 관심을 불러일으키기 어려워진다. 계속해서 불행한 이야기를 듣고 싶은 사람이 누가 있겠는가? 그러니 당연히 예측을 밝히는 동시에 그에 대한 대처 방안도 함께 말해야 한다. 사람들은 할 수 있는 일이라고 느끼지 않는 한, 반응하지 않을 것이다. 그렇다면 긍정적인 메시지에는 어떤 것들이 있을까? 그건 이 책의 6부에서 다룰 것이다(원한다면 지금 바로 해당 부분으로 넘어가도 좋다).

세상은 복잡하며, 거의 모든 것이 어떤 형태로든 연결되어 있는 거대한 시스템이다. 세계 시스템은 복잡해서 완전한 분석과 이해를 불가능하게 만든다. 복잡성의 일부는 지구가 형성되는 동안 만들어진 다양한 물리적 요소의 결합에서 비롯되며, 이는 물리학, 화학, 지질학을 아우른다. 일부는 생물학에서 유래했는데, 생명의 본성과 진화 과정, 그리고 동물과 식물 및 그 밖의 생물(예를 들어, 곰팡이)들을 포함하는 모든 생명을 지탱하는 상호 연결망을 형성하는 방식에서 나온다. 문제는 보통의 평범한 일반 시민들이 세상을 충분히 이해하여 삶을 잘 헤쳐나가고, 현명하고 합리적인 선택과 결정을 할 수 있느냐는 것이다.

복잡한 주제는 이해하기 쉽게

디자인은 현대 기술의 복잡성을 이해 가능하고 사용 가능하게 하는 데 필수적인 역할을 할 수 있다. 나는 이 문제를 가지고 디자인 분야에서 싸워왔다. 그런 맥락에서 나의 다른 저서 《도널드 노먼의 UX 디자인 특강》을 통해 우리 삶의 많은 것들이 복잡하지만 이해 가능하다면 우리는 '단순하다'고 부른다는 사실을 지적했다. 이해하기 쉽게 하려면 일상 언어와 예시를 사용하는 것이 핵심적이다.

한 가족이 주방에서 조리기구와 식품을 정리하는 방법을 생각해 보자. 물건이 어디에 있어야 할지 정한 가족 구성원들에게는 주방 구조가 간단하고 이해 가능하다. 하지만 가족 구성원이 아닌 사람들이 그 낯선 주방에서 무언가를 요리하려고 한다면 혼란스러울 정도로 복잡할 수 있다. 왜 그 가족에게는 간단한 것일까? 각각의 물건이 왜 그 자리에 있는지 알기 때문이다. 가족의 전통 때문일 수도 있고, 함께 사용되는 물건들을 비슷한 곳에 두고 싶은 바람 때문일 수도 있다. 혹은 어떤 물건은 아이들이 닿기 어렵게, 또 다른 물건들은 모든 사람이 접근하기 쉽게 만들어야 할 필요성 때문일 수도 있다. 각 물건에는 스토리가 있으며, 그 스토리를 안다면 주방 구조는 논리적이고 이해하기 쉽다. 하지만 그 가족이 다른 사람의 주방에 가서 그 주방의 역사와 이야기를 이해하지 못한다면, 그들의 주방 구조는 기이하고 이해할 수 없게 느껴질 것이다.

세상은 물론 주방보다 더 복잡하지만, 원리는 동일하다. 사람들이 사물의 기본적인 이유를 이해한다면, 세상의 복잡성과 기후 변화의 근본적인 원인 중 많은 부분을 이해할 수 있다. 일단 사람들이 그런 수준의 이해에 도달하면, 피해를 막기 위해 무엇을 해야 할지 쉽게 이해할 수 있다. 우리 정부가 시민들이 이해하기를 기대하는 모든 다른 것에도 같은 원칙이 적용된다. 무슨 말인지 알 거라 믿는다. 모든 양식과 규정들, 그리고 모든 경제적 변수에 이르기까지 동일한 원칙이 적용된다. 하지만 정부와 금융 서비스가 즐겨 제공하는 통계는 일반인에게 의미 있고 이해할 수 있는 방식으로 제공되지 않는다.

대부분의 기술전문가는 동일 분야나 밀접하게 관련된 분야의 다른 전문가에게 자신의 작업을 설명하는 데 익숙하여, 동료에게 직접적으로 전달되는 대화가 비전문가에게는 이해할 수 없다는 점을 깨닫지 못한다. 모든 분야에 해당하는 것은 아니다. 예를 들어, 언론인, 대중서 작가, 다큐멘터리 영화 제작자 등 많은 사람이 청중에게 적절한 방식으로 의사소통하는 법을 배웠다. 이 사람들은 기술전문가가 그들의 아이디어를 설명하는 것을 도울 수 있다.

디자이너는 자신의 작업을 설명하기 위해 도표, 사진 및 간단한 그림을 사용한다. 설명하려는 것이 기계 전원을 켜고 끄는 방법이든, DNA 합성기 또는 세탁기를 사용하는 방법이든 상관없이 말이다. 또한 디자이너는 자신이 만든 작업을 사용하게 될 사람에게 테스트해야 할 필요성도 이해하고 있다. 그리고 테스트 결과는 어김없이 문제를 드러낸다. 사람들이 이해하지 못하거나 혼란스러워하고, 더 나쁜 경우에는 심각한 오류가 발생할 수도 있다. 어쩌면 모든 작업이 손실되고 기계나 의료 장비의 경우 사고나 심각한 부상으로 이어질 수도 있다. 초기 테스트를 하는 이유는 제품이 출시되기 전에 디자인 결함을 찾아내어 수정할 수 있게 하기 위함이다. 특히 일반적으로 *인간 중심 디자인*이라고 분류된 일련의 절차에서는 디자인의 다양한 부분이 이터레이션Iteration(반복)되고 테스트된다. 각각의 새로운 이터레이션, 즉 디자인의 수정은 테스트 결과를 기반으로 이루어진다.

테스트는 완성된, 작동하는 개체로 시작해서는 안 된다. 그럴 경우 변경하기에는 너무 늦기 때문이다. 대신 대략적인 스케치(심지어 냅킨 위에)부터 시작할 수 있다. 그런 다음 도표 작업으로 넘어가면 되는데, 소프트웨어용으로는 단순한 디스플레이 프로그램을 사용하고 물리적 제품의 경우에는 폼이나 골판지를 사용한 간단한 목업Mockup(제품 디자인 평가를 위해 만든 실물 크기의 모형)을 제작한다. 이터레이션이 거듭될수록 최종 버전에 점점 가까워진다. 이러한 규칙은 복잡한 물리적 장치, 소프트웨어, 절차 또는 점검표 등 모든 항목에 적용된다.

일반 대중과 소통하는 모든 분야가 유사한 방식을 사용한다. 연극은 선정된 관객을 대상으로 예행 공연과 리허설을 한다. 영화는 종종 개

봉되기 전에 일부 관객을 대상으로 시범 상영되고, 텔레비전 프로그램은 때때로 의도한 시청자의 관심을 평가하기 위해 '파일럿'으로 편성된다. 작가는 독자에게 자신의 글을 시험한다. 이터레이션은 항상 상황을 개선하지만, 핵심은 의도한 대중을 대상으로 시험이 실행되어야 한다는 것이다. 만약 친구나 가족에게만 아이디어를 시험한다면, 의미 있는 피드백을 얻기 힘들다. 나 같은 경우에는 연구 그룹에서 강연하는 방식으로 내 아이디어를 테스트한다. 이는 처음의 어설픈 시도만 보기 때문에 그들이 내가 형편없는 연설가이자 작가라고 생각한다는 것을 의미한다. 그들이 자신들의 비평으로 더 나아진 최종 작품을 볼 기회는 거의 없다.

과학자들은 주의를 기울여야 한다. 세상이 과학자의 연구와 발견 그리고 경고를 이해할 수 있어야 한다는 점 말이다. 이를 위해서 과학자는 연구만큼이나 신중하게 의사소통해야 한다. 물론 효과적으로 의사소통하기란 쉽지 않다. 여러 번의 수정이 필요하다. 글을 쓰거나 모형을 만들고, 테스트하고, 결과에 대해 심도 있게 고민한 다음 아이디어를 다시 생각하고, 텍스트를 다시 작성하고 장치를 다시 구축해야 한다. 그리고 이 모든 과정을 계속 반복한다.

과학자들은 이렇게 말할지도 모른다. 무슨 말을 하는 것인가? 시간이 없지 않은가? 유감이지만, 이제는 시간을 유익하게 보내야 할 때다. 그러지 않고서는 사람들은 과학자의 작업을 이해하지 못할 수도 있다. 사람들에게 의미 있는 방식으로 발표하지 않는 이상 사람들은 이해할 수 없다.

측정의 역할

과학자는 사물을 측정하는 것을 선호한다. 4장과 38장에서 설명한 바와 같이 연구하려는 대상을 직접 측정할 수 없을 때 관련된 다른 요소를 측정한 다음, 그 '다른 요소'가 자신들의 관심 대상이라고 생각한다. 일례로 지구 대기 온도 상승에 대한 측정을 들 수 있다. 여기서 중요한 것은 정확한 온도가 아니라 결과적으로 발생하는 파괴다.

과학자가 대기 온도에 대해 이야기하면 어쩐지 친숙하게 들린다. 그저 온도계를 보기만 하면 되니까 말이다. 그러나 곰곰이 생각해보면, 이 온도가 지구 전체의 대기 온도를 나타낸다는 사실을 깨닫게 될 것이다. 그것은 어떻게 측정되는 걸까? 나는 그 값이 어떻게 결정되는지 조사하기로 했다. 결과는? 매우 복잡했다.

기온은 어디서 측정할까? 여러 곳에서 측정된다. 바다에 떠 있는 배와 부표에서부터 세계 곳곳의 육지 위에 있는 여러 기상 관측소, 그리고 기상관측용 풍선과 위성에 이르기까지 총 2만 곳 이상의 장소에서 측정된다. 이렇게 매일 측정된 기온은 평균을 내어 영국과 일본, 미국의 데이터베이스 센터로 보내진다. 수집된 데이터는 기후 모델, 즉 여러 단체의 과학자와 기술자가 개발한 거대한 컴퓨터 프로그램에 입력되며, 각각의 프로그램은 약간씩 다르기 때문에 서로 다른 결과를 도출한다. 유엔은 대략 30가지의 기후 모델을 사용하고, 그중에서 대중에게 공개되는 단일 기온 수치를 추출한다. 이는 서로 다른 적용 범위와 정확도를 가지는 여러 수집 방법들의 통합 과정을 매우 단순화해서 설명한 것이다. 누락된 데이터 및 기타 불일치 사항을 처리하는 방법은 데이터베이스마다 다르다. 인공위성은 적외선과 마이크로파를 사용하여 기온을 측정한다. 지상과 해양 기반 위치에서는 다양한 종류의 온도계를 사용한다. 결국 도출된 단일 수치는 많은 복잡성을 감추고 있다. 평균 대기 온도가 일반인들에게 의미하는 것은 무엇일까? 거의 없다. 기후 과학자에게는 중요한 측정값이지만, 복잡하고 직관적이지 않은 방식으로 측정된 기온의 미세한 변화의 심각성을 이해하지 못하는 대중에게 제시할 올바른 측정값은 아니다.

　측정은 과학에서 매우 중요하다. 과학의 가장 중요한 발전 중 하나는 이전에는 측정할 수 없었던 것들을 측정할 수 있게 되고, 이전에 측정되던 것들의 정확도와 정밀도를 개선하는 새로운 기술에 도달했다는 것이다. 측정이 왜 이렇게 중요한 걸까? 이제 과학에서 측정의 역할에 대해 알아보겠다.

08.

자연과학에서의 측정

과학의 가장 강력한 도구로 무엇을 꼽을지 묻는다면, 수학이나 컴퓨터를 떠올릴 것이다. 하지만 측정 기능이 없다면 아무리 중요한 도구라도 그다지 강력하지 않을 것이다. 측정은 과학과 공학의 근본적인 원리 중 하나다. 1883년 영국 과학자 윌리엄 톰슨William Thomson(흔히 켈빈 경으로 더 알려져 있음)은 측정의 중요성에 대해 다음과 같이 말했다.

"자연과학에서 어떤 주제를 학습하는 방향으로 나아가는 첫 번째 필수 단계는 수치 계산의 원리와 그와 관련된 특성을 실용적으로 측정하는 방법을 찾는 것입니다. 저는 종종 이렇게 말합니다. 여러분이 말하고 있는 것을 측정할 수 있고 숫자로 표현할 수 있을 때, 그 주제에 대해 아는 것이라고 말입니다. 하지만 측정할 수 없고 숫자로 표현할 수 없다면, 여러분의 지식은 빈약하고 불만족스러울 것입니다. 그건 지식의 시작이 될 수는 있지만, 주제가 무엇이든 간에 여러분의 생각이 과학적 수준에는 거의 도달하지 못했다고 할 수 있습니다."

측정에 관한 켈빈 경의 이 명언을 나는 MIT 공학부 학생이었을 때 배웠다. 이는 대부분의 과학과 공학 분야에 영향을 미쳤다. 또한 사회과학과 행동과학 분야에서도 많은 학자에게 받아들여졌으며, 인문학과 예술 분야로까지 확장되었다. 그러나 일단 자연과학에서 벗어날 경우, 측정은 쉽지 않으며 항상 적절하지도 않다는 증거에도 불구하고 많은 사람이 켈빈의 발언에서 첫 단어인 '자연과학에서'를 무시한다.

과학자가 지역 공동체나 주민 회의에서 의사결정을 측정할 수 있을까? 다수의 합의와 의견 차이, 방해, 싸움, 비밀 합의, 호의, 유인, 그리고 위협이 존재하는 상황에서 말이다. 생산성은 기업의 효율성을 측정하는 데 가장 선호되는 지표다. 이는 작업자들이 반복적인 작업을 담당하는 공장이나 창고와 같은 장소에서 잘 작용한다. 작업자들의 생산성은 시간당 또는 하루에 수행되는 작업 수에 따라 측정된다. 하지만 생각과 의사결정이 필요한 작업은 어떨까? 흥미롭게도 기업들은 고위 경영진에게 경영 능력에 대한 보상을 하지만, 그들을 평가하는 '측정'은 경영 능력과 거의 관련 없을 뿐 아니라 종종 몇 년 전의 전임자들의 노력으로 발생한 기업 이익과 주식 가격의 증가(또는 감소)에 따라 이루어진다. 이러한 측정 방식이 선택되는 주된 이유는 쉽게 구할 수 있기 때문이다. 하지만 잘못된 측정은 종종 잘못된 사람들에게 보상이 돌아갈 수밖에 없다.

관리자와 과학자, 예술가 또는 언론인의 생산성은 또 어떻게 측정하는가? 컴퓨터 프로그래머는 종종 하루에 생성하는 코드 줄 수로 생산성을 측정받는다. 마치 언론인이 자신이 생성한 글자 수(혹은 오늘날에는 기사의 다운로드 수나 클릭 수 및 소셜미디어의 반응 수)로 측정받을 수 있는 것처럼 말이다.

생산성에 대한 논의 어디에도 품질이라는 단어가 없다는 사실에 주목해보자. 이러한 측정은 생산품의 품질과 작업자의 삶의 질을 모두 무시하며, 생산품을 늘리고 그 수량을 증가시키기 위해 지속적으로 더 '효율적'일 것을 요구한다.더욱이 프로그래머들이 많은 코드를 작성할수록 오류가 증가하는데, 이 오류를 수정하는 디버깅 팀의 생산성은 별도로 평가된다는 점이 비이성적이다. 오류 수정팀의 생산성은 매시간(또는 하루)마다 수정되는 오류 수에 따라 측정된다. 이에 한 팀이 잘못된 컴퓨터 코드를 생성하고 작업 완료에 필요한 총 시간을 늘리는 결과를 초래한다고 해도 두 팀 모두 높은 생산성 점수를 받을 수 있다. 왜 이런 식으로 측정해야 하는 걸까? 바로 쉽기 때문이다.

인간의 행동에 관한 한, 복잡한 활동을 측정이라는 추상적인 것으로 변환하는 과정에서 많은 것이 손실된다. 여기서 측정은 사람들에게 목표를 잃게 만들고 맥락과 복잡성, 개인의 성격과 숨겨진 동기 및 보상책이 상실되거나 종종 의도적으로 무시하게 된다.

글로벌 노스에서 자란 사람은 현대성 이론 속에 살기에 과학과 합리성, 그리고 수학적 추론의 힘을 옹호하며 사물을 측정하는 데 익숙하다. 하지만 이런 측정은 대부분 불완전하고 부정확하며 부적절하지만, 나 역시 그렇게 훈련받았고, 일을 시작한 처음 몇 년 동안은 그렇게 행동했다.

문제는 중요한 모든 것이 측정할 수 있는 것은 아니라는 점이다. 유명한 재치 있는 격언이 말했듯 '셀 수 있는 모든 것이 중요한 것은 아니며, 중요한 모든 것이 셀 수 있는 건 아니다'. 그렇지만 측정할 수 없거나 측정하기 너무 어렵고, 비용이 많이 드는 중요한 것들은 어떻게 해야 할까? 과학계는 관심 있는 속성을 측정할 수 없는 경우, 대개 다음의 두 가지 방법 중 하나를 수행한다.

1. 해당 속성을 중요하지 않은 것으로 분류하고 무시한다.
2. 관심 변수와 관련이 있지만 측정 가능한 다른 대상을 찾는다. 그런 다음 결과 측정값을 실제로 관심 있는 변수로 대체한다. 그 과정에서 관심 변수가 측정되는 것이 아니라는 사실을 잊어버리거나 애써 무시한다.

더 좋은 해답이 있다. 첫째, 자연과학자들이 사용하는 측정 체계는 사회과학자들에 의해 크게 확장되어 측정 가능한 속성의 범위도 크게 확대되었다(9장의 주제). 둘째, 정성적 평가는 정량적 평가만큼 강력하고 중요하며, 많은 복잡한 항목을 타당성이 부족한 정량적 평가보다 정성적 평가로 더 잘 설명할 수 있다.

측정할 수 없더라도 측정이 필요하다

켈빈 경의 명언은 원래 의도했던 분야인 자연과학을 훨씬 뛰어넘는 엄청난 영향력을 미쳤다. 과학자들이 측정하는 이유는 부분적으로는 적절한 측정이 통계 및 수학적 분석을 가능하게 하기 때문이다. 이는 우리의 통찰력을 더하고 지식과 이해를 심화시킨다. 하지만 많은 과학자가 그저 자신에게 기대된 일이기 때문에 측정을 수행한다. 일반적인 기준으로 측정할 수 없는 것들에 숫자 값을 할당하는 관행이 과도하게 성행하는 것을 비판하는 많은 학자가 있지만, 그중 과학 잡지 《아메리칸 사이언티스트》에 실린 정치학자 루스 칼리츠Ruth Carlitz의 인터뷰가 이와 같은 상황을 잘 설명한다. 칼리츠는 코로나19 위기 동안 권위주의 체제에서의 정책 결정을 연구하고 있었다. 인터뷰 진행자인 스콧 가블리엘 노울스Scott Gabriel Knowles는 '한 국가를 권위주의 체제라고 분류하기 위해서 어떤 척도가 사용되는가?'라고 물었다. 칼리츠의 대답은 다음과 같았다.

"일단 어떤 것에 숫자와 순위를 매기면 우리는 그것들을 객관적으로 받아들이겠지만, 그 숫자들 뒤에는 많은 가정이 숨겨져 있다. 이 순위들 중 많은 부분이 전문가들의 주관적인 의견에 기초하고 있다. 하지만 누가 전문가가 될 수 있을까? 여러분이 국가 순위 97위와 96위를 비교하게 되었다고 해보자. 그것이 무슨 의미를 갖는 걸까?

숫자가 붙으면 많은 비밀 상자들이 열리지 않게 된다. 순위는 냉정하고, 딱딱하며, 객관적인 사실이 된다. 물론 나도 이 순위들을 업무에서 사용하기에 이렇게 말하는 것이 약간 위선적이긴 하지만, 때때로 불편한 감정을 불러일으키는 것도 사실이다."

우리가 하는 측정에는 두 가지 결함이 있다. 첫 번째 결함은 이미 이야기한 바와 같이 측정이 가장 중요한 것이나 현상 또는 활동보다는 측정하기 쉬운 것으로 이루어진다는 점이다. 두 번째는 인간의 활동이 숫자로 변환되면 맥락과 의미를 잃게 된다는 점이다. 이는 숫자가 개개인의 삶에 대한 영향을 고려하지 않고 인간 행동에 관한 결정을 내리기 위해 사용되는 추상적인 개념이 되어버린다는 뜻이다. 우리는 사람들에게 중요한 것들을 의미 있고 유용한 방식으로 측정할 필요가 있다.

09.

우리에게 중요한 것은 무엇인가?

켈빈 경의 명언, 즉 측정할 수 없다면 이해하지 못한다는 말은 대부분의 과학 분야에서 아직도 유효하다. 단, 그의 첫 단어인 '자연과학에서'라는 말이 무시되고 있는 것만 제외하면 말이다. 심리학과 사회학, 행동학은 자연과학보다 훨씬 더 복잡하다. 유기체는 복잡하고 역동적인 시스템으로, 거리상으로나 시간상으로 멀리 떨어져 있는 많은 요인의 영향을 받고 과거 역사에 의존하여(즉, 경로의존적이며), 항상 스스로 끊임없이 수정하고 변화한다.

그리스 철학자 헤라클레이토스Heraclitus는 '같은 강에 두 번 들어갈 수 없다'는 말로 유명하다. 이 말은 강을 흐르는 물은 계속해서 변화하고 있다는 뜻이다. 켈빈 경의 시대에는 헤라클레이토스의 말이 적용되지 않았다. 자연과학에서는 똑같은 것을 여러 번 측정하는 것이 가능하고, 매 측정마다 외부 조건 변화를 차치한다면 같은 물체에 대한 같은 측정 결과를 얻을 수 있다. 하지만 이는 유기체와 관련해서는 전혀 적용되지 않는다. 사람들은 계속해서 자신의 신념을 바꾸고, 시시각각 모순된 언행을 한다. 사람은 단어를 고르고 말의 어조를 조절해가면서 드러나는 표정과 몸의 움직임을 통해 상호작용한다. 물론 시간과 공간에 구애받지 않고 상호작용을 가능하게 하는 기술에 도움을 받아 상호작용하기도 한다. 경험이나 교육 또는 조작은 신념 체계를 바꿀 수 있으며, 신념이 변화함에 따라 해당 신념이 지배하는 상황에 대한 사람들의 반응도 변한다. 모든 유기체는 지속적으로 변화하며, 처한 환경 속에서 서로 영향을 주고받으며 시간이 지남에 따라 신체적으로나 화학적으로, 그리고 두뇌와 마음을 가진 인간의 경우에는 정신적으로도 변화하고 성장한다.

과학은 관찰, 측정, 수학 그리고 실험에 더해 아이디어와 방법을 공개적으로 공유하는 방식으로 많은 발전을 이루었다. 이 과정에서 중요한 것은 재현성인데, 즉 다른 사람도 이전의 결과를 반복하고 그것을 기반으로 발전시켜나갈 수 있는 능력이다. 그리고 결과를 재현할 수 없을 때면 대개 과학적 논의가 시작되었다. 실험적 차이가 명확해지거나 새로운 해석이 나타나거나 때로는 초기 결과가 거부될 때까지 저널과 회의실에서 토론이 벌어질 것이다. 결과를 재현할 수 있는 능력은 자연과학을 이해할 수 있게 했으며, 그 안에서 많은 발전을 가능하게 했다.

이처럼 결과 반복은 자연과학에서는 꽤 잘 통하지만, 그 방식을 유기체를 다루는 과학에 적용하기에는 어려움이 있다. 일부 비평가는 '화이트룸white room'이라고 부르는 곳에서의 실험만이 신중하고 잘 통제된 실험을 진행하는 유일한 방법이라고 말한다. 화이트룸은 보통 대학의 실험실 중 통제된 공간으로, 외부 세계와 단절되고 연구 중인 변수와 직접적인 관련이 없는 모든 것들과 완전히 격리된 곳이다. 화이트룸에서 나온 결과는 종종 사람의 행동을 기만적일 정도로 단순하고 명확하게 진술하며, 다른 화이트룸에서 재현 가능하게 진술된다. 하지만 우리가 실험실의 조심스럽게 통제된 인위적인 환경에서 벗어나 현실 세계로 들어가면, 그 과학성은 붕괴되고 만다. 실제 행동은 상황에 민감하며 각 개인의 역사에 상당히 좌우되기 때문이다. 설상가상으로 대학 과학자들은 대개 자신들이 가장 접근하기 쉬운 젊은 대학생들을 대상으로 연구를 진행한다. 그 결과 비평가들은 서구 대학들에서 행해진 인간 행동에 대한 많은 연구가 주로 WEIRD(Western or White^{서구 또는 백인의} Educated^{교육받고}, Industrialized^{산업화된}, Rich^{부유한}, Democratic^{민주적인}) 사람들을 대상으로 한다고 지적한다. 다시 말해, 아주 신중하게 통제된 연구지만 그 연구 대상이 세계 80억 인구를 대표하지 않는다는 뜻이다.

사람과 사회의 복잡한 행동을 몇 개의 단순한 숫자로 응축하려고 시도하는 데에는 특히 경제학자에게 책임이 있다. 경제학 분야는 불행히도 정부 정책에 큰 영향을 미쳐왔다. 논리적이면서도 단순한 측정 도구와 수학을 사용함으로써 엄격하고 과학적으로 보이게 된 것이 그 부분적인 이유일 것이다. 하지만 경제학자들은 자신이 만든 예측을 거의 시험하지 않는다. 반복성은 경제학 분야에서 주요 도구가 아니다. 경제학자에게 솔직히 말하자면, 실제 세상에서 벌어지는 행동에 대해 통제된 실험을 수행하는 것은 어렵고, 어쩌면 불가능할 수도 있다. 모든 상황이 다르며, 초기 연구 결과가 공개되면 그 결과적 지식은 반복되는 실험에 영향을 미칠 수밖에 없기 때문이다.

정부 관계자는 경제학자에게 복잡한 의사결정을 위한 지혜와 조언을 구하지만, 그 지혜와 조언은 곧이곧대로 믿기에는 의심스럽다. 경제학자들의 인상적인 수학적 추론은 수학의 기술적 언어 속에 기본적인 가정을 숨겨버리기 때문이다. 비전문가는 수학적 주장에 쉽게 휘둘릴 수 있다. 비록 수학이 거짓말을 할 수는 없지만, 수학 내의 가정은 계산할 때 입력된 부정확한 수치만큼이나 틀릴 가능성이 있다. 수학의 힘에 대한 격언 중 '불필요한 정보를 입력하면, 불필요한 값만 출력된다'는 말은 출력되는 수치의 품질은 입력되는 데이터의 품질과 가정에 따라 다르다는 뜻이다.

대부분의 경제 모델에서 말하는 기본적인 가정 중 하나는 '사람은 합리적이고 논리적으로 행동한다'는 것이다. 이런 가정이 틀렸음을 보여주는 심리학자들의 수십 년간의 연구에도 불구하고, 경제학자들은 그 증거를 무시했다. 결국 노벨 위원회는 경제학자가 아니더라도 이런 기본적인 가정의 오류를 증명하는 사람들에게 경제학상을 수여하기에 이르렀다. 하지만 이렇게 해도 경제학의 관행을 완전히 바꾸지는 못했다.

자연과학의 방법론은 종종 부적절한 방식으로 경제 및 사회과학 모델에 적용되어, 실제 사람과 사회에 해로운 영향을 미친다. 과학적 방법에는 많은 장점이 있는데, 특히 증거와 관찰, 실험, 그리고 아이디어와 결과를 독립적으로 재현하는 것에 대한 필요조건이 그렇다. 과학 분야마다 이러한 필요조건을 충족하기 위한 다양한 방법이 필요하지만, 그 방법을 따를 때 얻게 되는 지식은 국가 정책 결정에 상당히 효과적일 수 있다.

인간과 사회 행동과학은 적절한 정량적 평가와 정성적 평가를 통해 중요한 문제와 변수를 자세히 설명할 수 있다. 하지만 오늘날 수학이 종종 제공하는 간단한 답 없이 어떻게 결정을 내릴 수 있을까? 그게 바로 의사결정자들이 해야 할 일이다. 불완전하고 모호하며 상충되는 증거를 기반으로 중요한 결정을 내리는 일 말이다. 하지만 그렇게 결정을 내리더라도, 상충되며 모호한 값들은 종종 수학적 또는 컴퓨터 모델의 불투명성 뒤에 가려진다. 설상가상으로 사회와 사람들의 진정한 요구를 파악하는 데 정작 중요한 정성적 평가는 기존의 틀에 맞지 않는다는 이유로 대개 누락된다.

경제학은 현대 조직과 국가의 복잡성과 같은 대규모 현상을 비롯해 무역과 인적 및 아이디어의 국제적 흐름 등을 다룰 때 특히 어려움이 있다. 고용시장과 무역 수지를 비롯해 관세와 특허 분쟁, 기후 등으로 인한 국가 간 원활한 무역의 어려움이 국제 무역을 방해할 수 있다. 이는 전염병과 자연재해(화재와 홍수), 전쟁, 그리고 무역 장벽이 전 세계 주요 공급망 관리에 혼란을 주면서 특히 두드러지게 나타났다.

경제학에서의 측정

경제학 분야는 응용 수학의 한 분야로 변모했다. 경제학자들의 작업과 모델 그리고 의견은 많은 정부 재정 정책과 국제 조약이 만들어지는 과정에서 중요한 역할을 한다. 가장 강력한 경제학 하위 분과는 거시경제학으로, 대규모 시스템(따라서 *거시*라는 접두사가 붙게 됨)의 움직임을 연구하고 예측하려는 시도다. 거시경제학의 연구 대상에는 국가와 정부의 행동뿐 아니라, 많은 경우 대부분 국가보다 더 큰 수익을 올리는 국제적 대기업의 행동도 포함된다. 거시경제학을 연구하는 경제학자는 인간의 행동과 의사결정에 대한 측정과 이론에 크게 의존한다. 이러한 가정은 마치 기하학의 공리처럼 취급되는데, 예를 들어 여러분이 고등학교 시설 배웠을 법한 '두 평행선은 결코 교차하지 않는다'는 식의 너무 명확해서 테스트할 필요가 없는 진술 말이다. 다음 장에서 보여주겠지만, 이런 명백하고 상식적이며 심지어 여러분이 동의할 수도 있는 공리 중 많은 것들이 사실은 거짓이다. 가정은 사람들이 어떻게 행동해야 하는지에 대한 경제학자의 논리적인 의견만을 드러낼 뿐이다. 만약 경제학자들이 실제 세계에서 사람들의 행동을 관찰한다면, 자신의 가정이 실제로 얼마나 부적절한지 알게 될 것이다. 하지만 최근까지도 경제학자들은 이런 노력을 하지 않았다. 심리학자와 인류학자 그리고 사회학자들이 노력하고 있지만 그들의 발견은 현재도 무시되고 있다.

거시경제학이 대규모의 영향력을 연구한다면 미시경제학은 상대적으로 작은(따라서 *미시*라는 접두사가 붙게 됨) 결정을 내리는 개인의 행동을 연구한다. 이 분야는 합리성과 완벽한 의사결정이라는 실제 사람에게 적용되지 않는 두 가지를 강조하면서 왜곡되었다. 수십 년 동안, 심리학자들이 미시경제학의 이러한 문제점들을 연구해왔지만 경제학자들은 그 연구 결과를 오랫동안 무시했다. 나는 심리학과 대학원생이었을 때, 그런 연구를 진행했었다. 그래서 내 주변에 경제학을 공부하던 친구들에게 그들의 측정과 이론은 실제 인간의 행동과 일치하지 않는다고 설득하려 노력했던 것이 기억난다. 하지만 친구들은 웃으며 말했다. 그건 중요하지 않다고. 그들은 종종 애덤 스미스의 《국부론》과 '보이지 않는 손'의 힘에 대한 주장을 인용하면서 집단의 힘이 작고 지역적인 오류를 극복한다고 말했다.

거시경제학과 미시경제학 모두 경제 행동을 깊게 이해하기 위한 필수적인 요소이며, 그 중요성에 대해서는 의문의 여지가 없다. 하지만 우리에게는 보다 의미 있는 경제학적 관점이 필요하다. 일반 대중이 쉽게 이해할 수 있는 측정 방식을 사용하고, 지나치게 단순화된 가정이 아닌 실제 인간 행동에 기반을 둔 모델을 사용하는 경제학적 관점 말이다. GDP과 같은 통화적 수치는 때때로 유용할 수 있지만, 상당한 오해를 일으킬 수도 있다는 점을 기억하는 것이 좋다. 찰스 케니Charles Kenny가 그의 책 《더 나아지기Getting Better》에서 제시한 증거를 생각해보자. 많은 개발도상국에서는 수십 년 동안 GDP가 거의 변하지 않았지만 건강과 교육, 심지어 행복 수준에서도 광범위한 향상이 있었다. 한 국가의 지출을 측정하는 것은 그곳의 발전이나 지원 프로그램의 성공을 평가하는 방법이 되지 않는다는 사실이 밝혀졌다. 이는 거시경제학이 단일한 숫자로 내놓은 측정 결과가 삶의 질을 평가하는 중요한 것들의 발전을 보여주지 못한다는 것을 나타낸다.

가치는 측정될 수 있는가?

경제이론의 한 가지 기본적인 가정은 사람들이 효용, 즉 상품과 서비스 또는 활동으로부터 얻는 만족을 극대화한다는 것이다. 대부분 효용은 금전적인 용어로 명시되므로, 사람들이 가장 비용이 적게 드는 대안을 찾는 것으로 해석된다. 동일한 두 개의 제품이 판매 중인데, 한 개가 다른 제품보다 더 비싸다고 가정해보자. 여러분이라면 어떤 제품을 구매하겠는가? 전통적인 경제이론은 분명히 가장 저렴한 것을 구매할 거라고 말한다.

그렇다면 사람들은 왜 비싼 와인과 위스키 그리고 시계를 구매하는 걸까? 더 맛있기 때문에 혹은 더 정확하게 시간을 재기 때문에? 틀렸다. 종종 저렴한 디지털시계가 매우 값비싼 수공예 기계식 시계보다 더 정확하게 시간을 잴 수 있다. 또한 어떤 제품의 판매를 늘리는 한 가지 방법은 가격을 인상하는 것인데, 이는 경제학자들의 합리적이고 논리적인 공리에 어긋난다. 모든 제품에 적용하거나 제품을 잘 알고 있는 구매자에게 통하는 방법은 아니지만, 사람들은 더 비싼 제품이 더 좋다고 생각할 때가 많다. 비싼 와인과 주류, 고급 자동차 그리고 고급 레스토랑의 비싼 식사를 떠올려보자. 실제로 겉으로 보기에는 똑같아 보이는 가정용품들을 비교하고 있는데 그중 하나가 다른 모든 제품의 절반 가격이라면, 그 제품을 구매하겠는가? 아니면 가격이 싼 만큼 조악한 부품을 사용하거나 조립이 불완전한 제품일 거라고 의심하겠는가?

허버트 사이먼은 현재 행동경제학이라고 불리는 분야에서 최초로 활동한 사람 중 한 명으로, 의사결정에 대한 연구로 1978년 노벨 경제학상을 수상했다. 사이먼은 경영학, 심리학, 컴퓨터과학 그리고 인공지능 분야에 중요한 기여를 한 진정한 학제적 연구자다. 그는 사람의 기억력과 정신적 계산 능력이 제한되어 있다고 주장하고, 이를 '한정적이고 제한된 합리성'이라고 불렀다. 그의 말에 따르면, 결과적으로 사람들은 최적의 결정을 내릴 수 없으므로 '만족화Satisfice'하게 된다. 사이먼은 '만족시키다Satisfy'와 '충분히Suffice'를 결합하여 이 단어를 만들어냈는데, 충분한 정보가 없는 대안 중에서 하나를 선택하기 위해 시간을 낭비하는 대신에 충분히 좋은 것을 선택한다는 의미다. 그는 이 규칙을 따르라는 가르침을 내게 주었다. 즉, 나는 완벽함이 불가능하다는 것을 알기 때문에 만족화한다. 나는 만족화하므로 시간, 에너지 그리고 인내심을 절약한다.

예전에 산업용 및 가정용 레이저와 잉크젯 프린터를 제조하는 큰 전자 회사에서 일한 적이 있다. 그때 많은 소비재가 세 가지 버전으로 판매되는 이유를 발견했는데, 이는 특히 컴퓨터 프린터와 소위 백색가전이라고 불리는 전통적으로 흰색 애나멜 마감으로 제조된 주방 및 세탁 가전제품과 같은 대형 품목들에서 두드러지는 현상이었다. 만약 제조사가 제품의 한 가지 버전만 제작할 경우, 제조사 입장에서는 그 제품을 구매한 사람들 중 더 많은 비용을 지불할 의향이 있던 사람에게서 얻을 수 있던 수입을 잃게 된다. 이번에는 제조사가 두 가지 버전을 제공하면서, 하나는 기능이 더 많고 더 비싸다면 사람들은 두 가지 모델을 비교하면서도 여전히 덜 비싼 것을 구매할 것이다. 하지만 만약 그 제조사가 다른 두 모델보다 훨씬 더 많은 기능을 갖춘 더 비싼 세 번째 모델을 출시한다면, 두 번째 모델의 판매량은 증가할 것이다. 왜 그럴까? 회사는 더 비싼 세 번째 모델을 구매할 사람이 많을 거라고 예상하지는 않지만, 소비자들이 여러 대안 중에서 두 번째 모델을 선택하게 만드는 게 바로 세 번째 모델이라는 사실을 알고 있기 때문이다. 소비자는 가장 비싼 모델의 기능들을 갖고 싶지만, 가격에는 거부감을 느낀다. 중간 모델은 가장 저렴한 모델보다 더 많은 기능을 가지고, 가장 화려한 모델보다는 낮은 가격이다. 따라서 자신들이 더 비싼 모델의 존재로 인해 조작되고 있다는 것을 인식하지 못한 채 중간 제품을 구매(얼마나 많은 돈을 절약했는지 자랑스럽게 이야기하면서)하게 된다.

기능 또한 판매 과정에서 매우 중요하다. 핵심은 구매자들에게 지금까지는 이러한 기능 없이도 잘 지내왔지만 이제는 그 기능 없이는 살 수 없다는 것을 납득시키는 것이다. 비록 지금까지 그런 기능 없이도 잘 지내왔지만 말이다. 많은 사람이 제품을 구매한 후 새로운 기능을 절대 사용하지 않을 것이다. 디자이너는 소비자에게 정말로 필요하지 않은 기능을 추가하는 것이 제품 사용을 더 어렵게 만들 뿐 아니라 더 비싸게 한다는 점을 알고 있다. 하지만 여기에서는 마케팅 전문가의 말, 즉 기능이 판매량을 높인다는 말이 맞다.

마케팅이 인간 행동에 대한 뛰어난 이해력을 이용하여 사람들을 조종하는 능력은 비도덕적이고 비윤리적인 것으로 여겨야 한다. 하지만 오늘날의 상업 세계에서는 이를 칭송하며, 마케팅 담당자들은 승승장구하고 있다.

경제적 변수를 측정한다는 것

경제적 변수는 현대 생활의 많은 측면에서 나타난다. 여기에 비용편익 분석과 위험관리라는 두 가지 예시가 있다. 이들은 계획된 조치들의 비용과 이익을 비교하기 위한 전략들이다. 연방 및 주 정부의 많은 부서는 비용편익 분석을 요구한다. 이익이 비용을 상회하는 경우에만 실행 가능하다고 간주하거나 많은 경우에 계획된 조치를 비용편익 분석하고 이에 따라 순위를 매긴다. 안전이 중요한 산업에서 실시하는 위험평가도 이와 유사한 방법을 사용한다. 이는 폭풍, 파업, 질병 또는 장비 고장으로 인한 심각한 작업 중단에 대비하여 기업(또는 정부 기관)이 자체적으로 준비가 되었는지를 판단하는 데 도움이 될 수 있다. 사고로 인한 부상이나 사망의 가능성이 존재하는지 파악하기 위해 많은 위험평가가 실시된다.

비용편익 분석은 논리적으로는 타당하다. 대규모 사회 프로젝트는 비용이 매우 많이 들 수 있다. 그렇다면 우리는 이익이 비용을 정당화할 만큼 충분한지를 어떻게 판단할 수 있을까? 유사하게, 어떤 기업이 위험성이 있는 제품을 생산하고 있다고 가정해보자. 이를테면 자동차라고 하자. 기업들은 사망자 수를 줄이기 위해 얼마나 많은 비용을 지출해야 할까? 정부는 안전한 도로를 만들기 위해 얼마나 많은 비용을 들여야 할까? 자동차는 세계적으로 매년 약 백만 명의 사망자를 내기 때문에 이는 중요한 질문이다.

당연히 운전자 교육을 요구하는 법률을 제정하고, 안전 기능을 갖춘 도로를 건설하며, 사고 위험을 줄이며 사고가 발생하더라도 중상을 입을 가능성을 최소화하는 자동차를 디자인하는 등 할 수 있는 모든 노력을 기울여야 한다. 하지만 제안된 해결책 중 일부는 비용이 매우 많이 든다. 기업은 안전장치를 추가하는 것 때문에 더는 너무 비싸서 자동차를 구매할 수 없다고 사람들이 생각하는 지점이 어디인지를 알 수 있을까? 도로 건설 및 유지 보수에도 같은 질문이 적용된다. 도시에서 사고를 피하기 위해 교차로에 언제 신호등을 설치해야 할까?

비용편익 분석은 모든 비용과 이익을 비교하여 이러한 질문에 답을 제시한다. 하지만 비용 중에는 인간 삶의 손실이라는 것이 있다. 이는 어떻게 고려해야 할까? 경제학자들은 모든 비용과 이익이 공통의 수치 척도를 가져야 한다고 말하며, 그 수치 척도는 대개 돈이라는 단위가 선택된다. 만약 한 사람이 사망한다면, 그 비용은 어떻게 되는가? 사망자가 몇 살이었는지 또는 얼마나 유명했는지가 중요할까? 수입이 얼마였는지도 봐야 할까? 생전 혼자 살았는지 아니면 가족 중에 어린 자녀가 있는지가 중요할까? 거리가 안전한 것에 대한 금전적 가치가 높을까, 아니면 집 앞에 흉측한 신호등이 설치되어 미관을 해치는 손실 비용이 높을까? 고려해야 할 이 모든 변수는 복잡하고 다면적이며 단순한 수치 척도로 정량화하기가 매우 어렵다. 여러 차원을 가진 모든 것을 하나의 숫자로 축소하는 것은 불가능하며, 특히 그 전체 의미가 다른 맥락에서 파생된 달러와 같은 숫자는 더욱 그렇다.

비용편익 분석은 위험관리 분야와 밀접한 관련이 있으며, 이는 전 세계에 존재하는 다양한 종류의 위험을 파악하고 분석한 다음 어떤 조치를 취해야 하는지 결정한다. 이상적으로는 불가능한 경우를 제외하고는 위험한 상황은 피할 수 있다. 길을 건너는 것은 위험하며 자동차를 운전하는 것도 위험하다. 하지만 많은 사람이 항공 여행이 이 두 가지보다 훨씬 덜 위험함에도 불구하고, 가장 위험한 것으로 인식한다. 위험에 대한 사람들의 인식이 반드시 통계와 일치하는 것은 아니다.

위험을 품고 있는 어떤 부정적인 사건에 대비하기 위해 얼마나 많은 시간과 노력 그리고 비용을 들여야 할까? 여기가 비용편익 분석과 위험분석이 결합되는 지점이다. 어떻게 결정해야 할까? 이러한 방법의 기저에 깔린 기본 철학은 중요하고 합리적이다. 그렇다. 이익을 위해성과 비교하고 위험 가능성을 고려하는 것은 합리적이다. 그러나 실제로 수량화할 수 없는 많은 변수에 숫자 비용을 할당하면서 이 작업을 수행해야 하는 이유는 무엇인가? 왜 모든 것이 항상 금전적인 용어로 변환되어야 하는가? 생명의 가치는 무엇이며, 팔이나 다리 혹은 시력을 잃는 가치는 무엇일까? 오염이나 장시간 통근, 열악한 의료 서비스나 교육의 가치는 또 어떠한가? 이런 변수 중 많은 것들에 주관적인 경험과 판단이 포함된다. 후자는 어떻게 측정될까? 2부의 남은 장(특히 11장)에서 이러한 질문들을 논의하겠다.

모든 것을 금전적인 용어로 정의하도록 강요하는 대신, 우리는 주관적인 경험과 관련된 항목들을 적절한 심리학적 변수로 측정할 필요가 있다. 심리학자들은 자연과학에서 사용되는 수치적인 척도만큼 엄격하면서도 다른 종류의 척도를 사용하는 광범위한 측정 기법을 개발해왔다. 결과적으로 이러한 측정은 두 개의 숫자를 비교하여 자동적인 의사결정으로 이어지지 않는다. 대신 의사결정자를 위한 지침을 제공하며, 결정은 인간의 판단에 맡겨질 것이다. 하지만 이것이 정확하지 않은 방법을 정확한 방법으로 대체하는 것을 의미한다고 스스로 속이지는 말자. 의사결정자가 의사결정에 참고하기 위해 고도로 정량적이고 수치적인 도구를 사용하면서 위험분석이나 비용편익 분석의 수치적 측정치가 마음에 들지 않을 경우, 그 수치를 (또는 값에 할당된 가중치나 중요도를) 변경한다는 것은 공공연한 비밀이다. 이러한 방법을 통해 나온 결정은 알려진 만큼 과학적이고 정확하고 유의미하지 않다.

인간 가치와 인위적 가치의 충돌

위험관리와 비용편익 분석의 도구들은 합리적이고 논리적으로 들린다. 이는 가능한 모든 상황에서 양적이고 수학적인 의사결정을 추구하는 사람들에게 매력적이지만, 사회에는 해악을 끼친다.

인간을 위한 디자인이라는 주제는 매우 중요하다. 이 주제는 4부에서 더 자세히 다루며, 위험관리와 비용편익 분석이 다시 한번 중요한 역할을 할 것이다. 그러나 한편으로는 다음 사항을 생각해보자. 우리는 왜 어떤 인간의 삶을 다른 이들의 것보다 더 가치 있게 여기며, 어떤 주택과 사업이 다른 것보다 사회에 더 중요하다고 생각하는 걸까? 이는 마치 정글의 왕인 사자가 강아지나 고양이 같은 애완동물들보다 더 중요하고 보호할 가치가 있다고 말하는 것과 같다.

위기관리와 비용편익 분석 모두 비용과 이익을 금전적 추정치로 평가하기 때문에, 자동적으로 값비싼 건물과 사업체, 그리고 주택을 저렴한 것들보다 선호하는 경향이 있다. 왜냐하면 그런 곳들은 위험분석에서 손상 비용이 가장 높고, 이익은 더 높은 곳으로 평가되기 때문이다. 두 가지 방법 모두 부유층의 주택과 해변을 보호하는 것에 돈을 사용하는 더 나은 선택이라고 가정한다. 어쨌거나 그 보호 비용은 저소득층의 주택을 보호할 때 드는 비용과 동일하기 때문이다. 우리가 보호할 재산의 가치로 이익을 측정하면 부유층이 항상 이기게 된다.

위험 및 비용편익 분석은 무심코 저소득 시민에 대한 편견을 만든다. 그 결과 그저 부유하다는 이유만으로 가장 보호를 필요로 하지 않는 사람들의 재산을 보호하게 된다. 어려운 점은 측정이 주택 및 토지 평가와 같은 객관적인 기준으로 제한된다는 것이다. 부유층이 도움 없이 수리를 할 수 있거나 위험 지역에 건축하는 것으로 이미 경고를 받았을 수도 있다는 사실은 고려되지 않는다. 마찬가지로 위험평가와 비용편익 분석은 저소득층의 개인이 주택과 재산을 잃으면 일자리도 잃을 수 있다는 사실을 고려하지 않는다. 이러한 항목들은 고소득층이든 저소득층이든 쉽게 비용을 측정하는 방법이 없으므로 고려되지 않는다.

그 결과, 가장 도움을 필요로 하는 사람들, 즉 빈곤의 문턱 아래에 사는 사람들은 무시되는 한편 가장 도움을 필요로 하지 않는 사람들은 도움을 받는다. 이것이 인간 중심의 디자인인가? 모든 사람은 법 앞에서 평등하다. 적어도 우리는 그렇게 믿도록 교육받았다. 그렇다면 위험관리와 비용편익 분석의 관점에서도 모든 사람이 평등하면 안 되는 걸까? 3부의 지속 가능성과 폐기물의 시대를 읽고, 4부에서 다시 한번 지속 가능성과 그 의미가 결합하여 인간을 고려하는 부분을 읽고 나서, 이 아이디어에 대해 곰곰이 생각해보자.

10.

통화의 가치

경제학자는 한 국가의 중요성과 우수성 그리고 경제적 건전성을 국내총생산, GDP로 측정한다. GDP는 해당 국가 내에서 생산된 모든 상품과 서비스의 총 통화가치를 계산한다. 미국에서는 상무부 소속의 경제분석국이 국가와 각 주에 대해서 연 4회, 카운티와 대도시 및 산업 지역에 대해 연 1회씩 GDP 추정치 산출을 담당하고 있다. 하지만 비평가들이 계속 지적하듯, 이 측정 방법은 유익한 지출과 해로운 지출을 구별하지 못한다. 측정 대상 그룹 내 사람들의 행복도 고려하지 않는다. 이는 기본적으로 모든 지출이 좋다고 가정하면서 반대되는 상당한 증거들을 무시한다. 공기와 물, 땅을 오염시키는 지출은 좋지 않다. 삶의 질을 떨어뜨리는 지출도 좋지 않다. 그런데도 이러한 지출을 의료나 교육에 쓰이는 지출과 동일한 방식으로 GDP에 추가한다. GDP는 시민의 상품과 서비스 구매 능력을 보여주기 위한 것이지만, 이 목적을 달성하지 못하고 있다.

GDP는 국가의 성과를 측정하는 가장 널리 사용되는 지표 중 하나다. 아마 지지자보다 비판자가 더 많을 테지만, 그래도 여전히 많은 곳에서 사용되고 있다. 왜 그럴까? 비교적 쉽게 산출할 수 있어서 주관적인 판단을 거의 필요로 하지 않기 때문이다. 내가 제안한 방법을 포함하여 모든 대체 지표들은 경제학자들이 선호하지 않는 주관적인 측정을 필요로 한다. 이러한 측정 방법이 '주관적'인 이유는 개인적인 경험과 감정을 포함하기 때문이다. 이는 사회과학자들이 신뢰할 수 있고 반복 가능한 측정 방법을 개발하는 데 사용하는 속성들이다. 우리가 가장 관심을 가지는 것들은 정확히 이런 주관적인 감정에 의해 판단되지만, 그럼에도 불구하고 더 나은 것으로 간주되는 특성인 '객관적'이라고 정의되지 않는다. 이러한 지표들이 사람들에게 의미 있는 것이 되려면, 그 경험을 반영해야 한다.

GDP의 문제점은 무엇일까? 간단한 예시로 시작해보겠다. 2022년 1월 28일, 〈뉴욕타임스〉는 미국 경제에 관한 두 개의 기사를 실었다. 한 기사의 헤드라인은 GDP로 측정한 경제가 '2021년에 5.7%가 급증하면서 수십 년 만에 최고치를 기록했다'고 선언했다. 또 다른 기사의 헤드라인은 이렇게 쓰여 있었다. 'GDP가 상승했는데, 유권자들은 왜 우울할까?' 당연히 이 기사는 명백한 차이를 설명하기 위해 노력하는 수많은 경제학자의 말을 인용했다.

이를 훨씬 더 간단하게 설명해보겠다. GDP는 사람들의 삶과는 아무런 관련이 없다. 평범한 사람들에게 그것은 전혀 의미가 없다. 금융 전문가들에게는 투자 기회에 대한 어떤 정보를 제공하지만, 보통 사람들에게는 몇 가지 긍정적인 요소와 부정적인 요소가 혼합된 매우 복잡한 요소일 뿐 아무 의미가 없다. 2022년 1월, 사람들은 세계와 미국 그리고 그들의 경제 상황에 대해 불편해하고, 좌절했으며, 혼란스러워했다. GDP 수치는 그런 문제들을 해결하는 데에는 완전히 무의미했다.

GDP는 국가의 모든 활동을 화폐적 가치로 측정하여 국가들의 순위를 매기는데, 이때 보통 미국 달러가 기준이다. 이런 측정에 대한 수많은 비판이 있지만, 다음 세 가지로 요약할 수 있다.

1. 전반적인 복지를 고려하지 않고 물질적 산출물에 중점을 둔다.
2. 비용과 낭비를 경제적 이익으로 간주한다.

3. 한 국가의 경제 상태를 하나의 숫자로 요약하여, 계산의 기초가 되는 방대한 복잡성을 숨긴다. 이는 '불투명'하여 보이지 않고, 이해하기 어려우며, 비밀스럽고, 혼란스럽다.

그렇다. GDP는 국가의 복지를 측정하지 않는다. 이는 단순히 지출을 계산한 것에 불과하다. 게다가 기업이 제품 생산에 돈을 지출한다면, 세계에 많은 낭비와 오염을 일으킨다 해도 이러한 유해 물질을 생성하는 데 소비된 돈 역시 좋은 것으로 간주되어 GDP 증가에 기여한다. 그러고 나서 정부가 피해를 복구하기 위해 돈을 지출한다면, 그 돈 역시 GDP를 증가시킨다. 이런 폐기물은 '외부효과'로 계산되는데, 다시 말해 폐기물을 생산한 기업에 불리하게 계산되지 않는다는 것을 뜻한다. 파괴적인 폐기물을 치우는 데에도 돈이 지출되므로, 결과적으로 이 부정적인 행위는 GDP에 두 번 합산된다. 즉, 첫 번째는 파괴적인 방식으로 제품을 생산하는 데 투입된 지출로, 다음은 그로 인해 발생한 문제를 청소하는 비용으로 말이다. 비용 발생을 일으킨 그룹이 아니라 사회가 그 비용을 부담하게 되며, 그 비용이 GDP에 유익한 것으로 간주되는 것이 외부효과의 힘이다. 외부효과는 토지와 수로 그리고 대기 파괴에 주요한 역할을 하며, 지구 기후 변화에도 기여한다. 하지만 이들은 국가의 GDP를 높이고, 그 결과 국가의 국제적인 명성도 높이게 된다.

찰스 케니는 저서인 《더 나아지기》에서 '왜 글로벌 개발이 성공하는가Why Global Development Is Succeeding'라는 부제를 달았다. 제목에서 알 수 있듯, 그의 저서는 글로벌 개발이라는 긍정적인 문구 속에 숨어있는 요소들을 비판적으로 상세하게 살펴본다. 세계의 많은 저소득 국가는 수십 년간 국가의 자체적인 노력과 다른 국가들의 원조에도 불구하고, GDP는 종종 상대적으로 제자리걸음을 보이며, 의미 있는 개선이 없었다. 이런 나아지지 않는 상황으로 인해 많은 사람이 대외 원조Foreign Aid

가 낭비되고 있다고 주장했다. 하지만 케니는 이러한 국가들을 더 자세히 살펴보면 GDP는 그대로일 수 있지만 건강, 교육, 정치적 자유, 인프라 접근성 및 기술과 같은 지표들이 개선되었으며, 행복도 마찬가지로 증가했다는 점에 주목했다. 삶의 질과 인간의 복지는 무엇보다 중요한 속성이지 않은가? 하지만 GDP는 이러한 속성들을 측정하지 않는다. 대신 쉽게 구할 수 있는 지표만을 제한적으로 고려한다. 경제학자는 과연 올바른 방법과 쉬운 방법 중 어느 것을 더 선호해야 할까?

한 국가의 삶의 질을 측정하는 방법을 재정의하려는 수많은 시도가 있었다. 저스틴 폭스Justin Fox는 《하버드 비즈니스 리뷰》에서 '돈이 전부는 아니다'라고 말하면서도 '하지만 국가의 성공을 측정하기 위해서는 돈이 사실상 유일한 척도다'라고 했다. 데이비드 필링David Pilling은 이렇게 썼다. '만약 GDP가 사람이라면, 그는 독성에 무관심하며 심지어 맹목적일 것이다. GDP는 좋든 나쁘든 모든 종류의 생산을 측정한다. GDP는 오염을 반기며, 특히 청소에 돈을 지출해야 한다면 더욱더 호의적이다. 그리고 범죄도 반긴다. 경찰력이 대거 동원되는 것과 깨진 창문을 수리하는 것은 생산적이기 때문이다.' 영국의 경제학과 학생들은 동아리와 웹사이트 등에서 목소리를 높여 자신들이 선택한 전문 분야에 대해 비판하며, 《이코노크러쉬: 경제를 전문가에게만 맡겨놓는 것의 위험성》이라는 책에서도 견해를 밝힌다. 심지어 영국 중앙은행의 수석 경제학자 앤디 홀데인Andrew Haldane은 그 책에 장문의 추천 서문을 써주기도 했다.

경제학자들이 국가와 세계 거버넌스에 매우 큰 영향력을 행사하게 된 이유는 부분적으로는 국가의 금융과 경제적 상태가 매우 중요하기 때문이다. 하지만 이들은 많은 명망 있는 고위 경제학자들이 지속적으로 만들어내는 잘못된 모델들에 근거하여 판단을 내리고 있다.

왜 경제학자들이 인류의 삶을 지배하는 걸까? 왜 신문 속 헤드라인은 계속해서 주식시장 수치를 우리에게 알려주며, 어느 날의 주식시장이 어디까지 상승하거나 하락했는지를 보여주는 걸까? 왜 이것이 보통 사람들의 만족도를 나타내는 지표일까? 왜 경제학자들은 한 국가의 가장 일반적인 척도 중 두 가지가 (1) 국내총생산과 (2) 다양한 주식시장 지수라고 생각하는 것인가?

주식시장 지수는 어떤 역할을 하는 걸까? 주식의 가격은 더 많은 돈을 벌거나 손실을 두려워하며 최소화하려는 전문 트레이더들의 목표를 반영한다. 다시 말해, 투자자들은 탐욕과 두려움에 의해 움직인다. 확실히 주식의 가치는 연금과 대출 비용이 이 수치에 의해 좌우되기 때문에 많은 사람에게 영향을 미친다. 하지만 매일 변동성에 관심을 기울이는 것은 전문가들을 제외한 모든 사람에게 역효과를 낳는다. 전문가들만이 이러한 변동성에서 이윤 창출을 위해 차이를 발견하여 세상에 실질적인 가치를 제공하지 않으면서도 돈을 벌기 때문이다.

GDP를 대체하기 위한 탐구

GDP는 한 나라에서 생산된 재화와 서비스의 가치를 나타낸다. 이게 왜 중요한 걸까? 경제학자들은 경제가 성장하고 있는지 아닌지를 판단하는 것이 중요하다고 말한다. 그 말은 사실이지만, 이 판단이 '경제'의 잘못된 척도를 사용하여 이루어지고 있다. 이미 언급한 대로 GDP는 건강, 행복, 그리고 삶의 질을 무시한다. 왜 한 나라의 복잡한 경제가 하나의 숫자, 즉 결함이 있는 숫자로 축소되어야 하는 걸까? GDP의 통화 측정에는 다양한 측정 요소가 많이 포함된다. 사실 GDP는 많은 숫자와 판단이 엮인 다차원적인 혼합물인데, 왜 하나의 숫자로 축약되는 것일까? 어떻게 숫자 하나가 그 모든 복잡성을 요약할 수 있을까?

GDP에는 세 가지 주요한 결점이 있다. 첫째, 가치가 높을수록 좋지만 많은 해로운 요소의 비용이 그 수에 포함된다. 둘째, GDP는 사람에게 가장 중요한 것을 측정하려는 시도를 하지 않는다. 셋째, 매우 복잡한 일련의 측정을 하나의 값으로 축약하려고 한다.

첫 번째 결점은 이미 살펴보았다. 두 번째 결점의 경우, 우리가 삶의 질을 돈이 아닌 인간적 가치의 측면에서 측정한다고 가정해보자. 그렇게 되면 새로운 측정 도구를 고안할 필요가 없다. 이미 많은 도구가 존재하며 일부는 이미 사용되고 있지만, 경제학자나 경제에 의존하는 공무원에게 널리 수용되지 않는다는 이유로 국가나 기업의 경제적 결정에서 의미 있는 역할을 하지 못하고 있다. 세계경제포럼World Economic Forum은 GDP보다 더 나은 다섯 가지 성장 지표를 제시했다.

1. 좋은 일자리
2. 복지
3. 환경(지속 가능성 포함)
4. 공정성(그리고 공평성)
5. 건강

다음은 추가될 수 있는 지표들이다.

- 포괄성
- 회복력
- 교육
- 사회적 가치
- 국가경영 품질
- 행복

- 기아로부터의 해방

　위의 두 가지 목록은 예시일 뿐이다. 선택할 수 있는 더 많은 대안이 있는 상황에서 국가를 어떻게 측정해야 할까? 내가 추천하는 방법은 간단하다. 시도조차 하지 않는 것이다. 의미 있는 숫자로 끝나기를 바라는 헛된 희망으로 이질적인 측정 항목들을 합치려고 하지 말자. 그렇다. 최종 결과는 숫자가 되겠지만 의미가 있을까? 각 속성의 값을 결합해서 하나의 축약된 숫자를 얻으려는 이유는 무엇인가? 대신에 각각의 값을 보여주고, 각 값이 원하는 값과 비교하여 얼마나 잘 일치하는지를 나타내는 척도와 함께 보여준다면 더 이상적이다. 이를 위한 한 가지 방법은 11장에서 소개되는 경제학의 도넛 모델(그림 11.3)로 나타내는 것이다. 그림 11.2b의 사회적 요구에 대한 위협 다이어그램과 매우 유사하게, 경제의 도넛 모델은 여러 가지 속성과 해당 속성의 값이 이상적인 값과 얼마나 떨어져 있는지를 나타내는 지표를 함께 표시한다. 이는 국가가 중요한 변수와 관련하여 어떤 위치에 있는지에 대한 훌륭한 그림을 제공한다. 각 속성을 분리하여 유지함으로써, 각 국가가 주의를 집중해야 할 정확한 위치를 쉽게 결정할 수 있다.

　GDP 수치와 국가 순위는 그곳에 사는 사람들의 실제 삶에 대해 아무것도 말해주지 않는다. 이 사실은 중요한 부분이다. 다른 지수들은 많은 사람에게 큰 관심사가 되는 것들을 측정한다. 예를 들어, 지니Gini 계수는 소득 불평등을 측정하는데, 이는 많은 저임금 노동자들 사이에서 우려되는 문제다. 1921년에 이를 개발한 이탈리아 통계학자 코라도 지니Corrado Gini의 이름을 따서 명명된 지니계수는 국가들을 0부터 100까지 등급을 매기고, 숫자가 낮을수록 더 공정하다는 것을 나타낸다. 풀이하자면, 0등급은 해당 국가의 소득 분배가 인구 전체에 걸쳐 완벽히 공평하게 일어났다는 것을 뜻하며, 100등급은 최고 높은 수준의 불평등에 도달했다는 것을 뜻한다. 하지만 이런 대체 지표들도 여전히 만족도를 나타내는 데 경제학적 지표를 사용한다. 이런 지표를 사용하는 모든 사람은 돈이 편안함이나 만족감에 대해 정말로 무언가를 말해준다고 믿기 때문이 아니라, 데이터를 얻기 쉽기 때문에 그것을 사용한다.

GPI와 HDI

한 국가의 가치를 측정하는 데 더욱 인기 있는 두 가지 대안 지표는 GPI^{Genuine Progress Indicator}와 HDI^{Human Development Index}다. GPI는 경제가 사람들에게 의미 있는 혜택을 제공하는지를 판단하기 위한 시도로, 환경 및 사회적 요소와 사회적 기여도의 측정을 포함한다. HDI도 사회적 가치를 조사하기 위한 유사한 시도다. 유엔개발계획에 따르면, 다음과 같다.

- HDI는 경제 성장만이 아닌 사람들과 그들의 능력이 국가 발전을 평가하는 궁극적인 기준이 되어야 한다는 점을 강조하기 위해 만들어졌다. HDI는 국가 정책 선택에 의문을 제기하는 데에도 사용될 수 있다.
- HDI는 인간 개발의 주요한 측면인 건강하게 장수하는 삶과 교육을 받고 지식을 갖추는 삶, 그리고 적절한 소득 기준을 가진 삶을 평균화한 성취도를 보여주는 지표다. HDI는 그 세 가지 차원을 각각 정규화된 지표로 만들고 평균을 낸다.
- HDI는 인간의 발전이 수반하는 것의 일부만을 단순화하고 포착한다. 이는 불평등, 빈곤, 인간의 안전, 자율권 등을 반영하지 않는다.

GDP와 HDI, GPI라는 세 가지 지표를 어떻게 비교할 수 있을까? 뉴스레터 〈이코노믹스 온라인〉은 '국가 측정하는 데 있어서 GDP 대안'에서 다음과 같이 언급한다.

- GDP는 본질적으로 인간과 환경의 다른 중요한 측면을 무시한 채 오로지 부의 양에만 너무 치중한다.
- HDI는 GDP 체계를 대신할 주요 대안으로 기대 수명과 교육의 질과 기간, 생활 수준을 고려한다.
- 또 다른 대안은 생태학적 요소를 고려해 한 국가의 총 가치를 측정하는 GPI 시스템이다. 오염을 덜 방출하더라도 경제가 보통 수준인 나라는 전반적으로 더 나은 GPI 지수를 가진다.

HDI와 GPI 모두 인간에게 중요한 변수를 평가하려고 시도하지만, 여전히 재정적 척도를 강조한다. 그런 다음 모든 측정값을 결합하는데, 결합을 위해서는 모두 동일한 종류의 측정 척도를 따라야 한다. 이 척도는 무엇일까? 당연히 돈이다. HDI는 '기대 수명'을 측정하고, GPI는 '오염'을 측정하지만, 결국 이러한 측정을 해석하는 건 금전적인 용어다. 이는 여러 구성 요소가 단일 숫자로 축약되므로, 어떤 속성이 해당 값에 기여했는지(또는 기여하지 못했는지)에 대한 통찰력이 없다는 것을 뜻한다.

정말로 중요한 지표는 무엇인가?

국내총생산GDP, 소비자물가지수CPI, Consumer Price Index, 고용률 및 실업률과 같은 경제 지표들은 분명히 중요하지만, 시민들에게 중요한 핵심 가치를 측정하지 못한다. GPI와 HDI 같은 지표들이 이러한 문제를 다루기 시작했지만, 여전히 전통적인 경제 측정 방법과 보고 방식에 제한을 받는다.

유엔의 17가지 지속가능개발목표

사람들에게 중요한 것은 무엇일까? 유엔은 SDG라고 불리는, 위한 지속가능개발목표Sustainable Development Goals 17가지를 통해 다음과 같은 훌륭한 출발점을 제공한다. "지속가능개발목표는 모두가 더 나은, 더 지속 가능한 미래를 달성하기 위한 청사진이다. 이 목표들은 우리가 직면한 전 세계적인 빈곤, 불평등, 기후, 환경 파괴, 번영, 평화와 정의 등과 관련된 문제들에 대응한다. 목표들은 서로 연결되어 있으며, 어떤 것도 소홀히 하지 않기 위해서는 2030년까지 각 목적과 목표를 달성하는 것이 중요하다."

지속가능개발 웹사이트는 각 목표에 대해 달성된 목표와 남은 과제 등과 진행 상황을 상세하게 설명한다. 하지만 이 모든 목표는 복잡하

지속가능개발목표

1 빈곤 퇴치
2 기아 해소
3 건강과 웰빙
4 양질의 교육
5 양성평등
6 물과 위생
7 깨끗하고 저렴한 에너지
8 양질의 일자리와 경제 성장
9 산업과 혁신 그리고 인프라 구축
10 불평등 완화
11 지속 가능한 도시와 공동체
12 지속 가능한 소비와 생산
13 기후 변화 대응
14 해양 생태계
15 육상 생태계
16 평화와 정의를 위한 강력한 기관 구축
17 목표를 위한 파트너십

다. 우리가 목표 중 하나라도 진전이 있는지 알아보려면 어떻게 해야 할까? 반드시 측정이 필요하다. 몇몇 목표는 전통적인 경제적 방법으로 측정될 수 있다. 예를 들어, 목표1(빈곤)과 목표2(기아)는 비교적 쉽게 측정 가능하다. 그러나 목표3(복지)은 전통적인 방법으로 쉽게 측정되지 않는 심리적 속성이다. 그 외에 다른 목표들을 검토해보고 여러분이 생각하기에 어떤 것이 전통적인 기법들로 잘 측정될 수 있을지 결정해볼 수 있다. 아마도 많은 목표가 혼합된 특성을 가지고 있을 것이다. 어떤 속성들은 쉽게 계량화되는 한편 어떤 속성들은 주관적 경험을 측정해야 할 필요가 있는 심리적 변수일 것이다. 정통 자연과학 분야의 사람들에게는 이 주관적이란 단어가 터무니없는 것으로 여겨지는 경우가 많다.

나에게는 '수리심리학'이라는 분야에서 받은 박사학위가 있다. 이 분야에서는 측정 이론을 비롯해 많은 주관적 변수들에 대해 엄격하고 반복 가능한 측정이 어떻게 가능한지에 대해 훈련받는다. 심리학자들은 측정에 사용될 수 있는 다양한 척도와 복지, 행복과 같은 의미 있는 주관적 경험을 측정하는 방법들을 고안해왔다.

그림 11.1 (왼쪽) 유엔의 17가지 지속가능개발목표

유엔은 이 17가지 목표가 하나의 독립된 문제가 아니라 세계적 대규모 사회기술체계의 일부라고 지적한다. 목표 1부터 16까지는 건강하고 행복한 시민의 바람직한 속성을 나타낸다. 그리고 목표 17은 사회, 국가 및 조직들이 목표들을 달성하기 위해 글로벌 파트너십으로 단결해야 할 필요성을 가리킨다. 따라서 이 목표를 메타목표라고 할 수 있으며, 다른 16가지 목표를 달성하는 데 필요한 조직 구조와 중점 사안을 나타낸다.

출처 유엔개발계획, '유엔: 지속가능개발목표'

주관적 경험 측정

많은 주관적 속성을 측정하는 것은 가능하다. 심리학자는 이런 목적을 위해 다양한 도구를 고안해왔다. 사람에게 일정한 숫자의 범주에서 항목을 평가하도록 하는 것에서부터 두 변수를 쌍으로 비교하도록 하는 것까지 말이다. 이를 위해 '어느 것이 더 즐거운가요?', '어느 것이 더 무거운가요?', '어느 것이 더 슬프게 만드나요? 혹은 행복하게 만드나요?' 등과 같은 단순한 판단을 요구하는 질문을 할 수 있다. 이러한 간단하고 주관적인 측정 방법들은 적절하게 조합되면 놀라울 정도로 강력한 다차원적인 수치 등급을 생성할 수 있다. 여기서 측정과학은 자연과학과 행동과학을 모두 다루는 분야다.

예를 들어, 전통적인 숫자 척도는 사람의 신장과 체중과 같은 정확한 수치를 측정해야 할 때 사용될 수 있다. 신장과 체중과 같은 측정은 비율 척도로 대상을 명시화하는데, '비율'이란 숫자로 표시된 무게가 다른 사람의 두 배인 사람은 실제로도 두 배만큼 무겁다는 의미다. 때때로 우리는 측정은 가능하지만, 척도의 영점이 어디에 위치하는지 알지 못하는 경우도 있다. 매일 기온을 측정하면서 영점을 알지 못하는 경우를 그 예로 들 수 있다. 영점은 임의적인데, 즉 섭씨 척도에서는 물의 어느 점을 의미하고 화씨 척도에서는 다소 임의적인 지점을 가리킨다. 우리는 실제로 평균 온도를 구할 수 있지만, 100도의 온도를 가진 물체가 50도인 것보다 두 배 더 뜨겁다고 말할 수는 없다. 온도를 측정하는 섭씨와 화씨와 같은 측정 척도를 '간격척도'라고 부른다. 이는 모든 간격의 값이 동일하지만 영점의 부재로 인해 비율이 무의미하다는 것을 뜻한다. 그러다 1848년이 되어서야 윌리엄 톰슨(8장에서 처음 나왔던 켈빈 경)이 영점이 어디에 위치해야 하는지를 알아냈다. 바로 섭씨-273.2(화씨-459.7)였다. 오늘날 과학자들은 종종 온도의 측정 단위인 켈빈 척도(절대영점이 존재하는 척도)를 사용한다. 이것이 비율 척도이기 때문이다.

또 다른 측정 척도로는 단순히 어떤 속성에 따라 항목을 일렬로 나열하는 방식이 있다. 예를 들어, 이름을 알파벳 순서로 정렬하거나 사과를 '빨간색' 정도에 따라 오른쪽이 가장 진하고, 왼쪽으로 갈수록 연해지는 순서로 정렬하는 것이다. 이 결과는 서열척도^{Ordinal Scale}가 되는데, 항목 간의 간격이나 비율이 아니라 순서만 알 수 있기 때문이다. 평균을 계산하는 것은 서열척도에서는 의미가 없다. 대신 항목의 절반이 왼쪽, 나머지 절반이 오른쪽에 있는 중앙값^{Median}을 사용할 수 있다. 서열척도에서는 가장 낮은 순위에서 가장 높은 순위로 올라갈 때 값이 증가한다는 것을 알 수 있다. 하지만 이 증가가 반드시 동일한 간격으로 이루어질 필요는 없다. 지질학과 같은 자연과학에서 사용되는 모스경도 척도는 대표적인 예를 제공한다. 한 광물의 경도는 다른 광물을 긁어 보면서 어떤 것이 다른 것을 긁을 수 있는지를 확인하고 그 항목을 순서대로 나열한다.

행복과 복지 측정

국내 총생산 측정에서 누락되었다고 말한 중요한 변수들, 예를 들어 행복과 복지를 고려해보자. 행복과 복지를 측정하는 것은 이상한 일처럼 들린다. 어떻게 측정이 가능할 수 있을까? 펜실베이니아대학의 심리학자 마틴 셀리그만^{Martin Seligman}은 사람과 그들이 느끼는 복지에 대한 의미 있는 측정을 확장하기 위한 목표로 긍정심리학 센터^{Positive Psychology Center}를 설립했다. 이 센터의 웹사이트에서는 다음과 같이 긍정심리학을 정의하고 있다. '긍정심리학은 개인과 공동체가 번영할 수 있도록 하는 강점을 과학적으로 연구하는 학문이다. 이 분야는 사람은 의미 있고 성취감 있는 삶을 살고, 자신의 능력 내에서 최선을 이끌어내려고 하며, 사랑과 일 그리고 즐거움의 경험을 향상시키기를 원한다는 믿음에 기반을 두고 있다.' 긍정심리학 센터는 '국가의 복지'를 평가하는 방법을 공공정책에 활용할 것을 권장한다.

물론 복지는 많은 다른 중요한 민생 척도 중 하나에 불과하다. 경제협력개발기구OECD의 더 나은 삶 지수는 '더 나은 삶'을 측정하기 위해 11개의 범주를 사용한다. 이 지수는 11개 범주의 등급을 하나의 숫자로 축약하지만, 사용자는 각 범주의 상대적 중요도를 조작할 수 있으므로 개별 등급의 상대적 중요도에 따라 순위가 어떻게 영향을 받는지 평가할 수 있다.

앞서 두 변수를 쌍으로 비교하는 방법을 언급했는데, 이는 사람들에게 한 번에 한 쌍의 항목을 보여주고 그중 어떤 속성에 '더 많은' 관심이 가는지 결정하여 판단하게 하는 방법이다. 비교 가능한 모든 쌍을 비교해야 할 필요는 없다. 적절한 통계 기법을 통해 판단할 쌍의 수를 아주 많이 줄일 수 있기 때문이다. 각 쌍이 서열척도를 기반으로 판단이 내려지더라도, 서로 다른 평가들을 결합하면 상당히 정확하고 의미 있는 구간 또는 비율 척도 값을 얻을 수 있다. 이 결합은 순위가 매겨진 항목들이 서로 다른 차원에서 나왔다면, 각각의 순위 판단이 다차원 공간에서의 해당 항목 배치 가능성에 제약을 발생시키기 때문에 가능해진다. 충분한 제약 조건이 있으면 항목들의 위치는 상당히 정확하게 정해진다. 이 기법들은 '다차원 척도 구성법MDS, Multi-Dimensional Scaling으로 알려진 조사 분야의 일부다.

주관적인 경험을 측정하는 능력은 흥미로운 결과를 드러냈다. 이를테면, 행복은 돈의 양에 따라 증가하지 않는다는 사실 같은 것 말이다. 물론 겨우 생계를 유지할 정도의 현금만 보유하고 있던 한 가족의 수입이 증가하면 실제로 더 행복해지겠지만, 일단 생계를 걱정하지 않을 만큼 충분한 수입을 얻게 되면 공정성(이것 또한 측정 가능하다)을 포함한 다른 많은 요소가 작용하기 시작한다. 동등한 직무를 수행하는 노동자들이 비슷한 수입을 얻는다면 그들은 공정하게 대우받는다고 생각하며 만족한다. 그러나 어떤 사람들이 알 수 없는 이유로 훨씬 더 높은 수입을 얻는다면, 공정성 등급은 떨어지고 불행이 증가할 것이다.

부유한 사람들의 행복은 어떨까? 연구에 따르면, 매우 부유한 사람들이 적당한 수입과 저축을 가진 사람들보다 반드시 더 행복한 것은 아니다. 진정한 행복의 결정 요인은 돈이 아닌 다른 요소들에 있다.

행동의 근본적인 메커니즘을 이해하는 가장 좋은 방법 중 하나는 무언가가 잘못되었을 때 무슨 일이 벌어지는지를 이해하는 것이다. 이역시 잘 알려진 공학적이고 과학적인 원칙을 따른다. 즉, 불완전함은 근본적인 메커니즘에 대한 단서를 제공한다. 나는 전기공학자 시절, 대학뿐 아니라 처음 들어간 몇 군데의 직장에서도 이 원리를 배우고 사용했다. 심리학으로 전과하고 나서도 같은 원리를 적용했다. 이 원리는 복잡한 기계나 컴퓨터 프로그램 또는 인간 행동을 이해하는 데 유용하며, 인간의 실수에 대한 내 연구에도 적용되었다.

임상 심리학자들은 신경증을 비롯한 행동 장애들을 연구한다. MRI와 같은 첨단 영상 기술의 시대 이전에, 신경 과학자들은 뇌 손상을 입은 환자들을 연구함으로써 뇌의 조직 구성에 강력한 단서를 얻었다. 셀리그만 또한 초기에는 비정상적인 행동에 관한 연구에 집중했다. 그가 유명해지게 된 것도 '학습된 무력감'에 대한 연구 덕이었다. 하지만 어느 날, 셀리그만은 자신이 항상 삶의 부정적인 측면만을 연구하는 데 의문을 품게 되었다. 왜 심리학자들은 긍정적인 것을 연구하면 안 되는 걸까? 그래서 긍정심리학 센터가 탄생하게 된 것이다.

주관적 속성이 어떻게 측정될 수 있는지뿐 아니라 반드시 측정되어야 하는 이유를 설명하기 위한 예시로써 이 작업을 선택했다. 마치 인생을 살아가는 데 더 많은 돈을 모으는 것에만 의의를 두면 안 되는 것처럼 국가의 성공도 결코 경제적 측정만으로 결정되어서는 안 된다. 측정되어야 하는 것은 시민들의 주관적 행복에 관한 것이어야 한다. 국가를 얼마나 많은 돈을 소비하는지에 따라 평가하고 순위를 매겨서는 안 된다. 대신 사람이 관심을 두는 가치를 살펴보아야 한다. 유엔의 지속가능개발목표 중 처음 16개의 항목들처럼 말이다. 이렇게 하면 국가별로 각 가치에 대해 얼마나 잘 수행하고 있는지 알 수 있다. 물론 국가 순위를 매길 수는 있지만, 전체 국가를 종합적으로 하나의 숫자로 순위를 매겨서는 안 된다. 우리는 빈곤과 건강, 교육, 불평등과 같은 문제를 비롯해 행복에 대한 별도의 순위를 통해 국가들을 평가해야 한다.

오늘날 세계는 생태계가 파괴되어 심각한 기후 변화를 초래한다. 이로 인해 가뭄과 홍수, 기근, 과도한 고온과 저온 그리고 강력한 폭풍까지 발생하고 있다. 이런 상황에서 각 국가가 지구 생태계를 보호하고 모든 사람에게 긍정적인 미래를 보장하기 위해 얼마나 잘 수행하고 있는지를 평가하지 않을 이유가 무엇인가? 복잡한 정보를 이해하기 쉬운 방식으로 제시하여 고위 의사결정권자가 관련 시스템 상태를 빠르게 파악하고, 어떤 부분에 주의가 필요하며 어떤 부분이 현재(당장은) 괜찮은지 신속하게 평가할 수 있도록 하는 방법은 무엇인가? 위와 같은 도표는 지속적인 정보 제공을 원하는 일상적인 사용자에게는 유용할 수 있지만, 자세한 기술용어와 세부 사항을 깊이 탐구해야 하는 경우에는 유용하지 않다. 여기서 대시보드*dashboard*라고 하는 도구가 필요하다.

정보 대시보드

운전자는 자동차에서 몇 가지 중요한 정보를 알아야 한다. 운전자

앞의 디스플레이는 중요하고 필수적인 정보를 제시하며 때로는 단순히 유용한 정보를 제공하도록 점차 발전해왔다. 이런 디스플레이를 바로 '대시보드'라고 한다. 자동차 대시보드의 목적은 운전자의 주의를 분산시키지 않고 정보를 한눈에 쉽게 이용할 수 있게 하는 것이다. 정보 기술 분야에서 대시보드는 의사결정에 필수적인 주요 변수들을 간단하고 명확한 형태로 요약한다. 예를 들어, 의사결정자는 상황에 대한 신속하고 권위적인 평가가 필요하며, 이를 통해 어디에 주의를 집중해야 하는지 알 수 있다. 표시할 항목을 결정하기 위해서는 숫자 값이 필요할 수 있지만, 대시보드 자체에서는 숫자 값이 중요하지 않다. 관심을 집중할 곳을 결정하려면 단지 질적인 지표만 필요하다. 어떤 부분이 원활하게 진행되고 있는지, 이미 문제가 발생한 곳은 어디인지, 상황이 악화되는 것을 방지하기 위해 모니터링이 필요한 중간적인 상태는 어디인지에 대한 지표 말이다. 이러한 신속한 평가를 통해 경영진 및 기타 의사결정권자들은 상황을 어디서 더 깊이 세부 사항까지 파고들어야 하는지를 알 수 있으며, 보다 더 정확한 정보를 얻고 자세한 행동 전략을 추진할 수 있다. 이처럼 대시보드는 상황을 쉽게 모니터링할 수 있게 해주며, 상황이 통제되고 있는지 아니면 추가 작업이 필요한지를 결정하는 데 용이하다.

경제, 사회, 생태계의 상태에 대해 어떤 종류의 대시보드를 만들 수 있을까? 복잡한 시스템을 하나로 표현할 때는 모든 요구를 충족하거나 중요한 정보를 한눈에 파악하게 할 수가 없다. 그래서 전 세계를 평가하는 대시보드를 만들 때, 분명 전체 그림이 너무 복잡하여 필요한 모든 정보를 하나의 위치에 모으는 것이 불가능할 것이다. 그렇다고 해도 대시보드는 정책결정자와 일반 사람들 모두가 생태계나 사회적 시스템의 상태를 빠르게 이해하고 어떤 요소에 더 많은 주의가 필요한지를 파악하는 데 유용할 것이다. 좋은 대시보드는 시스템 상태를 평가하는 데 필요한 모든 중요 정보를 한눈에 보여주고, 주의가 필요한 속성과 관련된 데이터는 따로 보다 깊이 있게 조사할 수 있게 하는 방식을 결합하면된다. 이러한 데이터는 정부와 정부 간 기관에서 발행하는 보고서에서제공된다.

기후 변화에 대한 의미 있는 접근법

기후 변화를 모니터링하기 위한 대시보드 역할을 하는 그래픽 디스플레이는 2009년에 기후 과학자 요한 록스트롬Johan Rockström과 28명의 동료들이 《네이처》에 기후 변화에 대한 비판적인 논문을 발표하면서처음 제시되었다(영국의 《네이처》 저널과 미국의 《사이언스》 저널은 세계에서 가장 중요한 두 과학 저널 두 개로 간주된다). 록스트롬과 동료들이 게재한 논문은 4쪽에 불과한 짧은 분량으로, 문제(그리고 연구 결과 뒤에 숨겨진 데이터)를 간결하게 요약하고 있었다. 논문에서 사용한 지구 이미지는 지구의중심에서 퍼져나가는 쐐기 모양의 조각들을 나타냈다. 그 조각들은 각각 다른 변수를 나타내고 그 길이는 현재 상태의 심각성을 보여줬다. 목표는 쐐기로 표현된 각 변수가 과학적으로 결정된 임계값을 갖는 것이었다. 즉, 경계를 초과하는 것은 '인간에게 재앙적인 결과를 초래할 수'있다는 의미의 경계를 말이다(일부 변수는 아직 명확하게 정의된 임계값을 가지고 있지 않다). 록스트롬과 그의 동료들은 비록 자신들의 작업을 그 이름으로 부르지는 않았지만, 대시보드를 만들어냈다. 그것은 지구가 직면하고 있는 주요 생태학적 문제에 대한 간단한 그래픽 일러스트레이션으로, 과학이 확립한 안전 한계를 이미 초과한 속성들을 보여준다. 저자들은 2015년에 약간 다른 그래픽 표현으로 작업을 업데이트했다. 두 예시 모두 문제의 심각성을 나타내기 위해 색상을 사용했지만, 내 책에서는 출판 제한 사항으로 흑백으로만 표시해야 하므로 그 버전은 설득력이 떨어져 여기에는 포함시키지 않았다.

하지만 그래픽 디자이너 데이비드 코노버David Conover와 나는《네이처》의 논문 저자들이 묘사한 것에 영감을 얻어 기후 변화를 둘러싼 문제들에 대해 색상이 필요 없는 간단하고 의미 있는 방식의 묘사를 개발해냈다. 그림 11.2a를 보면, 화살표가 길수록 해당 범주가 더 큰 위험에 들어선 것을 보여준다. 화살표가 '생태적 경계'로 표시된 원을 통과하면 위험 영역에 들어선 것이다. 더 많은 주의와 조치가 필요한 곳을 쉽게 확인할 수 있으므로 숫자는 필요하지 않다. 이것이 대시보드다. 대시보드에 문제 영역이 표시되면 이제는 과학적 데이터로 눈을 돌릴 때다. 우리가 사용한 데이터가 오래되었기 때문에 화살표의 실제 길이에는 많은 주의를 기울이지 않아도 된다. 또한 생태학적 도표에서는 모든 값에 대한 한계가 아직 정해지지 않았다. 우리의 도표는 단순히 대시보드가 쉽게 이해할 수 있는 형식으로 얼마나 강력한지를 보여주기 위한 것이다.

사회적 범주에서는 어떨까? 코노버와 나는 다시 한번 그림 11.2a에서 사용된 동일한 프레임워크를 사회적 범주에서 설명하기 위해 그림 11.2b에 적용했다. 두 그림 모두 경계 영역 내에 있는 화살표는 안전 영역에 해당하며, 생태적 행동(그림 11.2a) 또는 사회적 필요(그림11.2b)에 대한 최소 위협을 보여준다. 외부 경계를 통과하는 화살표는 위험을 나타내며, 11.2a에서는 과도한 생태적 피해를, 11.2b에서는 충족되지 않은 사회적 필요를 의미한다. 즉, 두 그림 모두 화살표가 길수록 상태가 악화되며, 화살표가 경계를 통과하면 피해가 발생하고 있다는 뜻이다. 여기서 긴 화살표는 나쁜 상태를 말한다.

대시보드에는 모든 관련 데이터와 필수 데이터가 제시되며, 일반적으로 그래프와 도표로 표시된다. 따라서 그림 11.2a와 11.2b는 생태적 변수와 사회적 변수를 모두 쉽게 볼 수 있도록 표시되어 있다. 그리고 옥스퍼드대학교의 도넛 경제 행동 연구소^{DEAL, Doughnut Economics Action Lab}가그림 11.3에서 보듯 하나로 합치는 작업을 했다. 이는 지구 경계 도표(2015년 윌 스테펜^{Will Steffen}과 그의 동료들이 개발한 버전에서 영감을 받음)와 중요 사회적 가치들을 결합한 것이다.

도넛 모델: 효과적인 대시보드

그림 11.3은 옥스퍼드대학의 경제학자 케이트 레이워스^{Kate Raworth}와 DEAL이 제시한 도넛 모델로 단일 집계 수치값의 필요성을 완전히 거부하면서 의미 있고 중요한 정보 표시를 할 수 있는 방법을 보여주는 예시다. 더 중요한 것은 데이터들이 복잡하게 상호작용할 수 있는 유의미한 구조를 제공한다는 점이다. 이는 그림 11.2a의 생태적 표현에 그림 11.2b를 추가하는 데 영감을 주었다.

도넛을 형성하는 두 개의 동심원 고리는 하나의 도표에 지구 생태계와 사회적 토대의 가치를 모두 보여줄 수 있게 한다. 바깥쪽 고리는 '생태적 한계'로, 지구의 생태계에 영향을 미치는 주요 요인들이 바깥쪽 고리의 둘레를 따라 분류되어 있다. 그림 11.2a의 생태계 변수들과 그림 11.3의 생태계 변수의 유사성은 의도된 것이다. 지구의 안전 기준을 넘어서는 너무 높은 값을 가지고 생태계적 균형을 해치는 요소들은 바깥쪽 고리에서 뻗어나가 돌출되어 있는 것으로 보인다.

가장 안쪽 고리는 건전하고 정의로운 사회를 위해 필요한 사회적 토대를 나타내며, 사회적 가치에 기여하는 주요 요인들이 사회적 토대 고리 바로 바깥에 있는 중간 고리에 분류되어 있다. 최소 요구 사항을 충족하지 못한 속성들은 도넛의 중앙 고리 안쪽으로 돌출되어 표시된

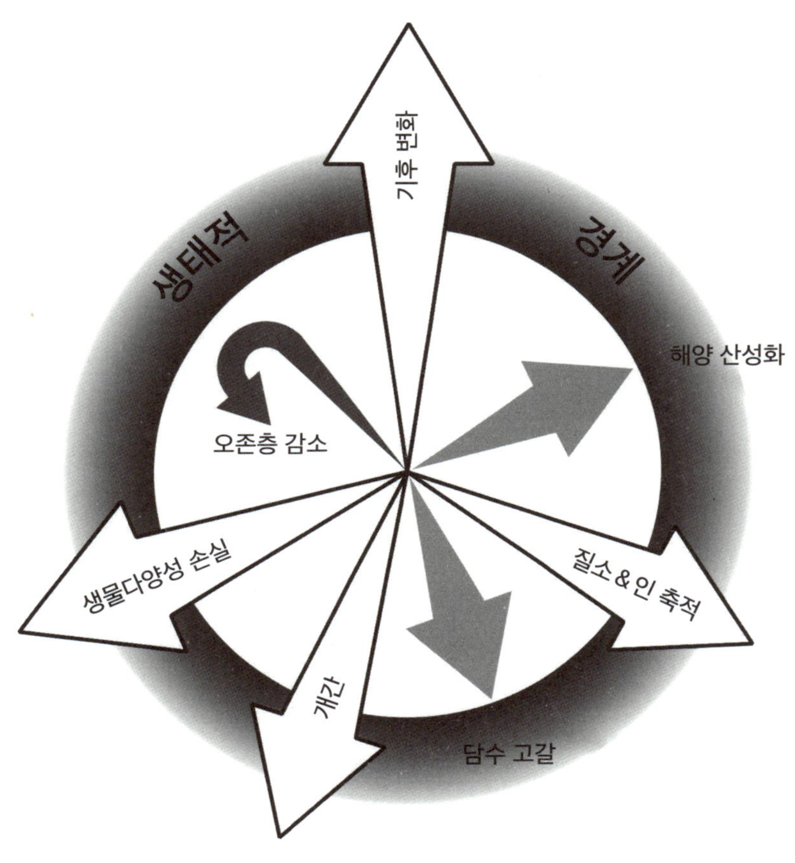

그림 11.2a 지구 생태계에 대한 위협

원의 중심에서 바깥쪽으로 퍼지는 각 화살표의 길이는 각 범주의 잠재적 위험 정도를 나타내며, 이는 지구 생태계에 대한 위협의 크기를 의미한다. 오존층 감소에 대한 화살표는 이 범주가 줄어들고 있어 위험이 감소하기 시작했음을 보여준다.

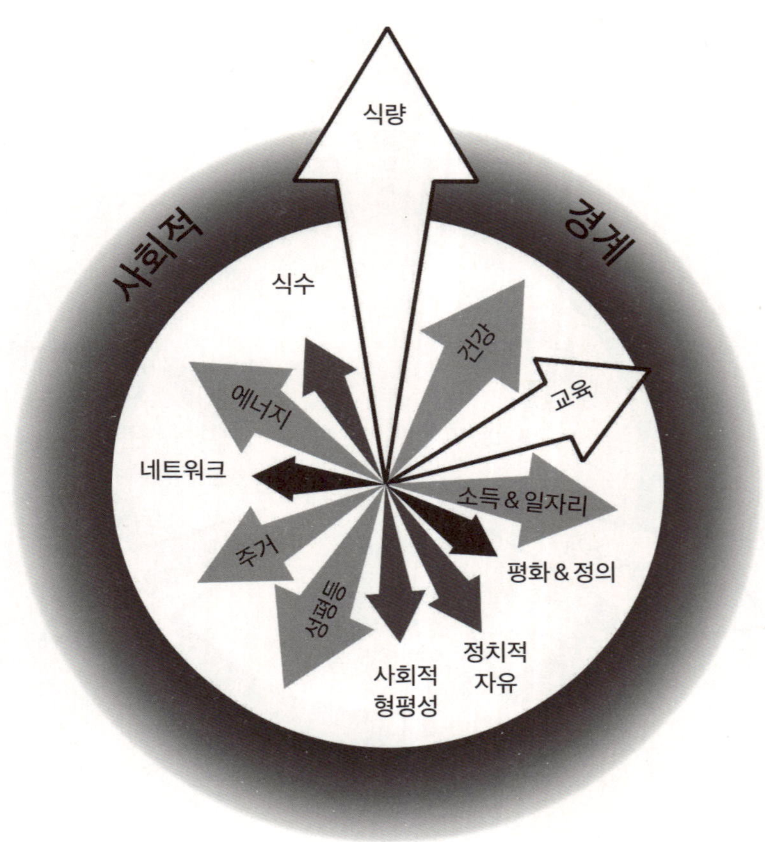

 사회적 요구에 대한 위협

원의 중심에서 바깥쪽으로 퍼지는 각 화살표의 길이는 각 범주에 대한 잠재적 위험 정도를 나타낸다. 즉, 해당 사회적 범주를 충족시키지 못했다는 것을 의미하며, 화살표가 길수록 사회가 더 많이 위협받고 있음을 의미한다. 외부 '경계' 원을 통과하는 화살표는 위험 영역에 있으며, 흰색인 테두리가 검은색으로 표시되어 위험을 강조한다.

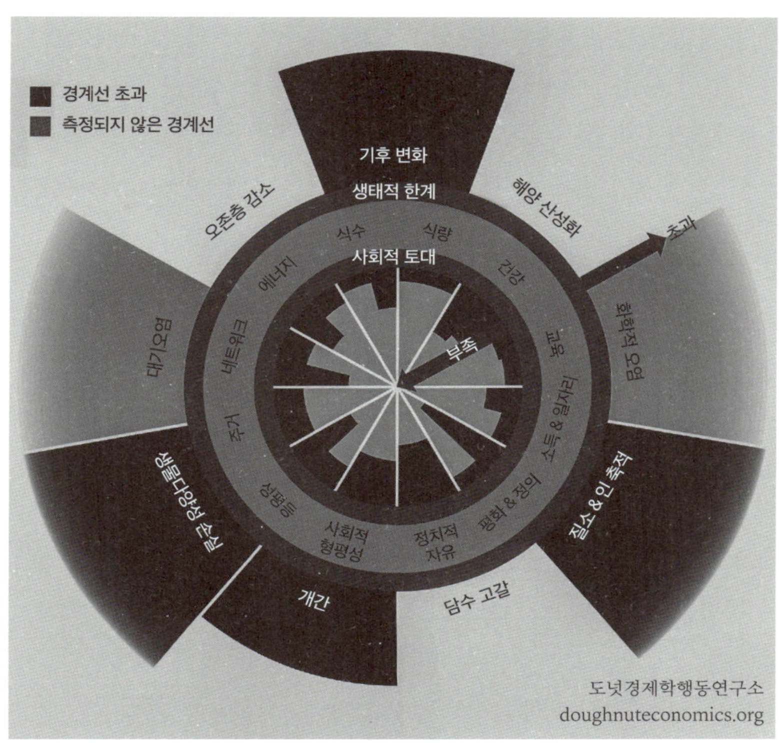

그림 11.3 사회적 및 지구적 경계의 도넛 모델

지구의 상태를 신속하게 알려주는 '대시보드'. 생태학적 한계 고리에서 바깥쪽으로 향하는 변수는 파괴적인 상태에 있다. 그리고 사회적 토대 고리에서 안쪽으로 향하는 변수는 사회에 해롭다. 목표는 두 가지 형태의 투영을 모두 피하는(혹은 적어도 최소화하는) 것이다. 다시 말해, 도넛을 나타내는 고리 안의 값들을 유지하고, 고리 안쪽이나 외부 경계 밖에 있지 않도록 하는 것이다.

출처 도넛 경제학 웹사이트에서 복제되었으며, 컬러에서 흑백으로 변경되었다. 크리에이티브 커먼즈 CC BY-SA 4.0 라이선스에서 허가됨.

다. 도넛 모델은 색상으로 표현될 때 가장 효과적이지만 이 책에서는 한계가 있어 사용되지 못했다(온라인 버전의 도표에서는 사회적 토대 부분의 일부 쐐기 모양에 변수의 하위 구성 요소를 별도로 표시하기 위해 복합적인 쐐기 모양을 썼으며, 마우스 커서를 이미지 위로 드래그하면 팝업 창에서 하위 구성 요소가 표시된다).

그림 11.2a, 11.2b 및 11.3은 질적 표현이다. 이 그림들의 강점은 숫자가 없다는 것이다. 어디에 주의를 기울여야 하는지 결정하는 데에는 숫자가 필요하지 않다. 필요한 경우, 더 자세한 표나 차트 또는 도넛의 숫자 분류표로도 접근할 수 있다(도넛 경제학 원형 차트의 온라인 버전에서는 사용자가 어떤 섹터든 마우스나 펜 또는 손가락 등으로 넘기면 작은 팝업 창에 숫자 값이 표시된다). 하지만 간략한 개요를 위해 방사형 막대와 화살표의 상대적 길이는 더 많은 노력이 필요한 위치를 빠르고 효율적으로 결정하는 방법을 보여준다. 대시보드의 목적은 주의해야 할 사항과 주의하지 말아야 할 사항을 보여주는 것이다. 그리고 나서 더 많은 주의가 필요한 항목들은 대체적인 표시로 검토될 수 있다.

국가 A가 국가 B보다 단일 가치 지표에서 우위를 점하는 것에 왜 관심을 가져야 할까? 예를 들어, 우리는 도표를 통해 한 국가가 교육과 생물다양성 측면에서는 매우 강력하지만 해양 산성화와 오존층 감소를 초래하는 요인에서는 취약하다는 것을 알 수 있다. 다른 나라의 경우, 해당 도표는 교육 측면에서 강점이 있지만, 생물다양성에서는 취약하다는 것을 보여줄 수 있다. 그런 다음, 우리는 현재의 도표를 과거에 생산된 도표와 비교함으로써, 해당 국가가 수로와 공기 중에 배출되는 오염물질을 줄이는 데 큰 개선을 이루었다는 점을 발견할 수 있다. 우리에게 필요한 정보는 바로 이런 것이다. 순위를 매기는 방법은 일부 사람들을 만족시킬 수는 있겠지만, 유용한 목적에는 부합하지 않는다.

대시보드에는 다음과 같은 강력한 기능이 있다.

1. 그래픽으로 묘사된 도표는 어떤 변수가 지구 경계의 안전 한계 내에 있고, 어떤 변수가 해를 끼칠 정도에 이르렀으며, 또 어떤 변수가 더 많은 개선이 필요한지를 쉽게 파악할 수 있게 해준다.
2. 대시보드는 모든 측정값을 하나의 숫자로 결합하려는 오류를 범하지 않는다. 각 속성은 개별적으로 빠르게 평가될 수 있다.
3. 도넛 모델은 생태적 문제와 사회적 문제를 한곳에 결합함으로써 연구 중인 시스템(국가, 주, 도시, 기업)의 상태를 쉽게 평가할 수 있다. 도넛 모델은 이러한 값들을 깔끔하게 동심원에 배치하여, 다른 유형의 대시보드가 두 개의 원을 나란히 놓아야 하는 것과 달리 더욱더 효율적이다.

어느 것이 더 좋아 보이는가? 11.3의 도넛 도표인가, 아니면 11.2a와 11.2b가 쌍을 이루는 원형 도표인가? 우리는 테스트 중에 일부 사람들이 도넛 모델에 어려움을 겪는 것을 발견했다. 왜냐하면 해악 정도를 표현하기 위해 외부 고리와 내부 고리의 화살표가 반대 방향(각각 외부와 내부)으로 움직이기 때문이다. 하지만 도넛 도표는 우리의 계획에 필요한 모든 중요 변수를 두 개가 아닌 하나의 간결한 그림에 투영하는 장점이 있다. 여기서 다양한 유형의 도표를 결합하는 목적은 어느 것이 우수한지 판단하려는 것이 아니다. 비전문가에게 정보를 제공하는 의미 있는 방법을 개발하는 데 시간과 노력을 들이는 것이 가치 있다는 점을 강조하기 위함이다. 그렇지 않으면 메시지의 중요성이 복잡성 속에서 희석될 수 있다. 정보를 제공하는 가장 좋은 방법은 상대에 따라 방법을 달리 하는 것이다. 서로 다른 대상들은 서로 다른 선호도를 가지기 때문이다.

여기에서 빠진 것은 무엇일까? 삶의 질과 행복 그리고 자신의 운명을 통제하고 있다는 느낌과 같은 주관적이고 심리적인 척도가 빠져있다. 이 장에서는 이러한 속성들이 어떻게 측정될 수 있을지에 대해 논의했다. 이제는 누군가가 대시보드에 이런 속성들을 추가해야 할 때다. 아마도 별도의 도표를 추가해야 할 것이다. 자동차 대시보드(및 이와 유사한 항공기와 공정 제어 시설의 디스플레이)는 변수들을 다양한 방식으로 요약한다. 모든 중요 변수가 용지 한 장이나 컴퓨터 화면에 맞게 출력되는 것이 이상적이지만, 반드시 그래야 할 필요는 없다. 중요한 것은 관찰자가 모든 중요한 정보를 빠르게 훑어보고 몇 초 또는 몇 분 안에 시스템의 상태를 제대로 감지할 수 있어야 한다는 것이다. 하지만 완전한 이해를 위해서는 근본적인 이야기나 서사 구조와 같은 중요한 정보가 추가되어야 할 수도 있다.

12.

인간의 행동과 경제학

　심리학 대학원생 시절, 미시경제학의 일부인 효용 이론에 대한 실험을 진행했다. 실험은 심리학 연구실 내에서 인공적으로 수행되었고, 피실험자들에게 다양한 확률을 갖는 여러 베팅 사이에서 선택을 하도록 요청했다. 미시간대학의 심리학자 워드 에드워즈Ward Edwards는 이러한 연구를 라스베이거스로까지 확장하여, 카지노에서 슬롯머신을 이용하는 사람들의 행동을 관찰하는 유사한 실험을 실행할 수 있었다. 카지노는 이미 연구를 위한 멋진 조건들을 설계해놓고 있었다. 다양한 게임이 이용 가능하고 각 베팅마다 걸어야 하는 돈의 액수가 달랐고, 상금의 확률이 달랐으며, 상금의 크기도 달랐다. 에드워즈는 이러한 변수들 때문에 행동에서도 차이가 발생할 것이라고 예상했다. 하지만 슬롯머신과 그에 중독된 사람들은 다양한 사람들 사이에서 나타나는 자연스러운 행동을 대신하는 좋은 대체물이 아닌 다소 독특한 환경을 구성한다.

　당시 나는 효용 이론과 경제이론에 환멸을 느끼게 되었다. 그건 인간 행동을 지나치게 단순화한 가정들을 가지고 있었기 때문이다. 나는 효용 이론 연구를 계속하지 않고, 대신 청각 심리물리학 연구로 방향을 틀었다. 이는 내 공학적 배경지식과 당시 관심사와 더 잘 어울리는 분야였다. 1978년, 노벨 경제학상 위원회는 경제학자가 아닌 허버트 사이먼에게 노벨 경제학상을 수여했다. 그의 연구는 제한된 합리성 개념으로 사람들이 단순하고 논리적인 방식으로 움직이지 않는다는 것을 증명하는 것이었다. 앞서 9장 '잘못된 가정의 사례'에서 그의 연구를 다루었다. 예를 들어, '만족화 Satisficing'는 경제학자들의 일반적인 어휘가 아니다. 나는 사이먼이 노벨상을 수상했다는 소식을 듣고 급히 경제학과 교수진 동료들과 소식을 공유했지만, "노벨상이 아깝다."는 말만 들었을 뿐이다. 그렇다. 1978년의 경제학자들에게는 경제학자가 아닌 사람에게 노벨상을 수여하는 것은 이단적인 행위로 여겨졌던 것이다.

허버트 사이먼은 놀라운 인물로, 경영, 심리학, 문제 해결, 인공지능 그리고 경제학에 이르기까지 많은 다른 분야에서 중요한 연구를 수행했다. 또한 인공지능 분야의 선구자 중 한 명이기도 했다. 그는 어떻게 이 모든 일을 해냈던 걸까? 내가 동료들과 함께한 콘퍼런스에 사이먼도 참석한 적이 있는데, 그는 아침 식사나 개회 연설에도 나타나지 않았다. 그 이유를 물었더니, 논문을 쓰는 데 아침 시간을 사용한다는 답이 돌아왔다. 그리고 신문을 읽거나 뉴스를 듣는 것으로 시간을 낭비한 적이 없다고 덧붙였다. 무슨 말일까? 사이먼은 우리에게 "중요한 일이 생기면 친구들이 알려줄 것이기 때문이죠."라고 설명했다. 그는 디자이너들에게 가장 큰 영향을 미친 책 중 하나인 《인공물의 과학 The Sciences of the Artificial》이라는 책을 펴냈다.

사이먼이 상을 받은 지 24년 후인 2002년, 심리학자 대니얼 카너먼 Daniel Kahneman은 평생의 협력자인 아모스 트버스키 Amos Tversky(1996년 사망했으며, 노벨상은 사후 수여되지 않는다)와 진행한 연구로 노벨 경제학상을 받았다. 이들의 공동 연구는 사람이 겪는 의사결정 문제의 약점을 드러냈다. 이는 간단한 의사결정을 할 때도 나타났으며, 고위 경제학자도 겪는 문제였다. 카너먼이 이 연구를 주제로 쓴 책은 베스트셀러가 되었다. 그 책은 바로 《생각에 관한 생각》이다.

이제 세 번째 인물로 실제 경제학자인 리처드 탈러 Richard Thaler의 업적을 소개해보겠다. 그는 2017년에 노벨 경제학상을 수상했으며, 이는 카너먼 이후 15년 만에 그리고 사이먼 이후 39년 만에 일어난 일이다. 39년 만에 이 분야가 주목받은 것이다. 비록 영국 신문 〈가디언〉에 적힌 탈러의 수상에 대한 헤드라인은 '리처드 탈러는 논란의 여지가 있는 노벨상 수상자이지만, 그럴 자격이 있는 사람'이었지만 말이다. 탈러는 행동을 바꾸기 위해 간단하고 실용적인 심리학을 사용하는 방법을 알려주는 작품인 《넛지》로 일반대중에게 아주 잘 알려져 있다. 나는 탈러가 노스웨스턴대학에 있는 내 사무실로 찾아왔을 때, 그를 처음 만났다. 탈러는 디자인에 관한 책 집필을 막 끝냈으며 출판을 앞두고 있다고 설명했다. 그는 나에게 책 뒷면에 넣을 추천 글을 부탁했고, 나는 기꺼이 그에 응했다. 넛지는 인간 행동에 대한 분별력 있는 심리학적 기반의 접근법이다. 탈러는 이 책을 법학자인 캐스 선스타인^{Cass Sunstein}과 공동 집필했는데, 노벨상을 함께 받지는 않았다. 상은 이 책이 아니라 탈러가 실행한 훨씬 더 거대한 작업에 수여된 것이기 때문이다. 선스타인은 이후에도 오바마 행정부에 넛지의 원칙을 실행하는 방법에 대해 조언하는 등 행보를 이어나갔다. 현재는 하버드 로스쿨의 행동경제학 그룹에서 수장으로 활동하고 있다.

이렇게 행동경제학 분야를 확립하는 데 많은 사람이 기여했다. 예를 들어, 이 장의 초반에 언급한 심리학자 워드 에드워즈는 도박꾼들을 연구한 작업으로 '행동적 의사결정의 아버지'라고 불린다. 에드워즈는 1960년대 초부터 이 분야에서 활동하며, 많은 학생(아모스 트버스키를 포함하여)과 협력자를 양성해왔다. 하지만 노벨 위원회가 오늘날 행동경제학이라고 불리는 분야의 사람들에게 경제학의 권위 있는 상을 수여하고 나서야 그 연구는 마침내 확립된 분야가 되어 주류의 일부가 되었다. 그런데도 정부 정책을 통제하는 경제 모델에는 여전히 큰 차이가 없다. 이 아이디어가 학술지에서 나와 실용적인 적용으로 발전하는 데에는 오랜 시간이 걸릴 수 있으며, 특히 정부의 장기적인 정책과 관행을 바꿔야 할 때는 더 오래 걸릴 수 있다.

하지만 징후는 긍정적이다. 점점 더 많은 경제학자가 경제 데이터, 조사 및 설문지에서 수집된 통계만이 아니라 실제 행동을 연구하기 시작했다. 어떤 사람들은 스스로 '행동경제학자'라고 부르고, 또 어떤 사람들은 스스로 '신경경제학자'라고 부른다. 신경과학을 인지과학자 및 심리학자들이 다루게 된 것은 우리의 이해에 상당한 깊이를 더해주었다. 신경과학은 뇌의 어떤 부분이 의사결정의 여러 요소를 다루는지 이해할 수 있게 해주었다. 이는 학문적 경계를 넘어서 협력하는 힘을 보여주는 훌륭한 예시다.

이야기의 힘

이야기는 때때로 독특한 행동을 보이는 세상을 탐구하고 설명한다. 사람들은 이야기꾼이다. 사람들은 자신과 타인에 대한 이야기를 한다. 인간의 경험은 목표와 제약, 극복해야 할 장애물, 그리고 사건과 행동의 인과관계를 갖춘 일관성 있는 서사를 형성한다.

이야기는 과학적인 조사만큼이나 세상을 이해하는 데 중요하다. 과학은 검증 가능한 증거와 설명을 제공하지만, 이러한 설명은 일반적으로 개별적인 사건 발생과는 별도로 추상적인 원리로 제시된다. 하지만 과학은 많은 다양한 개별 사례에 적용되는 일반적인 원칙을 제공하는 것을 목표로 하므로, 이런 추상화는 필요하다. 이와 달리 이야기는 맥락을 제공한다. 이야기는 논의 중인 원칙이 어떻게 행동에 영향을 미칠 수 있는지를 보여준다. 과학적 지식과 더불어 그것이 일상생활에 어떻게 영향을 미칠 수 있는지를 아는 것은 현상에 대한 더 깊은 이해를 가능하게 한다.

과학은 연구할 수 있는 대상에 대해서만 말할 수 있지만, 사람들에게 중요한 많은 현상은 오늘날의 과학 능력 밖에 있다. 게다가 과학적 반복성은 연구 대상의 측정에 크게 의존하는데, 이미 설명한 것처럼 과학자들은 자신들이 실제로 관심을 두는 대상이 아닌 측정 가능한 대상을 측정한다.

이야기꾼은 상황의 요소들, 특히 측정할 수 없는 측면까지 묘사할 수 있다. 이야기는 과학적 보고서에서 제외된 상황의 중요한 측면을 다룰 수 있으며, 대개 이런 누락된 부분들은 이해를 위해 중요할 때가 많다. 물론 이야기에도 한계는 있다. 이야기는 관심 있는 현상의 맥락과 구체적인 예시를 제공하는 데 능숙하지만, 그 범위가 매우 한정적이다. 또한 각 이야기는 소수의 문제와 특정 개인이나 집단을 다룰 뿐이므로, 구체적인 예시를 제공하는 이야기의 장점이 오히려 일반성을 제한하게 된다. 게다가 말하는 사람의 관점과 예시의 선택, 그리고 인식되지 않거나 의도하지 않은 많은 잠재의식적인 요소에 의해 편향될 수 있다.

공식적인 측정과 평가는 중요하지만, 그 특성상 몇 가지 약점도 있다. 첫째, 측정은 쉽게 측정 가능한 대상들에만 제한되므로, 평가해야 하는 상황에서 가장 중요한 측면을 완벽하게 반영하지 못할 수 있다. 둘째, 추상화는 크고 복잡한 문제에 대한 논의를 숫자와 그래프 그리고 그림으로 축약한다. 경제학자 모턴 샤피로Morton Schapiro는 경제학자들이 위대한 소설가들에게 관심을 기울임으로써 많은 것을 배울 수 있다고 주장하면서, 이야기의 중요성을 논하기 위해 역사학자 게리 모슨Gary Morson과 팀을 이루었다. 또 다른 노벨 경제학상 수상자(2013년에 받은 노벨상은 자산 가격의 경험적 분석에 대한 것이었지만)인 로버트 쉴러Robert Shiller도 행동경제학 분야에서 활동했다. 그는 저서 《내러티브 경제학》에서 경제학자들의 1년을 예측하는 능력을 '완전히 가치 없는 일'이라고 지적했다. 그에 따르면, 경제학자들이가 사람이 경제를 어떻게 생각하는

지를 고려하는 경우는 드문 일이다. 하지만 그는 책에서 사람들의 믿음, 특히 대중화되는 이야기들을 진지하게 받아들여야 한다고 주장한다. 쉴러는 이 점을 특히 매우 중요하게 여겨 책의 부제를 '경제를 움직이는 입소문의 힘'으로 삼았다. 이 책의 5부에서 쉴러의 연구 및 모슨과 샤피로 팀의 연구를 더 자세하게 다루겠지만, 지금은 이야기가 어떻게 실제 인간 행동에 대한 중요한 정보를 제공하는지에 초점을 맞추겠다.

사회과학에서 이야기는 형식적인 측정에 유용한 보완책을 제공할 수 있다. 여기서 인류학자와 언론인 그리고 작가들의 이야기와 관찰이 우리에게 사람들이 어떻게 살고 행동하는지를 이해하는 데 필요한 맥락과 배경 정보를 제공한다. 디자이너는 종종 자신이 디자인하는 대상인 사람의 삶에 대한 짧은 묘사와 이야기인 '페르소나Persona'를 만든다. 각 페르소나는 대상 인물의 삶과 활동에 대한 짧은 한두 쪽 분량의 설명으로 구성되어 있다. 이 페르소나들은 허구적이지만, 적절하게 생성되면 많은 현장 연구와 관찰로부터 얻은 근거에서 파생되어 극도로 현실적일 수 있다. 단, 개인정보 보호를 위해 수정될 수도 있다. 이런 페르소나는 종종 포스터로 제작되어 디자이너가 매일 볼 수 있도록 작업 구역에 배치된다. 디자인의 대상이 되는 사람을 떠올리게 하는 것은 긍정적인 효과를 불러일으키기 때문이다.

인간 행동에 대한 진정한 통찰력은 측정이 이야기와 결합될 때 발생한다. 측정은 정확성을 제공하지만 상황을 추상화한다. 맥락의 부족은 의사결정자들로 하여금 그 자체로는 완벽하게 합리적이고 논리적이지만 현실 세계에서 구현되면 근본적으로 잘못될 선택을 하게 만든다. 이야기는 맥락을 제공하고 해당 의사결정이나 행동이 미치게 될 영향력을 이해할 수 있게 해준다. 그래서 보다 선택적이며 범위가 한정된다는 약점이 있다. 결국에는 이렇게 이야기와 측정이 결합될 때 서로의 약점을 보완하면서 더 효과적일 수 있다.

서사의 가치를 보여주는 두 가지 예를 들어보겠다. 이 예시는 보건 의료 분야에서 나온 것으로, 전통적인 측정 중심의 과학에서는 결코 포착할 수 없는 관찰을 기반으로 한다.

이야기 1: 측정이 어떻게 환자를 인간에서 숫자로 변화시키는 가? 과학·공학·의학 국립 학술원National Academies of Sciences, Engineering, Medicine에서 진행된 의료 기록 시스템 연구에 참여한 적이 있다. 우리 연구진들은 미국 전역의 병원을 방문하여 입원부터 병실 배정(우리가 생각했던 것보다 훨씬 복잡한)은 물론이고 의사와 의료 인력들이 업무를 하는 것까지 광범위한 활동을 관찰했다. 어느 이른 아침, 우리는 주치의가 수술 병동을 회진하는 것을 따라갔다. 의사는 간호사들, 레지던트 의사들 그리고 인턴들과 동행했다. 우리와 함께 한 간호사 중 한 명이 이동식 컴퓨터 작업대를 밀고 다녔다. 각 병실에 도달하면, 주치의는 문을 두드리며 환자에게 인사를 건넸다. "안녕하세요, 존슨 부인." 그런 다음 의사는 컴퓨터가 환자에 대한 검사 결과를 표시하는 동안 나머지 사람들, 즉 아직 복도에 있는 모든 사람을 돌아보았다. 레지던트 의사들은 주치의에게 환자의 생체 통계와 현재 약물 상태를 전달했다. 그러면 주치의는 이를 주의 깊게 듣고, 질문을 하고, 간호사와 레지던트 의사들에게 제안을 한 다음, 다시 한번 문을 두드리며 유쾌하게 "안녕히 계세요, 존슨 부인. 좋은 하루 보내세요."라고 말한다. 주치의는 절대로 환자의 병실에 들어가지 않았다. 전체 평가는 숫자를 통해 이루어질 뿐이었다.

의료전문가들은 이러한 현상을 잘 알고 있다. 즉, 환자를 사람이 아닌 질환 그 자체로 생각하는 현상을 말이다. 의사들이 자신의 전문 분야만을 생각하게 되면, 그저 검사 결과와 기기 판독치만을 처리할 뿐 환자와 어떠한 상호작용도 하지 않으며 측정된 값에 대해 원격으로 진단하고 처방하면서 환자에게 소홀해지게 된다.

어떻게 이런 경향을 극복할 수 있을까? 한 가지 방법은 환자의 기록에 그들의 삶과 가족, 자녀, 취미, 직업 그리고 관심사에 대한 간단한 이야기를 포함하도록 하는 것이다. 바쁜 의료진들은 긴 이야기에 시간을 할애할 수 없으므로 이야기는 간결하면서도 감동적이어야 한다. 이야기에는 환자를 숫자와 증상에서 사람으로 바꿀 힘이 있다. 또한 많은 관찰과 치료를 하나로 묶어 응집력 있는 이야기로 구성할 수 있다. 이론적으로 환자의 진료 기록에는 이러한 정보가 포함되지만, 실제로는 그 이야기를 읽어내기가 어렵다. 진료 기록은 과거 병력과 현재 상태와 의료 검사, 진단 및 의학적 조건에 따른 치료법을 결합해 놓은 모음집일 뿐이다. 문제는 의사들이 전체 의료 기록을 읽을 시간이 없다는 것이다. 게다가 이는 보통 환자가 검사를 받은 시기, 검사 결과가 나온 시기, 진단과 치료가 이루어진 시기에 따라 시간순으로 정렬된다. 이러한 정보는 요점을 강조하면서 이해하기 쉬운 형태로 정리되지 않는다. 우리에게는 읽기 쉽고, 보다 응집력 있으며, 흥미롭고, 환자의 의학적 상태를 기록할 방법이 필요하다. 그것은 어려운 일일까?

어떤 사람들은 이 문제를 해결할 기술을 찾고 있다. 자동화, 알고리즘 또는 로봇 저널리즘(로봇과 저널리즘의 합성어로, 컴퓨터 소프트웨어를 활용해 기사를 작성하는 것) 등으로 다양하게 알려진 분야에서 컴퓨터는 스포츠 승패 결과와 시장 성과를 기반으로 자동으로 이야기를 작성한다. 나는 이런 시스템 중 하나를 비공식적으로 테스트하기 위해 내 웹사이트의 사용법을 검토해달라고 요청했다. 놀랍게도 내가 동일한 통계를 검토했을 때는 얻지 못했던 통찰력을 인공지능 시스템이 검토한 결과를 통해 얻을 수 있었다. 환자들의 임상 기록을 이해하는 데에도 동일한 작업이 적용될 수 있을까? 아마도 그럴 것이다.

이야기 2: 말 그대로 의료 기록 장비가 환자를 숨기는 방법. 이야

기 1에서 보고된 관찰 결과를 도출한 같은 연구이지만 다른 병원에서 진행된 연구에서, 소아 급성 치료 병동에서 조산아를 위한 기구들로 가득 찬 수술실을 보았을 때다. 그곳에는 여러 개의 주입 펌프, 컴퓨터 판독값, 모니터들이 놓여 있었다. 디스플레이 판독치의 깜빡이는 빨간색 불빛과 컴퓨터 화면 속 그래프의 희미한 백색 빛으로 가득 찬 방이었다.

나는 "흥미롭네요."라고 말했다. "모든 환자가 어떻게 하고 있는지 볼 수 있도록 장치들을 한곳에 모아놓으셨군요."

"아니요."라고 의사 중 한 명이 대답했다. "무슨 말씀이신지요?"

"그러면 환자들은 어디에 있나요?" 나는 환자들이 기기들과 가까운 방에 있다는 대답을 기대하며, 거듭 물었다.

"바로 거기에 있잖아요." 내 질문에 당황한 기색이 역력해 보이는 의사가 대답했다. "바로 그 방 안에요, 선생님 바로 앞에요."

자세히 들여다보았지만 여전히 환자는 보이지 않았다. 그러자 간호사 한 명이 걸어와서 가리켰다. "오!" 나는 탄성을 내뱉었다.

그곳에는 너무 많은 의료기기와 판독기, 디스플레이가 있어서 누군가가 가리켜서 보여주기 전에는 환자를 알아볼 수가 없었다. 더구나 그곳이 유아 병동이어서 유독 환자가 작았던 이유도 있지만, 이는 현대 의학의 상황을 잘 보여주는 사례다. 환자는 한 인간에서 의료 검사와 모니터링 장비의 판독치에서 얻은 숫자로 변형되었다. 환자들이 말 그대로 시야에서 사라진 것이다.

이야기 1과 2는 실제 사례다. 이들은 현대 의료 관리의 복잡성을 보여준다. 측정 기술은 발전된 상태로 접어들었으며, 이와 마찬가지로 센서와 컴퓨터가 장착된 의료기기들은 정보를 해석하고 판독값을 제공하며 필요한 경우 알림과 경보를 울리는 상태로 발전했다. 이 모든 측정은 유용하지만 충분하지는 않다(실제로 알림과 경보는 또 다른 문제다. 중대한 문제가 발생했을 때, 여러 경보의 소음으로 의료진의 주의가 분산되기 때문이다. 그래서 때때로 문제에 집중하기 위해 경보를 끄는 데 귀중한 시간이 낭비된다. 나는 이런 유형의 문제에 대해서는 이미 다른 책에서 다룬 바 있다).

측정은 사실을 제공하고, 이야기는 의미를 부여한다

위 두 이야기는 의료계에서 발생하는 일들의 추상적으로나마 보여준다. 전문의들은 환자가 아닌 자신의 전문성을 보고, 심지어 환자를 담당하는 일반의들도 주로 숫자만을 본다. 두 이야기는 구체적인 사례를 보여준다. 이 이야기들은 강력하지만, 각각이 유일한 사례라는 약점이 있다. 의료계를 이해하는 데 필요한 많은 관점과 예시 중 하나를 대표할 뿐이다.

역사학자들도 비슷한 문제에 직면해 있다. 그들은 과거 사건에 대해 보고해야 하지만, 기록된 문서에서 통계를 제시하는 것만으로는 실제로 일어난 일을 포착할 수 없다. 공식적인 기록에는 사람들의 이야기, 그들이 느끼고 행동하는 방식, 더 중요한 것은 그들이 인지하고 믿었던 것, 혹은 목표와 필요가 무엇이었는지에 대한 이야기가 없다. 따라서 역사가들은 종종 삶과 행동에 대한 이야기와 그 시대를 묘사하는 기록을 결합하여 자신들의 결과를 서사로 제시한다.

이야기와 측정은 현상에 대한 우리의 이해를 나타내는 두 가지 보완적인 형태다. 우리는 두 형태가 다르다는 사실에 감사해하며, 이를 결합하여 두 세계에서 최상의 결과를 내야 한다. 이것이 바로 다양성의 힘이다. 각 요소가 다른 요소의 결함을 메우는 것이다. 승리하는 건 결국 결합이다. 기후 변화의 과학에서 서사적 논문은 과학 저널에서조차 설명적인 글보다 더 영향력이 있다. 심지어 과학자들에게까지 말이다. 그 이유가 무엇일까? 앤 힐러Ann Hillier, 라이언 켈리Ryan Kelly, 테리 클링거 Terri Klinger가 〈기후 변화 과학에서 서사적 스타일은 인용 빈도에 영향을 미친다Narrative Style Influences Citation Frequency in Climate Change Science〉라는 논문에서 지적한 것처럼 "서사적 쓰기는 관련된 사건을 통해 이야기를 전달하는 반면, 설명적 글쓰기는 많은 사실을 사회적 맥락 없이 전달한다. 동일한 정보를 보다 서사적인 방식으로 표현하는 것은 이해도를 높일 수 있는 잠재성을 지닌다. 이는 기후과학과 과학적 글쓰기의 맥락에서 특히 매력적인 전망이다. 결과적으로 서사는 강력한 의사소통 도구로 널리 인정받고 있다."

숫자, 통계, 날짜 그리고 역사적 기록은 중요하지만 추상적이고 의미를 담고 있지 않다. 이야기는 건조하고 비인간적인 데이터의 추상화에 맥락과 배경설정 그리고 의미를 더하는 열쇠다. 사람들은 일관성 없는 관측치나 너무 많은 데이터를 마주치면 어려움을 겪는다. 여러분은 숫자 표가 있는 보고서나 기사를 얼마나 많이 읽어보았는가? 흥미로웠는가? 세부 사항을 즐기는 사람들이나 해당 보고서와 관련된 분야에서 일하는 소수의 사람들에게는 흥미로울지도 모른다. 숫자를 이해하는 데 필요한 올바른 배경지식과 경험을 갖춘 사람들 말이다. 하지만 나머지 대부분의 사람들에게는 의미 있는 구조가 필요하다. 여러분은 특별한 순서 없이 단지 일렬로 나열된 48개의 글자를 기억할 수 있겠는가? 다음의 문자들을 한번 기억해보자.

매우문장있는누구나의미기억은쉽다하기에.

암기 기술을 비롯해 다양한 기억법에 숙련된 사람들이나 소위 '사진기억력Photographic Memory'을 가진 아주 소수의 사람들은 이 문자열을 빨리 외울 수 있을지도 모른다. 하지만 우리 대부분은 한 번 보고 나서,

외울 시도조차 하지 않을 것이다.

그러면 두 번째 테스트를 진행해보겠다. 다음 줄의 글자를 암기해보자. 다시 한번 말하지만, 여러분이 관심을 둬야 할 것은 가능한 한 많은 글자를 기억하는 것이다. 주어진 문자열과 같은 순서일 필요는 없다.

의미 있는 문장은 누구나 기억하기에 매우 쉽다.

나의 독자 중 많은 사람이 이 문장이 불공정한 속임수라고 생각할 거라고 예상한다. 물론 의미 있는 문장은 19개의 의미 없는 문자로 이루어진 문자열보다 기억하기 쉽다. 그것이 핵심이다. 두 번째 문자열이 첫 번째 문자열보다 훨씬 기억하기 쉽다는 사실(게다가 제시된 대로 정확한 순서로 기억하는 것까지)은 놀라운 일이 아니다. 결국 두 번째 문자열은 의미 있는 문장이기 때문이다. 하지만 그 문장은 첫 번째 줄과 같은 단어를 가지고 있다. 많은 과학 논문은 의미 없는 글자와 숫자 그리고 해당 분야의 전문가들조차 이해하기 어려운 복잡한 문장들의 나열처럼 읽힌다. 의미 있는 이야기에 정보를 넣어 전달해보자. 이해가 더 잘되고 기억하기도 쉬워질 것이다.

사람은 의미를 추구하는 생명체다. 의미 있는 경험은 이해를 이끌어내며, 기억하기 쉽게 만든다. 디자이너들은 어떻게 복잡한 기술을 사람들이 사용하기 쉽다고 느끼는 시스템으로 바꿀 수 있을까? 비결은 디자인을 의미 있게 만드는 것이다. 어떤 것이 얼마나 복잡한지는 중요하지 않다. 사람들은 무언가를 의미 있고 이해할 수 있다고 느끼면, 그것을 '단순하다'고 판단할 것이다. '세상은 어쩔 수 없이 복잡하지만, 마음속에서 단순함을 찾을 수 있다.'

3부
지속 가능성

생태계에 미친 피해를
되돌리고 복구하라

13.

폐기물 시대를 살다

20세기는 폐기물 시대였다. 여기저기 널부러진, 어디에나 존재하는 해로운 폐기물은 21세기에도 여전히 우리와 함께 있는 전염병이다. 런던 디자인 뮤지엄에서 열린 '폐기물 시대^{Waste Age}' 전시회는 이러한 사실을 매우 강렬하게 보여준다. 2021년 10월에 전시회가 열렸을 때, 나는 디자인 뮤지엄과 영국 디자인 협의회 그리고 엘렌 맥아더 재단^{Ellen MacArthur Foundation} 관계자들과 사흘 동안 그 문제들을 논의했다. 우리 모두는 이미 이 책의 첫 부분에서 논의했듯이 디자인이 문제의 주요 원인이라는 것에 동의했다.

이 전시회의 부제는 이 책의 주요 주제와도 맞물린다. 즉, 디자인이 이 상황을 뒤집기 위해 무엇을 할 수 있을까? 디자이너는 어떤 역할을 해야 하나? 디자이너들은 일단 자신들이 일하는 장소와 폐기물을 증가시키지 않는 물건들의 디자인부터 시작해서 상업 활동의 행동을 바꿔 나가야 하지 않을까? 안타깝게도 오늘날 이런 변화를 주도할 만큼 충분한 권한을 가진 디자이너는 거의 없다. 변화를 위해서는 디자이너 자신이 변해야 한다. 일반적으로 디자인 영역 밖으로 여겨지지만 세상을 이해하는 데 필수적인 주제에 대해 지식을 쌓아가야 한다. 경제, 비즈니스 모델, 역사, 인문학, 기술, 윤리, 경영 정치 등을 포함해서 말이다. 이는 대규모의 변화로, 디자이너 교육 방식, 의사결정 권한의 양, 기업의 비즈니스 모델, 그리고 사회 구조의 변화까지 아우른다. 여기에는 모두가 참여해야 하며, 특히 경제학자와 정부 기관의 관리자와 정치인, 그리고 공무원을 비롯하여 재단과 비정부 기관의 조직책은 물론이고 세계 각국의 주요 지도자들이 중요한 역할을 해야 한다. 오늘날의 문제들은 지구상의 모든 사람에게 영향을 미칠 것이므로, 모든 사람을 대표하는 사람들이 회복을 도와야 할 것이다.

우리의 폐기물 배출 방식은 전체 생태계를 파괴하고 있다. 사람과 동물, 그리고 식물을 중독시키고, 대기 상층부를 돌이킬 수 없을 정도로 변화시키며, 지구 전체에 거대한 온난화를 촉발하고 있다. 어떤 부분은 이미 너무 오랫동안 진행되어 전 세계로 뻗은 해로운 영향력이 느껴지기 시작했다. 이 문제를 논의하기 위해 다국적 회의가 진행 중이라는 소식은 희망적으로 들리지만, 20년 전에 시작된 논의가 오늘날에도 비슷한 양상으로 진행된다는 점에서 회의적이다. 그리고 미래에도 유사한 패턴이 지속될 것으로 보인다. 다수의 논의와 약속이 있지만, 실질적인 행동은 아직 충분히 이루어지지 않고 있다. 세계 지도자들이 해야 할 조치에 대해 완전한 합의에 도달한다 해도, 종종 귀국 후에 합의한 내용에 대해 자신들의 입법부를 설득하지 못한다. 입법부가 행동을 취하더라도, 주요 산업과 사람들을 설득하는 것은 여전히 어려울 수 있다. 이러한 이유로 지도자들은 (특히 민주주의에서) 폐기물의 배출을 막기에는 놀라울 정도로 무력하다.

세계는 의류, 식품 그리고 엔터테인먼트 산업에 의존하고 있다. 21세기에 사람들은 전보다 더 쉽고 더 편안하며 더 빠르고 더 저렴한 가격으로 세계의 대부분을 여행할 수 있게 되었다. 이는 많은 사람이 세계 곳곳을 방문하여 여행이 환경 오염에 미치는 영향에 대해 논의하기 위한 회의에 참석하는 것이 가능해졌다는 것을 뜻한다. 글로벌 노스의 경제는 이러한 시설과 능력에 너무 의존하고 있어서 활동을 중단하기가 어렵고, 생산과 여행의 수단은 지구를 파괴하고 있음에도 불구하고 대체하기 어렵다. 오늘날의 인프라는 세계 사람들의 삶을 지원하고 있어서 많은 사람들, 특히 가난하고 소외된 사람들에게 심각한 피해를 주지 않고는 빠르게 변화하기 어렵다. 많은 상품이 더 이상 한 장소에서 생산되지 않고, 대신 전 세계를 아우르는 공급망을 필요로 한다.

화석 연료(석탄, 석유, 천연가스)의 연소는 대기에 치명적이며, 지구 온도 상승의 주요 요인이다. 하지만 세계 인프라의 많은 부분은 여행, 전력, 집과 요리를 위한 열 뿐만 아니라 자동차용 타이어, 의약품, 비료 그리고 당연히 플라스틱에 이르기까지 다양한 제품들을 생산하기 위해 화석 에너지에 의존한다. 그래서 화석 연료 사용을 중단하는 것은 매우 어려우며 중단하더라도 수십 년은 걸릴 것이다. 당연히 오늘날의 발전소는 파괴적이지 않은 다른 에너지 생산 방법으로 대체될 수 있다. 예를 들어, 수소, 풍력, 태양열 발전 그리고 경제적이고 파괴적이지 않은 방법으로 수소를 분리할 수만 있다면 수소 전력도 대체 에너지가 될 것이다. 원자력은 생태학적으로 안정적인 전기 생산자원이지만, 아직 아무도 방사성 폐기물을 안전하게 처리하는 문제를 해결하지 못했다. 화석 연료로 구동되는 엔진은 전기 구동으로 대체될 수 있지만, 대체할 때의 전기 동력과 모터 자체가 생태학적으로 건전한 에너지원에서 만들어진 경우에만 도움이 될 것이다.

기존의 에너지원을 새로운 재생 가능한 에너지원으로 대체하려면 상당한 시간이 필요하다. 가장 낙관적인 예측은 수십 년이 걸릴 것이므로 2050년까지는 끝나지 않을 것이라고 말하며, 또 다른 예측들은 그보다 훨씬 더 오래 걸릴 것이라고 말한다. 세계는 화석 연료로부터 에너지의 상당 부분을 얻고 있는데, 대략 85퍼센트 이상이라고 추정된다. 따라서 에너지원을 바꾸기 위해서는 압도적인 규모의 노력이 필요하다. '압도적'이라는 건 불가능하다는 의미는 아니지만, 작업의 규모에는 상당한 인력과 상당한 자금 그리고 새로운 장거리 송전선로를 포함한 많은 공사가 필요할 것이다. 이런 작업을 완료하는 데는 오랜 시간이 걸릴 것이며, 더욱이 전통적인 에너지 산업에 의존하거나 공사 지역에 사는 사람들의 삶에 피해를 준다는 이유로 상당한 정치적 반대에 직면할 것이다. 따라서 세계는 오랫동안 파괴적인 기술에 의존할 것이다.

생태계에 가해지는 장기적인 피해와 너무 많은 변화가 급속하게 이뤄지게 되었을 때 사람들이 입게 되는 단기적인 피해 사이에는 긴장이 존재한다. 단기적인 피해는 장기적인 안정성을 추구하려는 노력을 지연시킨다. 그럼에도 불구하고, 오늘날의 생산 방식에 대한 의존을 즉시 줄여나가야 한다. 우리는 많은 활동 방식과 생활 방식 그리고 비즈니스 방식을 바꾸기 시작함으로써 해로운 관행에 대한 의존도를 줄이고 보다 지속 가능한 미래로의 전환을 가속화할 수 있다.

단기적 피해와 장기적 이익 사이의 이러한 상충관계는 이 책의 나머지 부분에서도 자주 등장할 것이다. 여기서 인간의 필요와 행동은 수많은 기술전문가들이 제안한 매우 체계적이고 강력한 해결책과 충돌하게 된다. 기술적인 해결책은 어렵고 비용이 많이 들긴 하지만 오늘날의 문제를 극복하는 데 유용하고 중요하며, 신중하게 계획되어 아마도 결정적인 역할을 할 것이다. 하지만 기술전문가들은 일반적으로 자신들이 채택한 해결책이 많은 사회와 사람들의 삶에 초래할 끔찍한 피해를 무시한다. 혜택을 받는 삶도 있겠지만, 대다수는 피해를 입게 될 것이다. 정치적인 결정은 대개 단기적인 측면을 우선시한다. 특히 민주사회에서는 기존 상황을 기반으로 지도자들이 선출되므로, 몇 년 동안 가시적 영향은 없고 비용만 많이 드는 대규모 조치는 선거에 좋지 않은 결과를 미칠 수 있다. 그 결과 과감한 행동에 나서겠다는 정치적 의지가 크게 억제되고 있다.

우리가 현재의 상태에 이르기까지의 과정과 이를 개선하기 위해 무엇을 할 수 있는지가 이 책의 주제다. 1부에서 문명의 인공적인 본질에 대해 논의하며, 우리가 하는 일과 그 방식이 대부분 인공적이므로 변화가 가능하다고 제안했다. 이를 위해 사람들에게 의미 있고 이해하기 쉬운 방식으로 이 사안을 제시해야 한다는 것이 2부의 주제였다. 바꿔야만 하는 주요 사항 중에 하나는 우리가 세계에서 가장 귀중한 자원들을 고갈시키고 환경을 오염시키고 있는 관행이다. 이런 관행들은 모든 생물에게 해로운 영향을 미치며, 다양한 식물과 동물 종을 파괴하고, 대기의 상층부를 인공적으로 변형하여 기후를 변화시키고 있다. 이런 주제들은 이 장에서 논의되었다. 4부에서는 필요한 변화를 인류 중심으로 어떻게 실현할 수 있는지에 대해 논의한다. 그리고 5부와 6부에서는 변화의 장애 요소이자 창의적이고 실용적인 해결책의 원천인 인간의 행동에 초점을 두고 변화를 가로막는 장애물과 기회를 검토한다.

14.

세계는 어떻게 오늘날의 곤경에 빠지게 되었나?

20세기는 과학science, 기술technology, 공학engineering, 수학mathematics을 일컫는 STEM 분야의 발전으로 특징된다. 두 차례의 세계대전, 세계 인구의 3분의 1을 감염시켰던 1918년의 스페인독감, 극도로 부유한 소수와 나머지 인구 사이의 불평등, 기술적으로 선진화된 국가들과 나머지 국가들 사이에 엄청나게 증가하는 불평등, 전 세계적으로 계속되는 지역 전쟁, 그리고 상당한 정치적 및 사회적 불안정이라는 것을 무시한다면, 20세기는 진보의 세기였다. 대량 생산과 플라스틱의 발전은 20세기의 가장 큰 두 가지의 기술적 성취로 여겨지지만, 이제는 21세기를 괴롭히는 '폐기물 시대'에 대한 주된 원인이기도 하다. 제조의 용이함과 플라스틱의 보편성으로 인해 제품들이 저렴한 가격으로 '사람들'에게 엄청나게 쏟아지기 시작했다. 마케팅 전문가들은 '이 사람들'을 '소비자'라고 불렀는데, 이는 소비가 상업 세계에서 사람들의 의무였기 때문이다. 21세기는 소수의 부유층과 나머지 사람들 사이의 거대한 경제력 격차를 넓히면서, 18세기, 19세기, 20세기에 걸쳐 퍼져나간 관행을 이어오고 있다.

일회용 경제

　　1700년대 영국에서 시작된 산업혁명 동안, 생활양식의 큰 변화가 일어났다. 최초로 영국의 공장, 이후에는 세계 공장들이 상대적으로 적은 비용으로 대량 생산이 가능해졌다. 산업화된 국가들은 전 세계에서 들어오는 재료들로 대중을 위한 의류, 도구, 기계, 도서, 그리고 식료품을 생산할 수 있었다. 이 상품들은 전 세계로 판매되었고, 유용성이 끝나면 버려졌다. 200년 후인 1900년대 중반, 제2차 세계대전이 끝나갈 때쯤 전쟁으로 고통을 겪으며 사치품은 당연하고 생필품까지 모든 것이 부족한 상황에서 사람들은 전쟁 기간의 물품 부족을 메우려는 욕망에 사로잡혔다. 새로운 일자리들이 수입을 주었고, 새로운 제조 방법과 플라스틱 산업의 성장은 저렴한 상품을 대량으로 생산하는 것으로 이어졌다. 전쟁으로 황폐해진 국가들의 경제 회복은 소비자들의 지속적인 소비 증가에 바탕을 두고 있다. 많은 상품들, 특히 플라스틱이나 종이로 만들어진 상품들은 한 번 사용한 후에 버릴 수 있을 정도로 저렴했다. 산업혁명이 시작된 이래로 기술의 발전과 새로운 재료들, 특히 다양한 플라스틱의 개발 그리고 복잡하고 거대한 자동화된 공장의 발전은 세계의 많은 나라가 일회용 경제를 채택하게 만들었다.

　　오늘날 일상생활에서 사용하는 많은 물건은 짧은 수명을 가지게끔 만들어졌다. 한 가지 극단적인 예시는 주방용품이다. 종이와 플라스틱으로 만들어진 접시와 컵 그리고 식기들은 모두 한 번 사용하고 버리도록 디자인되었다. 광고들은 삶을 더 쉽고 편리하게 만드는 장점에 대해 찬양한다. 오늘날에도(말 그대로 내가 이 문장을 쓰는 순간에도), "파티가 끝난 후에도 설거지할 필요가 없습니다. 가족과 친구들과 함께 즐거운 시간을 더 많이 보낼 수 있습니다."라는 문구와 함께 광고되는 다양한 제품들을 발견할 수 있다. 이는 새로운 현상이 아니다. 반세기도 넘는 시간 전인 1960년, 밴스 패커드Vance Packard는 저서 《웨이스트 메이커The Waste Makers》에서 이런 경향에 대해 언급했다. 그는 책에서 이런 경향을 '우리를 낭비하는, 빚투성이의, 영원히 만족을 모르는 사람으로 만들기 위한 사업의 체계적인 시도'라고 광고했다.

가전제품이나 자동차와 같은 품목도 새로운 버전이 나오면 폐기되고 교체될 수 있도록 노후화를 고려하여 디자인되었다. 이 모든 버려지는 물건들은 산더미 같은 폐기물을 만들어냈다. 자연은 그 안에서 나온 배출물들을 생산적으로 사용하지만, 우리는 그와 달리 우리가 생산한 폐기물을 어떻게 해야 할지 알지 못했다. 문제는 일회성 사용 방식에만 있지 않다. 이런 제품들을 만드는 데 사용된 재료들은 한 번 사용되면 더 이상 재사용할 수 없거나 대부분의 경우 재활용되지도 않고 생분해되기까지 20년에서 500년이 걸린다. 디자인 뮤지엄은 해조류에서 생산된 재료로 만든 다양한 제품들을 전시하는 것으로 이 문제를 다뤘다. 석유로 만드는 것(플라스틱처럼)이 아니어서 일회용으로 사용되더라도 폐기될 때 환경에 해로운 영향을 미치지 않도록 디자인된 제품들이었다.

우리는 '완벽한 순환 설계'가 구현되기 전까지는, 일회용품을 계속 만들거나 제품 수명을 의도적으로 단축시키는 '계획된 노후화' 같은 관행을 중단해야 한다. 일회용을 염두에 두고 디자인된 제품만큼이나 많은 제품이 노후화를 의도하고 디자인되었다. 계획된 노후화는 사업을 유지하기 위해 상품을 반복적으로 판매해야 하는 사업에서 바람직하고 가치 있는 기술이다.

이는 어떤 기업에게는 문제가 되지 않는다. 식품은 말 그대로 구매자들이 소비하며, 삶을 살아가는 데 필수적이기 때문에 식료품점은 결코 고객이 떨어지지 않을 것이다. 신문도 마찬가지다. 뉴스를 읽는 것 자체가 새로운 뉴스를 오래된 뉴스로 바꾸고, 이후에는 학자들만 관심을 가질 뿐이다. 신문과 다른 인쇄물은 종이로 인쇄되어 제작되므로 쉽게 폐기되며, 이는 이론적으로 재활용이 가능하다(하지만 모든 재활용과 마찬가지로 종이 재활용에도 여러 조건과 제약이 따른다).

책이나 신문을 컴퓨터 화면으로 읽는 것은 쓰레기를 만들지 않는 것처럼 보인다. '클라우드'라고 불리는 겉보기에는 무한한 저장 공간에 항목을 영원히 저장하거나 저장 공간에서 해당 항목을 삭제하기만 하면 그만일 테니까 말이다. 몇 가지 문제를 제외하면 환경을 오염시키지도 않는 것 같다. 이런 정보를 표시하는 데 사용된 기기들은 어떻게, 어디에서 그리고 어떤 물질로 만들어졌는가? 고장이 나거나 폐기될 때는 어떻게 되는가? 클라우드 저장소 뒤에 있는 물리적 기반 시설인 컴퓨터에 대해서도 같은 질문을 해보겠다. 이 기기를 '서버'라고 부르고, 여러 대의 서버 때로는 수만 대의 서버가 한 장소에 모여 있는 것을 '서버팜'이라고 부른다. 세계의 서버팜은 연간 약 200테라와트(테라는 1조를 의미함) 시간의 에너지를 사용한다고 추정되며, 이는 많은 국가가 연간으로 사용하는 전력보다 더 많은 에너지다.

오늘날 우리는 여전히 전통적인 제조와 판매 방법을 사용한다. 제조사들 대부분은 의도적으로 제품의 수명이 일정 기간으로 고정되고, 비교적 짧아지게끔 디자인한다. 그리고 제품이 오랫동안 잘 유지된다고 하더라도, 업계는 기존 제품을 낡고 구식으로 보이게 만드는 방법을 고안해내어 고객들이 그것을 폐기하고 새 제품을 구입하도록 유도한다. 어떻게 제품을 더 이상 쓸모없게 만들 수 있을까? 여기 제품의 노후화를 위한 디자인에 사용되는 세 가지 주요 기술이 있다. 바로 고장, 진보 그리고 유행이다.

고장으로 인한 노후화

우리는 고장이 나도록 제품을 만들 뿐 아니라, 부품들을 제품에 강하게 연결시켜서 수리 혹은 교환하기 어렵게 디자인한다. 기존 제품을 버리고 새 제품을 구매하는 것이 수리하는 것보다 비용이 덜 들게 되는 것이다. 부품 교체가 가능하더라도 손댈 수 없는 곳에 있거나 지나치게 비쌀 수 있고, 혹은 다른 부품과 너무 밀접하게 통합되거나 융합결합되어 있어 고장 난 부품을 교체하기 위해 제거하려고 하면 주변 부품이 손상될 수 있다.

진보로 인한 노후화

냉장고는 예전에는 수십 년 동안 사용되었다. 하지만 더 이상은 그렇지 않다. 오늘날 냉장고는 전자 디스플레이가 달린 컴퓨터 칩으로 제어되므로 멋진 최신 시스템들조차 몇 년 후에는 노후되어 보이게 된다. 자동차와 많은 소비재, 특히 전자 기기와 컴퓨터 기반 장치의 제조업자들은 의도적으로 매년 새로운 기능을 갖춘 새로운 모델을 출시한다. 그래서 이전 장치들을 그저 수집가들나 선호하는 유물로 전락시켜 더 이상 새로운 기술과 경쟁할 수 없게 만든다. 오늘날의 컴퓨터와 스마트폰은 단 몇 년만 사용되도록 디자인된다. 기술의 끊임없는 행진이 새로운 운영체제, 새로운 칩, 새로운 표준 그리고 새로운 통신 프로토콜 등 새로운 것들을 계속 쏟아내어 기존 제품을 가치 없어 보이게 만들며, 종종 새로운 표준과 호환되지 않아 유지 보수가 불가능하고 업그레이드할 수 없어 기능할 수 없게 만든다.

유행으로 인한 노후화

유행이란 정의상으로는 물건들의 외관을 의도적으로 변경하여 기존의 것이 오래되어 보이고 바람직하지 않다고(아주 오래되고 희귀하다면 예외) 여겨지게 만드는 것을 의미한다. 유행은 아마도 여성 의류 판매에서 가장 강력하게 작용하겠지만, 자동차 산업은 의류 산업에서 완성된 유행 기법을 자동차로 확장하여 동일한 차체(차체를 바꾸는 것은 비용이 많이 든다)에 새로운 매혹적인 특징들을 추가한 새로운 모델을 매년 출시한다. 그리고 몇 년마다 주요 모델에 변화를 주는데, 그렇게 되면 차체 스타일에 있어서도 명확한 차이가 생긴다. 이제 오래된 차체 스타일을 소유한 사람들은 자신들의 차가 구식(자동차가 잘 작동하는데도 불구하고)이 되었다고 믿게 된다. 이러한 주요 차체 변경은 매출 증가에 효과적이다.

많은 산업, 특히 가전제품 산업은 고객들을 재구매로 유인하기 위해 유행의 사용을 증폭시켜 왔다. 최신 스마트폰이 있는가? 태블릿은? 비디오 게임기나 게임팩은? 최신 소셜미디어 앱에 가입했는가? 최신 조리기기를 사용하는가? 최신 음악 그룹을 알고 있는가? 제품의 실제 변화는 대개 사소하지만, 새로운 멋진 기능들을 추가함으로써 그런 사소함을 감춘다. 그리고 소비자들은 추가된 기능이 너무 멋져 보여서 그 기능 없이는 살 수 없다고 믿게 된다.

계획된 노후화는 반드시 필요한가?

단 한 번 또는 몇 번의 사용 후 즉시 폐기하거나 수명이 짧은(인공적 노후화) 제품을 의도적으로 제조하는 것은 지구에는 해롭지만 기업과 일자리 측면에서는 유리하다. 기업의 관점에서는 노후화는 필수적이다. 만약 기업이 결코 고장 나지 않거나 노후되지 않는 기기를 만든다면, 사람들은 그 물건을 평생 단 한 개만 구매할 것이다. 그렇다면 해당 제품이 필요한 모든 사람이 구매를 완료하고 난 후에는 어떻게 사업을 유지할 수 있을까? 기업이 제품 생산을 중단하면, 모든 직원의 일자리와 수입도 중단된다. 한 가지 해결책은 회사가 대부분의 고객에게 제품 자체가 아니라 제품이 제공하는 멋진 경험이 목표라고 인식하게 만드는 것이다. 제품은 서비스의 필수 구성 요소지만, 기업들은 제품에만 초점을 맞추는 대신 제품의 가치를 높여주는 서비스를 제공하기 시작할 수 있다. 서비스는 기업이 제품에만 의존하던 것에서 사람들이 제품을 원하는 이유에 중점을 두는 비즈니스 모델로 전환시킨다. 즉, 몇 년마다 새로운 제품을 필요로 하지 않는 비즈니스 모델이 형성된다. 이는 고객과 기업 모두에게 새로운 기회를 제공하는 지속적인 구독 형태로 구매를 대체한다. 게다가 서비스를 강조하면 계획된 노후화에 대한 추진력을 빼앗아 낭비를 줄이고 환경과 모든 사람의 삶의 질에 많은 이점을 제공할 수 있다.

오늘날 많은 기업이 제품에서 서비스로의 전환을 시작하고 있다. 자동차 회사가 이에 대한 완벽한 예시다. 예전에는 주로 자동차를 판매하는 사업이었지만, 이제 많은 기업이 스스로 운송회사라고 부른다. 개인에게 자동차를 판매하는 대신 기업들은 자동차의 가용성을 서비스로 취급할 계획이며, 이를 '서비스로써의 운송Transportation as a Service'이란 뜻의 서비스형 운송TaaS이라고 부른다.

나는 독일 뮌헨에서 BMW의 컨설턴트로 일했을 때, 이 새로운 비즈니스 모델의 테스트를 시도했다. 도시 곳곳의 주차 공간에 이용 가능한 BMW 자동차들이 준비되어 있었다. 나와 친구들은 퇴근 후 도시를 걷다가 자동차가 필요하다면, 스마트폰을 사용하여 가장 가까운 자동차가 어디에 있는지 확인하고, 그곳으로 이동하여 스마트폰으로 차량의 잠금을 해제할 수 있었다(물론 서비스에 가입이 되어있어야 하지만). 그러고 나면 우리는 어디로든 출발이 가능했다. 차는 BMW가 반납용으로 사용하는 곳, 도시 내 어느 위치에서든지 반납할 수 있었다. 일부 서비스는 고객이 차의 종류를 선택할 수 있도록 했다. 예를 들어, 주중에는 소형 세단을, 때로는 나와 동료들처럼 다섯 명 정도의 그룹을 위한 대형 세단을, 주말에는 가족 나들이를 위한 밴, 큰 짐을 운반할 때는 작은 트럭 등이 이용 가능했다. 오늘날 이와 같은 전략은 전 세계 스쿠터나 자전거대여에서 소형 모델과 대형 모델 모두에 적용되고 있으며, 일부는 전기 모터이거나 다른 일부는 수동을 선택할 수 있다. 이는 특히 학생들에게 유용하다.

확장 범위는 무한해 보인다. 운전자를 제공하거나('승차 공유' 모델), 너무 무거워서 편하게 운반할 수 없는 상품에 대한 배달 서비스를 제공하는 것 등이 추가 가능하다. 이러한 서비스는 기업에게 지속적인 투자 수익을 보장한다. 서비스 이용자는 더 이상 차량 보관 장소를 마련하거나 주차 공간을 찾는 것 혹은 유지 보수에 대해 걱정할 필요가 없다. 이는 지구에도 더 이로운 영향을 미친다. 서비스 이용 연간 비용은 개인 차량을 구입하고 유지하는 비용보다도 낮을 수 있다. 오늘날 자동차는 매일 적은 시간만 운행되고 대부분의 시간 동안에는 주차되어 있는 것으로 추정된다(유럽 일부 국가에서 자동차가 평균적으로 하루에 1.4시간만 사용된다고 추정했다). 한 도시가 주차를 위해 제공해야 하는 공간은 막대하다. 서비스형 운송이 확대되면, 차량과 주차 공간의 필요성이 줄어들 것이다. 이는 또한 사용 빈도가 낮은 차량들의 생산과 처리 과정에서 발생하는 낭비를 줄일 것이다. 필요한 자동차 수가 줄어드는 것이 제조업체들에 문제가 될까? 꼭 그렇지는 않다. 각 차량은 하루 동안 여러 사용자가 이용할 것이며, 이는 오늘날의 평균 자동차 이용량보다 훨씬 많을 것이다.

15.

지속 가능성의 다양함

지속 가능성은 현재의 상태를 영구히 지속하는 것, 즉 유지하는 것을 의미한다. 이 용어가 지구와 관련하여 사용되면, 생명을 안정된 상태로 유지하는 것을 의미하게 된다. 지구의 지속 가능성은 모든 사람이 더 큰 피해로 이어지는 활동을 중단하고, 이상적으로는 이미 행해진 피해를 되돌려야만 가능할 수 있다. 지속 가능하기 위해서, 우리는 지속 불가능한 것을 계속해서 유지할 수 없다.

우리는 폐기물의 시대에 살고 있으며, 그로 인한 피해는 예상을 넘어선다. 21세기가 되면서, 우리는 과거의 잘못된 행위들로 인해 인류의 위기에 직면하고 있다. 인종과 문화의 갈등은 점점 심화되고 있고, 지구는 홍수, 화재, 폭풍, 가뭄, 더위, 기근 등의 다양한 생태학적 재난으로 우리에게 경고하고 있다. 코로나19 팬데믹이 발생하며 지구에 전염병이 찾아왔고, 처음 2년 동안 600만 명 이상의 사람들이 사망했다. 인간의 생명뿐만 아니라, 종의 손실도 가속화되어 현재 백만 종 이상의 식물과 동물 종이 멸종 위기에 처해있다.

지속 가능성은 필수적이지만 충분하지는 않다. 생태적인 피해를 멈추기에는 이미 너무 늦었지만, 피해를 늦추고 진행을 되돌리는 것은 아직 가능하다. 다른 삶과 다른 삶의 방식을 준비하기에 늦은 때란 없다. 사실 우리는 지구 자체가 심각한 위험에 처해 있기 때문에 그렇게 해야만 한다.

과학, 기술, 공학, 수학은 답이 아니다

STEM(과학, 기술, 공학, 수학)은 문명에서 위대한 혁신의 원천으로 크게 선전되고 있다. 18세기와 산업혁명의 시작 이후, 전반적으로 사람들의 삶이 나아졌다는 점은 사실이다. 오늘날 전 세계 사람들은 100년에서 200년 전의 사람들보다 더 나은 주택, 의류, 식품, 교육 그리고 의료 시스템을 제공받는다. 하지만 우리는 일련의 구성 요소를 하나하나 따로 보아서는 안 된다. 혜택들이 불공평하게 분배되어, 많은 지역이 여전히 굶주림부터 기아, 열악한 의료 환경, 교육 부족, 깨끗한 물과 식품에 대한 접근 부족, 그리고 좋은 정부의 부재로 인해 고통받고 있다. 이런 지역에 과도하게 퍼진 것은 질병과 노숙뿐이다.

STEM 분야에서 일하는 사람들은 각자 분야의 전문가일 수 있지만, 종종 자신들의 일이 사회에 미치는 영향에 대해 무지하다. 더 나쁜 것은, 전문가들이 무지할 수 있다고 인지하지 못한 많은 사람이 고통을 겪는다는 것이다. 어떤 사람들은 '예술Art'을 뜻하는 A가 STEM의 약자에 추가되어야 한다고 주장하지만, STEAM으로도 충분하지 않다. 예술 분야에 종사하는 많은 사람도 자신의 분야에서는 전문가이지만 다른 분야에서는 무지하기 때문이다. 필요한 것은 세계가 돌아가는 원리에 대한 우리의 이해를 최대한 조화롭게 결합하는 균형 잡힌 접근법이다. 그렇다. STEM이든 STEAM이든 우리가 네 개 혹은 다섯 개의 글자를 가져야 하는지에 대한 논의는 핵심을 완전히 빗나간 것이다. 모든 학문 분야가 필수적이며, 단지 네 개 또는 다섯 개에 국한하지도 않는다. STEM을 비롯해 인문학, 사회과학, 경제학, 정치학, 법학도 더해야 한다. 이런 학문은 오늘날 대학에서는 가르치지 않는 것이다. 사회가 작동하는 원리, 정부의 다양한 종류와 운영 방식, 법의 적절한 이유와 사용, 지역과 세계, 경찰 그리고 군대에 대한 더 깊은 이해 등을 말이다.

문제의 주요 원인은 STEM 분야가 발전되고 사용된 방식이다. S, E, 그리고 M 분야(과학, 공학, 그리고 수학)는 주로 그들 앞에 놓인 문제의 세부 사항에 적절하게 집중하는 전문가들로 채워진 연구 분야다. T 분야(기술)는 다르다. 이 분야는 연구가 아닌 응용 분야이며, 구현과 상업화를 다룬다. 여기에서 주요 동력은 경제학 및 비즈니스 모델이며, 상업적으로 성공하고 투자자에게 이익을 가져다줄 잠재성을 가진 혁신에 집중한다. 연구자에겐 즉각적인 성과도 중요하지만 종종 장기적인 시각으로 먼 미래도 고려해야 한다.

기술전문가들은 단기적인 측면에 초점을 맞추는 경향이 있다. 종종 단 몇 년 정도만을 생각한다. 혁신의 장기적인 영향(혹은 도덕적인 측면에 대해서)을 생각하도록 기술자들을 설득하는 것은 어려울 뿐만 아니라, 그 영향을 걱정해야 한다는 데 그들이 동의하더라도 이러한 판단은 확실하게 내릴 수가 없다. 오늘날 가장 유익하지 않다고 여겨지는 제품 중 많은 것들이 수많은 사회적 필요에 대한 훌륭하고 유익한 해결책이라고 여겨졌던 것들이다. 실제로 처음에는 그렇게 작용했었다.

기술이 도입되고 100년 후에 발생할 수 있는 피해를 예측하는 것은 매우 어렵거나 아마 불가능할 것이다. 최초의 상업용 자동차는 여행 요건을 더 편리하게 만들 뿐 아니라 도시 거리의 오염도 감소시키면서 인류에게 큰 도움이 될 거라고 생각되었다. 자동차가 등장하기 전, 세계 많은 도시의 거리는 말 배설물로 오염되어 있었다. "1900년 뉴욕에서는 10만 마리의 말 개체수가 하루에 250만 파운드의 배설물을 배출했다." 자동차에 대한 이 주장은 사실로 증명되었다. 오늘날의 거리는 말 배설물로 얼룩져 있지 않으니 말이다. 하지만 대기오염을 초래하는 배기가스라는 자신들만의 배설물을 생산하는 자동차, 트럭, 버스가 전 세계에 결국 10억 대 이상 늘어나리라고는 누구도 예측하지 못했다.

원자재 수요는 사회적인 측면과 생태적 측면에서 여러 문제를 일으켰다. 원자재 채굴을 위해 토지가 파괴되거나 수익성이 높은 작물을 심기 위해 숲이 파괴되었다. 그리고 원자재 사용 단계에서 불필요한 부분을 폐기하는 것부터 수명이 다한 제품을 폐기하는 것까지 모든 단계에서 폐기물이 발생했다.

거의 모든 기술은 큰 혜택과 함께 큰 피해를 동반한다. STEM은 전 세계적인 연결성, 통신 기술, 새로운 센서, 그리고 강력한 컴퓨터와 발전된 알고리즘을 통해 많은 혜택을 가져다주었다. 오늘날 대부분의 사람들은 100년에서 200년 전에 살았던 사람들보다 더 나은 삶을 살고 있다. 하지만 오늘날의 피해 역시 증가했다. 이미 폐기물과 환경 파괴, 종의 손실, 그리고 기후 변화 및 그 영향에 대해 이야기했다. 옛날의 기술적인 잘못과 사업 방식은 많이 사라졌지만, 그 자리에 새로운 잘못들이 대신하게 되었다. 또한 우리는 이제 감시의 사회를 살게 되었다. 정상적인 인간의 가치들이 이익과 권력 추구에 포섭되어 버리는 사회를 말이다. 강력한 통신매체는 소수의 극단주의자들이 전 세계의 사람들을 자신들의 대의명분으로 끌어들임으로써 거대한 권력을 모으는 것을 가능하게 한다. 어쩌면 그런 사람들은 항상 존재해왔을지도 모르지만, 오늘날의 소셜 네트워크의 힘(암호화와 결합된) 없이는 비슷한 견해를 가진 다른 사람들과 쉽게 교류할 수 없었을 것이다.

나는 STEM 분야의 학위를 가지고 있으며, 기술 회사에서 수년간 근무했다. 그리고 당연히 STEM 교육의 강력한 지지자인 과학·공학·의학 국립 학술원을 포함한 여러 STEM 학회의 회원 자격을 가진 사람으로서 말하겠다. STEM이 중요한가? 그렇다. 하지만 다른 모든 것을 배제하자는 것이 아니다. STEM은 적절한 관점, 즉 인류에 대한 광범위한 지식과 이해의 관점 안에서 이해되고 적용되어야 한다.

대학은 문제의 일부다. 그들은 지식은 뛰어나지만, 폭넓은 주제와 영역을 탐구하며 인류에 대한 광범위한 개요를 갖지 못한 식견이 좁은 전문가들을 양산하고 있다. 교직원에 대한 대학의 보상 체계는 광범위한 지식을 가진 제너럴리스트Generalist(모든 분야에서 상당한 지식과 경험을 가진 사람을 일컫는 말)에게 불리한 경향이 있다. 이를테면, 승진은 특정 주제를 얼마나 상세하고 깊이 있게 아는지에 기반하고 있다. 제너럴리스트들은 전체적으로 다양한 지식을 가지고 있을 수 있지만, 여러 학문 분야에 걸쳐 퍼져 있기 때문에 종종 승진 과정을 통과하지 못한다.

교육 시스템의 문제 중 하나는 인생에서 성인기를 배제하고 어린 시기만을 고집하는 것이다. 10년에서 20년이 넘는 교육은 어린이들과 청소년들에게는 끝이 없는 것처럼 보일 것이며, 중고등 교육 시기의 어딘가에서 많은 학생이 왜 아직도 학교에 다니고 있는지 의문을 품을 것이다. 학생들은 (아직 어리지만) 생애의 4분의 3 이상을 학교에 다니면서, 이렇게 묻는다. "이것이 인생의 전부인가요?" 대부분의 사람들은 어린 시절부터 교육을 받기 시작해서 졸업을 하거나 스스로 학업을 중단할 때까지 교육을 받게 된다. 인생 초기에 집중된 교육 기간을 더 짧은 기간으로 나누어서 평생에 걸쳐 제공하는 것은 어떨까? 이렇게 되면 사람들이 평생 흥미를 느끼며 동기부여를 받고, 스스로 교육하는 방식으로 학습할 수 있다. 사람들은 필요할 때나 특정 주제에 흥미를 느낄 때 수업을 들을 수 있다. 오늘날의 정규 교육에서는 학생들이 관심이 없는 과목도 강제로 들어야 하므로, 많은 학생이 잘하지 못하는 것은 당연한 일이다. 인생에서 많은 사람이 학교에서 싫어했던 주제에 대한 관심을 나중에야 발견하는 경우가 많다. 스스로 교육을 필요로 하고 원하게 되는 바로 이때가 교육을 받아야 하는 시간이다.

교육은 모든 지혜의 원천을 끌어내야 한다. 그저 기술 분야와 세계 주요 대학에 만연한 단일 문화만을 다루어서는 안 된다. 또한 이제는 지역적이고 문화적인 차이가 드러나도록 허용해야 할 때이다. 지구 영토를 식민지화하는 동안 짓밟힌 세계의 많은 원주민의 학습과 교육 방식을 활용해야 하는 시간인 것이다.

　인간의 삶은 심각한 위험에 처해있다. 이 위험의 많은 원인들은 사회적이며, 사람들에 대한 처우에 있어서 불평등으로 이어진다. 나머지 원인은 생태학적인 것으로, 이미 우리가 알고 있는 것처럼 점점 더 문명이 지속 불가능해지는 세상에 이르게 한다. 물론 지구는 살아남을 것이다. 어쨌거나 지구는 수많은 종들의 출현과 멸종을 목격해왔다. 그리고 우리 인간, 호모 사피엔스는 지구, 바다, 대기를 가장 많이 파괴해온 종이기 때문에, 인류가 사라진다면 아마도 지구는 안도의 한숨을 내쉬게 될지도 모른다.

　글로벌 노스로부터 나왔건 글로벌 사우스로부터 나왔건, 모든 시각이나 신념 체계가 유익한 것은 아니다. 우리는 서로 다른 삶의 방식을 꼼꼼히 살피고, 서구 열강들이 만들어 전 세계에 전파한 단일 문화에 대한 신념에서부터 벗어나 우리가 상당한 다양성을 지닌 세계, 더 나아가 플루리버스Pluriverse(다중의 우주와 세계)에 살고 있다는 것을 인정하기 위한 지혜와 용기가 필요하다. 우리는 서로의 신념과 다른 점을 존중하고 관용해야 하지만, 동시에 철학자 칼 포퍼Karl Popper의 경고를 염두에 두어야 한다. 그는 관용적인 사회를 유지하기 위해서는 편협한 사람들에게 절대로 관용을 베풀어서는 안 된다고 말했다.

16.

선형 생산 방식

　　폐기물은 현재 제품 디자인의 전체 선형 생산 방식에 따른 결과다. 즉 제조, 판매, 사용, 수리 그리고 마지막으로 수명의 끝이 온다. 먼저 지구에서 원자재를 추출하는 과정에서 시추 또는 채굴 방식으로 지역 생태계를 파괴한다. 식물 기반 원자재라 할지라도, 상업적 규모로 추출하는 것은 환경에 해를 끼칠 수 있다. 원자재는 최종 제품을 구성하는 기본 요소로 변환되어야 하는데, 이 과정에서 많은 양의 에너지가 소비되며 종종 화석 연료가 기반이 된다. 이 처리 단계에서 원자재의 사용 가능한 부분만 분리되고 불필요한 부분은 제거되어 폐기물로 처리된다. 제품은 일반적으로 상당한 양의 에너지를 필요로 하는 공장에서 제조되는데, 그 에너지는 연료를 태우거나 전기를 이용해서 생산된다. 이런 형태의 에너지 생산은 어떤 것이든 더 많은 폐기물과 오염을 발생시킨다. 전기로 인한 오염은 전기가 생산되는 먼 위치에서 발생하기 때문에 보이지 않고 숨겨진다.

　　디자인은 종종 부품들, 예를 들어 노트북이나 스마트폰 배터리 등을 수리하거나 교체하기 어렵게 만들어서 조기 노후화를 이끈다. 한 제품은 심지어 폐기된 이후까지 포함하여 수명 주기 동안 모든 단계에서 폐기물이 발생한다. 대부분의 사람들이 제품 중심 사회의 이러한 부작용에 무감각했던 시대 동안 시작된 모든 폐기물은 제조와 제품 공정의 자연스러운 결과처럼 보였다. 이에 오늘날 생태학적 피해는 사람들이

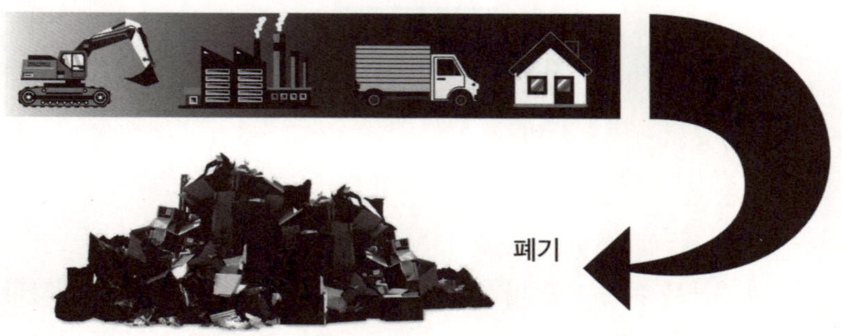

그림 16.1 '자원 채취-생산-폐기'의 선형 생산 방식
오늘날의 주류를 이루는 생산 방식이다. 지구에서 자원을 채취하여 제조를 통해 유용한 물건으로 만들고, 필요에 따라 제조된 제품을 운송하며, 제품의 유용한 수명이 끝나면 폐기물로 버리는 것이다.

더 이상 무시할 수 없을 정도로 계속해서 쌓여갔다.

이러한 채굴, 디자인, 제조, 판매 그리고 폐기 방법들이 자연스럽게 현대 사회의 근간을 이루고 있다. 기존의 관행은 시스템을 완전히 뒤집지 않고는 변경하기 매우 어렵다. 심지어 변화에 최선을 다하는 기업도 전환하는 과정에서 어려움을 겪는다. 제품 라인이 유해한 방법을 중심으로 구축되어 있어서 이런 방법들을 생태학적 영향에 민감한 방법으로 변경하는 것은 비용이 많이 들고 시간도 많이 소요된다. 종종 제품을 완전히 새로 디자인해야 할 필요성도 생기는데, 그러려면 사용되는 재료 및 제조 공정을 완전히 바꿔야 한다. 예전 제품에 익숙한 고객들이 새로운 제품에 반감을 느낄 수도 있다.

특히 그러한 변화가 사람들의 일상적인 일에 대한 것이라면, 변화

에 대한 저항은 더 거세다. 더 우수한 방법이나 시스템으로의 변화인지
는 중요하지 않다. 사람들에게 일정 기간 새로운 시스템을 사용하게 하
고 나서 실제로 선호도가 생기더라도, 처음에 시도하게 하는 일과 그 후
에 시스템을 인정할 수 있을 때까지 충분한 기간을 사용하게 하는 것은
어려운 부분이다. 그렇게 할 수만 있다면 대개 사람들은 오래된 것보다
새것을 선호한다. 이런 전환 기간 동안에는 반대 여론이 높아지고, 매출
이 하락하는 등 기업에 상당한 어려움이 생길 수 있다. 가장 좋은 경우
는 고객들이 새로운 디자인을 이해하기 시작하고, 그런 여론이 퍼지면
서 회사가 사업을 지속하는 것이다. 최악의 경우는 고객이 경쟁사 제품
으로 몰려드는 것인데, 그 기업이 생태학적 피해를 초래하고 있더라도
말이다. 일부 고객이 변화를 인정하기 시작할 때쯤이면 이미 너무 늦은
경우일 수 있다. 결국 해당 회사는 회복 불가능한 손실을 입고 곧 폐업
하게 된다. 이렇게 어느 누구도 변화가 쉽다고 주장할 수가 없다.

이런 문제 때문에 많은 기업이 제품에 급격한 변화를 가져오기를
꺼린다. 경우에 따라서는 새로운 제품을 천천히, 점진적인 단계로 도입
하려고 노력한다. 또 다른 경우에서는 시도하는 것을 아예 포기하기도
한다. 현대성의 전제는 사회가 항상 진보하고 있으며, 과학자, 엔지니어
그리고 발명가들의 결과물을 활용하여 새롭고 향상된 제품들을 지속적
으로 창출한다는 것이다. 성장은 선한 것이며 필요한 것으로 여겨져 왔
다. 현대의 사업은 이익 증대를 위한 성장을 전제로 한다. 기업의 주주로
서(해당 기업의 주식을 소유하는 방법을 통해) 투자자들은 투자가 큰 수익을
창출하도록 지속적인 성장을 요구한다. 이에 투자자는 이익을 얻고 기
업의 주요 지도부는 혜택을 누리지만, 직원들과 고객 그리고 세상은 고
통을 겪게 된다.

성장에 반대하는 주장이 커지고 있으며, 심지어 저명한 경제학자
들 사이에서도 그런 주장에 힘이 실리고 있다는 사실에 주목해야 한다.

이에 세계은행의 전 수석 경제학자인 허먼 데일리Herman Daly는 학술지 《생태경제학Ecological Economics》을 창간하고 '정상상태 경제Steady State Economics'에 관한 글을 게재해오고 있다. 현재는 정상상태 경제 발전 센터Center for the Advancement of Steady State Economics의 수석 경제학자(명예직)로서 활동하고 있다. 해당 센터는 '경제 성장과 사회의 다양한 목표' 사이에 충돌이 있다고 주장하며, '한정된 지구에서 지속적인 경제 성장은 희망 사항'이라는 개념을 가지고 있다. 생태학의 원칙과 지속 가능하고 정상상태의 경제에 대한 필요성에 기초한 경제학을 주장하는 센터의 입장은 다음 주제인 순환 경제로 넘어가는 좋은 포인트다.

수리, 재사용, 재생의 순환 경제

인류의 가장 흔한 문제들, 특히 제조업(하지만 식물과 동물 모두를 위한 농업에서도)을 지속 가능한 시스템으로 바꾸는 강력한 방법 중 하나는 영국의 엘렌 맥아더 재단이 지지하는 순환 경제다. 순환 경제란 무엇인가? 이는 폐기물이 거의 배출하지 않는 생물학에서 교훈을 얻는다. 동물과 식물은 토양과 물, 그리고 태양에서 영양분을 얻고, 죽을 때는 분해 과정을 통해 모든 물질을 지구로 되돌려 보낸다. 되돌려진 물질들은 다른 생물을 위한 음식이나 식물을 위한 비료가 되거나 심지어 동물들이 둥지를 만들 때 재료로 사용될 수 있다. 이 접근법이 인간이 만든 인공물에 적용되면, 목표는 폐기물과 오염물에서 디자인을 이끌어내는 것이다. 물체가 수명이 다했을 때 다른 기기에서 재활용할 수 있는 부품을 가지고 있다는 의미에서 수리 가능하고 업그레이드 가능하며 재사용 가능하게 만드는 것이다(그림 16.2a와 16.2b 참조). 이러한 접근법의 순환성은 전통적인 '자원 채취→ 생산→ 폐기'라는 선형 생산 방식을 정면으로 반박하는 것이다.

엘렌 맥아더 재단은 인공물의 재생을 위한 원형 구조를 만드는 방법으로써 생물학적 물질들의 자연적 순환 재생을 모델로 삼는다.

그림 16.2a의 재생 가능성 도표는 생분해성 물질로 만든 제품들을 보여준다. 일부 구성 요소는 재사용될 수 있으며, 또 다른 구성 요소들은 가치 있는 재료로 분해되거나 농업 인프라를 재생성하여 새로운 성장을 유지할 수 있다. 목표는 자연자본(에너지, 광물, 대기 등 생태계의 자산)을 재건하는 동안 생물권에 영양분을 회복하는 것이다. 그림 16.2b의 한정 자원 도표는 비생물학적 재료에 대해 순환 경제가 어떻게 작동하는지 보여준다. 여기서 제품은 유지되고 수리되며, 다른 제품과 서비스에서 재사용 되어 가능한 한 오래 경제에 남아있으며, 이로 인해 새로운 채굴과 재료 제조의 필요성을 최소화한다.

생물학적으로 기반을 둔 물질은 그 자체로 자연스럽게 순환 경제에 적합하다. 자연적이고 생물학적인 물질은 재배하고 수확할 수 있으며, 사용이 끝나면 자연적 과정이 이를 분해하여 다른 유기체를 키우고, 식물의 비료가 되며, 생물학적인 활동을 풍부하게 하는 물질로 변형시킨다. 일부 물질은 미생물에 의해 바이오가스로 변형되어, 재생 가능한 에너지 자원을 생성하는 데에 연소될 수도 있다.

채굴되어 가공을 거쳐야 하는 물질이나 대규모 화학공학 시설에서 합성된 물질로 구성된 품목의 경우 공정이 더 복잡하다. 두 종류 모두 특정 제품에 필요한 물질이다. 금속을 비롯하여 플렉시글라스 Plexiglass(비행기 등의 유리창으로 사용되는 유리와 같이 투명한 합성수지)와 탄소 섬유와 같은 물질, 그리고 토스터기와 시계에서부터 라디오, 전화 및 모든 통신 장치 등 전자 기기에 사용되는 요소들은 생물학적 물질로 구성될 수 없다. 순환성은 간단해 보이지만 그림 16.2a와 16.2b는 이 시스템의 복잡성을 보여준다.

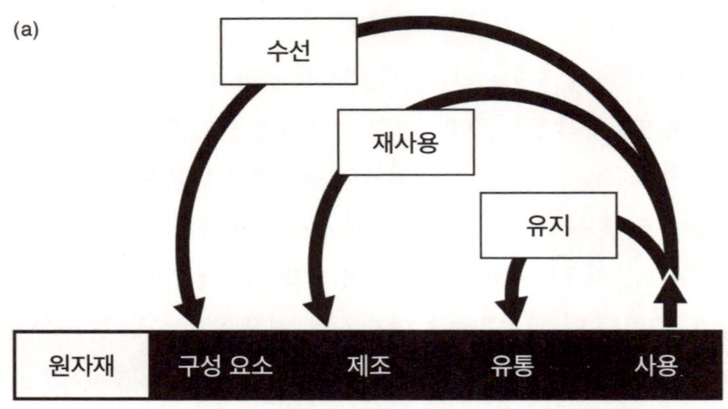

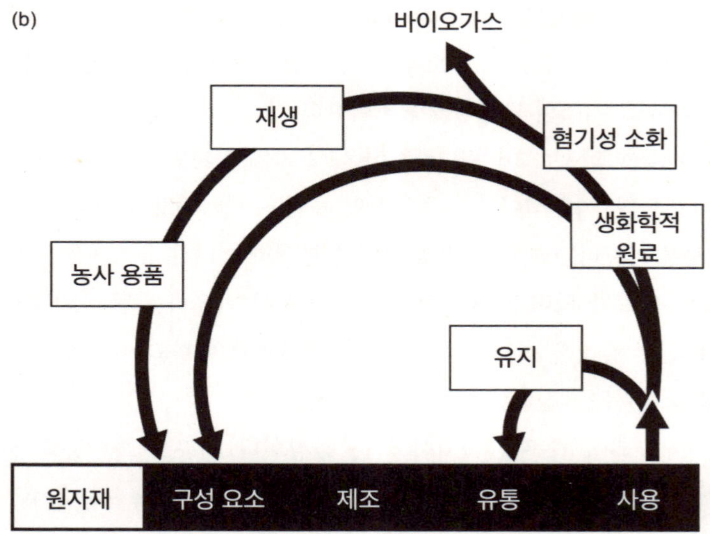

그림 16.2 (a) 재생 가능 물질의 순환 경제

순환 경제 과정에서 제품 제작 초기 단계는 그림 16.1의 선형 생산 방식과 유사해 보이지만, 재생 가능 물질(보통 생물학적)로 만드는 경우에는 지속적으로 재생, 수리 및 재사용할 수 있다. 제품의 수명이 끝나면 재사용할 수 없는 구성 요소를 생화학적으로 추출하여 다른 유용한 물질로 생산할 수 있다. 폐기물은 거의 생산되지 않으며, 전혀 없을 수도 있다.

(b) 재생 불가능한 재료(광물, 플라스틱, 금속 등)에 관한 순환 경제
이는 수리 및 재사용이 용이하도록 디자인하거나 제조사가 재료를 재사용하기 위해 재활용하는 것에서부터 시작한다. 폐기물의 양은 최소화된다.

출처 두 그림 모두 엘렌 맥아더 재단의 재생 가능한 재료에 대한 '나비형 도포Butterfly Diagram'인 '나비형 도표 애니메이션Butterfly Diagram Animation'을 참고하여 제작하였다. 이는 https:/ellenmacarthurfoundation.org/circular-economy-diagram와 https://youtu.be/Lc-FQVPO89Y에서 찾아볼 수 있으며, 대체로 윌리엄 맥도너William McDonough와 마이클 브라운가르트Michael Braungart의 저서 《요람에서 요람으로》를 기반으로 하고 있다.

순환 경제에는 순환적 디자인

순환 경제의 철학은 간단하지만, 실행에 옮기는 것은 어렵다. 설계와 제조 과정은 가능한 한 친환경적인 재료로 시작하고, 제품과 그 구성 부품은 가능한 한 수리하고 재사용하여 그 유효 수명을 연장해야 한다. 그리고 제품의 수명이 다하면, 재사용 가능한 부품들은 제조 공장으로 보낸다. 디자인 과정은 매우 중요하다. 여기에서 재료를 선택하고 수리 또는 업그레이드할 수 있는 기능이 제품의 구성과 구조에 내장되기 때문이다. 디자인 과정에서 환경에 미치는 영향이 최소화된 재료를 신중하게 선택한다면, 제품에 사용되지 않는 대부분 또는 모든 재료는 분해되어 생태계를 향상시키는 방식으로 사용되거나 유용한 에너지의 원천으로 처리될 수 있다. 우리는 이 과정을 순환 디자인이라고 부른다.

순환 디자인은 다음 세 가지 원칙을 기반으로 한다.

1. 폐기물과 오염을 최소화한다.
2. 제품을 가능한 한 오래 사용한다.
3. 자연 시스템을 재생한다.

다음은 세 가치 원칙의 디자인적 적용이다.

1. **폐기물과 온실가스 배출의 오염을 최소화하도록 디자인하라.** 폐기물과 오염은 우리가 만드는 것들의 불가피한 부산물이 아니라 디자인 결함으로 간주되어야 한다. 사고방식을 바꾸고 새로운 재료와 기술을 활용한다면, 디자이너는 낭비와 오염을 크게 줄일 수 있다.

2. **제품과 재료를 가능한 한 오래 사용해라.** 디자인 과정에서 제품들은 (또는 그 제품들이) 재사용이 가능하거나 수리 혹은 재생산될 수 있도록 디자인되어야 한다.
포장재는 포장용으로나 다른 용도로 재사용할 수 있도록 디자인되어야 한다. 중요한 건 제품이나 포장재를 순환시켜서 최종적으로 쓰레기 매립지에서 사용이 끝나게 두지 않는 것이다.

   a. 재료의 재사용을 확보할 수 있도록 디자인하라. 이는 외관과 기계적 특성을 향상시키지만 재사용 비용이 많이 들거나 어렵게 만들고 혹은 분리하는 것을 불가능하게 만드는 재료의 교묘한 결합을 중단하는 것을 의미한다. 예를 들어, 커피 컵과 주스 및 우유용 포장재는 일회용으로 디자인되었다. 이는 대개 종이나 판지로 만들어지는데, 종이라는 개별 구성 요소는 재사용될 수 있음에도 불구하고 쉽게 분리할 수 없는 플라스틱으로 방수 코팅되어 있어서 일회용품으로 폐기될 수밖에 없다.

   b. 재료를 바꾸어 재활용 가능한 컵과 종이 용기를 만드는 것이

가능하다. 또는 재활용 가능한 재료를 플라스틱으로 코팅하는 대신 용기 안에 재사용 가능한 파우치를 제공함으로써 용기 외부는 재활용되게 하고 내부 파우치는 세척하여 재사용할 수 있다. 외부 재료가 종이 또는 판지인 방식으로 만들어진 병은 재활용할 수 있고 유리보다 훨씬 가벼우므로 제조업체의 운송 비용을 줄일 수 있다. 또한 플라스틱이 반드시 화석 연료에서 만들어져야 하는 것은 아니다. 몇몇 기업들은 해조류로 만들어서 쉽게 퇴비화할 수 있는 플라스틱을 실험하고 있다. 이러한 아이디어 중 어떤 것이 성공적일까? 그 결과를 알기에는 아직 너무 이르지만, 이는 뛰어난 디자인으로 엄청난 폐기물을 줄이고 순환 경제를 발전시킬 수 있는 가능성을 보여준다.

3. **자연 시스템을 재생하라.** 자연은 폐기물을 최소화한다. 살아있는 유기체의 배설물이든 죽은 유기체의 잔해들이든 거의 모든 자연의 산물은 재사용할 수 있다. 청소동물(생물의 사체나 배설물 등을 먹는 동물을 통틀어 일컫는 말)은 죽은 동물의 유해 중 일부를 먹는다. 쓰레기를 먹는 작은 유기체들은 분해되고 있는 유기물질을 먹는다. 한 유기체가 배설한 산물은 다른 유기체들이 활용한다. 자연은 아직 다 밝혀지지 않았을 정도로 아주 많은 다양한 방법으로 물질을 재활용한다.

17.

순환적 디자인의 어려움

순환 비즈니스 모델은 흥미롭고 가능성 있는 일이지만, 매우 다른 생산 방식과 비즈니스 모델 및 기타 여러 가지 변화를 요구한다. 눈에 띄는 《하버드 비즈니스 리뷰》 기사에서 아탈레이 아타수^{Atalay Atasu}, 셀린 뒤마^{Céline Dumas}, 그리고 루크 반 바센호브^{Luk Van Wassenhove}는 순환 비즈니스 모델은 달성하기 어렵고 구현 과정에서 발생하는 오류는 많은 비용을 초래할 수 있다고 지적한다. 이러한 우려들로 인해 기업들은 시도조차 망설이게 된다.

런던 디자인 뮤지엄^{London Design Museum}은 '디자이너들은 무엇을 할 수 있는가?'라고 묻는다. 과제는 분명하다. 폐기물을 덜 생산하고, 생산된 폐기물이 환경에 덜 해로울 것을 보장하며, 남아있는 폐기물을 유용한 물질과 에너지로 바꾸는 새로운 방법을 개발하는 것이다. 처음부터 구성 요소 채취 과정을 환경에 덜 해롭게 디자인하고 제작하고, 수리 가능하고 업그레이드 가능하며 부품을 쉽게 재활용할 수 있게 하여 더 긴 수명을 갖도록 하는 작업을 통해 디자이너들은 환경을 악화시키는 폐기물을 사라지게 하는 일에 큰 기여를 할 수 있다.

이를 위해서는 무엇이 필요할까? 디자이너와 공급 업체들을 대상으로 하여, 재료를 선택하고 사용하는 방식에 대한 새로운 교육이 필요하다. 또한 부품을 쉽게 교체 가능하게 만들고 환경을 해치지 않는 것을 보장하여, 재활용에 대한 명확하고 쉬운 경로를 만드는 새로운 제조 방법이 필요하다.

기업들의 현재 비즈니스 모델은 어려움을 겪을 것이다. 이들 비즈니스 모델은 제품의 지속적인 판매에 기반하고 있으며, 제품의 수명이 두 배 오래 지속된다면(이상적인 목표는 제품 수명이 10배 오래 지속되는 것이다), 절반의 매출(혹은 매출의 1/10까지도 감소할 수 있음)로 만족해야 할 수도 있다. 이에 기업들은 저항할 것이다. 해결책은 창의적으로 제품을 사용할 새로운 기회를 찾는 것이다. 제품을 활용할 새로운 기회와 수리되거나 교체된 부품에 대한 새로운 기회, 그리고 그 과정에서 세계 경제를 파괴하지는 않으면서 서비스를 제공할 새로운 기회를 말이다. 14장의 마지막에 있는 논의는 물리적 제품 자체가 아닌 제품을 기반으로 한 서비스를 강조함으로써 기업이 어떻게 스스로 변화할 수 있는지에 대한 것으로, 한 가지 전진하는 길을 설명한다.

이것이 쉬울까? 아니, 당연히 그렇지 않다. 하지만 점점 더 필요한 일이 되고 있는 것은 확실하다.

일회용 사회에서 순환 경제로의 전환

재활용은 순환 경제의 중요한 부분이 될 수 있지만, 많은 어려움에 직면하고 있다. 비즈니스 잡지 《패스트 컴퍼니Fast Company》에 재활용에 실패한 이유를 설명하는 두 편의 기사를 작성한 적이 있다. 나는 무엇이 재활용될 수 있으며 무엇이 그렇지 않은지 이해할 수 없었다. 플라스틱 산업과 재활용 회사 모두에 주요한 문제가 있기 때문이다. 재활용 산업은 기준이 부족할 뿐 아니라 거대한 기술적 어려움을 겪고 있다. 또한 무엇이 재활용될 수 있는지 완전히 이해하고 있는 사람과 이야기해 본 적이 없다. 이유가 무엇일까? 재활용 가능 여부가 각 재활용 회사가 사용하는 장비와 공정에 달려 있어서 장소에 따라 재활용 규정이 달라지기 때문이다. 노점상 음식을 먹은 후 버린 물건은 직장이나 집에서 동일한 물건을 재활용하기 위해 지켰던 규칙과는 다른 방식으로 재활용될 수 있다. 하지만 재활용 회사가 설명하기 쉽고 이해하기 쉬운 일관된 규칙을 가지고 있는 경우라 해도, 재활용만이 정답이 아닐 수 있다.

재활용

비록 재활용이 완벽한 해결책은 될 수 없지만, 항상 전체적인 그림의 일부가 될 것이다. 그렇다면 어떻게 더 효과적으로 재활용을 할 수 있을까? 표준은 재료들을 재활용하기에 더 쉽도록 도와줄 것이다. 플라스틱 산업은 플라스틱 사용을 옹호하기 위한 대규모 캠페인을 펼치기 시작했다. 그들은 플라스틱이 재활용될 수 있으므로 지구에 좋다고 말한다. 그러나 이 주장은 매우 정직하지 않다. '재활용될 수 있다'라는 의미는 '재활용을 처리하는 특정 회사가 올바른 장비를 가지고 있고, 그 재료가 오염되지 않았다면 이론적으로 재활용이 가능하다'는 것이다. 많은 재료에 표시되어 있는 읽기 어려운 숫자가 적힌 범용 삼각형은 의미가 없다. 숫자는 그 품목이 어떤 종류의 플라스틱으로 만들어졌는지를 나타내지만, 전문가조차도 해당 재활용 공장이 그런 종류의 물질을 재활용할 수 있는지 알 수 없다. 모든 재활용 회사는 재활용 가능한 최소한의 물질 목록을 가져야 하며, 그런 다음 해당 물질은 어디서든 재활용이 가능하다는 것을 나타내는 고유의 표시가 있어야 한다. 재활용 지침은 사람들이 실제로 따를 수 있을 만큼 이해하기 쉬워야 한다. 예를 들어, 많은 재활용 업체들이 음식을 담을 오염된 용기를 거부하지만, 무엇을 오염으로 간주할 수 있을까? 절차의 일관성이 필수적이다. 다시 말해, 모든 재활용 공장이 같은 규칙을 가진다면, 사람들은 이를 익힐 수 있을 것이다.

재활용은 항상 유용하고 필요하겠지만, 각 재활용 주기마다 물질의 분자 구조가 저하되기 때문에 완벽한 해결책이 될 수는 없다. 재활용된 종이와 플라스틱은 '새 종이^{Virgin Paper}'나 '새 플라스틱^{Virgin Plastic}'으로 불리는 원래의 것만큼 좋은 경우는 거의 없다. 그래서 두 번째나 세 번째 순환 후에는 폐기되어야 한다. 고급 종이도 결국 낮은 등급의 제품을 만드는 데만 사용될 정도로 품질이 저하된다. 유리와 금속과 같은 일부 물질들은 쉽게 세척되고 용해되어 새로운 물건으로 재생산될 수 있어서 무한히 재활용될 수 있다. 재활용이 하나의 사업임에도 불구하고, 재활용 업체들은 꽤 자주 재활용할 물품을 수거하고, 재활용할 수 없는 물질을 제거하기 위해 분류한 후, 남은 물질을 처리하는 비용이 재판매로 얻을 수 있는 수입을 초과한다는 사실을 발견한다. 표준이 마련될 때까지, 그리고 재활용 회사의 사업이 유지 가능하게 하는 안정적인 시장이 있을 때까지는 재활용은 그저 잘못된 답일 뿐이다. 이보다 더 나은 답은 순환 디자인 원칙을 실행하는 것이다. 쉽게 재활용 가능한 물질(이를테면 유리와 금속 등)로 만든 품목들을 제외하고는 재활용할 필요성을 완전히 제거하여 디자인하고 제조하는 방식으로 말이다.

재활용 과정을 개선하기 위한 새로운 발전이 계속되고 있다. 화학적 방법은 플라스틱의 품질이 손실되지 않는다고 약속한다. 일부 연구원들은 플라스틱을 비료나 표토^{Topsoil}와 같은 가치 있는 농업 제품으로 분해할 수 있는 새로운 미생물의 성장을 연구하고 있다. 연구 실험실에서 '바이오 플라스틱^{Bioplastics}'이라고 부르는 생물학적 물질로 만든 플라스틱을 본 적이 있다. 이들은 오늘날의 플라스틱이 지닌 모든 장점을 가지면서도 생분해 가능한 플라스틱 물질을 만들 수 있다고 약속한다. 그러나 이는 아직 상업적으로 실현 가능하지 않으며, 제조 과정에서 여전히 너무 많은 탄소 배출을 초래한다. 일부 바이오 플라스틱은 물에서 자연 분해되지만, 불행하게도 생분해는 수생 생물에게 독이 될 수 있다. 그러나 점점 더 많은 연구실에서 바이오 플라스틱을 연구함에 따라, 부정적인 특징들이 극복될 가능성이 있다. 따라서 희망은 있다.

가장 좋은 해결책은 재활용을 없애고 재료를 직접적으로 재사용하는 것에 집중하는 것이다. 일반적으로 재활용이란 재료를 변형하여 다른 용도로 변경될 수 있도록 하는 것을 의미한다. 더 좋은 해결책은 재활용된 재료를 그대로 사용할 수 있게 만드는 것이다. 그리고 훨씬 더 좋은 해결책은 재활용이 필요한 폐기물을 아예 없애는 것이다.

폐기물을 최소화하려면

폐기물을 최소화하는 한 가지 접근법은 폐기물을 생성한 사람들에게 정화 비용이 돌아가도록 하는 것이다. 이는 외부효과를 내부성으로 재정의하는 직접적인 방법이다. 즉, 제조 비용의 일부로 포함시키는 것이다. 따라서 회사의 생산 방법과 재료 선택이 폐기나 재활용 비용을 증가시킨다면(혹은 재활용하는 것을 경제성에 안 맞게 만든다면), 회사에 해당 증가 비용을 부담하도록 요구하는 것은 어떤가? 왜 이런 추가 비용이 일반인이나 정부에 부과되는 것인가?

많은 국가의 기업들이 이러한 비용을 부과받고 있다. 미국에서는 2022년 중반 기준으로 50개 주 중 오직 2개 주, 즉 메인주와 오리건주만이 이러한 정책을 제정했다. 이는 상대적으로 작은 주이지만, 이들의 사례는 다른 15개 주에서도 유사한 법안을 제정하는 절차를 시작하도록 이끌었다. 이 정책은 전국적으로(이상적으로는 전 세계적으로) 시행되어야 하며, 적어도 가장 많은 폐기물을 생성하는 기업이 위치한 지역의 정부가 제정해야 할 법안이다. 중요한 것은 세금을 걷는 것이 아니라, 제조 업체가 비용을 절감하기 위해 디자인과 제조 공정을 재구성하는 동기부 여로서 이 과금을 활용하는 것이다. 비용은 악화되는 환경으로 대가를 치르거나 납세자가 부담해서는 안 된다.

2022년 7월 5일, 이 책을 마지막으로 편집하고 있을 무렵, 캘리포 니아주는 〈뉴욕 타임스〉가 보도한 '미국 내에서 가장 포괄적인 플라스 틱 규제'를 통과시켰으며, 이로써 미국의 플라스틱 규제를 시행한 주 에 그 수를 더하게 되었다. 캘리포니아는 크고 영향력 있는 주이기 때문 에 중요하다. 하지만 이는 다소 이례적인 일로, 더 보수적인 주들의 견 해와 반드시 일치하는 것은 아니다. 다만 전 세계적으로 진전의 조짐 은 보이고 있다. 2022년 3월, 국제연합환경계획United Nations Environment Programme 총회는 플라스틱 오염을 종식시키기 위한 목적으로 2024년 까지 전 세계 조약을 만들기로 투표하고, 175개국의 대표들이 이에 동의 했다(실제로 결의안을 만들고 나서 국가들이 이를 준수하도록 만든 역사를 보면 암 울하기는 하지만, 조약을 만들기로 합의한 것은 중요한 첫 단계다).

기업의 순환 경제는 가능한가?

비록 순환 경제와 그 변형들이 합리적이고 필수적인 것으로 보이 지만, 대다수 기업은 난색을 표할 가능성이 매우 높다. 여기 두 가지 종 류의 반대 의견이 제기된다. 하나는 기술적인 것으로, 얼마나 많은 것이 실제로 수행될 수 있는지에 대한 의문이다. 무엇보다 회의적인 건, 폐기 물의 절반이 제품이 제조되기도 전에 생산된다는 사실이다. 제품의 일 부가 될 기본 재료와 부품을 채굴하고 정제하며 운송하는 과정에서 말 이다. 우리가 공정의 이런 부분에 순환적 사고를 적용할 수 있을까? 오늘날 우리는 이에 대한 답을 알지 못한다.

두 번째 종류의 반대 의견은 기업들의 자체적인 의문에서 출발한다. 그들은 필요한 대규모 변화를 고려한 후, 특히 제품의 수명이 길어져 매출에 타결을 입을 가능성이 있으므로 추가 초기 비용을 회수할 수 있을지에 대해 의문을 품는다. 이러한 기업들과의 대화는 다음과 같이 흘러갈 수 있다.

> **반대:** 여기에는 새로운 것이 없다. 우리는 이미 제품들을 재활용하고 있다.
>
> **답변:** 그렇지 않다. 재활용은 재료의 품질을 저하시키므로 항상 재사용될 수 없다. 많은 기업이 자신들의 재활용 노력을 홍보하지만, 실제로 재활용을 위해 반환되는 제품은 그중 일부에 불과하며, 실제로 재사용 가능한 형태로 재활용되는 것은 그중에서도 소수에 불과하다. 게다가 많은 제품이 단순히 디자인과 제조 과정에서 재사용이나 재활용이 가능한 부품으로 분리되지 못하는 방식으로 서로 다른 재료를 혼합한다는 이유로 재활용되지 못한다. 각 구성 요소가 자체적으로 재활용 가능하더라도, 여러 구성 요소가 함께 결합되면 재활용이 불가능해진다.

> **반대:** 순환 경제 생산 방식을 따르면 회사가 도산할 수 있다.
>
> **답변:** 새로운 제품군과 비즈니스 모델을 개발할 수 있는 기회로 이용하지 못한 경우에만 해당된다.

> **반대:** 비용이 너무 많이 든다.
>
> **답변:** 현명한 디자인과 생산으로 비용을 절감할 수 있다. 많은 기

업이 재사용하는 것이야말로 재료 비용을 낮추어 비용을 절
감하는 방법이라는 사실을 발견하고 있다.

반대: 만약 우리 회사만 이런 작업을 하고 경쟁 업체들이 하지 않
는다면, 매출이 감소하고 사업에 피해를 입는 것은 결국 우
리 회사이지 않은가.

답변: 아주 초반에는 이런 우려가 일부는 사실일 것이다. 그러나
결국에는 이런 원칙을 따르지 않는 기업들이 매출 감소를
겪게 될 것이다. 한편, 정부가 개입하여 입법과 규제를 통해
모든 기업에게 동일한 요건을 강제로 시행하는 것이 필요할
수도 있다.

1900년대 중후반 자동차 안전이 큰 문제가 되었을 때, 자동
차 회사들은 안전벨트와 크럼플 존 Crumple Zone(자동차에서 사
고 발생 시 탑승자를 보호할 수 있도록 쉽게 접히고 구겨질 수 있도록
설계된 부분), 에어백 설치에 저항했으나, 결국 입법이 기업들
을 강제하여 따르게 했다. 안전 기능을 일찍 도입해 놓은 기
업은 '우리는 안전 기업'이라고 홍보했다. 모든 기업이 규정
을 준수하도록 강요될 때, 업계에서 보다 앞서 나갔던 기업
들이 결국 유리하게 되었다.

반대: 우리는 현재 선형적인 방식에 너무 많은 투자를 해왔기 때
문에 변경할 수 없다.

답변: 이는 결코 사실이 아니다. 기업은 시장의 힘에 반응하여 항
상 변화한다. 순환 경제가 10년에 걸쳐 시행된다면, 그 변화
는 감당할 수 없는 정도의 비용을 발생시키지는 않을 것이
다. 자동차 산업이 내연 기관에서 하이브리드 자동차로, 그

리고 이제 완전한 전기 자동차로의 변화를 어떻게 다루어왔
는지 생각해보자. 이러한 변화는 10년 이상에 걸쳐 이루어
졌다. 변화를 망설였던 기업은 새로운 경쟁력 있는 기업이
등장하고 초기의 전기 자동차 시장을 주도하게 만들었다. 이
제 세계의 선도적인 자동차 제조사들은 더 이상 선두 기업
이 아니다. 여러분의 회사가 해당 업계의 테슬라Tesla 같은
회사에게 패배하기를 원하는가?

실제로 기업들이 재활용을 시행할 수 있을까? 그렇다. 여기 한 가
지 사례가 있다. 캐논은 컬러 레이저 카트리지를 재활용한다. 먼저, 다
쓴 카트리지를 반환할 때 사용한 상자를 재활용하여 새로운 카트리지를
포장한다(우편요금은 회사가 부담한다). 두 번째로, 캐논은 '카트리지는 분
해되고 분류된다. 그러고 나서 부품은 재사용되거나 재활용되며, 플라
스틱과 금속 및 재생 가능한 부품들은 에너지 회수 과정을 거쳐 새로운
카트리지 및 기타 제품 제조에 사용된다. 매립 폐기물은 전혀 발생하지
않는다'라고 명시하고 있다.

18.

지속 가능하며 회복탄력적인 시스템

　순환 경제에서의 제품은 지속 가능성, 견고성, 회복탄력성, 그리고 자가 재생 능력이라는 네 가지 다른 속성을 가져야 한다.

　지속 가능성만으로는 충분하지 않다. 왜냐하면 현재 상태를 유지하려고만 할 뿐 잘못되거나 파손된 부분을 고치려고 하지 않기 때문이다. 마찬가지로 견고성만으로도 충분하지 않다. 견고한 구조는 종종 파손될 때까지 저항하는 경우가 많기 때문이다(휘어지려는 힘에 저항하는 목제 기둥을 떠올려보자. 힘이 너무 세면 결국 기둥이 파손되어 회복할 수 없게 된다). 회복탄력성은 회복을 가능하게 하지만, 이는 제품이 이전 상태로 되돌아갈 수 있는 충분한 힘을 가지고 있는 때만 해당한다. 지속 가능성과 견고성 그리고 회복탄력성을 결합하는 것 외에도 우리에게는 하나의 속성이 더 필요하다. 바로 필요한 것을 자가 재생할 수 있는 능력이다. 이 모든 속성이 함께 존재한다면, 시스템은 회복 가능하며 생존할 수 있다.

　단순화된 형태로 말하면, 이는 바로 자연이 항상 작동해온 방식이다. 생물체의 시스템은 항상성 상태, 즉 시스템 요소들의 안정적인 균형 상태를 유지한다. 많은 국가가 경제 위기와 홍수 또는 기근과 같은 심각한 충격에 직면하여, 큰 회복탄력성을 보이며 회복 기간 동안 재생 과정을 거쳐왔다. 종종 그런 경험은 해당 국가를 그 어느 때보다 강하고 회복탄력적으로 만든다. 생존 기간 동안 얻은 교훈과 생활을 위한 거버넌스 체계 및 필수 기반 시설을 재생산함으로써 강화되기 때문이다. 이러한 필수 속성들이 부족한 국가는 여러 세대에 걸쳐 고통을 겪을 수 있으며, 일부는 결코 회복하지 못할 수도 있다.

회복탄력성

회복탄력성은 불리한 조건 속에서도 시스템이 작동을 유지할 수 있는 능력을 말한다. 상황이 지나치게 나빠서 시스템이 실패하더라도 회복탄력성이 있는 시스템은 종종 복구가 가능하다. 회복탄력성은 인간의 필요에 부응하는 거의 모든 시스템에서 매우 중요하다. 예를 들어, 가족생활, 의사소통(가족 구성원이나 친구를 비롯해 필수 서비스와 연락 유지 등), 의료서비스, 교육 및 상업 활동 등에서 말이다. 시스템은 회복탄력성을 염두에 두고 디자인되어야 한다. 기존 시스템을 회복탄력성을 갖추도록 수정하려고 할 때면 대개 늦은 경우가 많다.

중복성을 통한 회복탄력성

회복탄력성을 개발하는 가장 간단한 방법 중 하나는 중복성을 이용하는 것이다. 많은 상용 항공기는 제어의 각 핵심 측면에 대해 세 가지 다른 시스템으로 설계된다. 왜 세 가지일까? 한 시스템의 출력을 같은 분석을 수행하는 두 번째 시스템의 출력과 비교하는 것은 항상 유용하기 때문이다. 만약 두 시스템이 동일한 결론에 도달한다면, 모든 것이 정상이다. 하지만 불일치한다면? 그럴 때는 세 번째 시스템이 작동하게 된다. 이 중 잘못된 시스템은 다른 두 시스템과 결과가 일치하지 않는 시스템이다.

이 방법으로 회복탄력성을 디자인할 때의 문제는 중복성을 제공하는 데 높은 추가 비용이 든다는 것이다. 한 번의 고장이 수백 명에 이르는 인명 피해를 의미할 수 있는 항공기에서는 높은 추가 비용도 가치가 있다. 한편으로는 비용과 효율성, 다른 한편으로는 신뢰성과 회복탄력성 그리고 안전 사이의 상충관계는 시스템 디자인에서 가장 어려운 문제 중 하나다.

긴밀하게 결합된 시스템과 느슨하게 결합된 시스템

시스템을 보는 한 가지 방법은 요소들이 긴밀하게 결합되어 있는지 또는 느슨하게 결합되어 있는지 묻는 것이다. 긴밀하게 결합된 시스템은 명확하게 발전된 통제 라인을 가지고 있는데, 일반적으로 계층적 구조라서 가장 높은 수준에서 목표를 공표하고 조직 구조를 따라 아래로 전달되어 요청된 작업으로 변화될 수 있다. 긴밀하게 결합된 시스템은 빠르고 효율적이며 제어하기 쉬우므로, 새로운 상황이 발생하면 시스템이 빠르게 동작을 변경할 수 있다. 그러나 일부 전문가들은 강한 결합성은 회복탄력성이 어렵기 때문에 최대 서너 개의 값만 긴밀하게 결합해야 한다고 경고한다.

긴밀하게 결합된 시스템의 취약점

토요타 자동차는 생산 시스템의 일부인 '린 제조Lean Manufacturing' 방식을 통한 비용 절감과 효율성 증가로 유명하며, 이는 자동차 산업 전반에서 선망을 받으며 모방되었다. 이 방식의 중요한 구성 요소 한 가지는 조립 라인을 위한 부품들의 '적기공급생산JIT, Just In Time' 관리였다. 토요타는 많은 부품 재고를 보유하는 대신 조립 라인의 각 단계에서 소량의 재고만 보유했다. 작업자가 부품을 설치할 때마다 소량 보유했던 재고가 더 줄어들며, 그럴 때마다 부품을 공급하는 적절한 하청 업체에 재고 보충을 요청하는 신호를 보냈다. 이 시스템은 분명히 하청 업체와의 긴밀한 협업과 밀접한 접근성을 필요로 했다. JIT 기술은 이제 다양한 분야에서 널리 사용되고 있다. 예를 들어, 많은 형태의 제조업뿐 아니라 식료품점의 재고 관리에도 사용되고 있다.

JIT 시스템은 매우 긴밀하게 결합되어 있다. 이 결합은 극도로 효율적이지만 견고한 공급망을 필요로 하며, 토요타는 수년 동안 이를 성공적으로 관리해왔다. 그러나 코로나19 팬데믹이 발생했던 시기에는 전 세계적으로 공급망이 붕괴되었다. 중요 공급 업체들은 근로자들이 질병에 걸려 병원에 입원하거나 격리되어야 했기 때문에 운영을 중단해야 했다. 화재와 폭풍과 같은 일부 자연재해도 발생했다. 이러한 모든 어려움에 더해 러시아의 우크라이나 침공과 그로 인한 서구 열강의 대응은 공급망을 더욱 제약했다. 기관 간 운송이 느려졌고 운전자가 부족해 때로는 중단되기도 했다. 화물을 싣고 내릴 인력이 부족하고, 그 뒤에는 물자를 운송할 운전자도 부족하여 물자들이 항구에 쌓여갔다. 이로 인해 전 세계 대부분 지역에서 물품 부족이 일어났고, 결과적으로 가격 인플레이션으로 이어졌다.

JIT 방식은 중복성이 거의 없거나 전혀 없으며, 이는 회복탄력성과 견고성이 거의 없다는 것을 의미한다. 공급망의 붕괴는 전 세계 자동차 생산 라인을 마비시켰는데, 이 문제를 해결하는 데 여러 해가 걸리고 있다. 이는 반도체 산업에서의 또 다른 잘못된 계산으로 인해 문제가 가중되어 거의 모든 현대의 자동차에 필수적인 중요한 컴퓨터 칩을 사용할 수 없었다. 공급망 문제와 함께 2021년에는 자동차 회사에 칩을 공급하는 최대 업체 중 하나인 일본 공장에서 대형 화재가 발생하여 어려움을 가중시킨 데 이어, 2022년 일본에서 발생한 대형 지진은 이미 심각한 글로벌 공급망의 어려움에 추가적인 문제를 발생시켰다. 이번에도 중복성 부족과 긴밀한 결합성은 막대한 영향을 미쳤다. 자동차에 사용되는 컴퓨터 칩의 공급망 문제는 2020년 여름에 시작되어 2022년을 거쳐 2023년까지 계속될 것으로 예상된다(복구 기간을 연장하게 하는 더 많은 문제가 발생하지 않는 한).

긴밀하게 결합된 시스템은 취약하며 부서지기 쉽다. 취약성은 회복탄력성의 반대말이다. 극단적인 경우, 하나가 고장 나면 모든 것이 멈추어야 한다. 많은 현대 기술 회사들이 긴밀하게 결합되어 있어서 빠르게 방향을 전환하는 것이 가능하지만, 안타깝게도 빠르고 효율적으로 실패하는 것도 가능하다.

느슨하게 결합된 시스템의 강점

느슨하게 결합된 시스템의 예로는 현대의 연구 대학을 들 수 있다. 여기서는 수석 교수진이 대학의 일상에서 다소 떨어져 꽤 독립적인 생활을 영위한다. 그들은 자신의 활동을 제어하며, 연구 주제를 선택하고, 자체적으로 자금 지원을 조달하며, 자신의 지식 영역에서 강의를 한다. 고위 교수진은 자신이 가르칠 대부분의 강의를 선택할 수 있으며, 젊은 교수진은 고위 교수들이 맡기를 원치 않는 입문 과정의 강의를 맡는다. 전체 구조는 많은 독립된 부분으로 구성되어 있어 회복탄력성이 있으며, 일부 부분이 실패하면 다른 부분이 바로 대체할 수 있다. 하지만 동시에 이러한 활동의 독립성과 자기 결정력은 곧 교수진을 관리하는 것이 매우 어려울 수 있음을 의미한다.

인터넷은 중앙 제어가 전혀 없도록 디자인되어 극도로 회복탄력적이다. 원래 디자인의 지지자들은 전통적인 명령 및 제어 시스템이 중심이나 일반적인 조직 구조에서 최상단에 위치하는 것과 달리, 지능을 끝단에 위치시키는 것에 대해 논하곤 했다. 인터넷에서는 각 로컬 노드가 상호 연결된 사이트 네트워크 내에서 정보 패킷을 목적지로 보내기 위해 사용할 경로를 결정한다. 어떤 메시지도 수많은 패킷으로 분할되고, 각 패킷은 서로 다른 경로를 취할 수도 있다. 이는 패킷들이 순서에 맞지 않게 목적지에 도착할 수 있지만, 올바른 순서로 재구성하기 쉽도록 태그가 지정된다는 것을 의미한다. 패킷이 누락된 경우, 원본 위치로 재전송 요청을 보낼 수 있다. 심지어 구성 요소가 실패하더라도, 인터넷은 자동으로 손상된 영역을 우회하여 라우팅할 수 있다. 이는 고도로 회복탄력적이다. 느슨하게 결합되어 있기 때문이다.

앞에서 '원래 디자인의 지지자'라고 말한 이유는 인터넷이 원래 중앙 통제권이 없도록 디자인되었는데도, 오늘날 많은 사용자가 인터넷을 통제하려고 노력하기 때문이다. 그 결과 해를 거듭할수록 점점 더 다루기 힘든 시스템이 되어간다. 이는 많은 복잡한 시스템에서 볼 수 있는 익숙한 병폐다. 결국은 오래된 것을 버리고 그동안의 교훈을 바탕으로 다시 시작해야 할 때가 온다. 하지만 많은 결함에도 불구하고 인터넷을 버리는 것은 전 세계 통신망에 새로운 문제를 일으킬 것이다. 일단 거대한 시스템이 구축되면 변경하는 것은 어려운 법이다.

오늘날 인터넷은 또 다른 움직임에 위협받고 있다. 신중하게 통제된 정보에 대한 접근만을 허용하면서, 국제사회로부터 완전히 고립되기를 원하는 국가들 때문이다. 이런 통제는 주로 시민들의 국외 정보 접근이나 정부가 해롭다고 판단한 정보를 제한하는 것에 사용된다. 인터넷에는 거짓되고 선동적이며 증오에 찬 게시물과 폭력을 부르는 게시물들이 다수 존재하므로, 이러한 통제를 가하는 것은 많은 지역, 심지어 언론의 자유를 허용하는 국가들에게도 매력적으로 보이게 만든다.

대규모 조직과 정부는 느슨한 결합의 또 다른 예시를 보여준다. 매년 새로운 규제가 기존 규제에 더해지며, 정부의 경우에는 새로운 법이 추가된다. 그러나 기존의 오래된 규제나 법률이 버려지는 경우는 거의 없다. 그 결과 엄청난 번거로움을 초래하는 굵직한 문제가 발생하며, 이는 모든 이성을 꺾어버리지만 숙련된 작업자는 항상 특이한 경로를 찾아 자신의 업무를 완수할 수 있게 해준다. 어떤 의미에서 보면, 조직이 최고 지도부에서 계속해서 내려오는 규칙들과 긴밀하게 결합하려고 할수록, 하단부에서 개인들은 느슨한 결합을 유지하기 위한 회피 방법과 전략들을 고안해내는 것 같다.

이러한 엄격한 시스템을 묘사하기 위해 자주 사용되는 표준적인 비유는 동물의 무리와 관련이 있다. 양들은 긴밀하게 결합되어 있으며, 물고기 떼와 새 무리도 마찬가지다. 결과적으로 동물은 조화롭게 행동한다. 동물을 기르는 사람이 해야 할 일은 우두머리 동물을 올바른 방향으로 움직이게 하는 것이며, 나머지 동물들 대부분은 그 뒤를 따라온다. 그리고 나서 주인이 해야 할 일은 뒤처진 동물들을 찾아내어 무리에 합류시키는 것이다. 만약 그 동물이 고양이라면, 통제는 거의 불가능할 것이다. 각각의 고양이는 독립적이며 자기가 원하는 대로 행동하기 때문이다. 고양이 무리는 느슨하게 결합되어 있을 것이며, 사실 너무 느슨해서 무리라는 개념이 있을 수 없을 정도다.

세계 최고의 연구 대학에서 교수진을 관리하는 일은 고양이를 키우는 것과 같다. 또는 종종 설명한 것처럼, 교수진에게 누가 그들의 상사인지 묻는다면 그들은 질문 자체를 이해하지 못할 정도로 자유로운 체계를 가지고 있다. 그래서 학계에서 느슨한 결합의 자율성과 유연성을 선호하는 것은 놀라운 일이 아니다. 그것이 바로 느슨하게 결합된 시스템의 극단적 본질이다.

느슨하게 결합된 시스템은 자율적인 여러 다른 요소들로 구성되어 있지만, 그래도 일정한 행동 규칙이나 프로토콜을 준수한다. 개미는 성공의 좋은 예로 자주 사용된다. 개미 한 마리는 그다지 강력하지 않지만, 개미 한 무리는 대단히 똑똑하고 강하며 회복탄력적이고 지략이 풍부하다. 종종 군집이나 부대라고 불리는 이 개미 무리는 땅에서 찾은것으로 교각을 만들어 활용할 뿐 아니라 자신들의 몸을 이용하여 강과 협곡을 건널 수 있다. 개미 부대는 복잡한 구조물을 만들 수 있고, 날씨와 식량 공급의 변화에서 살아남을 수 있다. 그 과정에서 많은 개별 개미들이 희생되는데, 똑똑한 건 부대이지 개개의 개미가 아니기 때문이다. 개미 군집은 극도로 견고하여 극단적인 환경에서도 활동할 수 있다. 하지만 개별 개미 자체는 그다지 견고하지 않다. 그저 일회용으로 간주될 뿐이다.

느슨한 결합과 긴밀한 결합 모두 장단점이 있다. 긴밀한 결합은 극도로 효율적이고 제어하기 쉽다. 그러나 종종 단 한 번의 실패로도 전체 시스템이 마비될 수 있다. 느슨한 결합은 극도로 강력하고 회복탄력적이다. 이는 더 큰 창의성을 허용하는데, 창의적인 활동을 위해서는 종종 정상적인 경계를 벗어나 일반적인 규칙을 깨는 것이 필요하기 때문이다. 이런 행동은 느슨하게 결합된 시스템에서 권장되는 유형이다. 부정적인 측면도 있다. 긴밀하게 결합된 시스템보다 더 많은 인력이 필요로 한다는 점에서 시스템 제어가 어렵고 비효율적이라는 것이다.

많은 창의적인 사람들이 느슨한 결합 시스템이 허용하는 자유를 선호한다. 반면, 일반적으로 관리자와 경영진은 규칙, 지침 그리고 가장 중요한 것으로 엄격한 일정과 예산을 선호한다. 내 경험으로는 가장 창의적이고 자유로운 그룹도 약간의 경직성이 도움이 된다. 엄격한 마감 기한을 강제하는 것은 종종 창의적인 작업을 완료해야 하는 사람들에게 필요한 자극을 제공하며 일종의 긴장감을 조성한다(나 역시도 스스로 이렇게 하고 있는데, 기한을 정하고 공개적으로 사람들에게 알린다. 일단 공개하고 나면 약속한 대로 이행해야 하기 때문이다).

지구는 극히 회복탄력적이다. 대륙들은 이동하고, 육지는 바다로 떨어지며, 바다 한가운데에서 대륙들이 나온다(예를 들어, 하와이제도)고 하더라도 말이다. 또한 일부 동물 종들이 멸종하고, 다른 종들이 등장하더라도 마찬가지다. 심한 폭풍과 화재, 지진 그리고 화산이 발생하더라도 이러한 변화들은 지구의 존재에 도전이 되지 못했다. 기후 변화? 모든 종을 쓸어버리는 운석 충돌? 이전에 모두 일어난 적이 있었다. 지구는 살아남을 것이다. 하지만 인간의 삶은 이처럼 회복탄력적이지 않다.

인간의 삶은 오늘날의 인공 기반 시설과 긴밀하게 결합되어 있다. 사람들은 날씨에서 보호해줄 인공적인 쉼터를 건설하고, 식량 공급을 위한 인공 농장과 목장 그리고 어장을 구축하며, 에너지원으로 인공적인 자원을 활용한다. 초기 인류는 이러한 기반 시설이 없었지만, 인간이 존재해온 수천 년 동안 많은 사람들, 특히 도시 지역의 사람은 기반 시설에 지나치게 의존하게 되었다. 그리하여 전기, 물, 하수도 시스템, 음식을 얻을 수 있는 장소와 적절한 쉼터 없이는 생존할 수 없게 되었다. 그렇기 때문에 인간 활동을 변화시켜 지속 가능하고 회복탄력성이 있으며 재생 가능한 기반 시설과 삶의 방식을 생산하는 것이 중요하다. 지구에 사는 우리 인간들은 환경과 기후가 변화하더라도 인간이 계속 존재할 수 있도록 인간 사회의 회복탄력성을 구축하고 강화해야 한다.

19.

시스템에 대한 사람들의 이해

사람들은 본능으로 인과관계가 명백하다고 믿으며 선형적으로 생각한다. 즉, 행동 후에 반응이 따른다고 믿는다. 이런 자연적인 본능과 사고 패턴의 결과로, 사람들은 세상을 매우 단순화된 방식으로 본다.

인과관계

사람들이 살면서 겪은 경험은 진화적 뇌의 메커니즘과 결합되어 원인과 결과 사이의 단순하면서도 강한 관계를 이해하게 만든다. 예를 들면 뜨거운 가스레인지를 만지면 화상을 입게 된다. 이러한 단 한 번의 경험만으로도 다시는 그렇게 하지 않는 법을 배우기에 충분하다. 여기서 간단한 원인과 결과의 관계가 성립된다. 음식에도 같은 논리가 적용된다. 예를 들어, 새로운 음식을 먹고 나중에 아파졌다고 해보자. 몇 시간 동안 병이 발병하지 않았더라도, 명백한 원인은 새로운 음식이다. 결과적으로 사람들은 앞으로 그 음식을 피하고 강한 혐오감을 갖게 되어, 아주 미세한 맛만으로도, 어쩌면 단지 냄새만으로도 메스꺼움과 혐오감을 느끼게 된다.

이러한 인과적인 함축이 항상 옳은 것은 아니다. 물론 화상은 뜨거운 가스레인지에 닿아서 발생한 것이지만, 음식 혐오는 종종 잘못된 것이다. 가장 최근에 먹은 새로운 음식을 탓하는 것은 사람들과 다양한 동물들의 유전적 특성인 것으로 보인다. 이를 '조건적 미각 혐오Conditioned Taste Aversion'라고 부른다. 이는 야생에서 생존하기 위한 유용한 휴리스틱Heuristic(경험적 사고 체계를 통해 단순하고 빠르게 의사결정을 하는 단순화 전략. 예를 들어 야생에서 식물을 먹다가 구토가 일어나면 그 식물이 독성이 있다고 추정하는 것)이었을 것이다. 거짓 양성반응이나 위험에 대한 잘못된 반응은 위험을 인식하지 못하는 것보다 훨씬 안전하다.

이런 종류의 인과적 이해는 단순하고 선형적인 연쇄성을 형성한다. 어떤 사건이 발생하면 그에 따른 효과가 발생한다. 즉, 원인→결과라는 선형성이다. 전등 스위치를 켜면 불이 켜진다. 자동차의 핸들을 시계 방향으로 돌리면 자동차가 오른쪽으로 회전하고 브레이크를 밟으면 속도가 느려진다. 이는 간단하다. 단, 그렇지 않은 경우를 제외하고는 말이다. 예상된 결과가 발생하지 않거나 단순한 인과관계 연쇄성이 전혀 명확하지 않을 때가 존재한다.

단순한 인과관계 모델은 사실 현실에서는 거의 적용되지 않는다. 대부분의 상황에서 모든 것에는 여러 가지 원인이 있다. 여러 개의 피드백Feedback(시스템에서 얻은 결과가 목적으로 하는 결과와 차이가 있는 경우에 앞 단계로 되돌려서 결과를 수정하고 개선하는 방식)과 피드포워드Feedforward(앞으로의 징후를 계산하여 예측하고 그 정보를 기준으로 하여 제어하는 방식)루프가 있는 시스템에서는 인과관계를 확인하는 것이 불가능할 수도 있다. 궁극적인 원인이 발견될 때까지 '왜'라는 질문을 여러 번 반복하는 일본의 'Five Whys(다섯 가지 왜)' 방식은 이런 딜레마를 잘 보여준다. 토요타 인더스트리의 설립자인 사키치 토요다Sakichi Toyoda가 고안한 Five Whys 프로세스는 매우 선망되면서 여러 기업에서 모방한 토요타 생산 시스템의 근본적인 부분이다. 이는 효율적이고 고품질 제조로 회사의 평판을 확립하는 데 도움이 되었다. 기본적으로 어떤 것이 잘못되었을 때, 무엇이 잘못되었는지 묻고, 대답을 들었을 때 왜 그런 일이 일어났는지 질문한다. 하지만 여기서 그 답에 만족하지 않고, 다시 한번 왜 그런지 질문한다. 근본적인 원인을 찾을 때까지 계속해서 질문해야 한다. 숫자 다섯은 문자 그대로 받아들이는 것이 아니라, 조사자에게 초기의 쉬운 답변에서 멈추지 않도록 상기하기 위한 것이다.

Five Whys 방법은 명확하게 인과관계의 선형 모델에 기반을 두고 있다. 이는 긴밀하게 결합된 선형 조립 라인에서는 잘 작동하지만, 자연재해나 현대의 여객기 추락, 대형 화학 공장 사고, 전력망 고장과 같은 비자연적 사건을 조사하는 경우에는 선형적 인과관계는 지나치게 단순화된 것이다. 다른 말로 하면, 이는 잘못된 것이다. 더 심각한 것은 Five Whys 방법을 사용하면 단일 원인을 잘못 판단하여 종종 잘못된 사람을 탓하거나 잘못된 공정을 수정하게 된다는 것이다. 기여 요인이 다양하고 피드백 루프가 여러 개인 복잡한 시스템에서는 선형 인간관계는 단순히 작동하지 않는다.

토요타의 방법 대신 미국교통안전위원회 실시하는 우수한 사고 분석도 있다. 이는 미국의 독립적인 연방 기관으로 민간 항공에서 발생하는 모든 사고뿐 아니라 고속도로, 철도, 해양 심지어 (가스와 석유와 같은 물질을 운송하는) 파이프라인 사고까지 광범위하게 정의되는 운송상의 중대한 사고들을 조사한다. 이 기관의 보고서는 단 하나의 원인을 탓하는 경우가 거의 없다. 하나의 사고를 매우 철저하게 분석한 후(1년 또는 그 이상이 걸릴 수 있는), 보고서를 작성하여 다양한 문제를 논의하고 수많은 항목 중 하나라도 발생하지 않았다면 사고가 발생하지 않았을 것임을 보여준다. 원인은 무엇인가? 이는 잘못된 질문이다. 모든 요인이 원인이다. 사고 분석의 중요한 목적은 식별된 모든 결함을 확인하고 수정하는 것이다. 이렇게 하는 것이 복잡한 시스템을 이해하고 대처하는 유일한 실제적 방법이다.

대형 사고의 원인은 많다. 대형 사고에 대한 미국교통안전위원회의 보고서에서는 거의 항상 부실한 설계와 유지 보수, 절차 그리고 교육 문제를 발견할 수 있다. 다양한 조사 결과의 공통적인 주제 중 하나는 시스템 전반에 걸친 부실한 관리다. 부실한 관리란 무엇을 의미하는가? 교통 시스템과 같이 유난히 복잡한 것에 대한 관리는 매우 어렵다. 대개 많은 조직이 관여하며, 조직 내에는 각각 다양한 수준의 권한을 가진 여러 부서가 존재하고, 종종 길고 많은 서면 절차 매뉴얼이 존재한다. 상황을 더 어렵게 만드는 건 그런 기본적인 매뉴얼조차 거의 업데이트되지 않는다는 것이며, 발생할 수 있는 모든 조합을 담고 있지도 않다는 것이다. 사건 발생 시 시스템의 유지 관리를 책임지는 사람들(대부분의 상업 항공기 사고에서는 조종사)은 관련된 사례를 찾으려고 다른 매뉴얼들을 뒤적이며 소중한 시간을 낭비한다.

현대의 컴퓨터 시스템은 자동으로 상황을 진단하고 자율적으로 대응하거나 운영자에게 따로 지침을 제시하여 도움을 주려고 하지만, 그 진단이나 권장되는 행동 방침이 항상 적절한 것은 아니다(각각의 복잡한 시스템에서는 대부분의 사고가 다양한 고유 요인을 포함하기 때문이다). 다양한 조직이 관련될 수도 있다. 여기에는 경찰과 소방관(대개 다른 지방 자치구에서 나온), 회사 안전 담당자, 회사의 다른 부서에서 온 여러 팀, 그리고 결정과 조치를 조정해야 하는 다른 회사 또는 정부와 규제 기관 등이 있다. 그 결과가 매끄럽고 흠이 없는 관리인 경우는 드물다.

대형 사고에는 여러 상호작용하는 시스템이 관련된다. 단순한 선형 분석은 실패한다. 그리고 많은 언론인과 임원 및 정치인들의 확고한 믿음에도 불구하고 '상식'은 종종 잘못되고 오해를 불러일으킨다. 사람들과 법원은 누군가에게 책임을 돌릴 수 있도록 단일 원인을 찾고 싶어 한다. 상황의 복잡성을 설명하려고 노력하는 것은 도움이 되지 않는다. 사람들은 복잡한 문제에 간단한 답을 원한다.

인과관계의 문제를 가중하는 태도를 알아보면, 오류나 사고가 발생했을 때 사람들은 종종 빠른 사후 분석을 하여 사고를 일으킨 원인을 나타내는 하나의 중대한 문제를 찾아내고, 그 하나의 문제와 관련된 책임자들의 실패를 비난한다. 철저한 분석을 통해 보면 사건의 마지막에 대응했던 책임자들이 상황의 희생자라는 것을 보여주지만 말이다. 사건이 일어난 후에는 사전에 피해를 예방하거나 최소화했을 수 있는 행동 방침을 쉽게 찾을 수 있다. 이는 뒤늦은 깨달음에 의한 분석이다. 사건이 일어나는 중에는, 보통 너무 많은 일과 너무 다양한 신호들이 일어나기 때문에 시스템을 통제하는 관계자들이 무슨 일이 일어나고 있는지 판단하여 무엇을 해야 할지를 결정하기가 쉽지 않다.

역사적으로 이런 문제에 대한 다양한 사례를 찾아볼 수 있다. 전쟁이 발발하거나 한 나라가 다른 나라에 해를 끼치는 경우, 사건을 살펴보고 사건을 예측할 수 있었던 모든 명백한 징후를 나열한 다음 의사결정과 가장 관련 깊은 정치인을 비난하는 것은 쉽다. 그러나 명백한 징후들을 찾아낸 바로 그 사람들에게 사건 전에 무슨 일이 일어날 것인지 예측하도록 질문했다면, 그건 실패했을 것이다. 내가 그걸 어떻게 알 수 있을까? 심리학자들이 반복적으로 증명해온 부분이기 때문이다. 사후에 판단하는 것은 선견지명보다 훨씬 쉽다. 인과관계는 까다로운 문제다.

지구 자원은 무한한가?

최근까지 대다수의 사람들은 지구가 아주 거대하기 때문에 자신의 단순하고 일상적인 행위는 지구에 어떠한 영향을 미칠 수 없다고 생각했다. 다시 말해, 사람들은 지구가 모든 실용적인 목적에 무한히 쓰이리라고 믿는다. 비합리적인 믿음은 아니다. 지구에 단지 몇 명의 사람들만 살고 있다면, 그건 꽤 정확한 근사치가 될 것이다. 그러나 현재 지구에는 80억 명 이상의 인구가 살고 있다. 사소한 행동이라도 몇 년 동안 매일 이어진다면 큰 차이를 만들어내며, 이는 심지어 우리의 커다란 행성에도 영향을 미친다.

18세기 산업혁명을 시작으로 새롭게 형성된 채굴과 양수 그리고 직조 회사들이 이와 유사한 태도를 가지고 있었다. 오늘날 세계의 많은 나라에서 거의 300년간 지속된 이 같은 태도의 누적 효과와 그로 인한 생태계 남용은 큰 문제들을 야기했다. 지구는 무한하지 않다. 인간과 기업의 행동은 이미 자원을 고갈시킬 정도까지 추출하고, 세계가 심각한 생태학적 피해를 입지 않고는 견딜 수 없을 정도로 많은 폐기물을 생산하는 데 성공했다. 오랫동안 지속된 파괴적인 과정은 기후와 식량원 그리고 생명에 영향을 미치고 있다.

시스템에 대한 사람들의 이해

우리는 자기 자신을 지역 환경을 통해 움직이는 개별 개체로 생각하기 쉽다. 여기서 우리의 개별적인 행동은 그 세계에 미미한 영향을 미치는 것으로 여긴다. 그러나 사람은 세상에 대한 수동적 관찰자가 아니다. 광대하게 얽히고설킨 연결과 종속성의 체계에 끼어있는 중요한 참가자다. 사람이 하는 모든 일이 세계에 영향을 미치며, 동시에 세계도 우리에게 영향을 미친다.

복잡하게 상호 연결된 네트워크의 개념은 이해하기 어렵지 않지만, 세부 사항과 함축적인 시사점에는 놀랄 수 있다. 이를 완전히 이해하기 위해서는 복잡성 이론의 수학과 피드백 시스템, 그리고 2차 사이버네틱스Second-order Cybernetics 및 행위자 기반 컴퓨터 시뮬레이션Agent-Based Computer Simulation을 깊이 탐구해야만 한다. 하지만 훨씬 더 근본적인 어려움이 있는데, 바로 인간 이해의 한계다. 일상적으로 사용하는 일반적인 에어컨을 한번 생각해보자.

에어컨이 지구를 뜨겁게 만들고 있다

가정용 에어컨은 상호 연결된 세계의 놀라운 영향을 잘 보여주는 예시다. 한편으로 가정용 에어컨은 꽤 간단한 물건으로, 더운 기후에 살면서 에어컨을 살 수 있는 여유가 있는 (혹은 집 안에서 생활할 여유가 되는) 사람들을 위해 디자인되었다.

에어컨은 명백하지 않은 원인과 결과의 훌륭한 예시다. 에어컨은 부분적으로 전 세계에 걸친 해수면의 상승과 심한 폭풍우 증가에 책임이 있다. 왜 그럴까? 80억 명의 사람들과 20억 대의 에어컨으로 이루어진 전 세계 시스템을 생각해보자. 세계 곳곳의 사무실과 아파트 창문에 걸린 작은 에어컨조차도 고립되어 작동하지 않는다. 각 에어컨이 방에서 뜨거운 열을 몰아낼 때, 지역 대기에는 더 많은 열을 더하게 된다. 그 이유는 무얼까? 에어컨의 압축기와 팬이 작동하면서 발생하는 열이 방에서 몰아내지는 열기와 함께 대기로 전달되기 때문이다. 결과적으로 집 밖으로 나가는 열이 제거되는 열보다 더 많아진다. 이러한 완벽한 효율성의 결여는 물리학의 기본 속성으로, 기계의 효율성을 제한하는 열역학 제2법칙(영구기관Perpetual-motion Machine(외부로부터 에너지를 공급받지 않고 영원히 일을 계속하는 가상의 기관)이 불가능한 이유이다.

전체 시스템을 생각해보자. 전기는 어떻게 생성되고 에어컨으로 전달되는 것인가? 결국 발전원은 어느 정도 먼 거리에 위치한다. 전기를 만드는 데 필요한 에너지는 석유나 가스에서 얻는데, 이는 연소 과정에서 대기 중 이산화탄소^{CO_2} 농도를 증가시킨다. 전기가 풍력 터빈이나 태양 전지와 같은 재생 가능한 물질에서 나오더라도, 에어컨을 만들고 발전소와 태양 전지 및 풍력 터빈을 건설하는 과정뿐 아니라 모든 장비를 적절한 위치로 운반하는 과정에서 여전히 상당한 폐기물이 발생한다. 이 모든 활동은 대기와 환경을 오염시키는 폐기물을 증가시켜 이산화탄소 농도와 오존층에 영향을 미치고, 지구를 더 뜨겁게 만드는 것으로 이어질 수 있다. 결과적으로는 기후 패턴을 변화시켜서 폭풍이 더 자주 발생하고 심해질 수 있다. 마지막으로 에어컨은 '기후 변화에 두 가지 방식으로 영향을 미칠 수 있는 냉매를 사용한다. 바로 에너지 관련 배출에 대한 영향과 냉매 누출로 인한 영향이다.' 냉매는 일반적으로 매우 강력한 온실가스인 수소불화탄소다. 전 세계의 에어컨은 연간 2,000테라와트 이상의 시간을 사용하며, 이는 '전 세계 건물에서 사용되는 총 에너지의 거의 20%에 해당한다.' 이러한 전력 생산은 상당한 온실가스 배출로 이어진다. 이런 인과관계의 사슬은 단순하지도 않고 선형적이지도 않다. 여기에는 수많은 복잡한 고리와 상호 연결이 관련된다.

에어컨을 켜서 방을 냉방하면, 지구를 데우는 일에 동참하는 것이다. 어떻게 하나의 사소한 에어컨이 세상을 데울 수 있을까? 그렇다. 단하나의 에어컨이 대기 중으로 방출하는 잉여열의 양은 적지만, 지구에는 최소한 20억 대의 에어컨이 있다. 게다가 그 영향은 시간이 지남에 따라 누적된다. 10년이라고 하면 3,653일이 있다. 모든 날이 더운 날은 아니지만, 3분의 1만 덥다고 해도 1,000일 이상이다. 20억 대의 에어컨을 1,000일 동안 사용하면 수조 시간에 달한다. 이래도 에어컨이 생성하는 잉여열의 양이 여전히 적은 것처럼 보이는가?

기후 과학자들은 지구 평균 온도가 0.5℃(0.9℉) 상승할 때마다 심각한 어려움이 있을 것으로 예측한다. 2021년 유엔기후변화회의에서 바베이도스의 총리는 "2도는 앤티가바부다, 몰디브, 도미니카공화국, 피지, 케냐, 모잠비크, 사모아, 그리고 바베이도스 사람들에게 사형선고와 같다."라고 말했다. 오늘날의 수준은 이미 그 기준보다 1.1°C 더 높다. 바베이도스의 총리는 세계가 기온 상승을 2°C로 유지할 수 있다 하더라도, 이는 여전히 해당 국가들에게 죽음을 의미하기 때문에 유엔기후변화 회의가 목표를 낮추어야 한다고 주장했다. 에어컨의 사용은 세계의 기온을 얼마나 높이는가? 애리조나주의 도시 피닉스에서 진행한 연구에 따르면, 에어컨은 야간 기온을 1°C(약 2°F)까지 상승시킬 수 있고 한다. 이를 세계로 확대하면, 피닉스에서의 1°C 상승은 산업화 이전 수준에서 2.2°C 상승을 의미하며 (적어도) 9개국에 대한 사형선고가 된다. 발언했던 총리는 상대적으로 의미 없는 적은 기온 상승을 단순히 논의하는 것만으로는 큰 영향을 미치지 않으리라는 것을 이해했다. 그래서 기온에 집중하는 대신 의미 있는 용어로 전환하였다. 즉, 여러 국가에 걸친 사형선고라는 말로 바꿔서 말이다.

에어컨이 지구를 데우는 방법

냉각 시스템에 대한 대부분의 도표는 가정 내 온도 제어 루프만 보여줄 뿐, 지구에 대한 영향은 완전히 무시한다. 이는 영향력이 거의 인식되지 않는다는 것이 부분적인 이유다. 결국 세계적으로 수십억 개의 에어컨이 대기에 열을 추가하는 피드백 루프는 보통 사람에게 보이지 않고, 그 영향이 체감되기까지는 여러 해가 걸릴 수 있다. 하지만 이 또한 이야기의 작은 부분에 불과하다. 에어컨은 전기를 필요로 하며, 전기 생산은 대기 중 이산화탄소를 증가시키고, 이는 더 많은 열을 가두어 세계를 여전히 뜨겁게 만든다. 대부분의 에어컨은 액체·가스 냉매(염화불화탄소, 더 최근에는 수소불화탄소)를 사용하는데, 이 냉매는 훨씬 더 많은 열을 가두기 때문에 대기로 방출되면 이산화탄소보다 훨씬 더 유해하다. 냉매는 누출되어서는 안 되지만, 실제로 대기로 누출되는 양이 상당하다. 세계는 더 더워지고 있다.

마지막으로 에어컨 온도를 설정하고 실내 온도에 눈에 띄는 변화가 나타나기까지는 긴 시간차가 있어서, 피드백 루프를 제어하는 것과 그 영향력을 이해하는 것 모두를 더 어렵게 만든다(난방 시스템과 오븐을 제어하는 것도 이와 유사한 긴 시차가 영향을 미친다). 에어컨이 작동하면, 전원을 켠 장치 하나뿐 아니라 전 세계 수십억 개의 장치에서 대기 온도를 증가시킨다(그림 19.1에서 모든 가구에서 상승하는 열로 표시). 이 시차는 특정 에어컨 주변의 대기 온도에 영향을 미치기까지 수년에서 수십 년이 걸리는 것으로 측정되게 한다. 따라서 이 피드백 루프는 개인은 물론이고 심지어 지역 사회에서 감지하기 매우 어렵다.

실제 상황은 지금까지 설명한 것보다 훨씬 좋지 않다. 왜냐하면 아직 언급하지 않은 세 가지 사항이 있기 때문이다.

첫째, 에어컨을 가동하는 데 필요한 전기와 전력 생산 및 송전 과정에서 발생하는 에너지 낭비가 상당하다.

둘째, 에어컨은 극도로 비효율적이다. 제조 비용을 낮추기 위해 효율성을 고려하지 않고 디자인되었기 때문이다. 효율적인 기계와 비교해 아마도 두 배 (또는 그 이상) 많은 에너지를 사용한다. 제조사들은 자사 제품을 더 효율적으로 만든다면 가격을 올려야 하고, 이로 인해 판매가 감소할 것을 우려한다. 적절한 행동을 유도하기 위해서는 정부와 제조사들의 협력된 노력이 필요하다.

셋째, 에어컨에는 순환 디자인적 요소가 전혀 없다. 이런 가전제품은 최소한의 효율성만 갖도록 디자인되어서, 수리나 재사용은 물론 재활용까지도 큰 어려움이 있다. 하지만 매우 흥미로운 좋은 소식이 있다. 비록 나는 2022년 중반인 현재까지 순환 디자인 원칙을 따르는 에어컨을 찾지는 못했지만 '사람과 지구를 위한 효율적인 가전제품'을 개발하는 데 전념하는 비정부기구 CLASP^{Cleaner and More Efficient Appliances and Equipment}가 전 세계의 많은 가전제품 제조업체들과 협력하여 모든 가전제품에 순환 디자인 원칙을 적용하기 위해 노력하고 있다는 것이다. CLASP는 세계 탄소 배출 상위 20개의 경제 조직 중 12개 국가에서 가전제품 디자인을 연구하고 있으며, 태국에서 순환 디자인 원칙을 적용한 에어컨 개발하기 위한 이니셔티브^{Initiative}(해당 산업의 특성을 고려해 자율 규범을 만들고, 상호 이행을 독려하면서 협력하는 단체)를 시작했다. 우리는 지속 가능성 개발을 이끌어줄 이와 같은 다양한 국제 기업들 간의 이니셔티브가 필요하다.

대부분의 사람들은 방의 온도를 조절하는 간단한 피드백 루프를 알고 있다. 방의 온도를 측정하고, 너무 낮으면 난방 시스템을 켜고, 너무 높으면 에어컨을 켜는 온도 조절기가 바로 그것이다. 하지만 사람들은 대개 보이지 않는 두 번째 피드팩 루프에 대해선 완전히 무지하다. 가정에서 나오는 뜨거운 공기(그리고 에어컨의 비효율성으로 발생하는 열)는 대기로 들어간다. 에어컨이 설치된 수십억의 가정에서 방출되는 이 열은 지구의 대기를 데우며, 이로 인해 에어컨의 필요성이 더 증가한다. 이 그림은 보이지 않는 두 번째의 루프를 보여준다. 그러나 실제로는 보이지 않는 루프가 훨씬 더 많이 존재한다. 예를 들어, 전기에 대한 수요가 더 커질수록 전기 생산자는 대기로 더 많은 열을 방출할 뿐 아니라, 그 전기 생산이 화석 연료로 이루어진다면 유해 가스도 배출하게 된다.

인간 행동의 영향

피드백 시스템에 대한 사람들의 이해는 종종 매우 제한적이다. 사람들의 멘탈모델Mental Model(사람들이 자기 자신, 다른 사람, 환경, 자신이 상호작용하는 사물들에 대해 갖는 모형이다. 사람들은 이를 경험, 훈련, 지시를 통해 형성한다)은 피드백 시스템의 복잡한 메커니즘보다 단순한 인과 관계에만 초점을 맞추기 때문이다. 이는 에너지를 매우 비효율적으로 사용하게 만든다. 계속해서 에어컨을 예시로 사용하여 설명하겠지만, 내가 설명하고 있는 현상은 훨씬 더 큰 영향을 미친다.

사람들은 참을성이 없다. 아주 더운 방에 들어가면, 사람들은 희망하는 최종 온도로 온도 조절기를 설정하는 대신, 에어컨을 가장 차가운 온도로 설정하여 '냉각 속도를 높이는' 경향이 있다. 왜 그럴까? 많은 사람이 이렇게 하면 희망하는 온도에 더 빨리 도달한다고 믿기 때문이다. 대부분의 시스템에서 볼 때, 이는 잘못된 결론이다. 근본적인 어려움은 잘못된 에어컨 작동 방식과 온도 설정과 결과 사이의 긴 지연이 조합된 것이다. 하지만 이 조합 하나만으로 비효율성 문제가 발생하는 것은 아니다. 기본적으로 우리는 상호작용하는 두 개의 시스템을 가진다. 하나는 사람의 신념이며 다른 하나는 에어컨의 동작이다. 두 개의 다른 시스템을 서로 맞붙이는 것은 흔히 비효율성과 낭비, 실패를 야기한다.

오스트레일리아에서 온 내 동료 테리 러브Terry Love는 사람들이 기본 온도 조절기와 같은 하나의 피드백 루프는 이해할 수 있지만, 두 개 이상의 피드백 루프가 서로 맞물려 있을 때 발생하는 영향은 이해할 수 없다고 말했다. 심지어 간단한 온도 조절기에도 최소 네 개의 피드백 루프가 있다. 하나는 온도 조절기와 센서에 내장되어 있지만, 다른 세 개는 보이지 않으므로 간과하기 쉽다. 즉, 두 개는 온도 조절기를 사용하는 사람들의 뇌에 내재되어 있고, 나머지 하나는 눈에 보이지 않으며 천천히 진행되는 대기와의 결합이다.

사람에게 내재된 두 가지 피드백 루프를 생각해보자. 실내 온도를 조정하려고 하는 사람은 그 방에서 경험했던 쾌적함의 수준을 통해 온도 조절기의 성능을 모니터링한다. 경험한 온도 변화가 예상보다 느리면, 결과적으로 그 사람은 온도 조절기의 온도 설정을 더 조절할 가능성이 높다. 두 번째 내부 피드백 루프는 쾌적함에 대한 인식을 스스로 모니터링하는 것이다. 이 두 루프 간의 차이는 미묘하다. 다시 말해, 하나는 실제 실내 온도가 변하는 속도를 비교하며, 다른 하나는 본인이 인식한 따뜻함, 즉 쾌적함이 얼마나 빠르게 변화하는지를 비교한다. 따뜻함과 쾌적함은 온도로만 결정되는 것이 아니다. 따라서 실내 온도가 원하는 온도 수준에 도달하더라도, 사람들은 잠시는 편안할 수 있지만 그 후에는 너무 덥거나 너무 춥다고 판단할 수 있다. 그 결과, 사람들은 계속해서 온도 조절기의 온도 설정을 조절한다. 함께 있는 사람들은 종종 실내 온도를 두고 논쟁하게 되는데, 특히 개인의 신진대사가 다르기 때문에 한 명은 덥다고 느끼고 다른 한 명은 춥다고 느낄 수 있다. 온도는 과학자들이 측정하는 물리적 변수다. 그리고 쾌적함은 많은 요인에 의해 결정되는 심리적 변수다. 공기 온도, 습도, 벽에서 나오는 복사열의 양, 그리고 착용하고 있는 옷과 같은 물리적 변수뿐 아니라 정상적인 신진대사율, 최근에 식사를 했는지 여부 혹은 배고픈 상태는 물론 해당 사람의 활동량과 같은 개인적 변수가 영향을 미친다.

사람들이 어떤 시스템의 일부가 되는 순간, 그 시스템은 곧바로 더 복잡해진다. 이러한 관계는 과학자들을 좌절하게 만드는데, 그들은 신중하게 디자인할 뿐 인간 행동의 다중적이고 복잡한 시스템은 고려하지 않기 때문이다. 과학자들은 어째서 사람들이 그렇게 비이성적이거나 무책임하게 행동하는지 알고 싶어 한다. 나는 사람을 대상으로 하는 시스템을 디자인하는 회사들에게 조언할 때, 사람들은 기술에 대한 이해가 부족한 상황에서 나름 지능적으로 행동한다는 것을 설명한다. 시스템의 운영을 명료하게 만드는 것은 디자이너들의 책임이다. 기업은 사람을 혼란스럽게 할 뿐이라는 핑계로 시스템의 상태를 숨기는 경향이 있다. 사실은 어떠한 일관된 정보가 제공되지 않는 것이 혼란을 야기하며, 사람들을 부적절한 행동으로 이끈다. 물론 단순히 측정값을 제시하는 것은 혼란스러울 수 있지만, 커뮤니케이션 디자이너들은 시스템의 운영을 인간의 이해와 행동에 부합하는 단순한 그래픽 묘사로 제시하는 방법을 알고 있다. 예를 들어, 자동차 제조업체는 하이브리드 자동차의 복잡한 전력 분배를 시스템의 작동과 내연 기관, 전기 발전기, 전기 모터, 회생 제동시스템은 물론 타이어를 움직이는 구동축 사이의 전력 흐름을 보여주는 방식으로 표시한다. 좋은 커뮤니케이션 디자인은 의미 있는 디스플레이를 통해 복잡한 시스템을 쉽게 이해할 수 있도록 돕는다. 이렇게 하면 엔지니어나 자동차 기술에 정통하지 아니더라도 측정값에 혼란스러워하지 않는다.

오늘날 우리가 직면한 위기는 상당 부분 우리가 자신의 행동을 복잡하고 세계적인 시스템의 일부라고 인식하지 못하기 때문에 발생한다. 시스템을 실제로 이해하기는 어렵다. 에어컨 사례에서 볼 수 있듯이, 에어컨 자체는 문제의 작은 부분일 뿐이다. 나는 아직 기본 자재를 채굴하고 부품을 제조하여 각기 다른 부품들을 조립 공장으로 운송하는 시스템에서 발생하는 에너지 소비와 외부효과 발생에 대해서는 언급조차 하지 않았다. 그런 다음 제품은 유통업체와 판매업체로, 그리고 마지막으로 가정으로 운송해야 한다. 내가 전달한 이야기는 사용법과 숨겨진 피드백 루프는 다루고 있지만, 에어컨 시스템의 폐기물에 대해서는 차치했는데, 이는 그 자체로 문제일 뿐 아니라 부품이 해체되고 폐기되는 과정에서 냉매가 대기로 방출되어 대기오염의 주요 원인이 된다.

그러나 이 복잡한 시스템도 사람들과 사회가 주요 역할을 하는 다른 시스템과 비교하면 단순하다. 바로 '사회기술적이라고 부르는 시스템 말이다.

20.

복잡한 사회기술체계를 다루는 일

복잡한 사회기술체계에서의 과학은 그 자체로 복잡하다. 이러한 시스템을 연구하는 과학자들은 전 세계에 흩어져 있으며, 수많은 과학 분야를 대표한다. 그들의 일부 작업은 수학 모델과 컴퓨터 시뮬레이션(특히 '사용자 기반' 시뮬레이션)을 사용하여 매우 기술적이다.

이들 중 일부는 그러한 시스템을 더 깊이 이해를 가능하게 하려고 연구하는 과학자들이다. 그리고 나머지는 실제 시스템에 기존 지식을 적용하여 삶의 기반을 관리하는 데 도움이 되는 것이 목표인 실무전문가다. 실무전문가의 목표는 같은 종류의 모델을 사용할지라도 과학자들과는 다르다. 실무전문가들의 일은 무언가를 만들고 유지하고 개선하는 것이다. 이는 종종 전체 시스템 분석이나 모든 상호작용과 비선형성 및 시간 상수를 완전히 이해할 필요가 없다. 즉, 그 모델과 이해도는 단지 '만족스러움' 수준만 유지하면 된다. 실무전문가는 실용적인 이익을 추구한다. 과학은 완전하고 정확한 이해를 목표로 하는 반면, 실무전문가는 단지 대략적인 수준의 이해만 있으면 된다. 과학에 있어서는 극도의 정확도와 정밀도가 필요하다. 과학자들은 진리를 추구한다. 그런데도 과학자와 실무전문가 모두 필요하다. 그들은 종종 함께 작업할 뿐만 아니라, 동일한 사람이 한 세트의 활동에서 연구자이자 다른 활동에서 실무전문가가 될 수 있다. 나 역시도 작업에서 이 두 가지 사고와 행동 모드를 번갈아 가며 진행한다.

복잡한 사회기술체계를 분석할 때, 첫 번째 중요한 작업은 특정 문제에 있어 어떤 부분이 중요하고 어떤 부분이 중요하지 않은지를 파악하는 것이다. 대부분의 복잡한 사회기술체계에서는 어떤 부분이 검토 중인 문제와 관련 있는지 판단할 수 있다. 이는 과학적 관점에서 정확하지 않더라도 시스템을 개선하거나 유지하기에 '만족스러운' 정도로 이해하기 쉬운 설명 모델을 개발 가능하게 한다. 그러나 복잡한 사회기술체계를 '만족스러운' 모델로 단순화하는 과정은 복잡함으로 가득 차 있다. 다양한 기술전문가와 의사결정자는 서로 다른 단순화를 원할 것이며, 이 경우 특정 맥락에 적합한 각각의 모델을 구축하는 것이 필요할 수 있다.

복잡한 시스템: 피드백, 피드포워드, 재귀

19장(그중 인과관계)에서 사람들이 단순한 선형적인 원인과 결과를 이해하는 건 쉽지만 오랜 시간이 지난 후에야 효과가 나타나는 경우 혹은 여러 피드백 및 피드포워드 루프 및 비선형성이 얽힌 경우에는 이해하지 못한다고 지적했다. 복잡성은 피드백과 피드포워드 루프의 결합에서 비롯된다. 어떤 루프는 완료되는 데 수십 년이 걸릴 수 있고, 또 어떤 것은 단 몇 초 만에 완성된다. 어떤 루프는 검토 중인 효과를 증가시키고, 어떤 루프는 감소시킨다. 피드포워드는 예상이므로 시스템은 사건이 발생하기 전에 준비를 시작할 수 있는데, 피드백 루프와 마찬가지로 일부는 부정적이며 일부는 긍정적이다.

다중 피드백 루프를 가진 시스템을 분석하는 것은 사이버네틱스의 범주에 속한다. 이 분야는 MIT 수학자 노버트 위너가 1948년에 《사이버네틱스, 혹은 동물과 기계의 제어와 소통Cybernetics, or Control and

Communication in the Animal and the Machine》을 출판하면서 시작되었다. 이 책은 피드백 시스템이 작동하는 방식부터 기술에서의 적용, 그리고 동물과 사회적 행동의 이해와 학습과 언어 및 사회에서의 역할에 이르기까지 놀라운 일련의 주제들을 다루고 있다. 게다가 이러한 시스템의 윤리까지 다루는데, 일단 이런 원리들이 공개되고 나면 사용 방향이 더 이상 원래 창시자들의 통제 아래 있지 않기 때문이다.

복잡한 사이버네틱스 시스템은 재귀再歸적이다. 즉, 각 시스템은 그 안에 시스템을 포함할 뿐 아니라 때로는 자체 내부에 시스템 자신의 복사본을 포함할 수도 있다(이 책 뒷부분의 20장 참조에 재귀에 대한 간단한 예제가 제시되어 있다). 시스템 중 일부가 다른 시스템의 성능을 모니터링하기 때문에 시스템이 스스로 모니터링할 수 있다. 루프 안에는 다른 루프가 있고, 순환 안에 다시 순환이 있다. 대부분의 생물학적 시스템이 이러한 특성을 지니고 있다.

인체에는 다른 시스템이 어떻게 작동하고 있는지 모니터링하는 여러 시스템이 있다. 이러한 '감시자'들을 '2차 사이버네틱스 시스템'이라고 부른다. 1차 시스템은 우리의 행동과 이해를 제어하는 반면, 2차 시스템은 그 제어를 제어한다. 한 시스템(2차)이 다른 시스템(1차)을 감시하고 제어하는 재귀적 구조다. 2차 사이버네틱스 시스템은 자기 자신을 모델로 하는 것이다.

타인과 대화를 나누다가 갑자기 말하는 내용 중 잘못된 부분을 발견하거나 잘못된 단어를 말하거나 혹은 말하지 말아야 할 내용을 말하게 되어 잠시 멈춰서 바로잡아 본 적이 있는가? 스스로 말하는 것을 듣고 그것을 수정하는 능력이 2차 사이버네틱스 시스템의 한 예시다. 이때 우리 정신, 즉 1차 시스템을 2차 시스템이 감시하고 수정하는 기능을 한다. 즉 1차 시스템인 기본적인 생각 및 행동 양식을 제어하고 보완하는 또 다른 정신 체계가 있는 것이다. 다시 말해 첫 번째 루프의 결과물을 관찰하는 두 번째 루프가 있다는 말이다.

이와 유사한 활동들은 개인 이외의 영역에서도 일어난다. 전력 회사들은 사람들이 얼마나 많은 에너지를 사용하는지 감시하고, 사용량이 지나치게 높아지면 에너지 소비량이 높은 장치의 사용을 줄이도록 사람들에게 요청할 수 있다. 에너지 회사가 사람들의 행동을 모니터링하는 것은 내부 루프를 감시하는 외부 루프의 한 예시다. 회사는 피드포워드 시스템도 사용하여, 주요 스포츠 경기 전에 사람들의 행동이 예측 가능한 방식으로 변할 것을 인식하면서 전력 시스템에 가해질 부하에 대비할 수 있다.

피드포워드를 '예측'으로 바꾸면 이해하기가 아주 쉬워진다. 우리 몸 안에 있는 예측 시스템이 피드포워드의 간단한 예시다. 한 발을 들고 바닥에 서 보자. 얼마나 오랫동안 똑바로 서있을 수 있는가? (균형을 잡기 위해 팔은 움직일 수 있다.) 대부분의 사람들은 약간 흔들리지만 20초 이상은 똑바로 서있을 수 있다. 이제 한 발로 서있는 동안 눈을 감는다. 이제 대부분의 사람들은 몇 초 동안만 서있는 것이 가능하다. 눈을 감는 것이 왜 이렇게 극적인 영향을 미치게 될까?

신체에서 자세를 잡는 시스템은 근육과 눈에서의 감각 입력, 고유 수용성 감각, 내이에 있는 전정 신경계 그리고 피드백과 피드포워드 신호의 복잡한 세트를 포함하는 근육 시스템과 통합된 센서의 훌륭한 네트워크다. 시각 정보를 제거하면 시스템은 신체에 대한 주요 정보원을 잃게 된다. 다시 말해, 필요한 제어 신호를 근육에 전달하는 피드포워드로 작용하는 시각 정보 없이는 몸이 어떻게 흔들릴지 예측하는 데 어려움이 생긴다.

마찬가지로 눈은 뜨고 있지만 전정계가 손상되면, 사람들은 자세를 유지하는 것이 어렵게 되기 때문에 넘어질 뿐만 아니라 메스꺼움을 느끼고 심지어 구토를 할 수도 있다. 어린이(및 어른)들은 종종 몇 분 동안 원을 그리며 빙빙 돌면서 일부러 이런 상황을 만들기도 한다. 동작을 멈추면, 몸은 정지해있지만 전정계는 과도하게 자극받은 상태가 된다. 몸은 회전하지만 세상은 정지되어 있으며, 전정계는 시각계에 회전이 미치는 영향을 예측하므로 회전했던 사람은 (적절하게) 자신이 회전하고 세상이 정지되어 있는 것처럼 느꼈다. 그러나 회전이 멈추면 전정계의 센서 메커니즘을 구성하는 화학적·기계 시스템은 계속해서 회전 신호를 보낸다. 몸이 이제 정지해 있기 때문에 예측과 현실 인식 간의 명백한 충돌이 일어나고, 이는 뇌가 정보를 해석하여 지구가 회전하고 있다고 판단하게 만든다. 그리고 회전하는 세계에 직면하면 사람은 균형을 잃고 넘어지게 되는 것이다.

전정계는 균형뿐만 아니라 시지각^{Visual Perception}에도 영향을 미친다는 점에 주목해보자. 안구 체계(즉, 눈)에서 들어온 세상에 대한 정보와 전정계 간의 정보가 불일치하는 경우 문제가 발생하며, 몸은 종종 메스꺼움과 멀미로 반응한다. 이는 일부 사람들이 기차나 자동차로 여행할 때 경험하는 멀미의 원인이 되기도 하다. 대략 절반 가량의 우주비행사가 우주 비행 첫 며칠 동안 공간 적응을 완료할 때까지 우주병을 겪는다고 한다. NASA는 멀미^{Sickness}라는 단어를 사용하지 않고 대신 우주 적응 증후군^{Space Adaptation Syndrome}이라는 이름을 선호한다. 하지만 언어는 느슨하게 결합된 체계이므로 단순히 관료의 힘으로 언어를 통제할 수 없다. 그렇기에 우주 멀미^{Space Sickness}이라는 용어가 살아남을 가능성이 높다.

자세를 제어하는 시스템은 복잡하지만, 이는 우리를 살아 숨 쉬게 하고, 건강하며 안전하게 유지하는 데 필요한 다양한 매개 변수를 조절하는 신체의 많은 시스템 중 하나일 뿐이다. 신체 시스템이 이처럼 복잡하다면, 살아있는 유기체와 기상 패턴, 지리적 및 지질학적 구조와 바다, 바람 등으로 이루어진 전 세계 생태계의 복잡성은 어떨까?

자연과학, 공학 그리고 사회과학

지구 생태계는 매우 복잡한 시스템이다. 그 안에는 다양한 구성 요소들이 서로 상호작용하고, 변화하는 환경에 적응하고, 행동을 수정한다. 이러한 복잡성은 인류가 지구 생태계에 대한 이해와 관리를 어렵게 만든다. 특히, 현재 많은 위험에 직면한 지구 생태계를 보호하고 복원하는 데에는 인류의 능력이 부족하다. 이 문제는 모든 살아있는 생명체들과 자연 세계의 시스템에 영향을 미친다.

노스웨스턴대학교의 공학 학부 학장이자 '복잡계 연구소Institute on Complex Systems'의 공동 설립자인 훌리오 오티노Julio Ottino는 오늘날 현대 공학이 하는 일의 대부분은 복잡한 시스템을 연구하는 것이라고 주장한다. 그와 그의 공동 저자인 루이스 아마랄Luiís Amaral이 진행한 관찰 중 나에게 가장 흥미로웠던 하나는 공학자들이 연구한 문제와 사회과학자가 연구한 문제 사이의 차이에 대한 우려였다. 그들에 따르면, 자연과학은 단순한 시스템만을 연구하면서 복잡한 시스템은 공학자 몫으로 남겨둔다고 말한다. 하지만 정말로 복잡한 시스템은 사회과학자들과 생태학자 그리고 자연과학자들이 연구한 것들이고, 이러한 시스템은 양적 법칙으로는 거의 발견되지 않으며, 질적 분석과 휴리스틱이 필요하다고 오티노와 아마랄은 지적한다.

그들은 '공학'은 '최적의 디자인과 일관된 작동에 관한 것이며, 다시 말해 (공학에서) 중심적인 은유는 시계'라고 지적한다. 하지만 사회 시스템은 시계와 같지 않다. 이들은 계속해서 변화하며 적응하고 자기 조직화하며, 거의 멈춰있지 않는다. 가정용 온도 조절기의 예에서 본 것처럼, 이런 시스템은 지속적으로 자신의 행동을 검토하고 예측하며 대응하고, 항상 변화한다. 비선형성과 광범위한 시간 지연이 있을 때, 시스템의 행동은 세계와 쉽게 동기화되지 않아서 상황을 더 좋게 만들기보다는 악화시킬 수 있다.

사회 및 행동과학은 자연과학보다 훨씬 더 복잡하다. 사람의 행동에 대한 가이드로 자연과학을 사용하는 경제학자들과 공학자들을 조금은 이해해주자. 결국 그들은 더 나은 방법을 알지 못하는 것이다. 하지만 그들이 단순하고 고정된 행동 모델을 고집하는 것을 이해해서는 안 된다. 물론 그런 단순한 모델들도 수학이나 컴퓨터 모델을 구축할 수 있게 해주지만, 이는 다시 한번 '쓰레기를 입력하면 쓰레기가 출력된다Garbage in, Garbage out'라는 표현으로 돌아간다. 모델이 사람에 관한 잘못된 가정에 기반을 두고 있다면, 그 결과를 신뢰해야 하는 걸까? 자연과학은 인간과 사회적 행동에 대한 좋은 모델이 아니다.

많은 사회과학자들 역시 물리적 세계의 모델이 가진 체계성에 굴복하고 말았다. 그래서 그들 또한 가정을 지나치게 단순화하여, 선형 분석을 사용하고 모든 피드백과 피드포워드 루프를 무시한다. 물론 심리적 변수를 사용하기는 하지만 지나치게 단순화한 인간 행동 모델을 사용하므로 잘못될 수밖에 없다.

그래도 보다 희망적인 말로 이 장을 마무리해보겠다. 삶과 생태계 전체의 중대한 개선으로 이어질 수 있는 많은 활동은 존재한다. 그러한 활동들은 세계를 곤경에서부터 벗어나는 데 도울 것이다. 기후 변화가 야기할 피해를 멈추기에는 이미 너무 늦었지만, 피해를 최소화하기에는 너무 늦지 않았다. 건물의 구조를 재고하는 것도 도움이 될 것이다.

현대적 건축 방식에 대한 재검토

단지 개별 가정의 온도가 아니라 지구의 온도를 생각해보자. 문제에 점점 더 복잡한 기술을 도입하려는 대신, 한발 물러서서 대안적인 해결책을 이해하려고 해보자.

간단한 예를 들어보겠다. 왜 우리는 겨울에 옷을 더 껴입는 방법이 있음에도 그렇게나 강하게 난방을 하는 것일까? 비슷하게, 왜 우리는 여름에 더 시원한 옷을 입는 대신 그렇게나 강하게 냉방을 하는 것일까? 두 가지 행동 모두 에너지를 낭비하고 환경 피해를 증가시킨다. 그런데도 왜 우리는 이렇게 하는 것일까? 우리의 몸을 광범위한 냉난방 시스템이 필요한 온도에 인위적으로 적응시켰기 때문이다.

우리가 집, 사무실, 학교에서 겨울에는 점점 더 두꺼운 옷을 입고, 여름에는 더 가볍고 편안한 옷을 입는다고 가정해보자. 마치 외출할 때와 마찬가지로 말이다. 1800년대 사람들의 사진과 그림을 보면 남녀 모두 겨울에 지금보다 많은 옷을 껴입었다. 남성은 속옷, 셔츠, 조끼, 재킷 등 네 겹 이상의 옷을 입었으며, 저녁에는 어디에나 걸치는 넥타이와 모자를 착용하는 것은 물론 여러 의류를 더 추가해서 입었다. 여성 역시 여러 겹의 옷을 입었다. 남성과 여성은 잠자리에 들 때도 따뜻하게 옷을 입었으며, 수면 모자까지 썼다.

건물의 디자인도 그 자체로 차이를 만든다. 사회는 난방과 냉방 시스템에 너무 익숙해져서 더 이상 건물이 태양이나 추위에 대항하도록 디자인되지 않는다(이러한 관행은 이제 변화하고 있다. 과도한 에너지 사용으로 인한 기후 변화와 생태계의 피해를 인식하게 됨에 따라 건물 디자인의 변화로 이어지고 있다). 차양막과 발코니 그리고 지붕이 돌출되게 만드는 것과 심지어 건물의 햇볕이 잘 드는 곳에 낙엽수를 심는 방법은 여름에는 그늘을 제공하고 겨울에는 햇빛을 제공하는 방법이 된다(북반구에서는 햇빛이 잘 드는 면이 남쪽, 남반구에서는 북쪽).

현대의 난방과 환기 그리고 냉방 시스템이 개발되기 이전 시대에서 원주민 사회는 거주지의 온도를 조절하기 위해 영리한 방법들을 사용했다. 이 방법들은 전기나 자동화된 장치가 없더라도 놀랍도록 아주 잘 작동했다. 하나는 진흙을 발라 벽을 두껍고 무겁게 만드는 것이었다. 이는 외부 기온에서부터 내부를 단열하고, 일정한 온도를 유지하게 만들어준다. 즉, 무거운 벽은 온도가 급격히 변하지 않아서 더운 날씨 동안 저녁에 열이 식어서 낮에는 비교적 시원한 온도를 유지하며, 겨울에는 반대로 작용했다. 낮에 온도가 높아져 밤에는 그 온도를 유지하는 것이다.

주택 또한 온도를 조절하기 위해 여름에는 그늘을, 겨울에는 태양을 사용했고, 상당 부분은 지하에 지어지기도 했다. 구덩이를 파고 지어진 집은 지면에서 1.5미터(약 5피트) 정도 아래에 지하 1층이 있었으며, 이로써 해당 주택의 열효율은 크게 높아졌다. 이는 여름에는 더 시원하고 겨울에는 더 따뜻했으며, 연중 내내 온도를 안정화할 수 있었다. 마지막으로 지붕 소재로 잔디와 식물까지 사용될 수 있었으며, 이는 온도 변화로부터 집을 단열하는 역할을 했다.

이란의 시라즈대학교 기계공학과 대학원생인 마리암 파젤리 Maryam Fazeli에게 자연적인 냉난방을 고려한 건축 디자인에 대한 이메일을 보내며 이 책의 3부 초안을 첨부해 조언을 얻었다. 파젤리는 "그림 19.1에서 에어컨이 지구에 미치는 끔찍한 영향을 보고 난 후, 윈드캐처가 만들어내는 시원하고 쾌적한 바람의 마법 같은 느낌이 계속해서 생각났습니다. 여름 기온이 약 40℃(104℉)인 이란의 덥고 건조한 기후 속에서 다올라트 아바드 정원Dowlat Abad Garden이라는 전통적인 건물 안을 걷는 동안 윈드캐처를 한 번 경험한 적이 있는데, 마치 지옥의 한 가운데에서 천국으로 걸어가는 기분이었지요! 그 건물은 완전히 수동적이며, 환경에 부담을 주는 에어컨 운영 비용도 없습니다."라고 회신했다. 파젤리는 고대의 냉각 시스템을 설명하는 몇 가지 참고 자료를 보내주었는데, 그중 일부를 아래 논의에서 사용하겠다. 파젤리는 '전통적인 난방, 환기 및 냉방HVAC 시스템보다 건물에 윈드캐처를 채택하면 어떤 경제적인 이점이 있는지'에 관해 궁금해했는데, 윈드캐처에 대한 *위키피디아* 문서에서 다음과 같은 답을 발견했다. "일반적으로, 윈드캐처 통풍형 건물을 건설하는 비용은 기존의 난방, 환기 및 냉방HVAC 시스템을 갖춘 유사한 건물의 건설 비용보다 낮다. 유지 비용도 더 저렴하다(참고 자료 및 기타 내용은 '참조'를 참고).

뉴델리에 있는 공과대학교의 건축 및 설계학과 출신인 비노드 굽타Vinod Gupta는 오래된 건물의 건설에 대한 많은 상세한 논문을 써왔다. 그는 현대 건축과 전통 건축의 차이점 중 하나를 다음과 같이 설명했다. "건축가들은 수동적인 냉방이 마치 건물 내에서 특정 온도를 유지하는 것이 전부인 것처럼 말한다. 반면에 전통 건물의 건축가는 사람들이 건물 내부 또는 외부에서 편안하게 지낼 수 있는 한, 그 건물이 시원한지 따뜻한지에 대해 덜 신경 썼다. 이와 관련하여, 건물 사용자들은 사소한 불편함을 기꺼이 참으려는 의지를 가지고 있었으므로 건축가의 작업은 단순화되었다."

오늘날의 세계에서 우리는 인공적인 난방과 냉방 시스템에 너무 익숙해져서 겨울에 태양열을 포착하거나 여름에 바람이나 그늘의 냉각 효과를 최적화하지 않는 비효율적인 집과 건물을 짓는다. 대신 우리는 온도를 조절하기 위해 고급 기술을 필요로 하는 멋지고 매력적인 구조물을 건설하는데, 이는 전통적인 관행을 따랐다면 필요했을 것보다 더 많은 에너지가 난방과 냉방에 소비된다.

현대성은 또다시 타격을 입는다. 밀폐된 건물, 많은 유리창. 강력한 난방과 에어컨 시스템. 에너지 공급은 무한한가? 외관에 치중해서 건물을 짓는, 지구와 생태계의 이익은 말할 것도 없이 사람의 편안함도 고려하지 않는 철학은 우리 모두를 망치고 있다. 그래서 많은 사람은 옷차림을 단순하게 바꾸는 대신 편리함을 유지하기 위해 복잡한 기술을 사용하면서, 합리적이지 않은 두께의 옷을 입게 되는 현대의 냉난방 시스템에 익숙해졌다. 사람들이 여름에는 더 높은 온도, 겨울에는 더 차가운 온도에 익숙해지고, 익숙해진 온도에 적합하게 옷을 입는다면, 그리고 건물이 두꺼운 벽과 적절한 환기, 냉각탑, 열펌프를 비롯해서 여름에는 그늘, 겨울에는 태양과 같은 자연 과정을 활용하도록 디자인된다면, 실내는 에너지 소비가 많은 시스템에 대한 의존을 최소로 하면서 편안한 온도에 머물 수 있을 것이다. 그럴 수만 있다면 말이다. 비노드 굽타의 또 다른 논문 〈집을 시원하게 하기 위해 에어컨은 필요하지 않다. 전통적인 건축이 잘해낼 것이다 You Don't Need Air conditioners to Cool Your Home: Traditional Architecture Does It Well〉를 살펴보자. 굽타는 건축물을 더 효율적으로 바꾸는 것만으로는 충분하지 않다는 점을 분명히 한다. 그는 생태학적으로 민감한 디자인 사례에 더해, 우리가 더 적절한 옷차림(날씨에 맞게 옷을 겹쳐 입거나 종류를 다양하게)을 입고 여름에는 더 높은 실내 온도에, 겨울에는 더 차가운 온도를 받아들이도록 우리 신체를 적응시키는 것을 전제로 하고 있다.

또한 이 장의 초안을 가지고, 호르헤 그라시아 Jorge Gracia에게 의견을 물었다. 그는 수많은 국제상을 수상한 멕시코 건축가이자 멕시코 티후아나에 있는 에스쿠엘라 리브레 데 아르키텍투라 Escuela Libre de Arquitectura(건축 자유 학교)의 설립자이기도 하다. 메일 답변에서 그라시아는 모더니즘이 설정한 방향은 건축에 좋지 않다고 말했다. 그는 "예를 들어, 마야인의 전통적인 주택을 한번 보십시오. 그 안에는 다기능적인 생활 공간이 있습니다. 건물은 지속 가능하며, 회복탄력성이 있고, 유기적 재료로 지어졌습니다. 벽은 흙(열 효율적)으로 만들어졌고요."라고 말했다. 그라시아는 또한 건축은 그것이 세워지는 지역 사회에 부합해야 한다고 지적했다. "건축은 국제적이어서는 안 됩니다. 건축은 특정한 미세 기후와 사회적 조건에 대응하기 위해 지역적이어야 합니다. 나는 기술을 믿지만, 자연의 과정에 뿌리를 두어야 합니다." 하지만 그라시아는 건축가들이 곤경에 처해 있다고 말한다. 건축 규제가 적절하게 건축하려는 건축가들의 욕구를 제약할 수 있다고 말이다. "에너지 효율과 품질 관리를 위한 규칙을 설정하는 것은 오늘날의 건축가들을 기술에 인위적으로 제어되는 건물을 디자인해야 하는 위치에 놓이게 합니다. 그건 애초에 우리가 가지 말았어야 하는 길입니다. 전통적인 기술은 불필요하게 대체되었습니다."

사람들이 주목하고 있을까? 그렇다. 건축가들이 자신들의 디자인을 바꾸고 있다. 전 세계 도시들이 건축 기준을 개정하고 있다. 디자인, 건설, 유지 보수에 대한 국제적인 기준을 설정하는 등급 중 하나인 에너지 및 환경 디자인 리더십LEED, Leadership in Energy and Environmental Design 같은 새로운 수준의 에너지 효율 관련 인증이 제공되고 있다(자세한 내용은 뒷부분 참조 20장을 살펴보라).

21.

너무 늦은 건 아니다

수천 년에 걸친 사람들의 활동은 지구상의 생명을 지탱하는 힘의 균형을 바꿔놓았다. 이 복잡한 시스템의 상호 연결 때문에 사회적으로나 기술적으로나 지구상에서 상호작용하는 시스템들의 복잡성을 시각화하고 이해하는 것은 매우 어렵다. 시스템들은 피드백과 피드포워드 루프를 가지고 있는데, 활동을 제한하는 데는 부정적이고 활동을 강화하는 데는 긍정적인 루프들이다. 여기에는 즉각적인 영향을 미칠 수 있는 루프와 영향을 느끼려면 몇 달 또는 몇 년이 걸릴 수 있는 루프가 있다. 시스템의 개별 부분은 나머지 부분과의 상호작용과 별개로 하여 연구할 수 없다. 그렇게 되면 우리의 이해는 불완전할 것이다.

오늘날의 기술은 시스템 이해에 대한 중요성을 더욱 증대시켰다. 정보의 중요성과 정보가 앞뒤로 전달되고 순환하는 방식은 디지털 가상 세계를 탄생시켰다. 이는 전 세계의 소통과 상호작용 패턴을 매우 강력하게 보편, 균질적인 것으로 만들었다. 불행하게도 이러한 힘은 선악 양면의 목적 모두로 사용되고 있다.

지구를 무한한 자원의 원천이자 무한한 폐기물 처리지로 취급하는 것은 잘못된 경제 시스템, 노동관계 및 정부 정책과 함께 불안정한 상황을 초래했고, 여기서 넘쳐나는 폐기물은 처참한 기후 위기로 이어지고 있다. 세계 국가들의 상충하는 문화와 가치 체계는 치료 조치를 어렵게 만들고 예방 조치는 거의 불가능하게 한다.

세계 지도자들은 이러한 문제에 관여하여 논의하고 있다. 좋은 현상이다. 하지만 가장 뛰어난 의지를 가진 지도자 역시 압력과 모순에 직면한다. 해로운 활동을 즉각 중단하고 유익한 활동으로 대체해야 한다는 주장과 유엔의 많은 회의에서 통과된 멋진 말들과 결의안들에도 불구하고, 전 세계 국가들은 행동을 취하는 데 주저하는 모습이었다. 일단 행동이 시작되더라도, 유익한 활동을 발전시키기까지 수십 년이 걸릴 것이며, 그런 유익한 활동들을 전 세계적으로 확대하기까지도 수십 년이 걸릴 것이다. 그렇다고 유익한 활동들이 준비되기 전에 모든 해로운 활동들을 중단한다면, 많은 현존하는 사회들에 심각한 피해를 입힐 것이다. 하지만 그러한 활동들이 중단되지 않는다면, 그건 틀림없이 모든 사람에게 해를 끼칠 것이다. 이 딜레마에 대한 쉬운 답이란 없다.

알렉산더 폰 훔볼트Alexander von Humboldt는 1800년에 한 번, 그리고 1831년에 다시 한번 세계에 경고했다. 사람들이 숲과 땅, 바다와 동물들의 생명, 그리고 원주민 문화를 대하는 방식은 우리를 대재앙으로 이끌 것이라고 말이다. 무려 2세기 전의 경고다! 오늘날 훔볼트는 거의 잊혀졌지만, 1800년대에는 유럽, 북미와 남미 그리고 다른 여러 곳에서 알려진 인물로, 시몬 볼리바르Simoón Bolivar, 찰스 다윈Charles Darwin, 헨리 데이비드 소로Henry David Thoreau, 그리고 존 뮤어John Muir와 같은 다른 사상가들에게 큰 영향을 주었다. 그는 탐험가이자 생물학자였으며 과학에 치밀한 분석과 자료, 시적 문제를 결합한 여러 권의 상세한 책을 펴낸 작가이기도 했다. 물론 그렇다고 해도, 그의 경고는 심각하게 받아들여지지 않았다. 이제야 사람들은 그 경고를 심각하게 받아들이며 주의를 기울이기 시작했다. 이제는 너무 늦은 것일까?

나쁜 소식은 이미 일어난 큰 피해를 멈추기에는 너무 늦었고, 당분간 계속 일어나리라는 것이다. 하지만 추세를 멈추고 뒤바꿀 수 있는 시간은 아직 남아있다. 무엇이 필요할까? 지속 가능하고, 견고하며, 회복탄력성이 있고, 재생 가능한 세계와 생활 방식 그리고 존재 방식으로 전환하는 속도를 높이자. 필요한 모든 아이디어와 방법은 이미 알려져 있으며 논의되고 있고, 심지어 실행에 옮겨지고 있다. 하지만 이러한 노력들은 너무 미미하며, 결과적으로 너무 느리다. 그러므로 보다 널리 그런 노력들이 확산될 수 있도록 증폭시켜야 하며, 전 세계적으로 조정된 협력적인 활동이 진정한 의미로 이루어질 수 있게 해야 한다. 우리는 할 수 있다.

4부
인류 중심성

삶과 관련된 모든 측면

22.

인간에서 인류로

왜 '인류 중심 디자인^{Humanity-Centered}'이라는 이름일까? '인간 중심 디자인^{Human-Centered}'과는 어떻게 다른가? *인간과 인류라는 용어는 매우 유사한 의미를 지니지 않는가?*

문구의 의미는 단순히 그 안에 있는 단어들로 추론될 수 없다. 즉 역사적인 문제인 맥락을 보는 것이 필요하다. *인간 중심*이라는 용어는 1980년대 후반에 만들어졌는데, 당시에는 주로 디자인이 의도한 개별 사람들에게 초점이 맞추어져 있었다. 이 개념은 많은 장점을 가지고 있었고, 오늘날까지도 지배적인 접근법이다. 그러나 40년이 지난 지금, 강조점을 바꿀 때가 되었다.

디자인은 산업을 위한 도구로 시작되어, 매력적이고 기능적이며 비용 효율적인 대량 생산 제품을 개발하도록 도와주었다. 이런 방식에 '인간 중심'이라는 이름을 붙이는 것은 제조의 효율성 대신 사람에게 관심을 다시 집중시켰다. 점차 더 많은 제품 안에 컴퓨터 칩이 도입되면서 장치의 복잡성이 증가했고, 프로그래머들이 사용자에게는 혼란스러운 독특한 기능과 제어 구조를 추가함에 따라 사용성도 저하되었다. 따라서 '인간 중심' 디자인의 필요성이 대두되어 도입되었다. 이는 사용 편의성과 제품을 이해하는 사람들의 능력을 강조한다. '인간 중심'은 디자인의 중요한 측면이었고, 제품이 대량 생산되는 한 지배적인 디자인 접근법으로 남을 것이다. 이 접근 방식은 매우 인기가 많아서 보통 약자인

HCD^{Human Centered}로 불린다.

그렇다면 왜 변화가 필요한가? 오늘날 디자이너는 대량 소비 시장을 위한 제품을 맞춤 제작하는 것 이상의 역할을 수행할 것을 요구받는다. '인간 중심'이라는 문구는 보다 큰 문제와 특정 사회 집단에 대한 선입견 및 편견에 대한 민감성이 높아져야 할 필요성을 강조하지 못한다. '인류 중심'이라는 문구는 사람들이 사는 사회의 기술적 시스템을 고려한 디자인을 강조한다. 디자인은 물리적 제품의 제조, 사용 및 폐기가 환경에 미치는 영향을 민감하게 다루어야 한다. 물리적 제품과 비물리적 제품 모두에 대해 디자인은 공정성과 형평성 그리고 편견 및 선입견에 대한 영향을 다루어야 한다.

'인류 중심'은 모든 인류의 권리를 강조하며, 모든 살아있는 생명체와 지구 환경을 포함한 생태계 전체를 다룬다. 그렇다면 '인류 중심 디자인'이라는 문구가 처음 사용된 것은 언제일까? 2005년과 2006년 사이의 기사에서 처음 사용된 것으로 추적해볼 수 있는데, 그 기사에서 인류 중심 디자인은 '인간 집단의 상태를 어떻게 개선했는지 또는 일관성 있게 개선해나갈 것인지에 기초하여 판단된다'라고 언급한다. 이는 디자인에 대한 내 해석과도 유사한데, 오늘날 우리는 디자인에 생태계를 명확히 포함시키려고 합니다. '인류 중심 디자인'이라는 표현이 언제 처음 사용되었는지는 확실히 알 수 없습니다.

디자이너들은 여전히 인간 중심 디자인의 디자인 원칙을 따라야 하지만, 이제는 지구 전체의 넓은 범위로 확대해서 그 원칙을 적용해야 한다. 다시 말해, 모든 생명체와 토양과 물 그리고 공기의 질, 종의 멸종, 기후 변화를 생각해야 한다. 인간은 한 요소의 변화가 모든 구성 요소에 영향을 미칠 수 있는 '지구'라고 불리는 시스템과 불가분한 관계다. 나는 인간 중심 디자인이 인류 중심 디자인의 부분집합이라고 생각한다. 이제 두 용어(정의는 내 개인적인 견해다)를 보는 방법을 살펴보자.

인간 중심 디자인의 네 가지 원칙

다음은 인간 중심 디자인의 네 가지 기본 원칙이다.

1. 제시된 문제(대개 원인이 아닌 증상)뿐 아니라 핵심적인 근본 문제
   를 해결하라.
2. 사람들에게 초점을 맞춰라.
3. 대부분의 복잡한 문제는 다양한 부분의 상호의존성에서 발생한
   다는 사실을 인식하고 시스템적인 관점을 가져라.
4. 제안된 디자인을 계속해서 테스트하고 개선하여 의도된 사람들
   의 관심사에 진정으로 부응하는지를 확인하라.

이러한 원칙은 중요하지만 지속 가능성, 불평등 그리고 편견의 문
제를 간과한다. 게다가 당면한 문제에만 중점을 두며 장기적인 영향에
대한 고려는 부족하다. 다시 말해, 위의 원칙들은 과거에 우리가 해왔던
방식을 묘사하는 것이며, 이 책에서 논의하는 문제들을 다뤄야 할 방식
과 미래에 우리가 해야 할 방식이 아니다.

인류 중심 디자인은 이 네 가지 원칙의 기본 틀을 수용하되, 모든
생명체(사람만이 아닌)와 생태계 그리고 장기적인 미래의 영향 전망에 대
해 훨씬 더 명확하게 다룬다. 인간 중심 디자인에서 인류 중심 디자인으
로 이동하기 위해서는 하나의 새로운 원칙(제5원칙)을 추가하고, 제2원칙
과 제3원칙 그리고 제4원칙을 약간 수정하여 해결해야 할 문제의 범위
를 확대해야 한다.

인류 중심 디자인의 다섯 가지 원칙

인간 중심에서 인류 중심 디자인으로의 전환하는 원칙 다섯 가지는 다음과 같다.

1. 제시된 문제(대개 원인이 아닌 증상)뿐 아니라 핵심적인 근본 문제를 해결하라.
2. 사람과 모든 생명체 그리고 물리적 환경이라는 전체 생태계에 초점을 맞춰라.
3. 대부분의 복잡한 문제는 다양한 부분의 상호의존성에서 발생한다. 사회와 생태계에 가장 큰 피해를 입히는 많은 부분이 드러나기까지는 여러 해 또는 심지어 수십 년이 걸린다는 사실을 인식하고 장기적이고 구조적인 관점을 가져라.
4. 제안된 디자인을 계속해서 테스트하고 개선하여 의도된 사람들과 생태계의 관심사에 진정으로 부응하는지를 확인하라.
5. 지역 사회와 함께 디자인하고 가능한 한 지역 사회가 디자인을 지원하도록 만들라. 전문 디자이너는 지역 사회 구성원들의 문제를 해결하는 지원자이자 촉진자이며, 자원의 역할을 해야 한다.

디자인 식민화

수 세기 동안, 유럽 국가들은 '탐험되지 않은 땅'이라고 부르는 지역들을 여행하며 세계를 식민화했다. 그런 지역을 '발견'했다고 주장하며, 최초 '발견자'로서 자국의 국기를 꽂고 영토 소유권을 주장했다. 탐험되지 않은 땅에 이미 사람들이 거주한다는 사실은 탐험가들의 소유권

선언을 막지 못했다. 탐험가들은 자신들의 탐험을 후원했던 나라의 소유권을 주장했다.

　시간이 지나면서, 식민지를 만든 국가들은 새로운 군대를 주둔시키고 토착민들이 통치하고 분쟁을 해결하던 생활 방식을 대체했다. 심지어 자신들이 선의(비록 제국주의적인 사물관에 기초하고 있지만)를 가지고 있다고 믿었던 식민지 개척자들조차 점령된 나라들에게 충분한 지원을 제공하지 않았다. 영국은 190년 동안(1757-1947) 인도에서 정부와 법 제도, 그리고 정치적인 관행을 장악했다. 토착 인도인들은 노동자와 하인이 되어 자신들의 나라에서 2등 시민으로 대우받았다. 심지어 잘 교육받은 사람들(때로는 영국 대학에서 교육받은)도 하위 공무원이나 사무원 정도에 머물렀으며, 항상 영국인 권력자에게 보고해야 했다. 대영제국은 다른 어떤 나라들보다 더 많은 영토를 식민지화했는데, 총 90개 영토였다. 그 후 그 자체로 제국이 된 미국을 포함하여 90개의 식민지 중 거의 모두가 지금은 대영제국을 떠났다. 16세기부터 20세기 초까지 미국은 원주민들을 그들의 모국에서 추방하여 작은 보호구역으로 내몰았다. 식민지 개척자들이 자신들의 '명백한 운명'으로 여겼던 서부로의 확장을 수행한 것이다. 미국은 현재 자국이라고 부르는 50개 주 외에도 '영토'로 불리는 괌과 푸에르토리코, 아메리칸사모아, 미국령 버진아일랜드, 그리고 북마리아나 제도라는 다섯 개의 식민지를 여전히 유지하고 있다.

　원조하는 나라의 문화를 원조를 받는 나라에 강제로 이식시킬 때, 타국의 원조는 때때로 식민지화의 한 형태로 특징되기도 한다. 식량, 물, 위생 시설, 의료, 교육 등이 부족한 가장 일반적인 병폐들이 만연한 나라들이 기틀을 다진 부유한 국가들에게 원조를 요청하면, 그에 대응하여 대규모 원조 프로그램들이 형성된다. 그중 일부는 글로벌 노스가 주도하여 운영하며, 일부는 민간 재단들(비정부단체 혹은 비정부기구)이 운영하고, 일부는 유엔을 통해 운영된다. 이러한 기관들은 전문가팀을 파견하여 도움을 주고 자금을 빌려주는데, 이는 많은 국가가 상환하기 어려운 수준이다.

현재 대외 원조는 큰 사업이며, 대부분의 주요 국가들과 유엔, 그리고 세계적 규모의 재단들이 시행하고 있다. 표준 원조 정책은 많은 전문가와 함께 시작한다. 전문가들은 해당 국가에 도착하여 문제를 연구하며 시간을 보내고, 그곳의 병폐들을 요약하여 '치료'를 권고하는 장문의 '백서White Papers'를 생산한다. 이 과정에서 원조를 받는 국가 소속의 사람들은 거의 참여하지 않는다.

이러한 예비 활동의 결과로 일반적으로 수십억 달러(미국 통화로)와 몇 년이 소요되는 대규모 계획이 제안된다. 이러한 프로그램의 어려움 중 하나는 선의의 전문가들이 바로 외부인이라는 점이다. 그들의 전문적인 지식은 적절하게 깊이 있고 원칙적이므로, 해당 지역의 병폐에 대한 논의도 일반적으로는 적합하다. 그러나 외부 전문가들은 지역 주민과 그들의 기술과 자원 및 그들이 중요하게 생각하는 것들을 좀처럼 깊게 이해하지 못한다. 그 결과, 전문가들은 원칙 안에서 적절하게 문제를 다루지만 지역 주민들이 유지 또는 수리할 수 없는 시스템의 건설을 제안하고 감독한다. 그 시스템들은 때때로 도시와 마을의 많은 부분을 차지하여 수천 명의 사람들에게 강제 이주를 겪게 한다. 이러한 문제는 윌리엄 이스털리William Easterly의 책《전문가의 독재: 경제학자, 독재자 그리고 빈자들의 잊힌 권리》에 자세히 기록되어 있다.

대외 원조가 성공인지 실패인지를 판단하는 것에는 논쟁의 여지가 많다. 찰스 케니는《더 나아지기》에서 출판사의 추천사를 인용하여 '건강, 교육, 평화, 자유 심지어 행복에 있어서 광범위한 개선의 증거'를 제시한다. 더 중요한 것은 대외 원조에 대한 가장 엄격한 비판가 중 한 명인 이스털리는 케니가 "지역적으로는 물론 세계적으로도 인간의 복지 경향이 대부분 행복하며 확연하게 긍정적이라는 것을 설득력 있게 보여준다.”라고 언급했다.

이스털리는 이전 책《대외 원조 재창조 Reinventing Foreign Aid》에서 문제는 실제 원조가 ‘계획자’에 의한 것인지 아니면 ‘탐색자’에 의해 제공되는지를 둘러싼 문제라고 주장한다. 그에 따르면, 계획자들은 큰 목표를 설정하고 그 후 무한한 자원을 투입하는 대규모 계획을 개발한다. “계획자는 스스로 이미 답을 알고 있다고 생각한다. 그래서 가난을 자신의 답이 해결할 수 있는 기술 공학적 문제로 생각한다”라고 말한다. 이와는 대조적으로, 탐색자는 자신이 알고 있는 것에 대해 겸손하다. 탐색자들은 “어떤 문제든, 그것이 얼마나 크든 작든 그 해결책이 자신이나 다른 사람에게 이익이 될 수 있도록 유리한 기회를 살피고 있다. 탐색자들은 문제를 해결하기 위해 각각의 작은 문제에 대한 충분한 지식을 습득해야만 하며, 이는 문제에 영향을 받는 사람들로부터 피드백을 받아야 한다는 것을 의미한다.” 나 또한 이러한 특성화를 선호한다. 계획자들이 비록 합리적이기는 하더라도 그들의 크고 고상한 생각이 목표 장소의 자원과 문화에 항상 일치하지는 않는다는 사실을 인지하고 있다. 게다가 거대한 대규모 프로젝트들은 관리하기가 어렵고 너무 오랜 시간이 걸려서 중간에 요구 사항이 여러 번 변경되어 결국 현지 사람들의 필요를 결코 충족시키지 못한다는 사실을 무시한다.

계획자와 탐색자 사이의 이 구분에서, 나는 스스로 탐색자라고 명명한다. 이것이 바로 내가 추천하는 전 세계의 많은 디자이너가 이미 실천하고 있는 전략이다. 즉, 사람들과 *함께* 디자인하고 사람들이 *직접* 디자인하지만, 그들을 *대신하여* 디자인하지 않는다. 이에 대해서는 다음 장 ‘디자인 및 민주화’에서 중점적으로 다룰 내용이다. 디자인 해결책이 어떻게 지역 사회와 의도된 사용자들에게서 나와야 하는지에 대해 논의하겠다. 이 접근법은 인간의 가장 중요한 문제들이 복잡한 사회기술체계의 일부임을 인식하고, 그 문제들 중 많은 것들이 미묘하고 역사적인 관행, 문화 그리고 전체적인 전망에 대한 이해 부족에서 비롯되었다는 것을 인정하는 것이다. 이스털리가 말한 것처럼, 우리 탐색자들은 지속적이고 반복적인 관찰과 사고, 그리고 테스트를 하는 작업에 확고한 신념을 가지고 있다. 사람들은 통상 자신이 사는 곳에 외부 집단이 나타나서 무엇을 해야 하는지, 어떤 새로운 도구를 사용해야 하는지, 그리고 어떻게 살고 행동해야 하는지를 말하는 것을 달가워하지 않는다. 답은 사람들 스스로에게서 나와야 한다. 인류 중심 디자인은 여기서 출발한다.

23.

디자인과 개발의 민주화

공동체 중심 디자인

인류 중심 디자인으로 나아가는 첫 단계는 앞서 언급한 인류 중심 디자인 원칙 중 다섯 번째가 핵심이다. 즉, 공동체와 함께 디자인하고, 공동체에서 가능한 한 많은 지원을 받아 디자인한다. 이러한 관행은 종종 '함께 디자인하고 지원받으며, 대신해서 디자인하지 않는다'로 간략화된다.

사람들을 대신해서 디자인하기보다 함께 디자인하는 접근 방식은 오늘날의 디자인 분야에서는 잘 정착되어 있지만, 아직 국제 지원 단체의 주요 구성 요소는 아니다. 나는 디자인 박사학위가 있는 3,000명 회원들에게 이메일을 보내, 이런 형태의 협업 디자인 형태가 언제 시작되었는지를 물었다. 그리고 많은 사려 깊고 유쾌한 답변을 받았다. 정확한 시작 날짜나 시작 단계에 있는 사람이 누구인지 알기 어렵다는 점에 모두의 의견이 일치했으므로, '아주 오래전'이라는 단순한 답이 돌아왔다. 시간이 흐르면서, 디자인 업계는 지원을 받을 사람들과 함께 작업할 수 있는 다양한 많은 방법을 개발했다. 내 이메일에 답한 사람 중 일부는 사람들을 *대신해서*가 아니라 사람들과 *함께* 디자인 하는 것을 강조했다.

이러한 접근법에는 '협력적 디자인', '코드 디자인', '참여적 디자인', '시민 주도적이나 공동체 주도적, 또는 시민 디자인', '사회 혁신을 위한 디자인', '유쾌한 디자인', '재생적 디자인' 등 수많은 이름이 붙여졌다. 이들은 세부 사항은 다르지만 기본 정신은 같다. 그리고 이런 작업을 하는 것은 디자인 공동체만이 아니다. 사회복지사, 공중보건 전문가, 시민지도자, 재단 및 비정부 기관 등 수많은 분야에서 이를 수행한다. 엘리자베스 샌더스Elizabeth Sanders와 피터르 얀 스타퍼스Pieter Jan Stappers는 《컨비비알 툴박스: 디자인의 프런트 엔드를 위한 생성적 연구 Convivial Toolbox: Generative Research for the Front End of Design》에서 협업적 디자인에 대한 훌륭한 개요와 논의를 제공하며, 공동체와 함께 작업하는 방법을 사례 연구를 통해 상세하게 설명하고 있다.

공동체와 협력하는 데는 많은 어려움이 있다. 공동체 구성원 스스로 목표와 잠재적 해결책에 동의하지 않는 경우가 많다. 종종 공동체 내에서 서로 다른 그룹들이 활동의 통제권을 두고 경쟁하여 내부 권력 투쟁이 발생하기도 한다. 정치인이나 공무원이 관여하는 경우도 꽤 자주 발생하는데, 항상 지역 사회의 이익을 위하는 것이 아닐 수 있다. 공동체 문제에 종사하는 사람들은 그 지역을 탐색하기 위해 전문적인 사회, 정치적 기술을 개발해야 한다. 그리고 자금이 지원되는 방식이 지원의 목표를 왜곡하는 방식으로 분산되기 쉽다는 위험이 있다. 이 모든 어려움은 중요한 프로젝트는 항상 어렵다는 오래된 믿음을 더욱 확고하게 만든다. 만약 그렇게 어렵지 않다면, 문제들은 이미 해결된 상태일 가능성이 크다. 지역 사회를 돕고 지원하고 지역 사회에 권한을 부여하려는 디자이너와 다른 전문가의 역할은 도전적이지만 그만큼 중요하다.

모두가 디자이너다

모든 사람은 디자이너다. 무슨 뜻일까? 사람들, 즉 우리는 모두 지속적으로 우리의 활동과 소유물을 필요에 따라 재조정한다. 공연 관람에서 어디에 앉을지 결정할 때, 우리는 디자인을 하고 있는 것이다. 다양한 목표와 상황의 제약을 고려하는 것이 디자인이니까 말이다. 모든 사람은 테니스 선수나 요리사인 것과 같은 의미로 디자이너다. 전문 디자이너는 복잡한 문제와 이슈에 적용할 수 있도록 훈련되었으며 고급 기술과 지식을 갖추고 있다. 단기 과정을 듣거나 논문을 읽는 것만으로 전문 테니스 선수나 요리사가 되는 것이 불가능하듯이, 디자인 씽킹 Design Thinking에 관한 단기 과정을 수강하거나 논문을 읽는 것으로 전문 디자이너가 되는 것은 불가능하다. 물론, 전문가가 되기에는 충분하지 않겠지만 전문가의 기술을 더 깊이 이해하고 공감할 수 있기 때문에 단기 과정을 수강하고 논문들을 읽도록 하자.

　　MIT의 슬론경영대학원의 기술 혁신 교수인 에릭 폰 히펠Eric von Hippel은 전통적인 디자인 방식을 뒤집을 것을 제안한다. 전문 엔지니어와 디자이너가 다른 사람들을 위해 제품을 디자인하는 대신, 왜 이미 사람들이 하고 있는 것을 찾아보지는 않는 것인가. 다시 말해서, 전 세계의 창의적인 사람들이 우리 전문가를 위해 디자인하게 하는 것이다. 1980년 중반, 폰 히펠은 제품을 개선하기를 원하는 기업에게 고객이 제품으로 무엇을 하고 있는지 살펴볼 것을 권했다. 그는 많은 창의적인 사람들이 이미 제품을 수정하여 결함을 극복하거나 새로운 방식으로 사용할 수 있도록 했다는 점을 지적했다. 어느 경우든, 폰 히펠이 '선도 사용자'라고 명명한 그 소비자들은 가치 있는 새로운 아이디어를 제공했다. 이후 그는 자신의 제안을 확장하며, 2005년에는 선도 사용자들이 혁신을 민주화한다고 지적하는 자신의 책에서 창의적인 사람이 그들만의 새로운 제품과 서비스를 개발하는 방법을 보여주었다. 폰 히펠은 한발 더 나아가 창의적인 비디자인 공동체의 아이디어가 세상과 자유롭게 공유될 때라고 말하며, 이 아이디어를 2017년 저서 《프리 이노베이션》에서 더 깊이 다룬다. 그는 몇 년 동안 이러한 아이디어를 환자와 가정이 주도하는 의료 혁신으로 확장해왔다.

이탈리아 폴리테크니코 디밀라노의 에치오 만치니^{Ezio Manzini}는 공동체에서 운영하는 사회 혁신 프로젝트의 선도자 중 한 명이다. 그의 많은 저서와 그가 설립한 사회 혁신 네트워크(사회 혁신과 지속 가능성을 위한 디자인^{Design for Social Innovation and Sustainability})는 전 세계의 많은 공동체에 적용되었다. 2015년에 출판된 만치니의 책 《모두가 디자인하는 시대: 사회 혁신을 위한 디자인 입문서》에서 그 제목은 그가 이 분야에서 차지하는 중요성을 분명히 보여준다. 2019년에는 후속작으로 《일상의 정치^{Politics of the Everyday}》를 발표하고, 오늘날의 복잡한 세계에 대처하고 협업 디자인에 기여하는 강력한 입문서를 제공했다. 이는 서문에서 밝혔듯, 디자인 문화에 관한 책이며 다른 이들과 협력하여 디자인 문화를 이끌어 나갈 방법을 다룬다. 책의 마지막 쪽에서 그는 다음과 같은 질문을 던진다. "새로운 디자인 연합에서 디자인 전문가의 역할은 무엇인가? (중략) 다양성을 기르며 환경, 사회 및 문화적 재앙에서 우리를 구할 수 있는 집단 디자인 지성을 구축하는 데 어떻게 기여할 수 있겠는가?"

"좋아, 훌륭해! 그래 우리 역할이 무엇이지?" 나는 속으로 말했다. 안타깝게도 책에 일곱 마디로 언급된 만치니의 마지막 말은 "질문에 답하기 위해서는 또 다른 책이 필요하다."였다. 시간이 얼마간 흘렀으나, 그는 아직 이 질문에 답하지 않았다. 그는 2022년에 또 다른 책인 《리버블 프록시미티^{Livable Proximity}》를 썼는데, 이 책은 우리가 어떻게 기존 도시를 재구성하여 사회적 차원의 상호작용을 최적화할 수 있는지에 대한 훌륭한 해결책이다. 이는 일부 문제를 다루지만, 그 범위가 (의도적으로) 불완전하다. 동의한다. 그건 나에게 달려있다는 사실을 말해준다. 그것이 바로 이 책이 다루는 것이며, 특히 4부와 6부(각각 '인류 중심성'과 '디자인 행동')에서 다루는 내용이다.

만치니가 분명히 밝혔듯이, 궁극적으로 중요한 것은 사회적 차원이다. 즉, 특정 사회에 사는 사람들은 직면한 문제를 이해하고 있으며 그중 많은 사람이 이미 해결책을 생각해냈을 가능성이 있지만, 아마도 실제로 실행하기 위해서는 지원이 필요할 것이다. 그러니 이 공동체에 있는 사람들의 창의성과 독창성을 기반으로 하는 것은 어떤가? 디자인을 민주화하자. 모든 사람이 목소리를 내고, 모든 사람이 역할을 할 수 있도록 말이다.

목표는 전 세계 모든 사람에게 스스로 활용할 수 있는 자원을 제공하여 권한을 부여하는 것이다. 이러한 자원에는 필요할 때만 제공되는 모듈식 교육, 도구 키트, 적절한 기술 모듈 등이 포함될 것이다. 서로 다른 문화권에서 사용될 수 있으며, 필요에 따라 더 나은 방식으로 수정할 수 있는 항목들이 될 것이다. 모든 수정 사항은 도구 및 지식 모듈의 일반 오픈 소스 저장소로 돌아가서 지속적으로 범위와 유용성을 확장할 것이다.

전문가가 아닌 사람들, 혹은 전문가를 찾고 고용할 자원이 부족하거나, 전문가들이 관심이 없을 정도로 독특한 문제를 가진 사람들은 어떻게 해야 할까? 어쨌거나 세계에는 약 80억 명의 사람들이 있지만, 가까운 곳에서 그들을 도울 충분한 전문가들은 없다. 디자이너들은 멘토와 조력자가 도움을 줄 수 있으며, 모든 사람이 접근할 수 있고 사용법을 배울 수 있는 도구와 절차를 개발함으로써 지원할 수 있다.

이러한 작업을 가능하게 하는 도구는 접근이 쉬워야 한다. 많은 사람에게 도구*Tool*라는 단어는 망치나 톱, 삽과 같은 물리적인 장치의 이미지를 떠올리게 한다. 많은 사전에서도 도구를 어떤 작업을 수행할 때 손에 들고 사용하는 것으로 정의한다. 하지만 이는 너무 제한적인 정의다. 《케임브리지 어드밴스드 러너스 사전 및 유의어 사전》의 정의에 따르면, 도구는 '원하는 일을 도와주는 모든 것'이 될 수 있다. 따라서 도구는 절차, 템플릿, 조직 구조를 비롯해 심지어 신용카드일 수도 있다. 여기서는 디자이너와 다른 사람들이 근본적인 의미, 필요성 그리고 욕망을 발견하기 위해 사용할 수 있는 잘 다듬어지고 신중하게 연구된 구조와 절차를 언급하기 위해 그 단어를 사용한다.

1970년대 초 이반 일리치*Ivan Illich*는 사람들 스스로 문제를 해결할 수 있도록 도와주는 도구를 만드는 작업에 중점을 두었으며, 이는 그의 책《성장을 멈춰라! 자율적 공생을 위한 도구》에서 잘 설명되었다. 그는 책에서 사람들이 '함께 살 수 있는 것을 만들고, 취향에 따라 모양을 만들며, 다른 사람들을 생각하고 돌보는 데 사용할 수 있는 자유가 무엇보다 필요하다'고 말했다. 그는 컨비비알*Convivial*이란 단어를 친구들의 반대에도 불구하고 많은 고민 끝에 '책임감 있게 도구를 제한하는 현대 사회'를 지칭하는 기술적 용어로 사용했다고 설명했다. 그의 책은 당시에 상당한 논쟁을 불러왔다. 예를 들어, 산업혁명의 위험성을 주장하고 학교 교육이 아이들을 충실한 소비자이자 자발적인 기술의 노예가 되도록 가르친다고 주장했기 때문이다. 그 결과, 그의 책에 있는 많은 가치 있는 메시지들 역시 정작 필요한 시기에 주목받지 못하고 무시되었다.

일리치의 작업은 앞서 내가 공동 창작에 대한 자세한 논의를 위해 추천했던 엘리자베스 샌더스와 피터 얀 스패터스의《컨비비알 툴박스》에서 (논쟁적인 어조 없이) 현대화되었다. 두 사람은 사람들이 스스로 디자인할 수 있는 다양한 컨비비알 도구를 제공하고, 이러한 도구가 어떻게 적용될 수 있는지에 대한 사례를 제시한다.

많은 면에서 자신을 위해 디자인하는 것이 다른 사람들을 위해 디자인하는 것보다 더 간단하다는 점에 주목해보자. 전통적인 인간 중심의 접근법은 사람들에 대한 연구가 필요하며 환경과 그들의 필요를 더 잘 이해해야 한다. 하지만 사람들이 스스로 디자인을 한다면, 이 모든 것이 필요 없어진다. 결국 그들은 자신의 문제를 경험했으므로 정교한 연구를 할 필요가 없다. 물론 그 과정에서 간단한 연구가 필요할 수는 있겠지만 말이다. 마찬가지로 디자인은 반복적인 테스트와 리디자인 Redesign 주기를 거친다. 사람들이 스스로 디자인을 하게 되면, 이 순환적인 접근법은 자동적으로 이루어지게 된다. 어쨌거나 자신들의 필요를 해결하기 위해 무언가를 디자인했다면, 그것이 원하는 만큼 잘 작동하지 않을 때 수정해야 할 강력한 동기부여가 될 것이다.

도구는 개인, 디자이너, 심지어 지역 사회나 지역 사회 내 여러 그룹에 디자인되고 사용될 수 있다. 그러나 모든 사회적 요구가 고립된 지역 사회의 작업으로 해결될 수 있는 건 아니다. 많은 문제들이 큰 그룹들과 협동해서 작업해야 할 필요가 있다. 그중 일부는 상당한 자금과 전문성을 필요로 할 수도 있다. 기술적인 지식은 배전과 통신 인프라, 깨끗하고 지속적인 물을 제공하고 잘못된 설계가 기존의 깨끗한 물을 오염시키지 않는 실용적인 하수도 제공과 같은 겉보기에 간단한 것들에도 필요하다. 많은 문제가 대규모 사회기술체계의 일부이며, 해결하기 위해 많은 사람과 학문이 적극적으로 참여할 필요가 있다. 물론 프로젝트는 사람들에게서 나와야 하지만, 기술적인 요구 사항은 종종 지역 사회 혼자서 처리할 수 있는 것보다 더 크다. 핵심은 기술전문가들의 작업을 허용하되 그들이 지역 사회 정신과 협업을 지배하고 훼손하지 않도록 하는 것이다.

표준이 도구의 힘을 증폭한다

컨비비알 도구는 각 도구가 서로 독립적으로 만들어지는 대신, 몇몇 표준 지침과 원칙을 따를 때 훨씬 더 강력할 수 있다. 그래서 각 도구의 작동 방법에 대한 지식이 쉽게 다른 사람에게 전달되어 모든 사람에게 권한을 부여할 때, 개별 도구의 힘을 증폭시킨다. 의류를 생각해보자. 의류의 표준화와 생산 용이성은 수만 년에 걸쳐 진화해왔다. 동물 가죽을 유연하게 만들어 입기에 적합하게 하고, 동물의 털과 식물 섬유를 가지고 섬유를 함께 압착(펠트를 만드는)하거나 털실을 짜서 옷으로 만들 수 있는 내구성 있는 큰 천 조각으로 만드는 데는 전문가의 기술이 필요했다. 이러한 재료를 착용할 수 있는 아이템으로 변형하는 데도 기술이 필요했다. 유용한 직물과 단추 등을 개발하는 것 또한 수백 년이 걸렸다. 옷은 이전에는 가정에서 만들어지거나 전문가(재단사와 양장사)에게 의뢰하여 개개인에게 맞게 특별히 만들어지곤 했다. 1800년대 초, 표준 의류 사이즈의 개발이 시작되었다. 이러한 사이즈의 기준은 정확하지 않지만, 다수의 사람들의 다수의 목적에 적절하다.

의류 표준은 여전히 불완전하며, 게다가 의류 산업에서 옷을 제조하는 데 주로 사용될 뿐 개인은 활용하지 않는 경향이 있다. 쉬운 의류 제조가 사람들이 집에서 자체적으로 의류를 만드는 것을 막지는 않았다. 개인을 위한 'DIY(스스로 해보기 Do-It-Yourself)' 도구의 대규모 네트워크가 있어서, 직접 옷을 만드는 방법을 가르쳐주는 다양한 동영상과 기사 및 책들이 제공되고 있다. 여기에는 다양한 의류 패턴, 사용 지침서, 가정용과 산업용 재봉틀의 차이점과 같은 수공구에 대한 논의 등이 포함된다. 이는 공동체가 주도하는 스스로 해보기 프로젝트의 훌륭한 예로, 도구, 사용 방법, 제작을 안내할 패턴, 그리고 자습을 위한 자료들이 결합되어 초보자들이 필요한 모든 단계를 따라가도록 안내한다. 전문가들은 안내자 역할을 하면서 자신들의 전문지식과 팁, 제안을 새로운 학습자와 다른 전문가 모두에게 공유할 수 있다.

이는 디자인의 민주화를 보여주는 간단한 예시다. 적절한 기본 구성 요소 세트가 주어지면, 보통 사람들은 원하는 완성품을 무엇이든 조립할 수 있다. 더 간단한 예시는 다양한 상점에서 구입한 품목이 개별화된 가구 배치와 부엌을 구성하게 되는 방식이다. 식료품 가게는 식사 재료를 제공한다. 철물점과 목재점은 조금 더 전문지식이 있는 사람들을 위해 디자인된 여러 수준의 다양한 구성 요소를 제공한다. 제조 및 공급 회사의 전문가들은 기본 구성 요소를 집을 채워나가는 우리 같은 사람이 효과적으로 사용할 수 있는 형태로 생산한다. 개인의 관점에서 보면, 모두 자신의 필요에 맞게 자신의 집을 만들고(디자인하고) 있다.

여기서 말하는 *민주화*란 '모든 사람에게 (어떤 것을) 접근 가능하게 만든다'는 것을 의미한다. 목표는 모든 사람이 자신의 필요를 구체화한 다음, 개별적으로 또는 협력적으로 그 필요를 공급할 수 있도록 하는 것이다. '디자인의 민주화'라는 말은 자체 개발하여 디자인하고 제작한 물건과 방법들을 아직 다루지 않은 영역까지 확장하는 것을 의미한다. 의료기구 또는 주택, 도시계획, 대중교통, 교육 및 통신에 대한 시민 통제를 떠올려보자. 왜 모든 것을 전문가들이 해야만 하는 것인가?

매장에서 구입한 재료들로 입는 옷과 식사용 요리 그리고 집의 엔터테이먼트 시스템을 조립하는 것은 일상적으로 들리지만, 전문가가 아닌 사람들이 이를 할 수 있게 만들기까지는 수년간의 발전 과정이 필요했다. 사람들이 자신의 필요에 대한 해결책을 스스로 조립할 수 있게 하기 위해서는 표준화된 구성 요소와 서로 다른 구성 요소가 원활하게 작동하도록 보장하는 원칙, 정책 및 표준의 플랫폼이 필요하다. 이는 다른 도구를 배우기 쉽고 사용할 수 있도록 해주는 메타 도구의 개발로 이어졌다. 예를 들어, 교육 자료, 동영상 튜토리얼 및 토론 그룹과 같은 것들이 있으며, 이는 사람들이 일상에서 자신의 해결책을 구축하는 데 도움을 준다.

24.

자신을 위해 디자인하는 사람들

DIY와 해커

DIY 운동은 자기 주도적으로 참여하고 관여하는 민주화의 멋진 예시다. DIY의 역사는 수천 년 전의 인류 기술의 아주 초기까지 거슬러 올라갈 수 있다. 사람들이 일상적으로 했던 땜질의 혁신부터 뉴질랜드의 자랑스러운 창의성 유산인 울타리를 만드는 데 사용하는 일반 크기의 와이어(가장 흔한 사이즈로 넘버8 와이어라고 불림)까지, 즉 가정용품과 주택, 농업 및 공산품을 자가 수리하는 것에서부터 19세기 후반에 직면했던 많은 문제에 대한 창의적인 새로운 장치와 해결책을 개발하는 것에 이르기까지 말이다. 이 와이어의 창의적인 활용은 뉴질랜드의 창의성을 나타내기 위해 '넘버8 와이어'라는 용어의 유래로 이어지게 되었다(오늘날 이와 유사한 도구는 아마도 덕트 테이프일 것이다). 이렇게 일상적인 재료를 사용하여 흔한 물건을 수리하거나 참신하고 새로운 장치로 바꾸는 사람들의 창의성은 세계 각지의 문화에서 발견할 수 있다. 예를 들어, 프랑스 사람들은 이런 기술을 '브리콜라쥬Bricolage'라고 부르며, 이런 기술을 가진 사람들을 '브리콜레르Bricoleur(손재주꾼)'나 '브리콜루즈Bricoleuse(목공일을 하는 사람)라고 부른다.

미국에서 해커라는 용어는 원래 필요한 것이 무엇이든 '해킹'하여 만들 수 있을 정도로 충분히 숙련된 사람들을 가리켰다. 1960년대, 이

용어는 초기 컴퓨터 프로그래머들 중, 특히 MIT 학생들을 지칭하는 것이었으며, 필요에 의해 기발한 프로그램을 빠르게 만들어낼 수 있는 프로그래머들을 표현하기 위해 사용되었다(고백건대, 나 역시 그런 MIT 학생들 중 한 명이었다. 오늘날까지 나는 자랑스러운 해커 협회의 회원이며, 이 협회는 여전히 훌륭한 목적을 위해 기발하고 유용한 것을 만들려는 목표를 가지고 있다). 안타깝게도 언론은 악의적인 목적으로 컴퓨터 시스템에 침입하는 사람들을 지칭하는 데만 이 용어를 사용하면서 그 의미를 왜곡했다. 후자는 해커가 아니다. 그들은 그저 문제를 일으키는 사람이거나 범죄자이거나 때로는 더 나은 방법을 모르는 십 대들일 뿐이다(또한 때로는 세계적 정보 기관의 관계자들로, 전 세계의 산업과 정부의 비밀을 훔치고 혼란을 야기한다).

DIY의 전통적인 사례는 원자재를 모아서 그 순간 필요한 것이라면 무엇이든 만드는 사람들을 묘사한다. 한마디로 해커들이다. 23장에서 소개한 의류 제작용 도구에서 보았듯이, 오늘날 우리는 원자재부터 시작할 필요가 없다. 예를 들어, 집이나 사무실을 계획할 때, 가구점에 가서 개별적인 물품을 선택하고 집이나 사무실을 채울 수 있다. 하지만 가게에 있는 물건들이 정확히 필요한 것이 아니거나 너무 비싸다면 어떨까? 모든 사람이 원자재를 가지고 자신이 원하는 것을 구성할 수 있는 것은 아니다. 그래서 DIY 공동체의 현명한 구성원들은 기존의 가구들의 용도를 변경할 수 있는 방법들을 생각해냈다. 책상이 필요한가? 나무로 된 문을 구입하고, 몇 개의 서랍장 위에 올려놓으면, 그게 바로 책상이다. 책장이 필요하다면? 벽돌 몇 개와 긴 판자 몇 개만 있으면 된다. 잼을 담거나 보관하던 오래된 병에는 필기구들을 넣을 수 있다.

전 세계적으로 다양한 가구를 판매하는 스웨덴 회사 이케아IKEA는 분해된 유닛을 최소 부피만을 차지하도록 디자인된 공간 절약형 평면 패키지에 포장하여 운송 비용을 최소화한다. 왜 최소의 부피일까? 배나 트럭으로 상품을 운송하는 데 드는 비용은 부피에 따라 결정되기 때문이다. 평면 포장은 회사의 비용을 절약해주고 가격을 낮게 유지할 수 있게 해주지만, 구매자가 유닛을 직접(또는 누군가를 고용하여) 조립하도록 만든다. 이케아는 잘 알려진 바대로 세심하게 제작된 그림 설명서과 평면 포장으로 그들만의 독특한 특징을 만들어냈다.

곧 해커들과 DIY 공동체들은 이케아의 모듈러 구조가 가진 힘을 발견했다. 개별 부품들은 단순히 이케아가 판매하려는 완제품으로만 구성하는 것이 아니라 매우 다양한 구조로 배열할 수 있게 해준다. 예를 들어, 이케아 주방 캐비닛을 보관 공간이 있는 높은(열린) 침대로 바꾸는 것이 가능하다.

2006년, 줄스 야프Jules Yap(필명)는 사람들이 서로 이케아 패키지의 부품들을 어떻게 창의적으로 조합하고 있는지를 자세히 살펴보았다. 야프는 더 많은 사람에게 이러한 아이디어를 알리고 직접 물건을 만들게 해야 한다고 생각하여, 자신들의 작업을 전시하는 'IKEAhackers.net'이라는 웹사이트를 시작했다. 인터넷과 소셜미디어의 힘을 통해 이 소식이 퍼지면서, 곧 전 세계 사람들이 이케아 가구의 부품을 구입하고 자신만의 물건을 만든 다음 그 방법을 세계와 공유하기 시작했다. 2014년, 이케아는 이런 상황을 뒤늦게 발견하고 야프에게 법적인 조치를 취했다. 이에 이케아해커스 사이트를 사용한 사람들은 법적인 위협에 매우 대중적인 논란을 일으켜서 회사가 법적 조치를 재고하도록 방향을 바꾸게 만들었다. 야프에게 처벌을 내리는 대신, 회사 임원들은 그녀를 스웨덴으로 초청하여 (줄스 야프에 따르면) 일련의 건설적이고 긍정적인 대화를 나누었다. 지금 야프는 팬들이 관리하는 'IKEAhackers.net' 웹사이트를 운영하고 있는데, 여기에는 회사는 웹사이트와 아무런 관련이 없으며 아이디어와 사용에 대해 중립적이라는 이케아의 진술을 포함하고 있다. 내 관점에서 이 이야기는 상업용 물건을 개인의 필요에 더 적합한 목적으로 변경하는 개인 창의력의 힘을 분명히 보여준다고 생각한다.

이렇게 자체 생성된 민주화된 디자인의 예시들은 예술과 엔터테인먼트, 교육, 의료, 공중보건 및 현대적인(혼란스러운) 기술을 포함하여 인간 경험의 거의 모든 영역으로 확장되었다.

보건, 의료 및 공중보건

의료 문제에 있어서는 DIY 웹사이트가 신뢰하기 어렵고 위험해 보일 수 있다. 그럼에도 불구하고, 많은 단체가 유익한 웹사이트를 구축하여 그 안에서 의료전문가들이 컨설턴트와 조언자 역할을 하는 자력구제 공동체를 만들기 위해 협력하고 있다. 지식이 풍부하고 믿을 만한 아마추어들의 모임은 질병과 함께 살아가는 법을 배운 경험을 공유하며 증상이 완화되었거나 더 나아가 자신들의 문제를 치료한 방법을 설명한다. 이러한 모임은 신중하고 체계적이며 책임감 있는 방식으로 행해진다면 도움이 되는 것으로 증명되었다. 당뇨병이나 비만, 암, 또는 자폐증과 같은 문제에 관심이 있다면, 이용할 수 있는 많은 자가 치유 사이트가 있다. 예를 들어, 윌슨 센터Wilson Center의 시민 건강 혁신 프로젝트Citizen Health Innovators Project에서 발행한 〈바이오 시민의 출현The Rise of the Bio-citizen〉 보고서는 시민, 환자 그리고 가족이 건강 연구에서 주도적인 역할을 하고 있다는 사실을 지적한다. 이 보고서는 "환자들은 많은 경우 자신의 상태에 대한 깊은 경험적 지식을 가지고 있으며, 치료나 기기가 효과적이고 안전하게 작동하는데 환자만큼 주의를 기울이는 사람도 없다."라고 말한다.

의학과 건강은 매우 신중하게 규제되고 의도하지 않은 결과들로 가득 차 있어서 일하기에 복잡한 분야일 수 있다. 결국 잘못된 의료기기나 치료법은 사람들에게 심각한 해를 끼치거나 생명까지 앗아갈 수 있다. 의학은 민주화 준비가 아직 되지 않은 분야의 좋은 예라고 주장하는 사람들도 있다. 하지만 그런 사실만으로는 스스로 치료를 시도하는 수많은 개인들을 막지 못했으며, 종종 의료전문가보다 더 나은 결과를 얻는 경우도 있다. 의료계는 의학 교육을 받지 않은 사람들이 주도하는 이러한 자가 실험과 혁신이 모든 사람이 채택할 수 있는 가치 있는 내용임을 천천히 배워나가고 있다.

새로운 도구들은 사람들이 스스로 실험할 수 있게 해준다. 협회와 단체들이 형성되어 상호 도움을 주고받으며 결과를 공유하는데, 예를 들어 자기정량화 운동Quantified Self Movement이 있다. 캘리포니아대학교 샌디에이고 캠퍼스의 디자인 연구실 소속이었던 비니트 팬데이Vineet Pandey는 자가 실험 증가에 영감을 받아 몇 가지 도구를 고안했다. 이는 사람들이 자신의 섭식 행동이 건강에 어떻게 영향을 미쳤는지에 대한 스스로의 가설을 중심으로 자신만의 통제된 실험을 진행할 수 있게 해준다. 이 프로젝트는 '본능적 직관Gut Instinct'이라고 불리며, 캘리포니아대학교 샌디에이고 캠퍼스의 마이크로바이옴 혁신 센터의 소장이자 의과 대학의 교수인 롭 나이트Rob Knight가 감독했다.

특정 건강 프로젝트에 필요한 높은 비용과 규제 그리고 고급 기술 지식은 일반 사람들이 스스로 할 수 있는 활동의 종류를 제한한다. 그렇다고 해도 정부 승인이 필요하지 않으면서도 할 수 있는 많은 작업이 있다. 예를 들어, 2017년에 나는 포르투갈의 리스본에서 페드로 올리베이라Pedro Oliveira를 방문했다. 내 목적은 수많은 환자들에게 스스로 질병에 대한 해결책을 고안하도록 장려해온 그의 환자 혁신Patient Innovation 그룹에 대해 더 배우기 위해서였다. 그룹의 웹사이트는 환자나 그들의 가족들이 구상하고 구축한 혁신을 보여준다. 간단한 혁신들도 심각한 질병으로 고통받는 사람들에게 의미 있는 도움을 줄 수 있다.

이러한 의료 DIY 프로젝트의 강점 중 하나는 사람들이 의료, 공중보건 또는 사회 복지 기관에서 문제가 해결될 필요가 없다는 것을 알게 됐다는 점이다. 그래서 사람들은 문제를 스스로 해결하고 필요에 대처하기 시작했다. 인도 벵갈루루의 한 단체가 자신들을 '어글리 인도인^{Ugly Indian}'이라고 부르며 비슷한 전략을 사용하고 있다. 나는 2019년에 그들과 하루를 보내며, 모든 자원봉사 단체가 거리의 쓰레기 확산을 줄이고 지역 문제에 다른 해결책을 제공하기 위해 강력한 지역 사회 네트워크를 구축한 방식에 감명받았다. 그러나 단체들은 쓰레기와 기타 문제들의 근본적인 원인이 아닌 증상만을 전달할 수 있었다. 이는 자원봉사 단체들에게는 흔한 어려움인데, 더 실질적이고 근본적인 인과적 요인들을 공격하기에는 필요한 자원이 부족하기 때문이다. 그 결과 증상들은 계속 반복된다. 시민 단체들이 자신들이 다루고 있는 문제가 더 크고 복잡한 시스템의 일부라는 것을 인식하더라도, 그 시스템 전체를 다룰 자원이 부족하다.

디자인 민주화는 저절로 성공할 수 없다

디자인을 민주화하는 것은 저절로 성공할 수 없다. 지원이 필요한 사람들 역시 종종 정보와 교육에 접근할 필요가 있으며, 어떨 때는 일련의 실패나 특정 전문지식의 부족과 같은 장애물을 극복하도록 도와줄 전문 조언자나 코치가 필요하기도 하다. *실패*라는 부정적인 용어의 사용은 사람들을 낙담시키기에 충분하지만, 코치의 역할은 '실패'를 기념하고 그것이 학습의 기회라는 점을 강조하며 프로젝트 검토(때로는 '사후 검토'라고 함)를 통해 어떤 교훈이 도출되었는지 확인하여 모두가 혜택을 볼 수 있도록 하는 것이다. 나는 사람들에게 과학자들은 어떤 시도에서 결코 실패했다고 말하지 않는다고 알려준다. 그들은 '그것은 작동하지 않았다'라고 말한 다음 다른 접근법을 시도한다. 또한 비슷한 문제를 가진 사람들을 모아 그룹을 지을 수 있도록 돕고, 아이디어와 결과를 공유하고 서로 상호지원할 수 있도록 할 수도 있다. 사람들은 다른 사람이 비슷한 문제를 가졌다는 것을 알게 되면, 더 능률적으로 될 수 있다. 전 세계에 존재하는 많은 시민 단체의 가장 강력한 측면은 지식의 공유와 정서적 지원이다.

민주화의 가장 강력한 효과는 아마도 전문가들과 다른 모든 사람들 간의 분리, 특히 학계와 비학계 사이의 분리를 해소하는 것이다. 전문가들과 학계 사람들 역시 결국 사람일 뿐이며, 모든 사람은 각 집단이 서로를 도울 수 있다는 것을 깨달아야 한다. 가난하고 교육받지 못한 사람들과 부유하고 고등 교육을 받은 사람들 사이에 '우리'와 '그들'이라는 구분이 있다는 느낌을 해체하는 것이 필요하다. 그런 구분은 옳지 않다. 우리는 모두 함께 이곳에 있으며, '우리'가 가지고 있는 일상적인 지식과 경험은 '그들'에게 매우 교육적일 것이다.

아이디어와 혁신은 어디에서든 나올 수 있으며 누구에게서도 나올 수 있다. 대부분의 사람들도 적절한 기회와 환경 그리고 지원을 받으면 놀랍도록 창의적이고 혁신적일 수 있다. 사람들은 개인적이고 지역적이며 심지어는 세계적인 도전들을 해결하려는 강력한 동기를 가지고 있다. 즉, 그들에게 필요한 건 지지와 안내 그리고 지원이다.

물론 복합적인 방법이 필요할 것이다. 각각의 지리적 범위와 문화 그리고 환경적 조건에서 직면하는 다양한 종류의 문제에 대한 복합적인 기술이 고안되어야 한다. 심지어 동일한 문제 집합 내에서도 그룹마다 답이 다를 것이다. 전기, 깨끗한 물과 하수도, 적절한 의사소통과 효율적인 교통 시스템에 접근할 수 있는 국가에서 효과가 있는 공중보건 방법은 이러한 편의 시설이 많이 부족한(혹은 전무한) 지역에서 필요한 방법과는 매우 다를 것이다. 선진 기술과 인프라를 갖춘 국가에서 고안된 의료 치료법과 기기들은 종종 전력과 깨끗한 물 그리고 냉장 시설에 접근할 수 없는 지역에서 실패하곤 한다. 이는 답을 찾을 수 없다는 뜻이 아니다. 각기 다른 맥락에 따라 도구와 방법을 다르게 디자인해야 한다는 뜻이다.

전 세계의 모든 사람에게 효과적인 디자인 원칙을 소개하는 것은 엄청난 도전이다. 다행스럽게도 이미 작업이 시작되었다. 다양한 분야에서 많은 그룹이 디자인과 제작, 교육, 그리고 보급을 위한 도구를 확립하기 위해 노력하고 있다. 모든 사회에는 이미 많은 창의적인 개인들이 자기 자신과 다른 사람들을 위한 무언가를 디자인하고 있다. 벌써 많은 사람이 이미 자립 공동체를 조직하고 있다. 그 결과, 만약 인터넷에서 '제작자' 또는 '스스로 해보기'를 검색한다면, 검색할 때마다 엄청난 수의 가치 있는 결과가 나타날 것이다.

상대적으로 저렴한 공작기계와 센서, 그리고 계산 도구의 출현은 아마추어 수선공들이 인상적인 결과물을 생산할 수 있게 해주었다. 저렴한 3D 프린터와 레이저 커터, 아이디어 공유 플랫폼, 웹사이트, 그리고 혁신 그룹뿐 아니라 저렴한 컴퓨터 프로세서와 센서, 작동 장치(모터)와 같은 시스템이 빠르게 확산되었다. 이는 나열할 수 없을 만큼 많다. 우리가 해결해야 할 많은 문제들은 크고 복잡하다. 즉, 이런 문제들의 광범위한 범위는 전 세계에 걸친 통일된 노력을 요한다. 한 가지 안심되는 징후는 이미 수많은 노력이 시행되고 있다는 사실이다. 이러한 노력들이 서로의 파트너십과 협력을 통해 결합할 수 있다면, 그 영향력은 더욱 커질 것이다. 바로 유엔의 지속 가능한 발전 목표 17에서 정확히 설명된 것처럼 말이다.

이는 전 세계에 걸쳐 여러 학문과 조직 그리고 그룹의 자원을 필요로 하는 거대하면서도 흥미로운 도전이다. 일부 문제가 해결되지 않은 상태로 남아있더라도, 조직화된 노력은 그 문제를 더 나은 교육을 받은 대중에게 남겨둘 수 있다. 그들은 끊임없이 개선되는 도구 키트, 기술 지원 및 새로운 능력을 적용하는 방법에 대한 지식을 사용할 수 있는 사람들이다. 이러한 노력이 남긴 유산은 모두를 권한을 갖춘 주체로 만드는 것이 될 것이다.

25.

디자인X

내가 비록 지역 사회가 주도하는 노력과 DIY 운동의 옹호자이지만, 세상의 많은 문제는 너무 크고 복잡해서 소규모 자원봉사 조직들이 해결할 수 없다. 2010년, 상하이 통지대학교의 디자인 혁신 학부 자문위원회 회의에서 우리 다섯 명(네 명의 자문위원과 학장)은 많은 중요한 사회적 문제들이 현실의 복잡한 사회기술체계에 있다는 것을 인식할 필요성에 대해 논의했다. 우리는 자문했다. 디자인이 어떻게 문제들을 해결할 수 있을까? 그 문제들은 새로운 것이 아니다. 즉, 많은 사람과 학문들이 오랫동안 씨름해온 것들이다. 여기서 디자이너들은 어떤 역할을 할 수 있을까?

우리는 다양한 이해 관계자와 복합적인 기술 및 환경요인, 경제적 고려 사항, 정치적 민감성 그리고 문화와 법률 및 규제가 결합된 문제들을 해결할 수 있는 능력을 갖춘 디자이너가 거의 없다는 사실을 깨달았다. 다른 그룹들이 이러한 영역에서 활동해왔다. 시스템 디자인 네트워크Systemic Design Network와 '시스템 사고와 디자인Systems Thinking and Design'이라는 일련의 컨퍼런스, 그리고 카네기멜론대학교의 디자인 학부에서 주관하는 전환 디자인Transition Design 프로그램 등은 이러한 우려의 많은 부분을 해결한다.

우리 자문위원회는 우리의 작업을 '디자인X'라고 명명하고, 이 주제에 대한 소규모 워크숍을 조직하기로 결정했다. 그리고 이에 대한 결과를 요약하여 디자인 저널 《세지 She Ji》에 발표했다.

점진적인 단계

존 플라흐 John Flach는 심리학자이자 피드백의 힘에 대한 훌륭한 입문서의 저자다. 그는 디자인X 워크숍 동안, 정치학자 찰스 린드블럼 Charles Lindblom의 '세계적으로 유명한 논문'인 〈'머들링스루'의 과학 The Science of 'Muddling Through'〉을 검토해보라고 제안했다. 당연히 우리 중 아무도 이 논문에 대해 들어본 적이 없었지만, 나는 사본을 찾아보고, 즉시 그것이 정말로 중요한 접근법을 설명하고 있다고 확신했다.

캘리포니아대학교가 있는 샌디에이고로 돌아와서 만나는 사람마다 그 논문에 대해 들어본 적이 있는지 물었다. 모두 "아니요."라고 대답했다. 공학 학부 학장에게도 물었다. 그 역시 "아니요."라고 답했다. 나는 총장(카네기멜론대학교의 로봇공학자이자 공학 학부 학장이었던)에게도 질문했고, 그도 역시나 "아니요."였다. 경영대학 학장도 들어본 적이 없다고 답했다. 사회과학대학 학장에게 질문해도 답은 같았다. "아니요." 포기하고 있던 나는, 어느 날 글로벌 전략 및 정책 대학 학장과의 회의에서 물었다. 학과장은 "네, 물론이죠."라고 대답했다. "모두가 그 논문을 알고 있습니다."

그렇다. 학계 내에서 전문 분야가 다른 까닭이었다. 어쨌든 이는 대규모의 복잡한 프로젝트를 구현하는 문제에 어떻게 접근할 것인지 이해하는 데 있어 핵심이다. '머들링스루 Muddling Through'가 무엇을 의미하는지 설명하려면, 근본적인 조건을 설명하고 논의해야만 한다. 그러니 인내심을 가져주길 바란다. 차근차근 설명해보겠다.

사회기술체계에서의 구현

일단 디자인X 워크숍은 쉬운 부분을 해냈다. 바로 문제를 분석하는 일이다. 이제 어려운 부분은 무엇인가를 실제로 실행하는 일이다. 소규모 디자이너 팀은 전 세계적으로 사회적 문제에 대해 작업해왔으며, 보통 많은 협력적 디자인 방법을 사용하여 비교적 작은 규모로 작업한다. 디자이너들이 어떻게 더 큰 문제를 작업할 수 있을까?

이러한 문제를 크고 복잡한 사회기술체계 내에 위치한 것으로 설명하는 일은 또 다른 큰 어려움을 드러낸다. 즉, 문제들은 다양하고 거대하며 복잡하다. 일반적인 디자인 방식은 비교적 소규모 프로젝트에 잘 맞는다. 동일한 방법이 복잡한 문제에 적용되면, 권고 사항의 구현이 어렵고 시간이 오래 걸리며 반복적인 수정이 필요하고, 많은 경우 실행이 불가능할 수도 있다. 아마도 빈곤한 나라의 외딴 마을에서 의료 시스템을 개발하거나 위생이나 교육 문제를 해결하는 문제, 또는 새로운 형태의 식량 생산, 조리 또는 상거래 방법을 고안하는 작업 등에 적용될 때 말이다. 디자인 과정은 결코 끝나지 않을 것이다.

복잡한 사회기술체계

사회가 필요로 하는 대규모 시스템을 다룰 때, 우리는 필연적으로 복잡하고 상호 연결된 시스템을 다루게 된다. 몇천 가구로만 이루어진 작은 마을이 현대적인 위생 시스템 구현을 요청했다고 가정해보자. 기존에는 우물에서 직접 양동이로 옮겼으며, 옥외 화장실과 배설물을 처리하는 방식은 제대로 이루어지지 않아서 하수도와 지하수가 오염되고 질병으로 이어지고 있다.

현대의 위생 시스템을 아주 간단한 예를 통해 설명하면, 복잡한 피드백 루프를 가진 네트워크에 연결된 수많은 상호 관련된 변수들로 이루어져 있는 것으로 볼 수 있다. 물은 독소와 전염성 세균 없이 깨끗해야만 한다. 일반적으로 물은 지표면에서 아래로 자연적으로 흐르기 때문에, 지역 사회가 수원보다 낮은 수준에 있지 않는 한, 펌프가 필요할 것이다. 작은 지역 사회의 경우, 우물과 수동 펌프로 물을 지표면으로 끌어올리는 것이 충분하며, 그리고 나서 물을 각 가정으로 직접 배달하거나 펌프장을 통해 배급한다. 더 큰 지역 사회에서는 대부분의 경우 동력 펌프가 필요할 것이다.

만약 물이 파이프를 통해 가정으로 전달된다면, 세균이 파이프로 들어가는 것을 막는 것이 중요하다. 가장 간단한 방법은 물이 항상 압력을 받아서 내부에서 외부로 새는 것이 없도록 유지하는 것이다. 그러나 지속적인 압력은 끊임없이 계속해서 물이 공급되어야 하므로, 수동 펌프로는 실현하기 어렵다.

지역 사회가 하수도 시스템을 적용하기를 원하는 경우에도 유사한 문제가 발생한다. 하수도는 상수도를 오염시켜서는 안 된다. 정화조와 변기는 물 공급 지점보다 아래에 위치해야 한다. 하수가 파이프로 운반되는 경우, 물 파이프를 항상 압력을 받게 유지하는 것이 더욱 중요하다. 그렇게 해야 하수가 파이프 밖으로 누수(항상 누수가 발생하기 마련이므로)되더라도, 파이프로 다시 들어갈 수 없게 된다.

다양한 종류의 폐수가 많은데, 그중 일부는 적은 처리 과정만으로도 재사용될 수 있는 반면 다른 일부는 더 복잡한 처리가 필요하다. 이상적으로는 서로 다른 종류의 하수는 원천부터 다른 배출 파이프로 분리되어야 한다. 따라서 변기의 폐수(블랙 워터)는 샤워, 세탁 및 싱크대에서 나오는 오수(그레이 워터)와 섞이지 않도록 해야 하지만, 많은 곳에서 두 가지 유형의 하수가 혼합되고 있다. 그레이 워터는 상대적으로 쉽게 세척되고 생물학적 정화와 여과를 통해 처리된 후 가정이나 사업장에서 재사용할 수 있다. 블랙 워터는 처리하기 훨씬 더 어렵지만, 처리 후에 비료나 에너지원 또는 영양소로 재활용될 수 있다. 대부분의 지역 사회는 기술전문가의 조언이 필요하다.

크고 복잡한 문제를 다루는 데 있어서 가장 어려운 부분은 구현의 복잡성이다. 대부분의 사람들은 기술적인 문제와 그에 수반되는 기술이 가장 어렵다고 생각하지만 실제로는 가장 간단한 부분이다. 권고 사항을 구현하는 과정에는 인간의 신념과 행동이 포함되므로, 대부분의 어려움은 다음 네 가지 구성 요소에서 발생한다.

1. 인간의 심리를 고려하지 않은 시스템 디자인
2. 단순한 답변과 분석 가능한 시스템, 단순한 선형 인과관계를 원하는 인간의 성향
3. 다양한 학문 분야 및 관점과의 협력적 상호작용
4. 상호 호환되지 않는 요구 사항들

여기에 중간 규모의 마을을 위한 새로운 위생 시스템과 관련된 매우 단순화된(하지만 현실적인) 예시가 있다. 디자이너들과 위생 관련 기술자들, 그리고 토목 기술자들 및 헌신적인 지역 주민들 간의 몇 달에 걸친 협력 작업 후, 결과물이 공개 회의에서 발표된다. 이제 모든 사람이 효율적인 폐기물 처리와 함께 그들의 집과 실내 화장실에 직접 양수된 물에 환호하며 고개를 끄덕이는 것을 상상해보자. 만세! 협력 작업은 성공적인 듯 보인다.

하지만 유감스럽게도 지역 사회와의 협력 작업은 결코 그렇게 쉽지 않다. 한 가지 문제는 다른 구성원들이 서로 다른 해결책을 원한다는 점이다. 설상가상으로 한 번의 회의에서 합의가 이루어지더라도, 다음

회의에서는 이전 회의에 참석했던 많은 구성원이 결석하고, 다른 아이디어를 가진 새로운 사람들이 그 자리를 대신하게 된다는 점이다.

무엇을 해야 할지에 대한 합의가 이루어지더라도, 그 초기 합의는 가장 쉬운 부분이다. 지역 사회는 해결책이 즉시 시행되기를 기대하는 경향이 있다. 이제 그들이 흥분하여 만든 계획이 물을 공급하는 파이프, 하수를 배출하는 다른 파이프, 어쩌면 전기 공급을 위한 전선 등의 설치를 위해 마을이 훼손될 수 있다는 사실을 깨닫기 시작하면서부터 저항이 일어나는 모습을 지켜보자. 몇몇 집은 이사를 해야 할 수도 있고, 길가와 집 마당에는 도랑을 파야 할 수도 있으며, 각 집은 파이프와 싱크대 그리고 화장실을 설치하기 위해 상당한 개조가 필요할 것이다. 하지만 사람들의 필요와 문화에 따라 차이를 두어야 하는데도 불구하고 비용을 절감하기 위해 모든 집에는 정확히 똑같은 시설이 공급될 것이다. 그리고 이런 소식에 이미 충격을 받은 상태에서 이 혼란이 수년간 지속될 수도 있다는 말을 듣는다면 사람들이 어떻게 반응할지 생각해보자.

이 간단한 예시에는 네 가지 범주의 장애물이 모두 작용하고 있다. 그 모든 것들이 마을의 사회 구조를 붕괴시킬 수 있는 거대한 정치적 어려움을 야기한다.

네 가지 요소 모두 복잡한 인간과 사회적 요소를 포함하며, 시스템의 디자인과 분석에서 인간의 근본적인 능력과 한계에 대한 이해가 거의 없다면 더욱 악화될 수 있다. 어떤 해결책이든 다수의 사회적 주체와 정치적 행위자 간의 협력과 합의를 필요로 하며, 거의 항상 타협이 필요하다. 심지어 진전이 이루어지는 지점에서도 너무 많은 타협이 필요해서 최종적인 구현이 지연되거나 취소되는 경향이 있으며, 완료되더라도 모두가 만족하지 못할 수 있다.

머들링스루, 만족화 그리고 근사치

디자이너는 그토록 많은 사회적, 경제적, 정치적 문제가 포함된 구현의 복잡성에 어떻게 대처할 수 있을까? 한 가지 방법은 분할하고 정복하는 것이다. 이것이 린드블럼의 '머들링스루' 제안이 적용되는 부분이다. 즉, 프로젝트를 작고 점진적인 단계로 수행한다. 대규모의 복잡한 시스템을 한 번에 구현하려는 시도를 피해야 한다. 각각의 단계가 작을 때, 이는 더 작은 구성 요소 그룹부터 만족시켜야 하며, 구현 과정에서 생성되는 혼란 역시 큰 프로젝트로 인해 발생되는 것보다 시간과 공간 모두에서 더 제한적이다. 작은 규모는 유연성을 허용한다. 후에 모듈화가 어떻게 서로 다른 그룹(또는 내가 사용한 예시처럼 가정)을 위한 다양한 구현을 가능하게 하는지 보여주겠다.

린드블럼은 이렇게 작은 단계로 일을 처리하는 방법을 '점진주의 incrementalism'라고 불렀다. 그의 논문은 그 분야에서 주요 저널인 《퍼블릭 어드민리스트레이션 리뷰Public Administration Review》에 〈'머들링스루'의 과학〉이라는 제목으로 실렸다. 이는 해당 저널에서 꽤 오랫동안 가장 많이 인용된 논문이었다.

작은 단계는 큰 단계만큼 논란을 불러일으키지 않으므로 종종 그대로 받아들여질 수 있다. 게다가 작은 단계에서의 성공은 향후 단계에 대한 승인 절차를 간소화하는 반면 작은 단계 중 하나의 실패가 전체 노력의 실패로 이어지지는 않는다. 작업이 완벽할 필요는 없다. 원하는 최종 결과에 대한 근사치이거나 '충분히 좋은' 것이어도 괜찮으며, 허버트 사이먼의 용어로 말하면 최적화보다는 '만족화'하면 된다. 2015년 조너선 벤도르Jonathan Bendor는 대규모 시스템에 점진적 접근법을 적용하는 것에 대한 유용한 리뷰인 〈점진주의, 사라졌지만 번성 중인Incrementalism: Dead yet Flourishing〉을 작성했다.

이 접근법은 프로젝트를 전체적으로 고려할 때 사용할 수 있는 것
과는 다른 디자인 철학을 요구한다. 이제 디자인은 모듈식이어야만 하
며, 유연성을 위해 여러 작고 비교적 독립적인 부품들이 연결성을 갖춘
상태로 디자인되어야 한다. 최종 결과는 하나의 이상적인 총체적 제안
처럼 포괄적이지 않을 수 있지만, 적어도 약간의 변화와 개선이 일어날
것이다.

22장에서 대외 원조에 대해 논의했던 것을 기억하는가? 그 논의에
서 큰 프로젝트를 선호하는 사람들을 의미하는 '계획자'와 작은 프로젝
트를 선호하는 사람들을 의미하는 '탐색자'라는 명명법을 설명했다. 탐
색자는 '어떤 문제가 아무리 크든 작든 상관없이, 그 문제를 해결할 수
있는 유리한 기회를 엿보고, 해결책이 자기 자신이나 다른 사람에게 이
로울 것을 추구하는 사람들이다. 탐색자는 문제를 해결하기 위해 각각
의 작은 문제에 대해 충분히 배워야 하는데, 즉 해당 문제에 영향을 받
는 사람들로부터 피드백을 받아야 한다'고 정의된다. 이는 린드블럼이
'머들링스루'를 통해 의미하고자 했던 것에 대한 훌륭한 설명이 된다.

26.

점진주의가 실패하는 경우

조직은 자금을 할당하는 방식뿐 아니라 빠른 결과를 희망하기에 점진주의(머들링스루)의 지지자들이 옹호하는 느린 접근법과 상충한다. 나는 이 두 문제를 별개로 논의할 것인데, 자금과 시간이라는 두 가지 다른 압력을 반영하기 때문이다.

자금 압박

자금은 큰 규모로 받는 것이 작은 규모로 받는 것보다 더 쉬운 경우가 많다. 왜 그럴까? 큰 결정에 관여하는 사람들이 다르기 때문이다. 많은 금액을 지급하는 사람들은 조직의 지위 체계에서 높은 위치에 있는 경우가 많다. 그들은 비용이 많이 드는 프로젝트에 대한 결정을 내리는 데 익숙하다. 그들도 질문은 하겠지만, 대개 재무 예측에 관한 것에 한정된다. 적은 금액을 요청할 때는 돈을 지급하는 사람들은 대개 조직의 의사결정 체계에서 더 낮은 위치에 있다. 그들은 조직의 높은 사람들보다 제안서를 주의 깊게 읽고 수많은 작고 무의미한 사항들을 매우 상세하게 질문할 가능성이 높다.

프로젝트의 추진상황과 재정을 자금 제공자에게 보고하는 것은 항상 큰 부담이지만, 프로젝트의 규모가 크든 작든 그 부담은 비슷하다.

결과적으로 정부나 기업 또는 재단에서 나오는 보조금에 생계를 의존하는 사람들은 항상 수령한 총액이 같더라도 여러 개의 작은 보조금 대신 규모가 큰 보조금 하나를 더 선호한다.

대규모 제안서의 경우, 종종 제안이 크고 대담한 주장이 더 많을수록, 돈을 받기가 더 쉽다. 왜 그럴까? 필요한 것은 매우 높은 지위의 한 사람이 그 개념에 매혹되기만 하면 되기 때문이다. 이것이 사실이라면, 지역 사회는 단 하나의 대규모 보조금을 받으면서도 계속해서 점진적인 발전을 할 수 있지 않을까? 이론적으로는 가능하지만, 실제로는 그렇지 않을 경우가 꽤 많다. 왜 그렇게 할 수 없을까? 안타깝게도 여기서 시간 압박이 발생하기 때문이다.

시간 압박

호프스태터의 법칙은 예상한 것보다 언제나 더 오랜 시간이 걸리는 현상이다. 심지어 호프스태터 법칙을 염두에 두고 있다고 해도 같은 결과가 나온다. - 더글러스 R. 호프스태터, 《괴델, 에셔, 바흐》

노먼의 법칙은 제작팀이 발표하는 날 이미 일정보다 늦어졌으며, 예산도 초과된 상황을 말한다. - 도널드 노먼, 《디자인과 인간 심리》

프로젝트에 자금을 지원하는 사람들은 해당 프로젝트에 큰 열정을 가진 경우가 많으며, 특히 돈이 많이 드는 크고 대담한 프로젝트일수록 더 그렇다. 그들은 틀림없이 열정적일 것이며, 그렇지 않다면 자금을 지원하지 않았을 것이다. 당연하게도 그들은 프로젝트의 복잡성과 의미 있는 결과를 보는 데 얼마나 걸릴지에 대해 수없이 많은 보고를 받았지만, 여전히 불안해한다. 무슨 일이 벌어지고 있는 것인가? 왜 우리는 아직 어떤 결과도 보지 못하는 거지? 때때로 그들은 프로젝트를 직접 보러 간 후 더디게 진행되고 있는 사실만 발견할 수도 있다.

점진주의는 우수한 전략이다. 작고 유연하며 성공할 가능성이 더 높다. 새로운 아이디어는 평가가 이루어질 정도로 충분히 성숙하기까지 오랜 시간이 걸리며, 실용적으로 사용 가능해지기까지는 훨씬 더 오래 걸린다. 그러나 재정 및 경제적 압박이 지속되는 현대 세계에서는 즉각적인 결과가 성공의 열쇠다. 점진주의는 우수한 전략이지만, 종종 대형 프로젝트에 자금을 지원하는 정치적 요구 사항을 충족하지 못하는 경우가 있다.

대규모 프로젝트 vs 소규모 프로젝트

심각한 사회적 문제가 정치 권력의 관심을 끌면, 그 문제에 대한 전면적인 해결을 희망하게 된다. 그 문제가 기아나 노숙, 건강, 교육 또는 교통이든 일단 규모가 커지게 되어 의사결정자의 관심을 끌게 되었다면, 그들에게 즉각적인 해결책을 제공해야 하는 압력이 생기게 된다. 이런 이유로 큰 재단들이 소집되며, 더 나쁜 경우에는 주요 컨설팅 회사들이 참여하게 된다. 그다음에는 차례로 전문가들을 불러들인다. 그 결과로 거대하고 비용이 많이 드는 보고서가 나오게 되고, 대규모의 값비싼 프로젝트가 권장된다.

자금 조달의 기회는 단 한 번만 발생한다. 정치인들은 그 지역의 시민들에게 문제가 해결될 것이라고 말할 수 있어야 한다. 점진적 접근법이 계속 새로운 보조금을 요구한다면, 비록 규모가 작더라도 요청자와 평가자에게 많은 일을 요구할 뿐만 아니라, 돈의 흐름은 어느 시점에서든 끝날 수 있다. 큰돈을 추구하게 되는 유혹이 생기고, 이는 큰 프로젝트로 이어질 수 있지만 실패할 운명을 갖고 있을 수 있다. 모든 자금을 확보한 후에 작은 프로젝트를 점진적으로 진행하는 것이 가능할까? 아마도 가능은 하지만, 정치적으로 어려울 수 있다. 여기서 정치는 중요한 역할을 하며, 주요 사회적 문제를 다룰 때는 정치를 피할 수 없다. 그래도 나는 한번 시도해보겠다. 나는 하나의 큰 프로젝트를 다수의 작고 점진적인 '탐색' 단계와 결합할 것을 제안한다.

27.

점진적 모듈식 디자인

프로젝트를 작고 점진적으로 유지하고, 요구 사항이 변경될 때마다 함께 변경될 수 있는 유연성을 유지할 것을 강력히 권장한다. 하지만 때때로 이러한 접근법이 불가능할 수도 있다. 자금 지원자와 후원 기관은 종종 하나의 큰 동질적인 프로젝트를 선호하기 때문이다. 이러한 갈등을 어떻게 해결할 수 있을까?

소프트웨어 개발 프로젝트도 이와 유사한 곤경을 겪고 있으며, 그 결과 개발자들은 점진적인 작은 단계로 대규모 복잡한 프로젝트를 작업하는 방법을 만들었다. 사회적 프로젝트는 소프트웨어와는 다른 변수를 가지고 있으며, 특히 공동체 구성원과 구호 단체 및 지역 재단부터 정부와 대형 관료 기관에 이르는 다양한 이해관계자들의 복잡한 혼합 유형을 보인다. 그래도 공동체 프로젝트에 대해 소프트웨어 세계뿐만 아니라 다른 전략 방식도 차용하는 접근법을 제안한다. 방법들을 이렇게 조합하는 것을 나는 '점진적 모듈식 디자인'이라고 부른다. 그 핵심에는 '애자일Agile'이라고 불리는 소프트웨어 개발 방법이 있다. 이는 여러 개의 작은 모듈을 사용하여 작업 중인 대규모 복잡한 프로젝트의 요구 사항을 충족시키도록 조합하는 것이다.

점진적 모듈식 디자인이 어떻게 전개되는지 살펴보면 다음과 같다. 후원 기관과 지역 사회, 모든 이해관계자가 대규모 프로젝트의 목표에 동의한다. 또한 프로젝트의 유연성을 유지하고 실제로 올바른 방향으로 진행될 수 있게 프로젝트를 여러 개의 작은 모듈로 나누어야 한다는 점에 동의한다. 그렇게 각 모듈은 실제로 유용한 결과를 생성할 수 있는 최소한의 크기로 구성한다. 소프트웨어 디자이너들은 이 결과물을 '최소 기능 제품Minimum Viable Product' 약자로 MVP라고 부른다.

각 모듈이 작으므로 비교적 신속하게 구현할 수 있으며, 그 성능과 효용성도 평가할 수 있다. 모든 우려 사항이나 부적절한 행동은 신속하게 수정될 수 있다. 각 모듈은 실제로 약간의 가치를 전달하기 위해 작동하기 때문에(MVP 철학), 시스템 관리자와 자금 기관은 비교적 쉽게 진전을 볼 수 있다. 모듈이 작아서 대규모 관료주의와 주요 정치적 논쟁을 피할 수 있다. 그리고 모듈식이기 때문에 상당한 유연성이 가능하다.

각 모듈은 한 팀으로 구성되어 활동하며 그 과정을 '스프린트Sprint'라고 부른다. 모듈 디자인과 구현에서 중요한 구성 요소 중 하나는 모듈의 입력 및 출력의 특성에 관한 엄격한 표준세트를 설정하는 것이다. 구현 과정에서 중요한 부분은 품질 표준이 충족되는지 확인하기 위해 각 모듈이 완료되는 즉시 테스트하는 것이다. 팀은 모듈 구성이 시작되기 전에 테스트를 개발하고, 모듈이 테스트를 통과할 때까지 스프린트 종료는 고려되지 않는다.

여기서 객체 지향 프로그래밍 언어의 강력한 원칙 중 하나가 다음과 같이 활용된다. 각 모듈의 성능 요구 사항은 필요한 입력과 전달되는 출력으로 제한된다. 모듈 내부에서 무엇이 진행되는지는 입력 및 출력 사양이 충족되는 한 거의 문제가 되지 않는다. 입력과 출력의 표준화에만 중점을 둔다면, 각 모듈은 승인이나 계획의 수정 없이 변경되거나 재구성, 심지어 새로운 모듈로 대체될 수 있다. 시스템의 관점에서는 입력과 출력이 사양을 충족하는 한 내부 작동의 변화는 상관이 없기 때문이다.

앞서 언급했듯이 대부분의 애자일 조직에서 각 모듈은 '스프린트'라는 과정을 통해 개발된다. 소프트웨에서 스프린트는 며칠 또는 몇 주

안에 빠르게 이루어진다. 우리가 말하고 있는 대규모 공동체 프로젝트의 경우, 작은 모듈도 컴퓨터 프로그래밍을 위해 만들어진 모듈보다 훨씬 오래 걸릴 수 있다. 그 이유는 부분적으로는 다른 그룹과 협력해야 하기 때문이며, 모듈 내부의 인간 활동이라는 변수가 있기 때문이다. 반도체 회로와 소프트웨어 모듈의 동작에 관한 절차를 개발하는 것이 인간 행동에 대한 절차보다 더 쉽기 때문에, 모듈을 개발하는 데 몇 달 정도의 시간을 할당할 것을 제안한다. 애자일 과정에는 팀 조직 및 회의 구조에 관한 수많은 지침이 포함되어야 하는데, 여기서는 설명을 생략하기로 한다. 이러한 지침은 각 프로젝트마다 정확한 요구 사항에 따라 수정되어야 할 것이다.

유연성은 두 가지 이유로 중요하다. 첫째, 시스템 디자인이 진정으로 요구에 적합한지 판단하는 데 필요하다. 애자일의 장점은 프로젝트가 10년 기간을 목표로 하더라도, 실제 요구 사항을 충족할 것인지 판단하기 위해 끝까지 기다릴 필요가 없다는 것이다. 대신 MVP 모듈이 각각 완료될 때마다 평가할 수 있다. 모듈 수가 증가할수록 평가가 더 정확해지므로 전체 프로젝트 계획을 지속적으로 재평가할 수 있다. 둘째, 목표와 요구 사항이 변경되면, 모듈식 접근법은 신속하고 원활한 조정을 가능하게 한다. 물론 모듈 수가 증가하면 운영은 '최소 기능성'에서 '이상적인 기능성'으로 이동할 수 있다.

전통적인 프로젝트 매니지먼트는 선형적으로 진행되는 경향이 있어서 종종 '폭포수 프로세스Waterfall Process'라고 불리는데, 이는 많은 장점이 있다. 특히 프로젝트가 최종 목표에 대한 집중력을 잃지 않고 일정과 예산을 준수하도록 보장하는 데 도움이 된다. 현대의 폭포수 기법은 프로젝트를 여러 단계로 나누고, 각 단계별로 관리자가 평가하여 진행 상황을 확인한다. 이런 유형의 관리 방식은 점진적인 모듈식 디자인 접근법과 결합하여, 작업의 각 단계가 작은 모듈을 통해 애자일 기법을 사용하여 수행되도록 할 수 있다. 이러한 조합은 목표와 요구 사항이 지속적으로 조정될 수 있게 하며, 이는 전통적으로 큰 프로젝트에서는 약간의 조정으로도 막대한 지연과 지출이 발생할 수 있었던 부분이다. 동시에 기존의 애자일 프로젝트 개발에서 손실될 수 있는 최종 요구 사항을 충족(비록 수정되더라도)하기 위해 하향식 중점을 유지한다.

점진적 모듈식 디자인의 특성

점진적 모듈식 디자인에는 다음 네 가지 요구 사항이 있다.

1. 프로젝트는 비교적 작은 모듈로 분할된다.
2. 입력 및 출력 요구 사항이 명확하게 명시된다.
3. 각 모듈은 입력 및 출력 요구 사항을 충족하는지 확인하기 위한 공식 테스트를 통해 인증된 유용한 결과를 생성한다.
4. 내부 작동은 요건이 충족되는 한 중요하지 않다.

이 디자인은 다음과 같은 몇 가지 장점을 제공한다.

- 각 모듈은 입력 및 출력 요구 사항을 충족하는 한 시스템에 손상 없이 교체할 수 있다.
- 각 모듈은 지역 문화에 적합하도록 내부적으로 다양하게 변형될 수 있다. 이로써 모든 공동체에 형평성과 공정성을 제공한다.
- 이 과정에서 발생하는 모듈화는 프로젝트에 큰 유연성을 제공하므로 프로젝트 전반에 걸쳐 필요에 따라 목표 및 기타 요구 사항을 변경할 수 있다.

<h1 style="text-align:center">28.</h1>

<h1 style="text-align:center">다학제 프로젝트가 필요할 때</h1>

대규모 예산과 긴 기간, 그리고 관료적인 복잡성을 수반하는 대규모의 다학제多學際 프로젝트가 이상적이지 않다는 점에 누구나 동의한다. 하지만 때로는 26장에서 언급된 모든 이유로 인해 (어쩌면 더 많은 다른 이유들이 더해져) 자금 지원은 모듈식 접근법을 거부한다. 그리고 작업 중인 대규모의 비용이 많이 드는 프로젝트에 대해 더 전통적인 관리 구조를 요구할 수 있다. 그렇다면 어떻게 해야 할까?

디자인 업계는 이러한 대규모 프로젝트에 대한 경험이 거의 없다. 그런데 내가 이 책을 쓰고 있을 때, 피터 존스Peter Jones와 크리스텔 반 아엘Kristel Van Ael이 그들의 새로운 책《복잡한 시스템을 통한 디자인 여행: 시스템 디자인을 위한 실행 도구Design Journeys Through Complex Systems: Practice Tools for Systemic Design》를 보내주었다(피터 존스는 상하이에서 열린 디자인X 컨퍼런스에 참가했으며, 오랫동안 시스템 디자인 네트워크와 일련의 컨퍼런스에 참여해왔다). 훌륭한 책이었고, 책에서 제시한 안들은 연구되고 전파되어야 하며, 적용할 필요가 있었다. 이 책에서 두 저자는 방법과 회의의 복잡성을 조율하여 일관되고 의미 있는 프로세스로 만들어 주는 과정과 권장 사항을 소개한다. 이 책은 이러한 새로운 기술과 방법에 대한 표준을 제시하는 책이다. 그 과정은 쉽지 않다. 주요 문제는 정치와 조직의 압력에 있다. 그 결과 저자들은 공동 창작, 즉 모든 이해관계자의 창의적인 해결책이 개발되고 공유되며 구현될 수 있는 네 개의 서로 다른 위치로 작업을 나눈다. 두 사람은 이 네 개의 위치를 랩^{Lab}, 스튜디오 ^{Studio}, 아레나^{Arena}, 그리고 아고라^{Agora}라고 부른다. 또한 다섯 개의 서로 다른 스타일의 워크숍을 거쳐나가면서 작동하는 일곱 단계의 프로세스를 개발했다. 존스와 반 아엘은 대규모 프로젝트를 관리하는 과정에서 직면하는 문제를 처리하기 위한 프로세스를 제안하는 데 있어 뛰어난 업적을 이뤘다. 나는 그들의 책을 강력하게 추천한다.

복잡하게 들리는가? 맞다, 이건 복잡하다. 왜 그런 걸까? 사회적 문제는 사회 시스템, 거버넌스, 그리고 매우 다양한 사람들과 그들의 의견 및 신념, 활동, 권력, 영향력 등을 포함하기 때문이다. 각각의 관점과 요구 사항을 가진 많은 이해관계자 그룹들로 인해 야기된 어려움은 매우 복잡한 의사결정으로 이어진다. 더욱이 이런 프로젝트는 장기적으로 진행되므로, 그 기간 동안 관련된 사람 및 조직이 바뀌고 요구 사항과 자원도 변경된다. 대규모 그룹들의 상충되는 요구 사항을 관리하고 수용하는 것이 프로젝트에서 가장 어려운 부분이다. 이 과정은 직면하게 되는 문제가 복잡하기 때문에 복잡해질 수밖에 없다. '복잡함과 함께 살기^{Living with Complexity}'에서 언급한 대로, '우리의 도구는 세계의 복잡성과 일치해야 한다.'

그렇다면 존스와 반 아엘이 설명한 크고 복잡한 조직 구조와 27장의 점진적 모듈식 디자인 과정에 대한 설명에서 자세히 설명된 많은 수의 작고 점진적인 프로젝트 중 어느 것이 더 나은가? 정답은? 경우에 따라 다르다. 즉, 다양한 요구 사항과 자금 지원자 그리고 정치적 선거구에 따라 다른 접근법이 필요하다. 때로는 한 접근법이 최선일 때도 있고, 때로는 다른 접근법이 더 나을 때도 있다. 그리고 때로는 두 접근법이 결합되어야 할 때도 있다. 특히 이해관계자들이 섞여 있는 일부 복잡한 상황에서 프로젝트의 목적에 대해 동의할 수 없거나 프로젝트 중간에 인물 구성이 변경되는 경우(아마도 새로운 시장이 선출될 때와 같은), 두 접근법 모두 효과가 없을 수 있다. 두 접근법은 유사한 지배적인 원칙을 따르므로, 두 접근법을 병합하는 것이 가능할 수도 있다. 더 중요한 것은 두 접근법 모두 아직 사회적 문제를 완전히 평가할 수 있을 만큼의 충분한 경험이 없다는 것이다. 각 접근법이 다양한 적용 분야에서 시도되기 때문에, 각각은 프로젝트의 특정 요구 사항에 적합하도록 수정되어야 할 가능성이 크다. 시간이 지남에 따라 이러한 접근법은 각각 진화할 것이고 새로운 방법이 등장할 것이다.

다학제 프로젝트에서 디자이너의 역할

오늘날의 디자이너들은 디자인 씽킹Design Thinking, 사람들과 사회 집단의 필요를 주의 깊게 들어야 한다는 책임감, 그리고 창의성과 실용성의 독특한 조합과 같은 진정으로 중요한 기술들을 보유하고 있다. 이러한 특성은 참신하고 창의적인 아이디어가 나올 수 있도록 해준다. 그래서 기존 기술을 사용하여 합리적인 비용 내에서 구축한 이런 디자인들은 매우 기능적이고 견고하며 신뢰할 수 있고, 적용되는 공동체에 맞춰 유지 및 수리될 수 있다.

유엔 지속가능개발목표에서 확인된 것과 같은 복잡한 사회기술체계 속에서 디자인이 어떤 역할을 할 수 있을까? 인류 중심 디자인의 기술은 이러한 대규모 사회기술체계에 매우 잘 맞추어져 있다. 이는 거의 모든 프로젝트에 적용할 수 있는 사고방식을 제공한다. 제품, 서비스 및 경험을 생성하는 전통적인 디자인 활동부터 기업 전략과 조직을 개발하는 것, 제품 제품군 및 플랫폼을 만드는 것, 재료와 공급망을 재고하여 순환 경제 내에서 작동하도록 회사를 바꿔나가는 것에 이르기까지 매우 다양한 활동에 적용할 수 있다. 디자인 과정은 정부와 교육 그리고 레크리에이션에도 적용될 수 있다. 여기에는 한계가 없다. 한 가지 중요한 주제인 인류를 향상시키기 위한 제품, 서비스, 절차 및 개념에 대한 강조만 있으면 된다.

이러한 문제에 대해 이미 많은 다른 학문 분야들이 참여하고 있는데, 왜 디자인 분야가 중요한 걸까? 디자인이 다양한 영역을 포괄하는 독특한 특징을 가지기 때문이다. 특히 사람들의 이익을 위해 최적화하는 것, 협력적이고 공동체 기반의 디자인, 시스템적 사고, 그리 프로토타입, 테스트, 시행 및 초기 결과에 기초한 수정을 통해 진행하는 것에 관심을 가진다. 물론 디자이너들은 혼자서는 이러한 작업을 할 수 없다. 다양한 학문 분야와 팀에서 활동하는 사람들과 협력하는 동시에 이 문제들을 해결하기 위한 강력한 프레임워크를 제공해야 한다.

지휘자로서 디자이너

2021년 5월 28일, 자난드레아 자코마Gianandrea Giacoma와 시구르드 토르스테인손Sigurdur Thorsteinsson으로부터 받은 이메일에는 디자인에 대한 훌륭한 은유가 있었다. "디자인이 모든 상황에 적합한 최고의 악기는 아니지만, 우리는 디자인이 오케스트라 지휘자의 역할에 가장 적합한 후보라고 믿습니다." 자코마는 이탈리아 밀라노에서 아이슬란드 출신 디자이너인 토르스테인손과 함께 디자인 작업을 하는 이탈리아 심리학자다. 두 사람은 매사추세츠주 케임브리지의 MIT와 이탈리아의 밀라노 폴리테크니코 디밀라노에서 공동으로 운영되는 매우 흥미로운 연구 그룹의 일원이다. 그들은 지금의 디자이너들이 많은 일에 적합한 기술을 가지고 있지만, 과학, 기술, 의료, 인문학의 다양한 분야를 아우르는 매우 복잡한 문제들은 다른 훈련을 받은 새로운 유형의 디자이너가 필요하다고 말했다.

그들에 따르면, 이러한 매우 대규모 프로젝트에서 디자인은 공동체와 다른 학문들이 시스템의 디자인을 구축하도록 돕는 전통적인 역할을 수행하는 것에 더해, 심포니 오케스트라의 지휘자와 같은 역할을 할 수 있다. 현대 오케스트라는 대략 100명의 연주자들로 구성되며, 일부는 정확히 같은 음악을 연주하지만 일부 연주자들은 주변 연주자들과 같은 악기를 연주하더라도 다른 악보를 연주한다. 지휘자의 진짜 역할은 리허설 동안 무대 뒤에서 이루어진다. 악보는 어떤 음을 연주해야 하는지는 보여주지만 연주 방식과 악구 나누기, 템포 그리고 특히 표현할 감정적인 느낌은 나타내지 않는다. 서로 다른 연주가들이 저마다의 해석을 가지고 있을지라도, 그 곡이 *어떻게* 연주될지를 결정하는 것은 지휘자의 일이다. 리허설 동안 지휘자의 일은 오케스트라의 모든 구성원이 전체적인 주제를 이해하고 공연 동안 조화를 유지하도록 하는 것이다. 이는 연주자들이 각자의 해석을 선호할 뿐만 아니라, 다른 연주자들의 소리를 전부 듣지 못하며, 소리가 들리더라도 주로 근처에 있는 연주자의 소리만 듣게 되기 때문에 더욱 어려워진다. 지휘자는 반드시 청중에게 도달하는 소리가 균형을 이루도록 해야 한다.

공연 중에 지휘자의 역할은 악기의 싱크로율과 소리가 균형을 이루도록 돕고 관객들이 즐거워하는 공연을 선보이는 것이다. 그렇다. 내 말은 여기 두 가지 공연이 진행되고 있다는 뜻이다. 하나는 오케스트라의 공연이며, 다른 하나는 지휘자의 공연이다. 지휘자의 동작, 몸짓 및 표정은 부분적으로 오케스트라를 위한 것이지만 종종 관객의 즐거움을 위한 것이며, 오늘날의 텔레비전 방송 공연 시대에서 지휘자의 연출은 엔터테인먼트의 중요한 부분이다. 나와 같은 대학의 음악학과 동료들은 지휘자가 리허설을 제대로 진행했다면 공연 중에 지휘자가 필요할 이유는 거의 없을 거라고 농담 반 진담 반으로 말했다.

이 은유가 디자인과 어떤 관련이 있는 걸까? 모든 대규모 디자인 프로젝트, 특히 복잡한 사회 문제를 다루는 프로젝트들은 관련된 많은 학문 분야의 의견과 역량을 동기화하고 균형을 맞추는 작업이 필요하다. 또한 프로젝트 대상인 사람들의 필요와 이상도 균형을 맞추어야 한다. 수백 명의 참여자(대규모 프로젝트에서는 수천 명)가 관련될 수 있으며, 최종 단계에서 원활하게 통합될 수 있도록 필요한 순서대로 각각의 부분들이 수행되는 것이 중요하다. 종종 디자인 팀은 프로젝트에 대한 독특한 전체적인 시각을 가진 유일한 참여자일 수 있다. 디자이너들이 다른 모든 분야의 기술적 역량을 가지고 있지는 않지만, 이러한 전체적인 이해를 지닌 까닭에 프로젝트에 필요한 다양한 분야의 다양한 전문가들의 조직과 구조 그리고 활동을 조율할 수 있는 좋은 위치에 있다.

간단한 예를 들면, 디자인을 완료한 작업의 구현 과정에서 어려움이 발생하여 약간의 변경이 필요하다고 가정해보자. 이러한 변경 사항은 비용 문제, 일부 중요 구성 요소의 가용성 부족이나 납기 지연, 심지어는 새로운 요구 사항이나 제약 조건이 포함될 수 있다. 프로젝트를 재구성하기 위해 많은 학문 분야가 필요할 수 있다. 디자이너가 보유한 핵심 지식은 프로젝트의 목적과 프로젝트 대상 지역 사회의 요구에 대한 깊은 이해라고 할 수 있다. 이러한 높은 수준의 이해는 어떤 새로운 절차가 선택되더라도 반드시 프로젝트의 목표와 호환될 수 있게 만든다. 이는 당연한 요구 사항처럼 들리겠지만, 사실 프로젝트를 중간에 수정하는 일이 프로젝트의 목적을 방해하는 것은 드문 일이 아니다. 자코마와 토르스테인손의 주장은 절대적으로 옳다. 디자이너는 진행자이자 관리자 그리고 멘토가 되어야 하며, 무엇보다 지휘자가 되어야 한다.

"왜 디자인이죠?"라고 물을 수도 있다. "이런 전문성을 내세우는 다른 전문 분야는 없나요? 가령 프로덕트 매니지먼트처럼요."

이 질문에 나는 "네."라고 대답하겠다. "다른 분야도 있습니다." 그리고 이제 로베르토 베르간티Roberto Verganti와 내가 《하버드 비즈니스 리뷰》에서 디자인에 관해 제안한 주장 중 하나를 인용하겠다. "네, 그리고, 그러나."

이 답변의 '네, 그리고' 부분은 다음과 같다. **네**, 대규모 프로젝트를 관리하는 데 능숙한 많은 분야가 있다. **그리고** 디자인은 그런 분야들과 협력해야 한다. 왜 우리는 디자인이 필요한가? 앞서 설명한 디자인 팀의 지휘자 역할과 관련된 모든 이유들 때문이다. 디자인에는 매우 중요한 한 가지 특성이 있다. 그건 사회적 문제를 해결하는 프로젝트를 다룰 때 상당히 독특하고 필수적인 부분이다. 바로 프로젝트와 해당 프로젝트가 수행하는 대상자들 모두의 필요 사항과 목표다.

이것이 답변의 '네' 부분이라면, 이제 중요한 '그러나' 부분이 나온다. **그러나** 대부분의 디자이너는 지휘자의 역할을 수행할 수 없다. 현재 대부분의 디자인 교육 프로그램에서, 디자이너들은 참여자들 대부분이 디자이너가 아닌 다학제적인 팀에서 합리적이고 효과적으로 일하는 방법을 거의 배우지 못한다. 디자이너들이 디자인 분야 이외의 사람들과 함께 교육을 받는다고 하더라도, 이러한 프로젝트에 관련된 '통상적인' 분야인 비즈니스나 공학계 사람들일 뿐이다. 결과적으로 디자이너들은 여러 다른 주제의 전문가들과 협력하는 데 필요한 관리 기술을 배우지 못한다. 특히 관련된 전문가들이 상충되는 조언을 하거나 일정이나 예산에 부정적인 영향을 미칠 활동을 권장하는 경우에 대응 방법을 알지 못한다. 이것이 지휘자에게 요구되는 역할이다. 즉, 참가자들의 신뢰를 잃지 않으면서 조화와 진전을 회복하는 것이다.

회계사와 정치인들은 어떤 대규모 프로젝트라도 그 성공에 꼭 필요하지만, 프로젝트 리더들은 그들의 질문과 요구 사항을 종종 방해적인 요소로 본다. 그러나 다양한 분야는 종종 활동 비용에 대해 둔감하기 때문에, 회계사는 프로젝트에 할당된 예산을 초과하지 않도록 하기 위해 필요하다. 정치인들은 자신들의 유권자와 프로젝트 사이에서 계속해서 의사소통자 역할을 하며, 종종 원래 프로젝트에 포함되지 않았던 부분들을 요구하기도 한다. 때로는 유권자들의 지속적인 반대에 부딪혀 목표 변경을 요구하기도 한다. 어느 쪽도 적이 아니다. 그들은 단지 서로 다른 역할을 가지고 해야 할 일을 하고 있을 뿐이다. 프로젝트 리더는 부분적으로는 친분을 유지하고, 부분적으로는 프로젝트 작업자가 예산 내에서 활동하고 지역 사회의 목소리에 응답할 필요성을 이해하도록 도우면서, 이러한 그룹들과 함께 일하는 법을 배워야 한다. 이건 쉬운 일일까? 아니다. 그렇지 않다. 그렇다면 필요한 작업일까? 물론, 그렇다.

프로젝트 매니지먼트와 파트너십 형성

프로젝트 매니지먼트 분야(및 '복합 프로젝트 매니지먼트'라고 불리는 하위분야)는 프로젝트가 올바르게 수행되도록 보장할 책임이 있다. 이는 내가 언급한 대규모의 복잡한 프로젝트에서는 엄청난 책임이 된다. 프로젝트 매니저 다학제적인 환경에서 다양한 사람들과 함께 일해야 한다. 그들은 특히 큰 프로젝트의 모든 세부 사항이 고품질을 유지하고, 일정 및 예산 내에서 수행되도록 하는 데 능숙하다. 이러한 기술은 대부분의 디자이너가 가지지 않은 기술들이며, 프로젝트에서 이러한 기술이 활용되도록 하기 위한 가장 좋은 방법은 디자이너들이 프로젝트 매니저들과 협력하는 것이다.

디자이너와 프로젝트 매니저의 요구 사항은 시너지 효과가 있다. 디자이너의 목표는 프로젝트가 대상으로 하는 사람들, 즉 목표 사용자와 많은 이해관계자의 요구 사항을 실제로 충족시키는지에 초점을 맞추는 한편 프로젝트 매니저는 프로젝트가 적절하게 완료되는 것에 초점을 맞춘다. 따라서 디자인과 프로젝트 매니지먼트라는 두 분야는 동일한 목표의 서로 다른 측면을 담당하는 것이다. 두 분야는 협업 팀이 되는 법을 배울 필요가 있다. 내가 아는 한, 그러한 종류의 협업은 아직 두 분야 모두에서 가르쳐지지 않았다.

예를 들어, 프로젝트 매니지먼트는 프로젝트를 완료하는 데 필요한 다양한 작업의 계획, 예산, 시간표 및 일정에 대한 책임이 있다. 여기에는 부품 및 생산품의 공급망 관리가 있으며, 근로자의 고용과 교육 그리고 관리도 포함된다. 대규모 프로젝트의 경우 자격을 갖춘 프로젝트 매니저를 보유하는 것이 필수적이다.

디자인 팀은 프로젝트 구현 과정에서 그 구조와 세부 사항을 구체화한다. 프로젝트 매니저의 일은 프로젝트가 실제로 완료되도록 하는 것이다. 그러나 프로그램에 난관이 발생하거나 교착 상태에 빠지게 되고, 혹은 디자인이 작동하지 않는 것으로 판명되거나 예산이 갑자기 변경된다면 어떤 일이 발생할까? 거대한 예산(수십억 유로 또는 달러로 측정되는)을 가지고 완료하기까지 상당한 시간(수년 또는 심지어 수십 년)이 걸리는 대규모 프로젝트에서는 목표가 바뀌고 예산이 변경될 수 있다. 관련된 정치인들도 바뀔 것이며, 대체된 새로운 정치인이 프로젝트에 동조하지 않거나 어쩌면 지나치게 동조하여 각종 급진적인 '개선'을 촉구할 수도 있다.

변경이 필요한 경우, 처음 시스템을 디자인한 사람들이 프로젝트가 의도된 지역 사회와 협력하여 변경하도록 하는 것이 최선이다. 이 그룹들은 관련된 모든 제약 조건과 상충관계를 이해하고 있다. 그럼에도 불구하고 변경 작업은 대개 작업자들에 의해 시행될 뿐 원래 디자이너들에게 전혀 자문을 구하지 않는다. 사소한 수정의 경우 후자의 접근법도 만족스러운 경우가 종종 있지만, 대규모 수정의 경우에는 그렇지 못하다.

게다가 많은 관리자와 행정적인 이해관계자들은 시간과 비용을 최적화하는 것에 상당히 신경 쓴다. 그건 매우 중요한 일이지만, 프로젝트가 대상으로 하는 사람들은 어떻게 될까? 프로젝트의 최종 사용자들을 지지하고, 그들의 요구를 항상 고려하는 역할은 디자이너들에게 달려 있다. 만약 변화가 꼭 이루어져야 한다면, 최종 사용자들은 어떻게 변화를 수행할지 결정하는 데 참여해서, 자신들이 만족할만한 방식으로 변화가 이루어지도록 해야 한다.

대규모의 사회적 프로젝트에 대한 많은 제안은 효율성과 생산성, 비용 또는 신뢰성을 위해 권장 사항을 최적화하는 데 초점을 맞추며, 종종 그런 측정 항목들이 시스템에 관련된 사람들에게 타격을 준다는 사실을 간과한다. 또한 정반대의 효과를 낳기도 한다. 즉, 중장기적으로 효율성과 생산성을 감소시키는 동시에 비용은 증가시키는 결과를 초래하는 것이다. 많은 학문 분야가 문제 해결에 능하지만, 올바른 문제를 해결하고 있는지를 고민해보는 분야는 거의 없다. 자, 이것이 디자이너가 훈련받고 있는 태도다. 디자이너는 문제가 주어졌을 때, "왜 이것이 문제인가?"라고 묻는다. 그리고 제안된 해결책이 주어졌을 때는 "왜 그런가?"라고 묻는다. 디자이너는 항상 의문을 제기하기 때문에 협업이 까다로울 수 있다. 하지만 질문은 더 나은 아이디어로 이어질 수 있다.

29.

규모가 확대되면 좋은 일인가?

규모*Scale*라는 단어는 다양한 정의를 가지고 있다. 제품 분야에서 규모는 대개 품목의 크기나 대상으로 하는 시장의 크기와 관련이 있다. 비즈니스 분야에서 사용되는 규모는 사업의 상대적인 크기와 회사의 노동력을 나타낸다. '규모 확대(종종 '확대'로 축약됨)'는 크기를 상당한 수준으로 증가시키는 것을 의미한다. 규모를 확대하는 것은 어려울 수 있다. 단 몇백 개의 품목만 생산하는 회사가 수백만 개까지도 아니고 수천 개 정도만 더 생산하려고 해도 거대한 변화를 겪어야 한다.

규모는 사회의 기계화가 시작하게 된 중요한 계기 중 하나다. 현대 사회의 많은 병폐는 대규모 인구에게 음식, 교통, 의류, 주거, 교육 그리고 생활필수품 및 필수품이 아닌 것들에 이르기까지 많은 것들을 공급하는 문제로 거슬러 올라간다. 규모는 아마도 사람들이 더 큰 공동체에서 살기 시작하고 옷 만들기, 요리, 사냥, 낚시, 농사, 도구 만들기 등에 있어서 전문화를 이루는 초기 단계들을 도입하면서 시작되었을 것이다. 각각의 활동은 단지 소수의 사람들을 지원하는 것에서 더 많은 수를 지원하는 것으로 확대되어야 했다. 농업은 아마도 가장 초기의 예시일 것이다. 즉, 농작물과 동물을 길들였고, 계속 증가하는 사람들을 감당하기 위해 토지를 의도적으로 경작하고, 작물을 심고, 수확했다. 농업의 증가된 규모는 토지를 개간하기 위해 나무를 베어내면서 숲을 파괴했다. 계절마다 같은 식물의 지속적인 경작과 성장이 토양의 영양분을 파괴함에 따라 토양의 질도 손상되었다. 도시들은 규모의 문제를 증폭시킨다. 왜냐하면 많은 사람을 작은 지역에 집중시켜서 음식과 깨끗한 물, 쓰레기 처리 등의 필요성을 증가시킬 뿐 아니라 사회적 문제와 건강 문제를 야기하기 때문이다.

소규모에서 대규모로 확장하는 것은 벅찬 작업이다. 일부 기업들은 규모를 점점 확장해서 많은 국가의 순자산을 초과할 정도로 성장했다. 제조 및 유통 회사 중에는 백만 명 의상의 직원을 고용하는 곳도 있다. 오늘날 대규모 국제 기업들은 전 세계로 자신들의 제품을 공급한다. 수억 명의 고객을 보유한 회사들도 있으며, 수십억 명의 시민에게 서비스를 제공해야 하는 중국이나 인도와 같은 큰 국가들도 있다.

규모는 문제를 수반한다. 어떤 한 사람이 대규모 조직에서 일어나는 모든 일은 이해하기란 불가능하므로 관리가 어렵다. 경영 관리에는 한 관리자가 열 명 이상의 직접적인 '보고 책임자(관리자에게 보고하는 직원)'을 두어서는 안 된다는 경영 법칙이 있다. 이는 회사의 규모가 커질수록 관리자의 수는 직원 수에 따라 대수적으로 증가하며, 직원이 10배 증가할 때마다 새로운 수준의 관리가 필요하다는 의미다. 천 명의 직원당 100명의 관리자가 필요하고, 100명의 관리자는 다시 100명의 상급 관리자가 필요하다. 다시 말해, 천 명의 근로자를 위해 네 단계의 직원과 관리자가 필요한 것이다.

한 사람이 관리할 수 있는 인원의 한계는 자동적으로 통제의 위계 구조로 이어진다. 직원 수가 증가할 때, 전통적인 통제 유지 방법은 더 많은 공식적인 정책을 개발하는 것이다. 이는 정책의 개발과 배포 그리고 감독을 위해 또다시 더 많은 정책이 필요해지며, 정책을 언제 어떻게 개발할지에 관한 정책이 필요해질 정도로 방대해진다. 이러한 거대 관료적 구조는 참신한 아이디어의 개발을 방해한다.

많은 회사가 거대한 관료주의의 숨 막히는 역효과를 피하기 위해 다른 형태의 경영 관리를 개발하려고 노력했지만, 직원이 감독을 덜 받고 더 많은 자유(즉, 느슨한 결합)를 갖는 대안적인 구조는 드물다. 계층적 조직의 가장 오래된 두 가지 예로 군대와 종교를 들 수 있다. 작고 민첩한 신생 회사들이 때때로 크고 느린 회사들을 능가하며 심지어 대기업들을 추월하는 데 성공할 수 있다는 점은 주목할 만하다. 하지만 그런 다음에는 작고 민첩한 회사들도 규모가 확대됨에 따라 커지고 행동이 느려지게 된다. 비슷하게, 크고 잘 조직되었으며 잘 통제되는 군대조차도 소규모의 자기 관리형 전사들로 이루어진 훨씬 더 작은 군대가 벌이는 게릴라 전쟁에서 때때로 패배할 수 있다.

규모는 단일 문화의 세계를 의미한다. 전 세계적으로 의류, 가전제품, 교통, 가드닝 및 목공 도구를 동일하게 만드는 것이 더 쉽고 비용도 더 적게 들기 때문이다. 규모가 증가함에 따라 효율성에 대한 필요성이 증가하고, 이는 종종 노동자들의 비인간화로 이어지는 경향이 있다.

하지만 여기서 말하고 싶은 것은 규모 확대가 과거의 방식이라는 점이다. 이제 그 대신에 규모를 축소하는 미래를 생각해보자.

소규모 기업의 부상

규모의 병폐를 피할 수 있을까? 아마도 그럴 수 없을 것이다. 지구상의 인구가 80억 명을 돌파해 빠르게 증가하고 있는 가운데, 모든 사람에게 식량을 공급하고 주거를 제공하며 교육과 보살핌을 제공하는 요구사항은 대규모 조직을 필요로 하기 때문이다. 새로운 기술들이 도움이 될 수 있을까? 특히 다양한 사람들과 의사소통하고 유연한 방식으로 소통하고 연락을 이어갈 수 있게 해주는 통신 기술이 말이다. 런던의 왕립 예술대학에 위치한 헬렌 햄린 디자인 센터 Helen Hamlyn Center for Design의 창립 (지금은 은퇴한) 소장이자 디자인 세미나의 또 다른 참가자였던 제레미 마이어슨Jeremy Myerson은 규모를 축소하는 것이 사실 규모를 확대하는 방법이라고 제안한다. 마이어슨은 규모 축소는 새로운 마인드셋을 필요로 한다고 말한다. 무엇보다도 이는 '참여적인 마인드셋을 가리키며, 사람들을 위해서가 아니라 사람들과 함께 만드는 것을 의미한다'. 그는 디자인이 추상적인 것이 아닌 개인을 위한 것이어야 한다고 주장한다. 규모를 확대하는 것은 보통 그것을 긍정적으로 받아들이고 수용하게 만드는 과정을 극대화하기 위해 디자이너들에게 마찰을 피하도록 한다고 지적한다. 만약 목표가 소수의 개인들을 위한 디자인이라면, 그 디자인은 개인들과 공동체가 제공하는 것을 기반으로 하여 긍정적인 측면들을 강조할 수 있다. 규모를 축소하면 많은 제약이 사라지면서 디자인에 대한 더 많은 자유의 창의성을 허용할 수 있다.

나는 점진적인 모듈식 디자인과 마이어슨의 제안을 결합하여 대중을 위한 설계를 중단하고 대신 소수의 개인을 위한 디자인으로 규모를 축소할 수 있다고 주장한다. 어떻게 할 수 있을까? 새로운 기술은 이제 많은 수의 작고 독립적인 회사들이 사람들의 필요를 충족시키는 것을 가능하게 한다. 이들은 지역적으로 활동하므로, 고객들은 직접 회사와 연결될 수 있다. 새롭게 추가된 제조 방법(예를 들어, 3D 프린팅)들은 개인이 소유할 수 있을 만큼 저렴하다. 이런 접근이 용이한 제조 도구들은 인터넷에서 쉽게 구할 수 있고, 일부는 무료로 일부는 저렴한 비용으로 이용할 수 있는 계획들과 결합될 수 있다. 그러고 나서 프린터에 이를 직접 공급할 수 있으며, 그러면 프린터가 필요한 항목을 구성하게 될 것이다. 최적으로는 계획을 만든 사람들이 질문에 답하거나 특정 필요에 맞게 계획을 맞춤화하는 데 도움을 주는 것이 가능한 상황을 만드는 것이다.

다른 흥미로운 새로운 개발들도 있다. 수경재배법을 사용하는 작은 농장이나 소위 수직농장은 작물을 수직 지지대에 매달아서 비교적 작은 공간에서 식량을 재배할 수 있게 한다. 새로운 원격 통신 방법, 특히 화상 회의의 발전은 여행할 필요를 최소화했다. 사람들은 원하는 곳에서 살 수 있고, 그 지역에서 재배된 음식을 먹을 수 있으며, 지역 사회 자 심지어 집에서 이용 가능한 소규모 제조업체에서 물건을 구입할 수 있다. 사람들은 직업적으로 필요한 작업을 집에서 처리하면서 긴 시간이 걸리고 환경을 오염시키는 통근 과정을 피할 수 있다.

소규모 맞춤형 제조는 대규모 생산에서 필요한 거대하고 값비싼 제조 도구와 효율적인 조립 라인에서 멀어진다. 대신에 우리는 소규모의 현지 개발자와 디자이너를 가질 수 있다. 작은 공작기계와 3D 프린터, 레이저 절단기를 비롯해 많은 신기술 장비처럼 새로운 적층 제조가 소량의 물건을 빠르게 생산하는 데 더 많이 활용되는 상상을 해보자. 이 접근법은 유연성을 극대화하여 개인을 위한 디자인이 만들어질 수 있도록 해준다. 유사한 아이디어가 수많은 활동에 적용 가능하다. 다양한 과목의 적기교육에 대해 생각해보자. 필요할 때마다 언제든지 이용 가능한 짧고 간단한 수업을 말이다.

대량 생산은 낮은 비용으로 고품질의 제품을 생산하는 데 단연 가장 효율적인 방법이므로 많은 제품 생산에 여전히 존재할 것이다. 그러나 새로운 기술과 생산 수단이 개발됨에 따라 대량 생산품에 대한 수요는 분명히 줄어들 것이다. 대량 생산은 저렴한 제품을 생산하지만, 이런 유형의 생산은 막대한 투자를 필요로 하기 때문에 대량으로 생산되어야만 한다. 기계와 특수 금형 및 도구들은 값비싸다. 공급망도 크고 복잡하며 높은 운송료가 부과되는데, 이는 지구에 해로운 소식이다. 지역 생산은 이러한 낭비적인 활동을 피할 수 있다.

새로운 기술은 대량 생산과 조립 라인이라는 과거의 기술들이 야기하는 문제들을 극복할 수 있게 해줄 것이다. 우리는 적은 수량으로 소비자의 필요와 요구에 맞춰 개별적으로 물건을 제작할 수 있을지 모른다. 이런 소규모 생산물의 디자인은 오늘날의 세계적 동질화를 대체하면서 사람들에게 적합해질 것이다. 동질화란 모든 사람이 같은 공간에서 같은 옷을 입고 같은 음식을 먹으며 학교에서 같은 것을 배우는 현상을 말한다. 우리는 전 세계를 아우를 수 있도록 상품 제작을 확대할 필요는 있지만, 제작 단계를 많은 수로 쪼개고 그 단계별 규모는 축소하는 방식이어야 한다. 마이어슨은 다음과 같은 다섯 가지 원칙을 제시한다.

1. 전문가적 사고방식이 아니라, 참여적 사고방식을 길러라.
2. 디자인 주도가 아니라, 과정에 디자인을 불어넣어라.
3. 허상이 아니라, 사람을 위해 디자인하라.
4. 추상적 목표가 아니라, 참여를 목표로 하라.
5. 적자를 최소화하는 것뿐만 아니라 자산을 기반으로 삼아라.

오늘날에는 수백만 또는 수십억 명의 사람들에게 서비스를 제공하는 대규모 글로벌 기업들이 있다. 이 추세를 뒤집어보자. 소수의 만족한 고객에게 서비스를 제공하는 작고 지역적인 기업을 가지는 것이다. 다시 말해, 소규모로 축소된 사업체와 활동을 늘려보는 것이다. 많은 소규모의 맞춤형 사업들이 원재료를 구입하거나 아이디어를 공유하는 데 있어서 서로 협력해볼 수 있다. 소규모로 축소된 사업에서 특히 매력적인 특성은 지역 개인들이 자신들의 지역 사회 내에서 권력을 되찾을 수 있다는 점이다.

기술전문가들은 세상의 모든 문제가 훨씬 더 많은 기술로 해결될 수 있다고 생각하는 경향이 있다. 더 많은 기술은 또한 더 많은 문제와 유지를 위한 더 많은 요구 사항, 그리고 더 많은 수리를 의미할 수 있기 때문에, 그 믿음에 도전하는 것은 다른 모든 것에 더 나은 변화를 가져올 수 있다. 세상에는 각각의 고유한 신념 체계를 가진 매우 많은 문화가 존재하기 때문에, 파괴적인 현대주의의 원칙을 계속 따르는 대신 세계의 사회들을 축소시켜 보자. 각 사회가 서로를 수용하고 용인하며, 서로 간의 차이는 기념되는 플루리버스 사회를 창조해보는 것은 어떨까. 디자이너들은 아르투로 에스코바르Arturo Escobar가 2018년 그의 책《플루리버스》에서 말한 것처럼, 다양한 디자인, 즉 '플루리버스를 위한 디자인들'을 허용해야 한다. 에스코바르가 *디자인들*이라는 단어를 복수형으로 사용한 것에 주목하자. 서로 다른 그룹을 위한 다양한 디자인이 존재해야 한다. 대량 생산은 모든 사람을 위한 하나의 디자인을 가정한다. 우리는 이를 바꿔야만 한다.

30.

필요하지만 충분하지 않은 디자인

오늘날 세계가 직면한 주요 문제들은 오직 모든 사람의 일치된, 다학제적이고 다각적인 연대를 통해서만 해결될 수 있다. 즉, 접근법과 양식, 방법의 플루리버스가 필요하다. 어떠한 분야 하나만으로는 이러한 문제들을 해결할 수 없으며, 모든 학문 분야가 합심해야 한다.

한 디자이너가 말하길, 보건 의료에 대한 작업을 요청받았다고 했다. 그는 많은 조사 끝에 문제가 간단하다고 결론지었다. 그것은 바로 미국인의 미숙한 건강 관리와 공공 의료 시설 및 관행의 부족이었다. 그리고 미국은 의료 시스템을 고칠 필요가 있다는 결론이었다. 나는 "맞습니다."라고 말하면서 물었다. "그래서 보건 의료 문제를 다룰 건가요?"라는 나의 물음에 그는 아니라고 대답했다. 그의 말에 따르면, 어쨌거나 "해결책은 디자인이 아니라 정치적이라고 지적했습니다."라고 말했다. 그래서 그는 그 문제에 대한 작업을 중단했다. 나는 그의 결론에서 두 부분 모두에 동의하지 않는다. 첫째, 해결책은 간단하지 않으며, 둘째, 문제는 디자인에 있다.

보건 의료는 놀랍도록 어려운 사회 문제다. 세계의 모든 국가, 심지어 의료비 결제와 지원에 대한 진보된 사회 프로그램을 갖춘 국가들에서도 마찬가지다. 미국의 시스템이 심각하게 부족하다는 점에 동의하지만, 이 문제는 쉽게 해결될 수 없다. 여기에는 각각 다른 차원의 이해관계와 우려 사항을 수반하는 많은 복잡성이 내재하고 있다. 게다가 의료비만이 유일한 문제가 아니다. 미국은 우수한 의사와 병원을 보유하고 있으며 다른 비슷한 국가들보다 1인당 보건 의료에 더 많은 돈을 지출하면서도, 보건에 대한 결과에서는 낮은 평가를 받고 있다.

이는 명백히 디자인의 문제다. 어떤 문제가 어렵고 정치와 경제적인 측면을 포함한다고 해서 디자이너들이 그것을 포기해야 한다는 뜻은 아니다. 디자이너들은 보건 의료 문제에 접근하기 위해 여러 협력자가 필요하지만, 이는 다른 복잡한 문제를 다루는 것과 다를 바 없다. 복잡한 사회기술체계는 항상 여러 협력자가 필요하다. 디자이너들은 자신들의 지식과 이해를 확장하고 새로운 주제와 접근법을 배워야 할 것이다. 물론 의료 시스템 문제는 정치적 조치에 의해 해결되어야 한다. 당연히 보건 의료 분야는 경제적 문제이기도 한데, 의료체계가 좋은 국가들보다 훨씬 높은 비용의 의약품과 건강보험으로 인해 의료 비용이 증가하기 때문이다. 이러한 문제를 해결하려면 분명히 전통적인 디자이너의 기술과는 다른 종류의 기술을 필요로 하지만, 모든 사회 문제는 디자인에서 전통적으로 사용되던 기술과는 다른 종류의 조합으로 이루어진 기술을 요구한다. 경제학, 사회과학, 기술, 비즈니스, 정치 및 디자인 내에서의 새로운 방법 같은 다양한 기술의 조합을 말이다.

오늘날 많은 디자이너가 자신의 유일한 책임은 계획을 의미하는 '디자인'을 하는 것이라고 생각한다. 그들은 종종 작업하게 될 것의 문제가 무엇인지 혹은 그 문제의 목표와 제약 조건을 선택하는 과정에 거의 관여하지 않는다. 그러고 나서 '계획인 디자인'을 마치면, 구현에 대한 책임이 있는 사람들에게 그것을 넘긴다. 그러면서 디자이너가 자신의 아이디어가 잘못 구현되었거나 적절한 목표나 제약 조건이 주어지지 않았다고 불평하는 것이 놀랍다.

오늘날 21세기에 있어서 디자이너들은 이러한 새로운 도전에 직면해야 한다. 이러한 복잡한 문제들에는 다양한 분야에 속한 많은 사람의 참여가 필요한 새로운 종류의 목표와 제약이 있을 것이다. 이런 속성이 그 과정을 다루기 어렵게 만들까? 물론 그렇겠지만, 통제하기 어렵고 논쟁을 불러일으키는 과정을 원활하게 운영되고 협력적인 과정으로 바꾸는 것이 디자인의 기능이다. 결국 관련된 모든 사람은 같은 목표, 이 경우에는 성공적인 보건 의료라는 목표를 가져야 한다. 비록 서로가 다른 철학과 접근법을 가지고 있더라도 말이다. 공동의 목표에 집중하고 함께 작업하는 데 동의한다면, 서로 다른 성향의 참가자들도 합의에 이를 수 있다. 모두가 만족하게 될까? 물론 그렇지는 않다. 목표와 제약 조건은 꽤 자주 모순적이어서, 모두를 만족시키는 것은 불가능하다. 타협과 공유된 이익은 모든 사람이 기존 상황보다 더 낫다고 동의하는 시스템으로 이어질 수 있으며, 복잡한 시스템의 역동적인 특성으로 인해 그 시스템은 시간과 함께 진화하고 점진적으로 개선될 수 있다.

세계의 심각한 문제들 대부분은 경제, 법률, 교육 그리고 정치적인 차원들이 결합된 복잡한 시스템 내에 존재한다. 그렇다면 디자이너들이 아니라면 누가 이러한 문제들을 다루겠는가? 코로나19가 유행하는 동안, 많은 사람이 마스크 착용이나 백신 접종을 거부했다. 이것도 디자이너들이 다뤄야 할 문제일까? 나는 그렇다고 말하겠다. 미래의 전염병에 대비하는 것 또한 디자이너의 또 다른 역할이다.

기후 변화를 생각해보자. 기술전문가들은 수십억 또는 수조 달러 규모의 프로젝트에 대응할 준비가 되어 있다. 하지만 비록 기후 변화의 주요 문제에 대응하는 데 성공할지라도 그 모든 노력은 원인이 아닌 증상을 다루는 데에 사용될 것이다. 기술로 기후 변화의 증상에 대응하는 것도 물론 어렵지만, 근본적인 원인에 도달하는 것은 훨씬 더 복잡한 일이다. 왜냐하면 그것은 세계의 모든 나라에서 부유한 사람들이 다른 사람들의 희생을 발판으로 하여 살아가고 일하는 방식과 관련 있기 때문이다. 이러한 남용을 멈추려면 정부의 전체적인 구조, 삶의 방식, 경제 형태 그리고 이 모든 것들의 기반인 동시에 우리를 이곳에 이르게 한 재앙적인 정책들을 지지하는 정치가 변해야 한다. 모든 것이 바뀌어야 한다.

문제가 정치나 경제, 공급망 관리, 혹은 노사 관계 등 전통적인 디자인 교육의 일부가 아닌 곳에서 시작되었다는 이유로 해결책 시도를 그만두는 것은 실패를 보장하는 일이다. 우리는 어떻게 적절한 그룹들을 동원하여 모두의 개선을 위해 협력하게 만들 수 있을까? 이것은 이제 가치 있는 디자인 문제다.

디자인이 제공할 수 있는 것

디자인 전문가가 덧붙일 수 있는 일은 무엇일까? 그 대답의 일부는 디자인의 주요한 약점이 또한 가장 큰 강점이라는 것이다. 약점이 무엇일까? 디자인은 디자인 과정 자체를 제외한 다른 내용적 전문성을 거의 가지지 않는다. 이 점이 어떻게 가장 큰 강점이 될까? 디자이너들은 해결책을 섣부르게 제안하거나 문제를 방해할 사전 지식이나 선입견이 없다. 문제 해결을 위해 소환되면, 디자이너들은 완전히 새로운 분야를 배워야 한다. 그들은 관련된 주제별 전문가들을 찾아 협력 관계를 형성해야 할 것이다. 그러나 해당 전문 분야에 대한 아무런 지식이 없기 때문에, 종종 '바보 같은' 질문이라고 여겨지는 많은 질문을 하게 된다. 왜 바보 같은 걸까? 전문가들에게 그런 질문은 너무 뻔해서 어떤 지적인 사람도 그런 질문을 절대 하지 않기 때문이다.

그러나 바보 같은 질문은 종종 한 분야의 근본적인 가정에 닿아있기 때문에 가장 강력한 질문이 된다. 해당 분야의 누구도 의문을 제기해본 적이 없을 만큼 근본적인 문제인 것이다.

이 부분에서는 토요타의 'Five Whys' 시스템이 유용하다. 즉, 질문이 바보 같다고 하면, 그 이유를 물어야 한다. "왜 바보 같다고 생각하는 건가요?" 이는 종종 "모든 사람이 답을 알기 때문이죠."라는 대답으로 돌아온다. 이 대답이 흥미롭다면, 다시 한번 물어보자. "왜 그럴까요?" 가정이 만들어진 배경을 설명하고 이유와 예시를 제시하도록 강요받으면, 전문가들은 대개 휘청이게 될 것이다. 이 마법은 마침내 누군가가 "왜 그렇게 하는 거죠?"라는 질문에 "우리는 항상 그렇게 해왔어요."라고 답하는 순간 일어난다. 이 대답은 아주 중요한 지점이 되는데, 왜냐하면 다음 질문은 "우리가 할 수 있는 다른 방법이 있나요?"가 되어야 하기 때문이다. 일단 그 지점("우리는 항상 그렇게 해왔어요")에 도달하면, 가정과 행동의 역사에 도전할 수 있는 멋진 기회가 생겨난다. 그리고 여기가 디자인 방법이 빛을 발하는 부분이다. 즉, 그 문제를 다시 생각해보고 문제를 해결할 수 있는 다른 방법을 짚어내는데, 이는 놀랍게도 종종 원래 문제가 보이지 않을 정도로 단순히 해결하는 방법을 짚어내기도 한다.

19장 '인과관계'에서 Five Whys 과정의 한계를 지적했다. 이는 하나의 주요인과 경로만이 있는 원인론적 선형 시스템을 가정한다. 복잡한 시스템에서는 여러 요인이 작용한다. 이는 디자이너들이 근본적인 인과 요인들 중 단 하나만을 발견한 것만으로 결코 만족해서는 안 된다는 점을 의미한다. 디자이너들은 시스템의 복잡성에 민감해야 하며, 가장 중요한 경로를 추적해야 한다. 그런데도 전문가들에게 '왜'라는 질문을 계속해서 묻는 것은 강력한 도구가 될 수 있다.

디자이너의 주요한 또 다른 강점은 문제를 인간의 시각에서 바라보는 능력이다. 모든 시스템의 전반적인 영향력을 고려하고, 그 결과가 전통적인 시간과 효율성, 생산성 그리고 비용적 요구 사항뿐 아니라 무엇보다도 인간의 필요에 부합되는 것을 확실하게 확인한다. 대부분의 프로젝트는 어떤 목적이나 높은 수준의 목표를 위해 수행된다. 우리 21

세기 디자이너들은 사람들과 함께, 그리고 사람들에 의해 프로젝트를 수행한다.

마지막으로 현대 디자이너들은 다른 사람들에게 해결책을 강요하지 않는다. 우리는 공동체가 해결책을 주도해 나가도록 두어야 한다. 디자이너들은 멘토이자 조언자, 그리고 조력자로서 공동체와 협력해야 한다. 공동체 구성원들은 자신들의 문제를 이해하고 종종 자체적으로 문제들을 처리할 단순하고 효과적인 접근법을 고안해왔지만, 문제의 증상을 공격하여 넘어설 자원이 부족한 경우가 많다. 이 부분이 외부인(디자이너)이 도움을 줄 수 있는 곳이다.

이는 디자인을 독특하게 만드는 요소다. 다시 말해, 디자인은 필수적이지만 충분하지는 않다. 디자인은 주요한 목소리를 낼 위치에 있을 만큼 충분히 필요하지만, 디자인만으로는 충분하지 않은 것이다. 그러므로 디자이너들은 다른 전문가들과 중요한 이해관계자들과 협력해야 하며, 특히 지방 정부와 자금 지원 기관과 협력 관계를 맺고 일해야만 한다. 피터르 얀 스타퍼스는 디자인X 논문에서 다음과 같이 언급했다.

"디자인 관점과 전통적인 분석가의 관점 차이는 동일한 행동을 설명하는 데 사용하는 언어에서 찾아볼 수 있다. 전통적인 분석은 시스템 오류를 설명하는 데 있어 종종 '주의 부족'이나 '절차 미준수'와 같은 말로 인간의 실수를 탓한다. 그렇게 되면 해결책은 훈계나 재교육이 된다. 그러나 디자이너들에게는 이러한 것들이 원인이 아니라, 근본적인 문제의 증상일 뿐이다. 디자인 관점에서 적절한 해결책은 인간 행동의 근본적인 원인을 찾아내고 시스템을 다시 설계하여 그 원인들을 제거하는 것이다."

5부
인간 행동

주요한 과제

31.

변화는 왜 어려운가?

변화는 가장 어려운 과제

세계에는 극단적으로 서로 다른 다양한 정치적 견해가 존재한다. 그들 사이에는 공통점이 거의 없으며, 협력은커녕 소통하거나 서로 의견을 듣는 것마저 꺼리는 경향이 점점 더 짙어지고 있다. 그런데도 우리는 왜 변화할 수 있다고 생각하는가?

사람들의 신념과 행동을 바꾸려는 노력은 극히 어려운 일이며, 가능하다고 해도 역사적으로 보면 매우 오랜 시간이 걸린다는 것을 알 수 있다. 예를 들어, 미국에서 여성에게 투표권을 부여하기 위한 최초의 캠페인은 1848년에 시작되었지만, 1920년이 되어서야 미국 헌법이 이를 허용하도록 개정되었다. 무려 72년이 걸린 것이다(최초의 전국 캠페인 전에 그러한 노력이 시작되었음이 분명하므로 아마도 더 오래 걸린 것으로 추정). 미국이 뒤처진 국가이긴 했어도(뉴질랜드는 영국 식민지였던 1893년에 이미 여성에게 투표권을 부여했다), 그때까지도 일부 국가에서는 여전히 여성 참정권을 허용하지 않고 있었다.

왜 변화가 그렇게 어려울까? 사람들은 변화를 원치 않는다. 특히 사는 방식을 변화하는 것에 있어서는 더욱 그렇다. 사람들은 이미 존재하는 사회에 태어나 다른 삶의 방식을 경험하지 못할 때, 그 사회의 오래된 믿음과 행동들이 너무나 자연스럽고 합리적으로 보여서 거의 의문을 제기할 필요를 느끼지 못한다. 심지어 변화를 고려할 가치가 없다고 생각한다. 이 문제의 기저에는 인간 인지의 근본적인 속성들이 자리 잡고 있다. 사람은 자연스럽게 간단한 설명을 추구한다. 즉, 사람들은 인식할 수 없는 것을 이해하는 데 큰 어려움을 겪는다. 그 결과 거짓 정보를 퍼뜨려 사회를 희생시키면서 권력과 통제 그리고 이익을 얻으려는 폭군들의 목소리를 듣고 믿는 것이 종종 더 쉽고 설득력 있게 들린다. 사람들은 보통 단순하고 선형적인 논리를 사용하고 장기적인 결과가 아닌 즉각적인 결과를 고려한다. 어떤 사고방식은 교육을 통해 극복될 수 있는 반면, 어떤 사고방식은 선형적이고 단순한 인과관계에 대한 믿음처럼 일상적인 사건과 행동을 처리하는 데 너무나 효과적이어서 모든 행동에 명백한 원인이 있는 것은 아니라고 설득하기 어렵다. 다중루프, 비선형성, 시간 지연 그리고 동적 구조를 가져서 지속적으로 변화를 겪는 복잡한 시스템에서는 어떤 사건이나 변수가 현 상태를 초래했는지를 정확히 특정하는 것이 불가능하다.

사람들은 합법적으로 행동하는 경향이 있지만, 그건 논리적으로 행동하거나 더 큰 선의의 목적을 위한 행동과는 다르다. 인지과학과 심리학 그리고 신경과학 분야는 우리의 사고와 행동의 기초가 되는 메커니즘을 알아내기 위한 작업에 착수했다. 그러나 인간의 행동은 수많은 요인들에 의해 통제되고 있으므로 예측은 언제나 어려울 것이며, 그 예측 역시 각 개인의 고유한 역사에 의존하고(즉, 경로의존성), 상황에 대한 각 개인의 해석에 의존할 것이다. 게다가 인간의 행동과 결정은 다양한 메커니즘이 동시에 작동한 결과물이며, 그중 일부는 의식적으로, 일부는 잠재의식적으로 작동한다. 이러한 결정 시스템은 종종 서로 반대되는 결론에 도달한다. 인간의 감정 시스템은 신념과 행동을 통제하는 데 주요한 역할을 하는데, 이는 인지 시스템과 상반될 수 있다. 감정은 신체 전체에서 화학적으로 작용하여 신경계가 작동하는 방식을 바꾼다.

《감성 디자인》이라는 내 책에서 감정 시스템은 우리의 추론 시스템만큼이나 강력하며 중요하다는 점을 지적했다. 게다가 추론에는 적어도 두 가지 구성 요소가 있다. 첫째, 상황에 대한 반사적 반응을 기반으로 하는 빠른 반응 시스템이 있는데, 이 역시 감정이 주도하는 부분이다. 이는 대부분 무의식적이며, 내가 '본능적' 및 '행동적'이라고 명명한 감정 시스템을 사용한다. 대부분의 사람들은 자신들이 추론을 통해 의식적으로 결정을 내린다고 믿는다. 나는 이 의식적 시스템을 '반사적'이라고 부르는데, 무의식 상태는 종종 몇 초 안에도 빠르게 작동하는 반면, 의식적인 반응 단계는 수십 초 또는 몇 분이 걸릴 수 있다. 심지어 느린 성찰적 사고의 단계도 전통적인 논리를 따르지 않는다. 논리는 철학자와 수학자가 만든 인공적인 추론 방법이기 때문이다.

경제적 의사결정에 대한 연구로 노벨 경제학상을 수상한 대니얼 카너먼은 그의 책 《생각에 관한 생각》에서 비슷한 분석을 사용한다. 하지만 카너먼은 목적에 따라 잠재의식적이고 감정적인 이 두 단계를 무너뜨리고 하나의 시스템으로 통합한 후 '빠른Fast'이라고 명명한다. 나는 잠재의식적인 반응의 두 단계를 구분할 필요가 있다고 생각한다. 하나는 본능적인 반응으로, 이는 세상의 상태가 안전한지 위험한지에 대한 인식으로 주도된다. 다른 하나는 행동적인 반응으로 우리가 세상에 어떤 행동을 취하고 결과가 예상과 다를 때 관여한다. 카너먼은 인지적인 의사결정에 대해 이야기하므로, 빠른 단계를 두 가지로 구별할 필요가 없었다. 그가 말하는 '느린' 시스템은 기본적으로 내가 '반사적'이라고 부르는 시스템과 같다. 나와 그는 서로 다른 종류의 현상에 관심이 있기 때문에 약간 다르게 분석할 뿐이다.

감정적 가치는 우리가 세상을 이해하고 대응하는 데 매우 큰 역할을 한다. 인간의 인지 시스템은 이해를 추구하는 반면, 감정 시스템은 가치 판단을 제공한다. 둘 다 지능적인 의사결정을 내리는 데 필요하다.

그러나 시간이 제한적이거나 상당한 스트레스가 뇌의 통상적인 처리 과정을 제한하는 경우, 빠른 시스템이 그 자리를 차지하고 주도하게 된다. 뇌의 본능적이고 행동적인 처리 구조가 빠른 평가를 내리고, 그 평가에 의해 통제되는 것이다. 안타깝게도 빠른 시스템을 통해 이루어진 반응은 종종 나중에 후회하는 결과로 이어진다.

감정적으로 빠른 반응 시스템은 주로 시간이 제한된 상황에서 우선적으로 활성화된다. 이는 세 가지 D, 즉 Difficult^{어려운}, Dangerous^{위험한}, Distasteful^{혐오스러운} 상황 중 하나로 인식될 때마다 발생한다. 이런 상황은 스트레스를 유발하고 적절한 조치가 필요하다는 감정적 필요성을 일으킨다. 또한 두려움이나 불안 또는 분노와 같은 부정적인 감정과 연관되기도 한다. 이런 상황에서 생각할 시간을 들이지 않고 빠르게 결정을 내릴 수 있다면, 발생 가능한 위험에 대응하는 데 특히 유용할 수 있다. 게다가 자동적인 반응은 종종 우리가 빈번하게 경험한 상황에 적응된 빠른 반응이며, 때로는 진화 과정에서 미리 프로그래밍된 것이므로 상황에 적합할 때가 많다. 그러나 때때로 영향력이나 대안을 고려할 시간 없이 급하게 나온 반응이 불행한 결과로 이어질 수 있다. 예를 들어, 분노나 스트레스를 받는 상태에서 내린 결정은 거의 항상 좋은 결과로 이어지지 않는다.

느린 반응 시스템은 우리가 기분이 좋은 상태일 때, 문제를 신중하고 주의 깊게 생각할 시간이 있는 상황에서 활성화된다. 이런 상황들은 일반적으로 친근하고 편안하며 위험이 없는 것으로 인식된다. 이런 환경에서 내린 결정은 대개 사려 깊고 건설적일 수 있지만, 이 또한 모든 결과를 예측하거나 미래를 확신할 수는 없기 때문에 어려움에 직면할 수 있다. 우리는 기분이 좋을 때, 종종 지나치게 낙관적인 시각과 잘못된 안전 의식 또는 신뢰에 의존하는 경향이 있다. 반면, 부정적인 기분일 때는 우리 행동이 미칠 전체적인 영향을 고려하지 않고 너무 빨리 대응하는 경우가 많다. 우리는 불완전한 세상에 살면서 불완전한 정보를 기반으로 결정을 내리고 행동해야만 한다. 이런 세상에서 우리는 어떤 상황에서는 너무 빠르게 행동하고 또 어떤 상황에서는 너무 느리게 행동하며, 또 어떤 상황에서는 주의를 기울이지 않고 부적절한 신뢰를 바탕으로 행동하는 반면 또 어떤 상황에서는 너무 많은 주의를 기울이고 신뢰를 가지고 행동하는 등 편향되게 행동한다. 이는 우리가 어렵고 복잡한 세계에서 살아가는 현실을 반영하고 있다.

인간의 정신은 강력하면서도 한계가 있다. 이는 수천 년에 걸쳐 진화해오면서, 인간이 생존하고 위대한 문명을 창조하며 많은 놀라운 일들을 성취할 수 있는 능력을 가능하게 했다. 그러나 인간의 신념 시스템은 피드백 루프를 가진 복잡한 시스템을 이해하기 어렵게 만드는 부분이기도 하다. 복잡한 시스템 안에서는 우리의 행동이 영향을 미치기까지 수년이 걸리며, 오랫동안 그 영향력이 보이지 않을 수 있다. 우리의 정신과 행동을 형성한 진화적 힘은 단순한 선형적 인간관계와 무한한 지구라는 가정하에서 꽤 잘 작동한다. 이는 많은 이득으로 이어졌지만, 동시에 환경에 있어서는 천천히 불행하고 해로운 영향을 미쳤다. 기후 변화가 초래할 임박한 위험에 대한 경고가 수십 년 동안 계속되었지만, 이러한 우려를 심각하게 받아들이도록 세계를 결집하는 것은 어려운 일이었다.

재난에는 반응하지만, 재난 예방에는 반응하지 않는다

사람들은 상황의 부정적인 영향이 눈에 보여야 잘 반응한다. 일단 재난이 닥치면, 피해를 복구하고 고통받는 사람들을 돕기 위해 재빨리 결집하지만 애초에 그것을 예방하려고 움직이지는 않는다. 자, 기후 변화를 생각해보자. 세계 정부들은 언제 대응할 것인가? 기후 변화의 현재 영향은 대응에 회의적이었던 많은 사람까지도 설득하기 시작했지만, 아직까지는 단기적인 이익이 미래의 재난을 예방하는 것보다 우선하고 있으며 예방을 위해 중대한 변화를 만들 능력을 압도하고 있다. 어쩌면 사람들이 반응하기 위해서는 더 큰 재앙을 경험할 필요가 있을지도 모른다. 그러고 나서도 기후 변화의 영향이 계속해서 더 심해지고 계속 증가하는 것을 되돌리기 위해서는 몇 년이 걸릴 것이다. 우리가 더 빨리 행동할수록 최악의 재난 상황을 예방할 가능성이 더욱 높아진다.

전염병과 팬데믹의 경우, 공중보건기구에서 수십 년 동안 전 세계에 팬데믹 가능성을 경고해왔다. 게다가 팬데믹이 드문 경우도 아니다. 위키피디아에는 세계적으로 발생한 18개의 주요 팬데믹 종류가 나열되어 있으며, 각각 100만 명 이상의 사망자를 발생시켰다. 게다가 감염성 질병으로 인해 수천만, 수억 명의 사망자가 발생했는데, 그중에는 유럽 인구의 절반 이상과 멕시코 인구의 50퍼센트에서 80퍼센트가 사망한 역사도 있었다. 이 모든 경고에 심각한 역사적 사건까지 더해졌는데, 코로나19 팬데믹이 발생하고 600만 명(2022년 중반 기준) 이상이 사망하는 동안 우리는 왜 거의 아무것도 하지 못한 걸까?

코로나19 팬데믹에 대한 부적절한 대응은 사람들이 재난에 반응한다는 주장과 모순되는 것처럼 보일 수 있다. 그러나 이 경우 보편적인 대응이 부족했던 이유는 질병의 확산을 막기 위해 권장되는 많은 주요 원인과 조치들, 심지어 백신 접종의 효과조차도 모두 상대적으로 복잡하고 보이지 않는 것들이었기 때문이다. 첫째, 질병의 원인인 코로나바이러스는 눈에 보이지 않는다. 둘째, 코로나바이러스 노출 후에도 모두가 질병에 걸리는 것은 아니기 때문에 의료 기관의 주장을 의심하는 사람들이 많았다. 셋째, 감염되더라도 증상은 나중에 여러 날 뒤에 나타난다. 모든 사람에게 영향을 미치지 않는 보이지 않는 위협에 대해 사람들이 예방 조치를 취하기는 어렵다. 이러한 문제는 강력한 전 세계적인 정보 네트워크에 의해 더욱 악화되었다. 라디오, 텔레비전 및 소셜미디어는 질병이 존재한다고 믿지 않거나 단순히 거짓말을 하는 사람들이 코로나19에 대한 잘못된 정보를 퍼뜨리게 허용했다. 그들은 자가 격리와 마스크 착용 및 백신 접종을 통해 감염성을 줄이려는 공중보건당국의 시도에 대해서도 거짓 정보를 퍼뜨렸다.

이 복잡한 시나리오에 두 가지 요소가 더 개입된다. 첫째, 공중보건당국과 감염병 전문의들은 즉각적인 과학적 권고를 내놓았다. 이 권고에 따르면 모든 사람은 의료용 마스크를 착용하고, 사람들 간 최소 2미터(6피트) 이상의 거리를 유지해야 했다. 또한 대규모 접촉을 피하기 위해 모든 비필수 사업을 폐쇄하는 것이 권장되었다. 이러한 권고 사항은 불편했을 뿐 아니라, 사업체 폐쇄는 엄청난 경제적 어려움을 야기했다. 이제 사람들은 경제적 손실이라는 즉각적인 결과를 견딜지, 아니면 보이지도 않고 많은 유명한 사람들조차 장난질이라고 말하는 질병이 더 이상 삶을 침해하지 못하게 할 것인지를 결정해야 했다.

둘째, 엄청난 인종과 민족 간 격차가 있었다. 미국 질병통제예방센터CDC, Centers for Disease Control and Prevention는 코로나19 팬데믹이 사회 내의 불평등을 드러냈다고 보고했다. CDC가 '다양한 배경과 경험을 가진 유색인종'을 포함하는 소수 인종과 민족으로 정의한 집단이 비소수 집단보다 불균형적으로 더 많은 코로나19 환자와 입원 및 사망 사례를 겪었다고 보고했다. CDC는 이러한 차이의 다섯 가지 주요 원인으로 1) 차별 2) 의료 서비스 접근 및 이용 부족 3) 직업 4) 교육과 소득 및 부의 격차 5) 열악한 주거환경을 꼽았다. 경제적 요인 역시 중요한 역할을 했는데, 낮은 소득과 고용 불안정성을 가진 사람들이 봉쇄와 폐업으로 인해 불균형적으로 고통을 받았기 때문이다. 마지막으로 CDC는 소수 민족은 역사적으로 현재까지 이어져 온 차별을 겪으면서 의료 시스템에 대한 불신이 커졌으며, 여기에는 '백신과 백신 공급자 그리고 백신 접종을 권장하는 기관'에 대한 불신이 포함된다고 지적했다. 눈에 보이지 않는다는 문제와 불균등한 확산 문제가 이 두 번째 요인에도 영향을 미친다는 점에 주목해보자. 신뢰할 사람은 누구인가? 권위를 가지고 말하고 있는 사람은 누구이며, 당국이 행한 차별의 역사를 고려할 때 사람들이 왜 그들을 신뢰해야 하는가?

권위 있는 전문가의 말? 실제 권위자와 가짜 권위자를 구별하는 것은 불가능했다. 그 당시 미국 대통령이었던 도널드 트럼프를 비롯하여 다른 몇몇 저명한 사람들의 반복되는 거짓 진술은 도움이 되지 않았다. 이러한 인물들은 진실 대신 사람들이 듣고 싶은 것을 말하면서 사람들의 신념에 쉽게 영향을 미쳤다. 사람들은 자신이 믿고 싶은 것을 믿기 때문이다.

정부는 도로와 교량, 철도와 공항, 경찰서와 소방서, 병원과 공중 보건기관을 건설한다. 이는 수도와 하수도, 가스와 전기, 전화와 인터넷을 공급하기 위해 어떤 것은 지하에, 어떤 것은 지상에 파이프와 전선으로 이루어진 거대한 기반 시설을 만든다. 하지만 한 번 설치된 후에는 이를 유지하기 위한 자금과 허가를 확보하는 것이 매우 어려울 수 있다. 사람들은 유지 보수를 위한 자금을 지원하기를 꺼린다. 단순히 대금 지불을 싫어하기 때문일 수도 있지만, 부분적으로는 기반 시설의 혜택은 눈에 보이지만 유지 보수에 대한 필요는 보이지 않기 때문이다. 더 긴급해 보이며 더 가치 있고 필요해 보이는 일에 사용될 수 있는 돈을 왜 다리와 댐을 보수하는 데 써야 하는가? 어쨌거나 기반 시설은 잘 작동하고 있는데 말이다. 왜 지금 그 돈이 필요한 것인가? 유지 보수는 분명 더 기다려도 되는 것처럼 보이는데 말이다.

물론 기반 시설의 유지 보수를 늦출 수는 있지만, 결국 그 미흡함은 홍수나 화재, 교통사고, 식수 부족, 전기 중단, 물품 미배송 그리고 예방 가능했던 원인으로 인한 사망 등 기반 시설이 유지되었다면 막을 수 있는 재앙으로 이어질 것이다.

우리는 왜 이렇게 행동하는 걸까? 사람들은 자신들이 행동한 결과에 대한 피드백에 매우 민감하다. 때때로 우리는 단순히 결과를 인지하고 난 후 돌아보면서 행동 이전에 발생한 사건이 원인이라고 믿는다. 그래서 우리는 하고 있는 일의 결과를 나중에야 볼 수 있을 때, 그 일의 인과관계를 이해하기 어렵다. 세상의 많은 자연 시스템에는 피드백 메커니즘이 있다. 그러나 때때로 피드백은 사건이 발생하고 몇 시간, 몇 달, 심지어 몇 년 후에 이루어진다. 유지 보수의 부족으로 인한 결과도 수십 년 동안 나타나지 않을 수 있다.

지금까지의 모든 사례가 그다지 나빠 보이지 않는다면, 성공적인 조치가 가시적인 결과를 가져오지 못한 상황을 생각해보자. 여기 몇 가지 예시가 있다.

예시 1: 효과적인 안전 대응법이 아무런 결과를 내지 않았다. 스크립스 해양학 연구소 Scripps Institute of Oceanography에서 2주간 스쿠버 다이빙 전문과정을 수강했을 때다(수중에서의 청각을 연구하기 위해 훈련이 필요했다). 강사는 언제나 안전을 우선해야 하며, 특히 수중에서 문제를 해결하려고 애쓰다가 지쳐버렸을 때를 비롯해 문제가 있다고 생각되는 즉시 웨이트 벨트를 빠르게 풀어 떨어뜨려야 한다고 강조했다(다이버들은 3킬로그램에서 5킬로그램의 무게추를 착용하여 물속에서 중성부력을 갖게 되고, 이는 다이버의 몸과 잠수복의 부력을 상쇄한다). 강사가 말하길, 문제는 일단 웨이트 벨트를 떨어뜨리면 수면으로 금새 올라가 너무 쉽게 안전해지기 때문에, 비싸게 구입한 웨이트 벨트를 그렇게 쉽게 버리는 것에 의문이 들 것이라고 했다. 강사의 말은 이렇다. 위험을 피하기 위해 어떤 행동을 취하고 실제로 위험을 피하게 되면, 그런 행동이 왜 필요했는지 의문이 든

다는 것이다. 게다가 별일 아닌 것을 가지고 호들갑을 떨었다는 놀림도 덤으로 받을 수 있다. "하하, 자네! 웨이트 벨트를 빼 버렸군!" 그래서 우리는 모두 웨이트 벨트를 떨어뜨린 사람을 격려하고 칭찬하는 법을 배웠으며, 강사는 심지어 새 세트를 사주기로 약속까지 했다. 여기서 배운 교훈은 잠재적으로 생명을 구할 수도 있다. 우리는 또한 사고 관련 보고서를 읽을 의무가 있었는데, 때때로 물고기를 잡은 잠수부들이 파도에 휩쓸려 낮은 물에서 익사하면서, 파도에 치이고 지친 상태에서도 물고기를 잡은 봉지나 장비 혹은 웨이트 벨트를 놓지 않았다는 점을 알게 되었다. 나는 이런 행동을 잡은 물고기의 감정적 가치로 해석하며, 이는 빠른 의사결정 시스템을 활성화시키는 반면, 피곤함으로 인해 더 느리지만 더 합리적인 시스템이 작동하지 못한 결과라고 생각한다.

예시 2: 효과적인 백신 접종, 마스크 착용, 사회적 거리두기는 아무런 결과를 내지 못했다. 코로나19 팬데믹 동안 사람들은 자가 격리를 강요받았으며, 많은 사업체와 시설 및 학교가 폐쇄되었고, 마스크를 착용하고 다른 사람과 몇 미터 이상의 거리를 두어야 했다. 비상사태가 종료되었다고 선언되자, 많은 사람이 안도하는 대신 분노했다. 그들은 "우리 가족은 수입과 학업 그리고 사업 측면에서 엄청난 영향을 받았습니다.", "그럴 필요가 있었나요? 아무 일도 일어나지 않았잖아요!"라고 말이다. 이성적으로 볼 때, 아무 일도 일어나지 않았다는 사실은 예방 조치가 효과적이었다는 긍정적인 신호다. 하지만 감정적으로 보면, 모든 고통이 아무런 효과도 없었던 것처럼 보였기 때문에 무의미하고 불필요하게 느껴진다. 아무것도 남지 않은 상황을 증거로 받아들이기란 어렵다. 설상가상으로 바이러스가 자가 적응하며 새로운 변종을 만들어내면서 재출현하여 감염, 입원 그리고 사망의 증가 사이클을 다시 시작하였다는 점이다. 그러나 바이러스가 정복되었다는 초기 발표에 뒤따랐던

감정들은 지속되었으며, 의학적 조언을 점점 더 따르지 않게 된다.

예시 3: 사고 후 책임을 평가하는 경우. 사고가 발생하면 사람들은 단순한 설명을 찾는 것이 일반적이며, 일반적으로 인간의 잘못을 지적한다. 이로 인해 누군가에게 쉽게 비난의 화살을 돌린다. "아하, 우리가 범인을 찾았어!"라고 말이다. 하지만 예외 없이 범인은 단지 복잡한 사건의 연속 속에서 마지막에 있던 사람일 뿐이다. 만약 그 사건들 중 하나라도 발생하지 않았다면, 그 사고는 일어나지 않았을 것이다. 그런 상황에서, 왜 단 한 명의 사람이나 사건만 사고의 핵심적인 원인으로 지목되는 것일까? 사람을 비난하는 경우, '사후 과잉 확신 편향Hindsight Bias' 때문에 그 주장은 훨씬 설득력이 떨어진다. 일단 어떤 일이 발생하면, 그 일을 예방할 수 있었을 간단한 행동에 대한 이야기를 만들어내는 것은 쉽다. 하지만 사건이 발생하기 전에 상황을 충분히 잘 이해하여 하나의 올바른 행동을 하는 것은 종종 불가능하다. 사건이 벌어지는 도중에는 모든 조건이 드러나지 않으며, 대개 높은 스트레스와 시간적 압박이 존재한다. 그런데도 이러한 변수들은 사고 후 분석에서 고려되지 않는다. 많은 경우, 책임을 지는 사람은 사고를 일으키는 데 관련된 행동을 거의 또는 전혀 하지 않았지만, 잘못된 시간에 사건 현장에 존재한 탓에 유죄 판결을 받는다. 대부분의 사고는 상호작용하는 구성 요소와 사건들이 만든 복잡한 시스템의 일부다(장비나 절차의 잘못된 디자인으로 더 복잡해짐). 비난을 받는 사람은 원인 제공자라는 비난을 받음에도 불구하고, 대개 시스템의 희생자일 뿐이다.

이 이야기들의 교훈. 오늘날 지구가 직면하고 있는 다양한 위험들은 지구의 복잡한 사회 기술적 시스템 안에서 일어난 상호작용의 결과다. 그건 해당 주제에 일생을 바친 전문가들조차 이해하기 어려운 것들

이다. 사람들이 복잡한 상황에서 인과적 요소들을 풀어내는 능력이 상대적으로 부족하다는 사실과 일상적인 사건에서는 꽤 성공적인 행동을 선택하도록 해주었던 인과성에 대한 무모한 믿음을 고려해보면, 이제 우리는 이해할 수 있다. 지구를 재앙으로 이끄는 결과가 보이지 않으면서도 느리기까지 한, 그리고 이해할 수 없는 세계적 사건들을 멈추기 위해 사람들에게 즉시 어려운 행동에 나서달라고 설득하는 것이 말이다.

전문가만이 알 수 있으며 보통 사람에게는 가시적인 재앙의 징후가 없는 상황에서, 사람들이 왜 재난을 예방하기 위해 돈을 쓰거나 조치를 취해야 하는 것인가? 일단 재앙이 발생하면 증거가 많이 나타나므로 사람들은 반응하게 된다. 하지만 비상사태가 처리되는 순간, 대개는 상황이 정상화되기 전에 대응이 중단된다. 비상사태가 없으면 사람들은 흥미를 잃는다. 따라서 복구를 완료하기란 어려우며, 다음 재앙에 대비하도록 하는 것은 더욱 어렵다.

32.

공동의 목표를 위해 집결하자

〈기후 변화와의 싸움에서 의미 찾기Finding Meaning in the Climate Fight〉라는 기사에서 그렉 잭슨Greg Jackson은 사람들이 공동의 목표를 위해 열정적으로 연대하고 노력한다는 점을 지적한다. 소규모 집단은 운동 경기를 위해 결합하고는 한다. 전쟁에서는 수백만 명의 사람들이 공동의 적과 싸우기 위해 모인다. 전쟁 전에는 불가능하다고 여겨진 희생들이 필수적인 것이 된다. 사람들은 말 그대로 공동의 적을 물리치기 위해 목숨을 바친다. 잭슨은 의문을 표한다. 그런데 왜 우리는 기후 변화와 이미 벌어지고 있는 재앙과 같은 공동의 목표를 위해서는 유대감을 가질 수 없는가? 왜 팬데믹을 멈추기 위해 요구되는 예방 조치에 그렇게나 많은 저항이 발생하는가? 왜 우리는 전쟁을 하고 서로를 죽이는 데에는 기꺼이 참여하는 걸까? 그러면서 질병과 기후 변화에 맞서 싸우지는 않고, 다시 말해 왜 생명을 구하게 해줄 전쟁에는 참여하지 않는 것인가?

잭슨의 해석은 일리가 있지만, 사람들은 다양한 방식으로 세계의 현재 어려움을 이해한다. 아마도 팬데믹은 거짓말과 잘못된 정보 그리고 속임수로 가득 찬 음모였을 것이다. 어쩌면 팬데믹은 다른 나라나 다른 정당이 일으킨 계획된 사건일지 모른다. 어떤 사람들은 백신 접종이 사람들을 중독시킬 뿐 아니라 제약회사들이 꾸민 음모의 일부라고 믿는다. 심지어 음모론을 믿는 어떤 큰 집단에서는 사건을 아주 간단하게 이렇게 설명한다. 사탄을 숭배하는 소아성애자들이 미국 정부와 언론 그리고 은행을 통제하고 있다고 말이다. 이렇게 말하는 것이 작은 집단일 것 같은가? 유명 매거진 《U.S 뉴스 앤 월드 리포트》에 따르면, 미국 공화당 지지자의 25퍼센트가 이러한 정서에 동의한다고 한다. 이는 대략 4,400만 명에 해당한다.

모든 사람은 자신만의 방식으로 사건을 이해하며, 현대의 커뮤니케이션 채널의 발달로 인해 거짓 정보를 전 세계로 쉽게 퍼뜨릴 수 있게 되었다. 상충하는 이야기에 노출되면, 어떤 것을 믿어야 할까? 사람들은 동료의 의견을 따르거나 본능을 따른다. 사실? 조작된 사실들로 채워진 이 시대에서 무엇이 사실인지는 중요하지 않다. 과학자들? 그들이 서로 어떻게 동의하는지, 그리고 얼마나 지속적으로 자신들의 권고 사항을 변경하는지를 보고 판단해보자.

팬데믹 동안 일반적인 불만 중 하나는 대략 1년 반 동안 주의를 기울여 생활한 끝에 전 세계가 이제 막 코로나19 위기가 종료되었다고 생각한 시점에 이미 백신을 접종한 사람들까지 새로운 변종 바이러스에 감염되는 상황이 발생하면서, 자가 격리와 마스크 착용 등의 요건이 다시 시행되었다는 것이다. 사람들은 자연스럽게 의문을 품기 시작했다. "왜 우리는 소중한 사회생활을 포기하고 많은 사람이 일자리를 잃게 만든 그 모든 조치들을 시행해온 것인가? 팬데믹이 아직 끝나지 않았는데, 그건 우리가 아무런 가치도 없는 일을 하고 있었음을 증명하는 것 아닌가?" 때로는 사건의 원인이 복잡하고 명확하지 않다. 그러므로 미래의 비슷한 사건을 예방하는 활동이 어렵고 비용이 많이 들며, 그 영향력도 수년 또는 수십 년 동안 식별하기 어렵다면, 사람들이 행동하지 않는 것은 놀라운 것이 아닐 수 있다.

기후 변화가 공동의 목표가 될 수 있을까?

　지금 당장 우리가 기후 변화와 싸우기 위해 무엇을 하든 수십 년 동안은 어떤 결과도 볼 수 없을 것이다. 과학계는 이것이 우리가 긴급하게 행동해야 하는 이유라고 말한다. 미룰수록 문제는 더 악화될 것이다. 하지만 일반 시민들은 "왜 서둘러야 하나?"라고 말한다.

　기후 변화 문제를 극복하기 위해서는 많은 것이 바뀌어야 한다. 사람들이 일하는 방식부터 교육 시스템, 경제적 측정 지표, 보상 체계 그리고 고통과 해를 야기하는 정책들로 이익을 얻는 많은 국가보다 부유한 일부 대기업들의 능력까지 말이다. 세계 경제는 단기 수익과 단기 결과에 대해 기업 최고 경영자들에게 큰 보상을 하며, 기업과 국민 혹은 세계에 대한 장기적 영향을 고려하지 않고 즉각적인 이득을 추구하며 영속하는 금융 시장에 기반을 두고 있다.

33.

무엇을 바꿔야 하는가?

기후 변화는 세계가 직면한 유일한 병폐가 아니다. 게다가 기후 변화와 마찬가지로 우리가 직면한 대부분의 병폐는 문제의 근본적인 원인이 아니라 증상에 불과하다. 이러한 문제를 해결하려면 반드시 원인을 알아야 하는데, 그 원인들은 다양하고 방대하다. 나는 이번 장에서 그중 일부를 열거하지만, 여러분은 읽자마자 곧 그것은 변화가 불가능해 보일 것이다. 그러나 불가능해 보이는 것들도 실행될 수 있다. 불가능은 종종 단지 어렵다는 것을 뜻할 뿐이다. 그러니 우리 함께 불가능을 실행해 보자.

일과 가정의 균형

오늘날 인류의 삶은 노동력의 필요에 따라 좌우되고 있다. 이는 1700년대 산업혁명 초기에 도입된 정책들의 직접적인 결과인데, 요컨대 모두 한데 모여 온종일 일해야 한다. 이런 일주일의 업무 시간은 인위적이다. 역사적 시간을 통해 일주일의 일수는 다양하게 변해왔으며, 어떤 사회에서는 일주일이라는 개념조차 없는 경우도 있었다. 일주일에 7일을 선택한 이유는 초기 점성가들이 태양(일요일), 달(월요일), 화성(화요일), 수성(수요일), 목성(목요일), 금성(금요일), 토성(토요일)의 일곱 개의 천체가 있다고 믿었기 때문이다.

일주일이 인위적이라면, 주당 근로 시간도 마찬가지다. 하루의 시간이 인위적이라면, 하루의 근로 시간과 주당 근로 시간도 마찬가지다. 현재 우리의 일상은 산업혁명이 시작될 때 만들어진 인위적 형태에 의해 지배되고 있다. 많은 서구 국가들에서 주당 근로 시간은 5일이며, 토요일과 일요일은 종교의식과 여가 활동에 할당하고 있다. 세계의 다른 지역들은 다른 관습을 가지고 있다. 주당 근로 시간을 6일에서 5일로 줄인 것은 헨리 포드와 그가 20세기 초 대량 생산된 모델 T 자동차를 제작하기 위해 세운 공장 덕분이지만, 그가 자선적인 지도자였기 때문은 아니다. 노동자들에 2일간의 휴일을 주면서(당시 휴일은 1일이 일반적이었음), 노동자들은 그 지역이나 주변 도시로 여행할 수 있는 시간이 더 많아졌다. 이는 노동자들에게 자동차를 구매해야 할 이유가 더 많아졌다는 것을 의미했으며, 특히 포드 자동차를 말이다.

일자리에서 직업으로

그 이후로 노동 시간이 단축되어 이제 정상적인 주당 근로 시간은 이전의 6일이나 7일 대신에 5일이 되었지만, 일과 고용의 본질은 주로 산업혁명의 인위적인 결정에 기초하고 있으므로 인공적이다. 그런데도 하루에 8시간씩 일하는 전통은 사람들이 가족과 함께 보내는 시간보다 직장에서 더 많은 시간을 보낸다는 것을 의미한다. 그리고 최상위에 속한 소수와 그 아래에 있는 대규모 집단 간에는 권력과 보상에 있어서 큰 차이가 있다. 케이시 윅스Kathi Weeks는 일의 본질을 다룬 그녀의 두꺼운 학문적인 전문 서적의 서문에서 이렇게 말한다. "이상한 점은 살기 위해서 일해야 하는 현실을 받아들이는 것보다 일을 위해 살려는 의지를 더 가진다는 사실이다.”

현재 정해진 근로 시간은 일 중심적인 철학을 통해 결정되었다. 이런 현실이 삶 중심적인 철학으로 전환하여, 근로자들이 언제 어디서 일을 하는지에 대해 더 많은 유연성을 갖추게 되었다고 해보자. 결정적인 변수는 필요한 일들이 잘되고 있는지, 그리고 잘 완료되었는지 여부가 되어야 한다. 더 이상적으로는 이 활동의 이름을 ‘일’에서 ‘직업’으로 바꾸는 것이다. 일보다 직업이 되어야 하는 이유는 직업이란 이름이 사람들이 더 즐길 수 있으며, 자신들이 하는 일에서 자부심을 가질 수 있고, 완료된 일에 대해 목소리를 낼 수 있는 의미를 부여하기 때문이다.

작업 양식은 세계의 산업과 지역에 따라 상당히 다르다. 고정된 근무 시간과 일수는 많은 분야에서 일반적이지만, 영구적인 일자리가 아닌 임시직과 프리랜서, 그리고 단기 계약직을 고용하는 ‘긱gig’ 경제와 같이 일시적인 일이 가능한 직업이 증가하고 있다. 여기에는 택시나 승차 공유 산업과 같은 저임금 직업이 포함된다. 많은 사람에게 종종 낮은 임금일 수도 있는 일자리를 계속해서 찾아야 하는 것이 스트레스가 될 수 있는 반면, 수요가 많고 급여가 높은 소수에게는 고정적인 고용 상태가 아닌 것이 큰 유연성을 부여한다. 일부 직업은 날씨나 긴급 호출(예를 들어, 대형 화재, 폭풍, 교통사고 및 기타 예상치 못한 수많은 사건들)과 같은 외부 조건에 따라 수요 예측이 어려울 수도 있다.

공장에 대한 수요는 과거의 산업을 위한 것이다. 오늘날에는 더 큰 자유와 유연성을 허용하는 새로운 수단들이 존재한다. 물론 산업은 항상 우리 삶에서 중요한 역할을 하며, 삶을 더 안락하고 활기차게 만들어주는 옷과 음식, 정보와 교육을 제공하는 미디어를 비롯해 많은 다양한 작은 물건들과 가전제품을 생산해낼 것이다. 그러나 이러한 산업 내의 많은 작업과 일들은 더 협력적이고 유연한 방식의 상호작용이 가능한 직업으로 전환되어야 할 것이다.

　　코로나19 팬데믹은 사람들에게 직장이라는 공간에 모이지 않아도 분산된 노동력으로 많은 일을 처리할 수 있다는 사실을 입증했다. 이는 대개 재택근무를 의미하는 장소적인 측면뿐 아니라 시간적인 면에서도 유연성을 허용했다. 현재는 개인적 삶과 직업적 삶이 분리되어 있어, 낮에는 직장에서 보내고 저녁은 집에서 보낸다. 이런 생활이 더 생산적인 방식으로 바뀌어서 사업적으로도, 사람들의 복지와 행복에도 더 좋게 된다고 가정해보자. 시간과 장소의 유연성은 노동자들에게 더 많은 자율성과 통제력을 부여한다. 물론 직종에 따라 각각의 요구 사항에 맞게 유연성을 조정해야 할 것이다. 예를 들어, 조립 라인은 사람들이 같은 시간에 같은 장소에서 함께 일해야 할 필요가 있다. 하지만 우리에게 정말 조립 라인이 필요한가? 이는 효율성과 생산성을 높이는 백년 된 아이디어이지만, 유연성이 거의 없는 무의미하고 반복적인 일자리를 창출하는 데 더 많은 비용이 많이 든다. 노동자들은 주어진 일을 한다. 왜냐하면 오늘날의 세계 경제 구조에서는 자기 자신과 가족을 부양하는 충분한 돈을 벌기 위해서는 그런 활동을 해야만 하기 때문이다.

　　이제 사람들이 삶을 사는 방식에 대해 다시 생각해볼 시간이다. 왜 그토록 많은 사람이 무의미한 일자리를 갖는지, 왜 업무 환경이 가족을 파괴하고 직장 생활과 가정생활 사이에 인위적인 구분을 두는지를 생각해볼 때인 것이다. 고용주는 노동자에게 작업과 일정에 있어 더 많은 유연성을 부여하는 것이 생산성을 위협할 수 있다며 반대할 수도 있다. 하지만 그것은 종종 오해의 여지가 있는 생산성 측정치가 사용되기 때문이다. 시간당이나 직원 한 사람당 성취도만 계산하고, 사고나 오류, 병가, 직원 이직 등으로 인한 손실된 시간은 고려하지 않는다. 이 모든 요소는 실질적인 생산성 측정치를 감소시킨다. 구체적으로 보면, 직원 이직은 종종 측정되지 않는 큰 영향을 미친다. 근로자들이 퇴사할 때, 해당 기업은 현재 직원을 잃을 뿐 아니라 대체 근무자를 찾고 고용하며 교육하는 데 추가적인 비용과 시간 지연이 발생한다. 신입 직원들은 직무에 익숙해지기까지 상당한 시간이 걸릴 수 있다. 높은 생산성 척도에서 이러한 부정적인 측면들은 무시된다. 더 나쁜 것은 높은 직원 이직률이 긍정적인 피드백 주기(즉, 문제의 크기 증가)로 이어진다는 것이다. 즉, 남은 근로자들의 사기를 떨어뜨리고, 이는 결과적으로 불만족 비율을 높이고 더 높은 이직률로 이어진다. 근로자들을 공정하게 대우하고 그들의 활동에서 발언권을 주는 것은, 근로자의 삶뿐만 아니라 회사와 사업에도 좋고 더 나아가 세상에도 좋은 일이다.

교육 경직성에서 벗어나기

일의 개념을 다시 생각하는 것과 더불어, 이제는 교육에 대해서도 다시 생각해 볼 시간이다. 교육의 목적과 언제 교육이 실시되어야 하는지, 그리고 교육 뒤에 숨겨진 교육학적 원리들을 재고해보자. 21세기 시민들이 배워야 하는 주제는 무엇인가? 왜 교육은 한 사람의 어린 시절에 집중되어 있는가? 교육이란 평생 상당히 중요하지 않은가? 결국 오늘날의 세계에서는 새로운 지식이 지속적으로 필요하니까 말이다.

일단 평생 학습의 가치를 인식하면, 학위의 가치에 의문을 제기할 수밖에 없다. 모듈식 교육으로 전환해보는 것은 어떨까? 전통적인 교육 체계 밖에서 제공되는 비전통적인 강좌들이 증가하는 현상을 주목해보자. 이는 학생들 스스로 배우고 싶은 과목을 결정하는 비학위 과정들로, 고급수학, 컴퓨터 프로그래밍, 예술, 역사, 문학 외국어 등이 해당된다. 또는 그림 그리기나 목공과 같은 다양한 공예 분야일 수도 있다. 아마추어 그룹은 재미를 위해 연극과 음악 혹은 스포츠를 하기 위해 모인다. 돈을 위해서도 아니고 어떤 기술을 전문적인 수준으로 올리려는 목적도 아니다. 그저 재미와 즐거움을 위해 하는 것이다(전문가들의 능력을 더 많이 감상하는 긍정적인 부수적 효과도 포함된다). 이러한 자발적인 활동을 위해 요구되는 기술들은 배우려는 의지와 열망을 가진 학생들에게 공식적인 교육 과정이 아닌 곳에서 교육된다. 이런 미래는 어떠한가? 우리는 진정으로 학습하고자 하는 사람들이 만들어나가는 이러한 자발적인 교육 활동들을 미래의 교육 모델로 사용할 수 있다.

나는 21세기 디자인 교육을 재고하려는 대규모 글로벌 이니셔티브의 공동 설립자다. 비학위 과정은 미래를 위한 평생 학습에 딱 들어맞는 열쇠일 수 있다. 사람들이 필요하거나 원할 때, 혹은 단순히 관심이 생길 때 수강할 수 있다. 이는 새로운 개념은 아니다. 그동안 '적기 교육JITL, Just-In-Time Learning'으로 불려온 분야다. 나는 이 개념의 기원을 1996년으로 거슬러 올라가지만, 사실 훨씬 오래전에 시작되었다고 생각한다. 강좌들은 학습할 내용과 학습자의 배경에 따라 짧거나 길 수 있다. 이런 강좌는 대학들이 제공할 수도 있는데, 그러기 위해서는 대학 측에서 한 명의 학생(연령에 상관없이)이 단일 과정에 등록할 수 있게 하는 교육 방법을 생각해내야 할 것이다. 사실 이런 강좌들은 미국에서 커뮤니티 칼리지Community College라고 부르는 지역 전문학교나 자체적으로 강좌별 자격증을 제공하는 사설 기관에서 제공하는 경우가 많다(아마도 종교를 제외하고는, 현존하는 모든 기관들 중 가장 보수적인 세계의 대형 연구 대학들에서는 적용되기 어려울 것으로 생각된다). 오늘날 매우 다양한 기관들이 제공하는 많은 과정이 있는데, 일부는 자원봉사자들이 가르치고 다른 일부는 기존 전문가들이 가르친다. 강좌의 질은 아주 훌륭한 것부터 형편없는 것까지 다양하다. 한 가지 부족한 것은 프로그램의 질을 보장하는 자격 보증 제도가 없다는 점이다. 현재는 무작위로 결정되는 상황이라서, 어떤 프로그램은 훌륭하고 또 어떤 프로그램은 그렇지 않다.

교사가 강제로 강의를 하고 학생이 억지로 들어야만 했던 수업을 교사와 학부모가 그리워하게 될까? 어쩌면 그럴 수도 있다. 하지만 시간을 갖자. 교사는 새로운 구조를 익히게 되고, 학생들 교육 준비에 더 많은 시간을 할애할 수 있다는 사실을 즐기게 될 것이다. 배움을 원하는 학생을 가르치는 모습을 상상해보라! 얼마나 멋진 일이겠는가. 이쯤에서 가르치는 것에 대해 말하는 것은 멈추도록 하자. 대신 배우는 것을 강조하자. 선생님과 학생이라고 부르지 말고, 활동을 이끄는 사람들을 '교육자', 배우는 사람들을 '학습자'라고 부르자. 연령 분리도 잊어버려라. 나이와 배경에 상관없이 제시되는 지식을 받아들일 준비가 된 사람들을 교육하자. 만약 필요한 선행 조건을 갖췄다면, 교육 현장에 받아들이면 된다.

학부모는 자녀가 학교에 더 흥미롭게 다니는 것을 알아차릴 것이다. 모든 학생이 이차방정식을 배울 필요가 있을까? 내 생각에는 그렇지 않다(나 역시 수학을 좋아하지 않는다. 6년 동안 공학 수학 대학원 과정을 밟았는데도 말이다). 내 말을 믿기 힘든가? 자신에게 스스로 물어보자. 학교를 떠난 이후로 이차방정식을 풀거나 대수학, 삼각법 미적분 등의 공식을 사용해야 했던 적이 몇 번이나 있는가? 수학은 중요한 도구지만, 그 교육 방식과 교육 내용을 선택하는 일은 종종 실제로 생산적인 시민이 되기 위해 어떤 수학이 필요한지에 대해 생각하지 않는 학문적 수학자들에게 맡겨진다. 학교에서는 여전히 통계학이나 컴퓨터 프로그래밍, 의사결정 이론 등의 현대적 개념 대신 유럽 서구 국가에서 발전한 고전 수학을 가르친다. 학생들은 모호한 방정식을 푸는 법은 배우지만, 통계와 간단한 확률을 이해하는 방법이나 대차대조표를 읽는 방법, 또는 실제로 삶에 영향을 미치는 수학을 사용하는 방법은 배우지 않는다. 수학 교수인 앤드류 해커Andrew Hacker의 책인 《수학의 배신》을 읽어보길 권한다.

팀워크는 또 어떠한가? 한 사람이 단독으로 할 수 있는 활동은 아주 극소수이다. 거의 모든 실제 활동이 팀워크를 통해 이루어지지만, 학교 시스템은 개인별 작업을 고집한다. 대부분의 직업은 사람들이 서로 협력하고 팀을 이루어 일해야 하지만, 학교는 어떻게든 모든 사람이 혼자서 일한다고 가정한다. 학생들은 팀이 되어 협력하고, 서로 도우며 때로는 상호 모방하는 방법을 배울 필요가 있다. 상호 모방? 그렇다. 우리는 학생들에게 모방한 사람에게 공을 돌리는 방법도 가르쳐야 하기 때문이다. 학생의 성적은 (그때에도 성적이란 평가 제도가 있다면) 새로운 해석을 통해 해당 자료를 유용한 방식으로 편집했는지 여부에 따라 결정될 수 있다. 모방은 괜찮다. 진짜 문제는 학생들이 어떤 학생의 자료를 모방할 것이며, 어떤 자료를 포함할 것인지를 알고 있는지 여부다. 그리고 작품이 모방된 학생에게는 보너스 점수를 주는 것이 좋다. 어쨌거나 이 책에 있는 거의 모든 자료도 다른 사람들의 작품에서 나온 것이다. 내가 한 일은 그 자료들을 새롭게 조합하고 해석한 것이다. 그렇기에 참고 문헌에 아이디어의 출처를 밝혔고, 감사의 글을 통해 많은 분들께 공을 돌렸다. 이런 행동은 노련한 보고자들과 논픽션 작품의 작가들에게는 공통된 특성이다. 학생들에게도 이러한 나의 방식을 권하는 바이다.

완전 학습

경제적 변수만 결함 있는 측정법이 아니다. 여기 아주 다른 성격의 예시가 있는데, 바로 학생의 성적이다. 성적은 매우 주관적이며 종종 무의미한데도 불구하고 교사는 학생들에게 점수를 매긴다. 교사가 매긴 성적은 다양한 요인에 의해 달라지기 때문에 의심스러운 경우가 많다. 이를테면, 교사가 특정 성적을 매길 때 얼마나 피곤했는지 혹은 그 성적을 매긴 학생이 첫 번째였는지 아니면 스무 번째, 또는 마흔 번째였는지도 영향을 미친다. 또한 하루 중 어느 시간대에 점수가 매겨졌는지, 혹은 교사가 방금 식사를 했는지(또는 아직 먹지 않았는지)에 따라서도 다르게 나타난다. 그렇다면 성적의 숫자가 의미하는 것은 무엇일까? 만약 어떤 학생이 85점의 성적을 받았다면, 그 학생이 해당 내용의 85퍼센트를 알고 있는 것인가, 아니면 모든 내용을 알지만 그중 단지 85퍼센트만 잘 알고 있다는 뜻인가?

국가마다 학생을 평가하는 기준은 다르다. 미국은 문자로 된 점수를 사용한다. 어떤 국가들은 종종 백분율이나 0부터 10 또는 100과 같은 지정된 범위 내의 숫자로 점수를 매긴다. 한 학년과 다음 학년 사이의 경계는 학생의 삶에 커다란 차이를 만들 수 있지만, 그 경계는 온통 비논리적인 이유들로 설정되기도 해서 1점의 차이가 다른 등급으로 바뀔 수도 있다.

대학 과정은 수업에 할당된 시간에 맞춰 지식을 인위적으로 분할하여 가르친다. 미국에서 대학 수업은 보통 주당 3시간의 수업 시간으로 이루어진다. 이는 학년별로 2학기제를 실시하는 학교에서는 15주 동안, 학년당 3학기제를 실시하는 학교의 경우는 10주 동안 수업이 진행된다(3학기제도 2학기제와 수업 시간은 동일하다). 이는 우리 삶에 존재하는 또 다른 인위적인 것으로, 방대한 양의 내용을 여러 소규모 수업 세션으로 나누고 있다. 이 모든 것은 매우 작위적이다. 강의 시간은 내용을 가르치고 배우는 데 걸리는 시간이 아니라 수업과 강의실 일정을 더 쉽고 일관되게 조정하기 위해 고정된다. 해당 내용을 배우는 데 걸리는 시간을 기반으로 교수들이 직접 수업 시간을 결정하도록 하는 것이 더 합리적이다. 다시 말해, 어떤 자료는 2주, 또 어떤 자료는 1년이 걸릴 수 있는 것이다(이러한 접근법은 다른 어떤 이유보다도 일정상의 어려움 때문에 거부되는 경우가 많다).

대안이 하나 있다. 학습 모듈을 완전 학습Mastery Learning과 결합하는 것이다. 나는 학습 내용을 모듈로 나눌 것을 추천한다. 각 모듈은 며

칠에서 일주일 정도 걸리는 학습과 학습 경험이 필요한 범위다. 하나의 모듈은 하나의 주제를 다루어야 하며, 하나의 모듈을 완료했다면 해당 학생이 주제를 이해하고 적용할 수 있는지 여부를 판단할 수 있다. 복잡한 주제는 수많은 단일 주제의 모듈로 쪼개질 것이다. 나는 프로젝트 기반의 강좌를 무척 선호하는데, 이는 학생들이 흥미롭다고 생각하는 일부 상황에 해당 학습이 즉시 적용된다. 모듈이 마무리될 때, 학생들은 해당 내용에 대한 시험을 보게 되고, 학생들은 시험에 대해 패스하거나 아니거나 두 가지 중 하나를 받게 된다. 성적이란 개념은 전혀 없다. 그런 다음 학생들은 선택권을 갖는다. 그 모듈에 흥미가 없다고 판단했다면 선호하는 다른 모듈로 넘어갈 수 있다. 아니면 다시 해당 모듈로 돌아가서 강사가 제공하는 튜토리얼 과정의 이점을 활용하여 다시 한번 그 주제를 학습한 후 재시험을 치를 수 있다(매번 약간 다른 내용의 시험을). 한 과정이 끝날 때, 학생들은 통과한 모듈의 목록을 받는다. 모듈이 적당히 나누어져 있으며 각 시험 결과가 적당했다면, 통과라는 말은 그 주제에 관한 지식과 이해를 보장한다. 만약 학생이 모듈을 통과하지 못했다고 해도, 무엇이 문제겠는가? 그 모듈의 주제는 학생이 알고 있는 주제에 해당되지 않았을 뿐이다. 졸업할 때, 학생의 기록에는 그들이 알고 있는 모든 모듈이 표시된다. 성적이 좋은 학생은 더 많은 모듈이 기록되어 있을 것이며, 더 고급 과정의 모듈이 포함되어 있을 것이다.

현재 설정된 과정들도 사실 모듈로 구성되지만, 각 강의가 일반적으로 너무 길기 때문에 매겨진 점수는 학생이 어떤 주제를 이해했는지를 명확하게 표시하지 못하는 경우가 많다. 과정들은 내용의 양이나 난이도와 관계없이 동일한 길이가 되도록 강요되며, 일반적으로 수업 날짜와 강의실 배정을 단순화하기 위한 길이로 결정된다. 그 결과 교육 시스템은 학생들의 학습적 효율성을 목표로 하기보다는 행정부와 교직원들의 편의를 위해 디자인된다. 더 작은 모듈을 사용하면, 비교적 독립적인 내용을 기반으로 각 모듈을 구성할 수 있어 성과를 평가하는 데 더 공정한 방법이 된다. 고급 과정의 모듈을 수강하기 위해서는 다른 모듈을 수강해야만 하는 조건으로 모듈을 구성할 수 있다. 여러 면에서 모듈식 교육은 과정의 길이를 선택하는 유연성과 학생들이 해당 내용을 이해했는지에 관해 훨씬 더 의미 있는 평가 방식을 사용하는 것을 제외하고는 오늘날의 교육과 매우 유사하다.

성적은 무엇에 좋은 걸까? 사실 별로 좋은 게 없다. 사람들은 학교를 졸업하고 몇 년이 지나면, 어떤 성적을 받았는지 거의 신경 쓰지 않는다. 중요한 건 현재의 일을 얼마나 잘 수행하고 있는지에 있다. 성적은 보통 회사에 들어가거나 대학원 입학 여부를 결정하는 데에 있어 면접관을 위한 전형 기준으로 사용된다. 성적은 주로 학생들이 시험을 얼마나 잘 보았는지를 나타내는데, 이는 인생에서 성공하게 될지를 거의 예측하지 못한다. 적어도 완전학습식 모듈 학습 내에서 미래의 고용주나 학교는 개인이 통과한 모듈을 살펴보고 그 목록이 자신들의 필요에 맞는지 결정할 수 있다.

만약 성적이 없다면, 학교는 어떻게 학위를 발급해야 할까? 개인적으로 나는 학위가 필요할 이유가 없다고 본다. 학교가 학위를 발급하기를 원한다면, 졸업생들은 모두 일정한 모듈 수를 충족하면 되는데, 이는 과정의 내용에 따라 다른 수의 모듈이 될 것이다. 아마도 학생의 주요 관심사에 따라 인문학, 과학, 공학, 예술, 컴퓨터 기술, 수학 등에서 필요한 모듈 수를 채워야 할 것이다. 학생의 자격을 판단하려는 누구든지 모듈 목록을 확인하면 되기 때문에, 성적과 학위는 필요하지 않을 것이다. 모듈은 학생의 실제 지식을 측정하는 의미 있는 척도를 제공한다.

정치

그토록 많은 사람이 정치를 멀리하는 데에는 많은 이유가 있다. 특정 정치인이나 정당을 꺼릴 수도 있고, 제정된 법이 탐탁치 않을 수도 있으며, 무엇보다도 이러한 정치적 행위가 자신들의 통제 범위를 벗어난다는 사실이 달갑지 않을 수도 있다. 또 많은 사람은 정치인들이 부패하거나 이기적이며 로비스트들의 먹이라고 생각한다. 때로는 이런 믿음이 맞을 수도 있다. 일부 정치인들은 권력을 유지하려는 열망 때문에 부유한 기부자와 로비스트들의 호위를 얻고자 하는 욕망을 국민의 이익보다 우선시한다.

이러한 우려는 실제 현실이다. 하지만 그 우려들이 정당하다 하더라도 비판은 정치 전반이 아니라 특정 정치인이나 제도에 관한 것이어야 한다. 정치는 다양한 의견을 가진 사람들이 서로 협력하여 함께 일하는 방법에 있어 필수적이고 중요한 부분이다. 정치에 대한 혐오의 일부는 무지에서 비롯된다. 얼마나 많은 진지한 정치인들이 있으며, 위원회 업무와 고문들과의 업무 그리고 종종 헌신적인 직원들과 함께 실제로 뒤에서 얼마나 많은 일을 하는지 이해하는 사람은 거의 없다.

애플사의 선행기술담당 부사장으로 있을 때였다. 미국 의회와 연방통신위원회와 협력하여 무료 와이파이 네트워크를 이용할 수 있게 해주는 네트워크 할당을 수립하고 미국의 고화질 텔레비전HDTV 표준을 결정하는 일을 담당했다. 직원들은 내가 미리 잘 준비할 수 있도록 해주었으며, 워싱턴 지사는 내가 만나게 될 사람들 각각에 대해 관심사가 무엇이며 어떤 편견을 가졌는지를 알려주었다. 그렇게 나는 많은 주요 정치인들과 그들의 보좌관들을 사적으로 만나게 되었다. 대부분의 대형 정부에서 보좌관들은 매우 중요한 역할을 한다. 왜냐하면 정치인들은 제기된 많은 문제를 이해할 시간이나 교육이 부족하므로, 보통은 보좌관들의 의견과 지혜에 의존한다. 그래서 나는 의원실을 방문하여 기술과 경제적인 문제와 미국 국민들에게 돌아갈 혜택을 설명하는 데 상당한 시간을 보냈다.

그리하여 결국 와이파이 대역을 확보하였으며, 우리가 정확히 원하던 것은 아니었지만 그래도 잘 작동하는 HDTV 표준을 갖게 되었다. 나는 미국 국민의 이익을 위해 로비를 했으며, 물론 애플도 자사 기계에 있어 무료 무선 연결에서 혜택을 받았다(Wi-Fi 네트워크는 이제 많은 사람과 활동하는 데 필수적이다). 나는 정치인들과 협력하고 그들에게 필요한 사안들을 이해해야만 했다. 그 과정에서 입법자와 위원회 구성원이 서로의 자료에 귀 기울이는 모습과 그들의 분석을 뒷받침할 뛰어난 보좌관이 합석했다. 그렇게 의사결정에 있어 타협이 필수적이고 합리적인 부분이라는 것을 보고 시스템이 어떻게 돌아가는지 이해하게 되었다.

나는 정치란 의견이 다른 사람들이 부분적으로는 의견을 바꾸고 부분적으로는 진전이 이루어질 수 있도록 타협해 가면서 함께 일할 수 있게 해주는 수단으로 정의한다. 하지만 인터넷을 검색해보면, 내가 내린 정의는 소수의 의견이며 '정치적 도덕주의'로 분류되는 듯하다. 나는 이것을 칭찬으로 받아들이겠다.

보상 구조

삶에서 거의 모든 활동은 결과에 대한 보상으로 결정된다. 대부분의 사람들은 동료들과 경영진이 인정한 자신의 노력에서 성취감을 얻고자 한다. 보상이 금전적일 필요는 없다. 자신의 활동을 스스로 통제할 수 있다는 것도 보상이 될 수 있다. 사실 금전적인 보상이 감사하고 유용하긴 하지만, 그건 일회성이다. 작업의 가치를 승인받고 인정받는 본질적인 보상은 더 강력하고 오래 지속된다. 특히 이러한 보상이 더 빠른 승진과 직책 및 직함의 강화로 이어질 때는 더욱 그렇다. 보상은 개인적인 만족일 수도 있고 단순한 기쁨일 수도 있다. 때로는 회사나 정치에서 진급을 의미할 수도 있다. 때로는 보상이 금전적인 것일 수도 있다. 거의 모든 행동에는 연관된 보상 구조가 있으며, 그러한 구조들은 어떤 활동이 시도되고 어떻게 성취되는지에 대한 상당한 영향을 미친다.

'측정할 수 있는 것은 관리할 수 있다'는 경영 임원진들이 즐겨하는 말이다. 이는 저명한 경영학자 피터 드러커Peter Drucker의 말로 알려져 있다. 어떤 사람들은 더 거슬러 올라가서 켈빈 경이 말한 것으로 추정하기도 하는데, 켈빈 경은 8장에서 논의했던 측정의 힘에 대한 발언을 했던 인물이다. 나는 해당 장에서 실제로 중요한 것을 측정하는 일이 얼마나 어려운지를 지적했으며, 그 결과 어떤 것을 측정할 수 없을 때 그것을 중요하지 않다고 간주하거나 측정 가능한 것으로 대체하는데, 원하는 측정과 어느 정도 관련이 있는 한 만족스러운 대체물로 간주된다는 사실을 설명했다.

문제는 측정을 고집할 경우, 이는 곧 보상 구조의 기초가 된다는 사실이다. 즉, 측정된 수치가 높은 사람들은 칭찬이나 금전적 보너스 혹은 승진과 같은 보상을 받게 된다. 근로자들은 곧 정해진 측정 항목에서 높은 점수를 얻는 데 집중하게 되고, 사실상 더 중요할 수 있는 다른 사항들을 소홀히 하게 된다. 많은 보상 체계들이 장기적으로 좋은 결과를 갖게 될 활동보다 단기적인 활동에 보상을 하는 경향이 있다. 이는 부분적으로는 장기적 결과들은 얻기 어려우며 얻는다 해도 오랜 시간이 걸리기 때문이다. 그래서 관리자들은 장기적인 결과들이 더 중요한데도 불구하고 일상적인 활동에 보상을 주는 것을 선호한다. 게다가 목표를 가능하게 하기 위해 뒤에서 열심히 일하는 사람들은 종종 간과된다. 보상 과정이 제대로 구성되지 않은 경우, 종종 자격 없는 사람들이 보상을 받는다는 인식이 생기게 되는데, 이는 사실일 수 있다. 또한 사람들은 가장 가치 있는 것이 아니라 보상을 받을 가능성이 가장 높은 것에 활동을 집중하게 된다. 그리고 장기적인 이익보다 단기적인 가치에 대해 보상하는 것이 항상 더 쉬운 일이다.

대학의 보상 구조는 잘못되었다

연구 중심 대학들은 측정하기 쉬운 지표로 교수들을 평가하고 보상한다. 이를테면, 단일 저자로 진행된 권위 있는 학술지에 게재된 논문 수, 출판된 책의 수, 학회에서 발표된 논문의 수 등 세기 쉬운 척도를 통해 보상한다. 인용들도 인정되는데, 해당 논문을 참조한 다른 논문(심사를 받는 사람이 쓴 논문은 제외)의 수도 계산되는 것이다. 현실 세계에서는 팀으로 작업이 이루어진다. 대학에서도 마찬가지이지만, 승진을 위해 교수를 평가하는 사람들은 한 사람이 여러 사람과 함께 다수의 논문을 발표하는 경우, 심사를 받는 사람이 해당 작업의 얼마나 많은 부분을 수행했는지를 알기 어렵다고 걱정한다. 나는 학과장이었을 때, 다음과 같은 조언을 들은 적이 있다. 다른 사람들과 너무 많은 논문을 공동으로 발표하는 것은 승진 기회를 빼앗기 때문에, 교수진들에게 그렇게 하지 말도록 권장하라는 조언 말이다. 나는 이를 범죄적인 조언이라고 생각한다. 현대 과학과 공학, 다시 말해 기술의 세계에서는 작업을 수행하기 위해 여러 사람으로 이루어진 팀이 필요하다. 교수들이 팀으로 작업을 하는 것에 대해 왜 징계를 내려야 하는 것인가?

현재의 보상 구조는 많은 변칙을 초래하고 있다. 세계의 주요 연구 대학들은 자체 교수진을 평가하기 위해 외부 전문가들의 서한을 요구한다. 작업이 더 독특하고 상세하고 전문화될수록 동일한 분야의 다른 전문가들로부터 강력하고 긍정적인 추천서를 받을 가능성이 높다. 이런 접근법은 교수진을 전문가로 바꾸는 경향이 있다. 다방면에 걸쳐 지식

이 많으며 여러 연구 영역과 분야에서 출판하는 사람은 추천서를 써주
는 전문가들에게 잘 알려지지 않은 경우가 많다. 왜냐하면 그들의 많은
작업은 전문가들이 읽지도 않고 참석하지도 않는 저널과 학회에 발표되
기 때문이다. 일반 대중과 산업계에서 일하는 사람들에게 중요한 작업
은 종종 학계에서 제대로 인정받지 못한다. 전문주의는 사일로silos효과
로 이어진다.

농업에서 *사일로*라는 용어는 농부가 곡물을 저장하기 위해 사용
하는 높은 원통형 건물을 가리키며, 농부는 동일한 사일로에 서로 다른
곡물이 섞이지 않도록 주의한다. 학계에서는 한 학문 분야가 좁고 깊어
서(사일로처럼), 자신의 분야에서 계속 쌓이는 세부 사항에만 집중한 나머
지, 이웃 분야가 무엇을 하는지 무감각할 수 있다는 것을 설명하는 비유
로 사용된다. 비록 모든 분야가 동일한 대학이나 심지어 동일한 학과 내
에 위치하더라도 말이다. 농장에 여러 개의 사일로가 있을 수 있고, 각
사일로에는 다른 재료가 들어 있어서 다른 사일로의 재료와 섞이지 않
도록 주의 깊게 관리되는 것처럼, 한 학과나 대학도 여러 개의 사일로를
가지며 여기에는 각 분야 전문가들이 고립되어 다른 분야의 학자들과
결코 섞이지 않으려 한다.

교수진 내부에 존재하는 사일로는 교육 과정의 사일로로 이어져
서 한 과정의 내용이 다른 과정의 내용과 매우 관련이 높을지라도 두 교
수 모두 이 관련성을 알지 못한다. 이는 다른 학문 분야일 경우에는 특
히 더 그렇다. 그리고 학생들이 졸업하고 사회생활을 시작하면, 그들은
산업계의 사일로로 들어가게 된다. 모든 엔지니어가 자신의 전문 분야
에 따라 조직으로 묶이고, 디자이너들은 다른 분야에서, 마케팅은 또 다
른 분야에 속하는 등 사일로가 이어진다. 나는 전 세계에 사일로가 확산
되고 많은 산업 분야에서 팀워크가 부족한 것이 대학의 탓이라고 생각
한다.

기업 경영진의 보상 구조는 잘못되었다

불행하게도 산업의 보상 구조는 종종 부서와 부문 간의 팀워크 부족을 강화한다. 물론 같은 부서 구성원 간의 팀워크는 장려되지만, 관리자와 임원은 자신의 부서나 부문의 수익성에 따라 보상을 받는다. 성과금 시간이 도래하면, 한 부서가 더 많은 보상금을 받을수록 다른 부서가 받을 수 있는 보상금이 줄어든다. 이로 인해 부문 간 경쟁이 격화되며, 경우에 따라 서로 도움을 주는 것을 거부하는 상황이 발생한다.

보상 체계는 금전적인 것이든 언어적인 것이든 우리의 삶을 지배한다. 많은 사람이 자신의 일과 삶의 진정한 목적을 잊고, 대신 보상 체계의 단기적인 혜택에 집중하는 것도 무리는 아니다. 많은 기업의 최고 경영자, 즉 CEO들은 많은 노동자를 해고하고 부문을 분리한 후 회사의 수익성을 높이기 위해 가격을 인상하여 비용을 절감한 성과에 대해 막대한 보너스와 찬사를 받아왔다. 그런 다음 CEO는 많은 보너스를 받고 회사를 떠나지만, 회사는 사기가 저하된 직원들, 제품 품질 저하 및 손실 증가로 고전하는 상황이 벌어진다.

34.

기술의 우세

인류가 시작된 이래로, 사람들은 먹고살기 위한 기술과 의복, 주거지로 자신을 보호하는 기술 그리고 일상 활동을 위한 기술뿐 아니라 전 세계에 걸쳐 그들의 사회를 정의하고 규제하는 통치 체계, 행동양식, 수학, 화폐, 그리고 법률을 디자인하고 구축해왔다. 인공물 구축(디자인)은 기술을 삶의 근본적인 부분으로 만들어서 사람들이 생각하고 행동하는 방식을 바꾸었다. 따라서 세계가 혼란에 처한 것에 디자인이 일부 책임이 있다는 비난이 있다. 그리고 그 혼란은 단지 기후 변화만이 아니라, 전쟁과 노예 제도, 계급 지배, 인종차별 그리고 식민지화를 포함한다. 기후 위기는 의도적이든 아니든, 혹은 의식적이든 아니든, 세계가 디자인한 방식의 많은 결과 중 하나일 뿐이다.

사람의 사물화, 기계의 하수인

사람을 물건으로 취급하고, 기계에 종속된 하수인으로 취급하는 역사는 보통 1700년대 영국에서의 산업혁명과 공장의 등장에서 기인한다고 생각한다. 그러나 그보다 훨씬 오래전인 수천 년도 전에 이집트인과 아즈텍인, 중국인들도 수백 또는 수천 명의 사람들을 동원하여 거대한 구조물을 건설했다. 무덤과 신전, 도시 그리고 피라미드와 중국의 만

리장성 같은 유명 건축물까지 말이다. 건설 노동자들은 소모성으로 취급되며 교체 가능한 기계처럼 대했다. 마치 체스 게임의 기물처럼 다뤄졌던 수천 년간의 전쟁에서의 군인들에게도 마찬가지였다. 그들은 승리(또는 패배)의 길에서 필요에 따라 희생되는 전략적 도구일 뿐이었다.

1900년대 초, 프레더릭 윈즐로 테일러Frederick Winslow Taylor는 노동자들의 효율성을 연구하여, 노동자들의 동작을 정밀하게 개선하고 손과 팔다리, 또는 몸의 불필요한 이동을 최소화하여(때로는 도움이 되는 간단한 장치를 고안함으로써), 노동자들에게서 더 많은 작업량을 이끌어낼 수 있다는 것을 증명했다. 그는 노동자들을 기계처럼 대하는 자신의 능력에 자부심을 느꼈으며, 노동자들에게 모든 일을 '유일한 최상의 방법'으로 수행하도록 가르쳤다. 또한 노동자들의 '생산성'을 증가시킨다는 명목으로 최소한의 단계와 최소한의 사고 그리고 창의성을 전혀 필요로 하지 않도록 작업을 재구성했다. 그는 노동자들을 '야수brute'라고 부르며, 사고의 필요성을 없애는 것으로 노동자들을 더 행복하게 만들고 있다고 주장했다.

1900년대 초 공장에 대량 생산이 도입되었을 때, 동물을 도살해 포장된 고기 조각으로 만드는 해체 라인과 작은 부품들을 자동차로 만드는 조립 라인은 사람들을 기계로 발전시키는 데 일조했다. 우리가 사람들을 기계처럼 대한다면, 그들이 저항하거나 의료적 고통을 겪거나 자신들이 하는 일에 대해 동기나 관심이 부족하더라도 당연히 놀라지 말아야 한다.

노동 관행을 개발하는 데에 기술 중심적 접근 방식은 사람들이 기술의 요구와 필요에 따라 행동하도록 강요한다. 왜 우리는 이러한 관계를 뒤집어서, 사람들이 주도적인 역할을 하며 기술과 기계가 *우리의* 필요와 요구에 따라 작동하도록 할 수는 없는 것일까? 우리의 삶이 기술적 필요에 따라 좌우될 때, 우리는 마치 기계처럼 행동하게 된다. 그리고 우리가 기계처럼 행동할 때, 옳지 않은 행동을 하게 된다.

사람들은 기계가 아니다. 사람들은 기계, 심지어 가장 지능적인 기계라도 그와 같은 방식으로 행동하지 않는다. 오늘날 지능적인 기계를 디자인하고 창조하는 분야를 인공지능AI, Artificial Intelligence이라고 부른다. 인공이라는 단어는 만들어진 게 분명한 기계나 컴퓨터 프로그램뿐 아니라 '지능'이라는 개념에도 모두 적용되고 있다. 그 결과 나타난 지능은 실제의 자연적인 인간 지능과는 매우 다르다. 따라서 '인공'이란 단어가 덧붙는다. 기계 지능은 수학 방정식 풀이와 같은 일부 작업에서는 사람의 지능보다 훨씬 뛰어나지만, 풀어야 할 방정식 문제를 만들거나 인간의 가치를 포함한 어떤 작업을 수행하는 데 있어서는 훨씬 미흡하다. 내 스마트폰에 내장된 계산기는 나보다 더 빠르고 정확하게 계산을 할 수 있다. 나는 그것을 위협적이라고 생각하지 않고 유용하게 사용한다. 내가 원하는 것은 모든 인공 기기를 위협적인 것이 아니라 유용하게 만드는 작업을 확실히 해두는 것이다.

인공지능은 가치 있는 능력과 끔찍한 약점을 모두 가지고 있다. 인공지능으로 작동하는 기술은 우리의 활동을 지원하는 유용한 도구가 될 수 있지만, 항상 기억해야 할 사실은 인공지능을 갖춘 장치는 사람이 아니라 기계이며, 우리는 사람이라는 점이다. 우리는 서로 다르며, 다양성은 가치 있을 수 있다. 인공지능 기기의 한계를 보여주는 좋은 예는 자율주행 자동차 분야에서 나온다. 자율주행 자동차를 움직이는 많은 알고리즘은 신경망 기반 알고리즘을 사용한다. 이러한 강력한 시스템은 대부분의 사람들보다 뛰어나며 일부 작업에서는 전문가들보다 우수한 결과를 내지만, 이는 심층 이해가 아닌 패턴 인식을 통해 작동한다. 현대의 인공지능 시스템은 의료 영상(X-ray 및 MRI)에서 의학적 이상(종양 및 암)을 찾는 작업과 같이 기본적으로 패턴 인식인 작업에 탁월하며, 잘 훈련된 많은 방사선 전문가보다 더 능숙할 때도 있다. 그러나 이해가 부족한 부분이 생기면 의사에게 의존할 수밖에 없다. 자동차에 적용해보면 고속도로 한가운데에 주차된 응급 차량과 같은 특이한 상황을 이해하는 데 어려움을 겪을 수 있다. 물체를 보거나 이해하는 데 어려움이 있다는 것은 그것들을 무시하는 것(이미 사고와 사망에 이르게 함)을 의미할 수 있다. 반대로 일부 인공지능 시스템은 차량과 보행자 또는 자전거가 건너려고 하는지 여부를 판단할 수 없을 때 교차로를 통과하는 것을 망설이며 지나치게 신중하다. 이러한 신중함은 뒤에 있는 다른 차량들이 해당 자동화 차량의 느리고 주저하는 동작을 예측하지 못해서 충돌하는 사고로 이어질 수 있다.

자동차 제조업체들은 운전자들에게 자동화 시스템에 문제가 있을 경우 항상 경계하고 대비할 준비가 되어 있어야 한다고 경고하는 방식으로 법적 방어를 행한다. 이 전략은 법정에서는 효과가 있을지 모르지만, 인적 요인과 심리학 분야의 연구자들(나를 포함한)이 수십 년간 연구해온 결과를 무시한다. 아무 문제가 없는 시스템을 몇 시간, 혹은 심지어 며칠 동안 주의 깊게 모니터링한다는 것은 결국 모니터링을 계속할 수 없음을 의미한다. 사람들은 한동안 어떤 일도 일어나지 않는다면 예기치 않은 사건이 일어날 가능성에 주의를 집중할 수가 없기 때문이다. 이에 관한 내용은 다음 섹션에서 다시 다루도록 하겠다.

일상생활에서는 여러 개념이나 밈^{Meme}, 의상 스타일, 그리고 음악 장르와 같은 유행들이 선풍적으로 인기를 끌다가 사라지곤 한다. 학문적인 담론도 마찬가지이며, 과학과 기술도 예외가 아니다. 초기 인공지능 분야는 상징적인 시스템과 추론에 중점을 두었다. 이를 두고 오늘날 우리는 '기호주의 인공지능^{Good Old-fashioned AI}'이라고 부른다. 이 분야는 많은 성공을 거두었지만, 범위에 있어서 제한이 있었다. 다시 말해, 잘 확장되지 않았다. 그리고 나서, 1980년대에 신경망^{Neural Networks}에 대한 초기 연구가 부활함에 따라 '병렬 분산 네트워크^{Parallel-distributed}

Networks' 또는 '연결주의 네트워크 Connectionist Networks'라고 불리는 시스템의 단기 유행이 이어졌고, 마침내 '신경망'으로 불리게 되었다. 이러한 초기 네트워크는 단지 3중 레이어로 이루어져 있었고 꽤 작았기 때문에, 이 유행은 오래가지 않았다. 결과적으로 여기에는 많은 제한이 있었지만, 몇몇 사람들은 어쨌든 계속해서 연구를 이어나갔고, 오늘날의 네트워크는 수백 또는 수천 개의 레이어를 가지며 피드포워드 루프와 피드백 루프를 모두 갖추고 있다. 즉, 매우 정교해진 것이다. 그리고 현재 '딥러닝 네트워크 Deep-learning Networks'라고 불리고 있다. 내가 담당했던 박사 후 과정 연구생이던 제프린 힌트 Geoffrey Hinton은 초기 3중 레이어 신경망의 초기 개발자이자 오늘날의 딥러닝 시스템 개발자 중 한 사람이다. 그에게 어떤 이론적인 돌파구가 차이를 만들게 되었는지 물었을 때, 이런 대답이 돌아왔다. "아무것도 아니에요. 돌파구는 오늘날 컴퓨터가 그 당시보다 대략 3,000만 배 정도 더 강력하다는 것 정도입니다." (그는 겸손했다. 초기의 학습 역전파 Back-propagation 알고리즘은 레이어가 증가함에 따라 잘 작동하지 않았고, 그는 새로운 알고리즘을 개발하여 작동하게 만들었다).

딥러닝은 유행하고 있는 분야다. 앞서 언급한 대로 신경망은 패턴 인식이라는 중요한 기능에 뛰어나서 얼굴이나 분자 구조 및 기타 패턴을 인식하는 데는 탁월하지만, 추론은 불가능하다는 한계가 있다. 또한 신경망은 수백만 개의 (신경망을 구성하는 기본 요소) 내부 노드 Node에 대한 가중치를 조정하여 작동하므로, 그 작동 방식을 이해하기가 매우 어려우며 때로는 불가능하기도 하다. 신경망이 사물을 인식하는 메커니즘은 신경망에 프로그래밍되어 있지 않다. 따라서 신경망은 다양한 상황이 주어질 때, 수백만 개의 가중치를 학습한다. 대부분의 경우, 신경망은 대출 승인이나 보석금 결정 혹은 법정에서 선고를 내리는 등의 업무에서 사람들의 과거 사례를 기준으로 인간의 활동을 재현하도록 학습하며, 그 결과 선입견과 적대감으로 완성된 인간의 판단을 재현하는 데 능하다. 처음에는 기계 사용이 인간의 편견을 제거할 것으로 생각되었지만, 그 예측은 곧 잘못된 것으로 밝혀졌다. 훈련 세트가 (의도하지 않게) 편향되었고, 네트워크는 그러한 세트를 기반으로 학습했기 때문에 인종, 성별, 사회 계급, 교육 수준 등에 대한 인간의 편견을 단순히 복제하게 되었다.

해결책은 무엇일까? '설명 가능한 인공지능^{Explainable AI}', 즉 **XAI**를 탐구하는 사람들과 같이 이 문제를 연구하고 있다. 그들은 학습 세트를 생성하는 새로운 방법을 개발하고, 몇몇 경우에는 실제 인간 데이터를 사용하는 대신 컴퓨터 시뮬레이션 시스템이 개발한 종합적인 상황을 사용하고 있다. 메릴랜드대학교 컴퓨터과학과 교수인 벤 슈나이더만^{Ben Shneiderman}은 윤리적이고 공정하며 인도적인 인간 중심 시스템의 디자인을 오랫동안 옹호해왔다. 그의 책 《인간 중심의 **AI**^{Human-Centered AI}》는 기술을 인간화하는 개발에 중요한 기여를 한다. 이는 사람들을 물건으로 취급하거나 기계의 노예로 다뤄지는 것을 막는 디자인 대안을 제공하며, 인간 중심 디자인을 인류 중심으로 바꾸고 있다. 나는 개인적으로 고전적인 상징적 추론과 신경망의 각각의 장점들을 결합하여 서로의 결함을 극복해야 한다는 생각을 가지고 있다.

기술 중심 접근법은 인간의 장점을 결함으로 만든다

기술자들은 심지어 자동차와 항공기까지 많은 기계와 도구를 만들고, 이를 다시 다른 기계들, 보통은 인공지능을 가진 기계들이 통제하도록 만들고 있다. 그리고 우리는 그런 세계 속에 갇혀버렸다. 그런 기계들은 사람이 할 수 있는 일을 무엇이든 하므로 사람들이 할 수 없는 일을 대신해주기를 기대하는 것 외에는 할 수 있는 일이 없다. 이로써 사람들은 이러한 기기의 행동을 계속 주시하고, 기계가 작업을 수행할 수 없어서 근로자가 그 작업을 빠르게 인계받아야 하는 시점까지 주로 관찰만 할 뿐이다. 오늘날 자동화된 자동차들도 정확히 이와 같은 특성을 지니고 있다. 이런 자동차들은 거의 스스로 운전이 가능하다. 그리고 이 '거의' 때문에 매우 위험하게 된다. 대부분의 경우, 자율주행 자동차들이 운전을 너무 잘해서 사람들은 자율주행을 신뢰하기 시작하고, 이는 사람들의 주의를 떨어뜨린다. 즉, 호기심이 생기고 몽상을 하며, 무엇보다 가장 끔찍한 것은 계속 딴생각을 하는 것이다. 이 모든 것들은 그 자체로는 긍정적인 것들이지만 운전자가 자동화된 자동차의 성능을 관찰해야 할 때는 주의를 산만하게 만든다. 더 단순한 기계일지라도 사람들은 하인이 될 수밖에 없다. 세탁기와 식기세척기를 생각해보자. 그런 기기들은 자동으로 옷과 그릇을 깨끗하게 해주지만, 사람들은 옷과 세탁을 넣고 빼야 하며, 세제를 추가하고, 기계에 문제가 발생하면(예를 들어, 세탁기가 균형을 잃고 덜컹거리는 소리를 낼 때) 대신 처리해야 한다. 결과적으로 사람들은 기계의 요구를 충족시키는 존재가 된다. 우리의 거의 모든 활동은 이러한 기술적 편향으로 제약을 받는다. 이런 편향은 기계의 디자인에는 모든 노력을 기울이지만 사람들에게 부과되는 이상한 요구 사항에는 별로 주의를 기울이지 않는 것을 말한다. 이런 철학은 자연스러워 보이지만, 사실 잘못된 것이다.

사람들은 창의력, 문제 해결력, 그림 그리기와 같은 질적인 행위에는 뛰어나지만 새로울 것이 없는 상황에서 주의를 기울여야 하는 습관적인 작업에는 서툴 수 있다. 따라서 긴급한 상황이 발생하면, 예상치 못한 충격을 받는 것이 당연하다. 그렇다면 왜 기계는 우리에게 주의를 기울이는 일에 대한 경고를 제공하지 않는 것인가? 주의를 기울여야 하는 것이 아무것도 없는 것 같을 때 주의를 기울이는 일에는 서투르다. 그래서 긴급한 상황이 발생하면, 당연히 깜짝 놀라게 된다. 이에 대한 대응으로, 왜 기계는 우리에게 미리 경고를 해주지 않는 것일까? 그 건 기계가 언제 고장 날지 모르기 때문이다. 그래서 기계는 우리가 능숙하지 못한 주의를 기울여 그것이 언제 고장 날지 살피는 일을 하도록 요구한다. 그것이 기계의 필요와 부합한다.

사람들의 필요와 능력을 이해하는 것부터 시작해서 이를 보완하고 향상시킬 수 있는 장치를 디자인할 것을 제안한다. 제조 방법을 개발할 때도 마찬가지다. 사람들의 능력을 고려하는 것부터 시작해서 사람들이 수행할 수 없거나 지루해하거나 위험한 작업을 기계가 수행하도록 해야 한다. 이런 방식으로 우리는 사용하고 있는 기계에 종속되기보다는, 기계가 우리의 하인이 되도록 만들 수 있다.

공장과 그 조립라인의 디자인이 바탕을 둔 철학은 근본적으로 잘 못되었고, 비인간적이며 도덕적으로도 문제가 될 가능성이 있다. 사람들은 반복적인 작업과 장시간 무언가를 모니터하는 작업 그리고 높은 정확성과 정밀도를 요구하는 장시간 동안의 작업을 유난히 잘하지 못한다. 또한 철자와 간단한 산술 작업에서도 실수를 범한다. 기계는 이러한 작업 모두를 우리보다 더 잘할 수 있다. 그러나 부품이 다른 크기와 모양으로 나오거나 단순히 다른 위치의 조립 라인에 배치되면 기계는 대처할 수가 없기 때문에(아주 최근까지도), 사람의 존재가 필요하다. 일부 제조 작업 중에는 기계가 고정 장치를 삽입하거나 용접을 해야 하는 위치까지 들어갈 수가 없어서 사람들이 기계에 맞추기 위해 몸을 비틀어야 한다.

현재의 사고방식은 우리에게 기술적인 조건에 따라 일을 하도록 강요하며, 이는 우리가 잘하지 못하는 일을 하도록 강요한다는 것을 의미한다. 그런 다음 우리가 못하는 일을 잘하지 못한다는 것이 밝혀졌을 때, 우리에게 비난이 돌아온다. 인적 오류, 주의 산만, 주의 부족, 게으름 등 모든 부정적인 용어들이 우리에게 쏟아진다. 나는 이것이 말도 안 된다고 생각한다.

직장과 사람들의 일상생활에 스며든 기술의 지배력은 기술의 필요가 사람들의 필요보다 우선한다는 것을 의미한다. 도시는 보행자가 아니라 자동차를 수용하기 위해 수정되거나 설계된다. 고객들은 상품에 유혹될 수 있으며 조작될 수 있고 중독까지 될 수 있는 대상으로 취급된다. 사람들의 가장 긍정적이고 창의적인 측면 중 일부가 기계의 성능을 방해할 때, 우리는 그러한 긍정적인 속성을 부정적인 것으로 다시 분류한다. 사람이 잘하는 것 중 하나는 환경의 변화를 알아차린다는 것이다. 우리는 자연스럽게 호기심이 생기고, 신경계는 변화에 민감하게 반응하도록 절묘하게 진화했다. 그러나 기술 중심의 세계에서는 호기심뿐만 아니라 우리에게 할당된 작업의 지루하고 따분한 특성도 우리를 새롭고 참신한 무언가를 생각해보거나 관찰하거나 듣도록 이끌 수 있다. 이로 인해 우리는 작업 중에 산만해지고, 결과적으로 실수를 하거나 사고로 이어질 수 있다. 그러면 우리는 비난을 받는다. 우리는 이를 '인적 오류'라고 부른다. 사용자가 산만한 상태를 뜻하는 것이다.

그러나 나는 이러한 결과를 '인적 오류'라고 부르지 않고, '디자인 오류'라고 부른다. 사람들에게 따분하고 지루한 일을 하도록 요구하는 것은 유전적으로 부적합한 일을 요구하는 것이다. 예상치 못한 상황을 처리하는 데만 인간의 판단과 사고를 요하는 완전하고 완벽한 작업의 자동화는 매우 어렵다. 자동차 운전과 같은 작업의 자동화는 사람이 작업을 감독할 필요가 없을 정도로 충분히 개선될 때까지 몇 년 동안은 부분적으로만 효과적이다. 어떤 작업의 경우에는 그런 조건이 결코 달성되지 않을 수도 있다. 여기서 문제는 자동화가 점점 더 개선되고 있기는 하지만, 여전히 불완전해서 사람들이 몇 시간 동안 계속해서 모니터링해야 한다는 것이다. 자동화가 더 개량될수록 모니터링 작업은 더 어려워진다. 왜냐하면 자동화가 잘 이루어질수록 인간의 개입이 필요한 사건들이 덜 발생하므로 호기심과 주의 산만함의 폐단이 뒤따르게 되기 때문이다.

유일하게 좋은 자동화는 완벽한 자동화다. 완벽한 자동화는 존재한다. 가정용 식기세척기를 생각해보자. 초창기에는 작업 중인 모습을 지켜봐야 했지만, 오늘날에는 그럴 필요가 없다. 이는 대부분의 가정용 자동화 장비에 해당한다. 하지만 비즈니스와 상업적 활동에서 자동화는 더 어렵다. 왜냐하면 업무가 더 복잡하고, 예상치 못한 문제가 발생할 가능성이 더 높기 때문이다. 바로 이 지점에서 '인적 오류'라는 말이 일반적으로 사용된다.

집중, 호기심, 딴생각 그리고 몰입

우리는 외부에서 무언가를 인식할 때마다 호기심 어린 행동을 보이며, 그것이 우리의 주목을 끌 때 새로운 사건에 의식을 집중시킨다. 우리는 이전에 집중하고 있던 것이 무엇이었든지 상관없이, 이제 새로운 사건에 관심을 두고 그것이 무엇인지, 그 의미와 함축을 이해하려고 노력한다. 딴생각도 이와 아주 비슷하지만, 이 경우에는 우리의 의식적인 관심이 다른 것으로 이동해서 오래도록 집중하게 되는 계기가 어떤 내부적인 것에서 비롯된다는 사실이 다르다. 호기심과 딴생각은 창의성에는 좋지만 작업을 완료하는 데는 좋지 않다. 어떤 것을 완성하는 일은 집중을 요하며, 그 집중은 부정적인 변화도 새로운 도화선도 없으며, 호기심도 없는 강렬한 집중을 의미한다. 호기심과 집중력, 이 둘은 훌륭한 파트너다. 하지만 이는 우리 모두 스스로 어떤 상태인지를 통제하는 법을 배워야 한다는 것을 뜻한다. 호기심과 딴생각이 인간의 결점일까? 아니, 우리가 몹시 지루한 활동을 하도록 강요당할 때만 결점이 된다. 그렇게 되면 지루해진 마음은 더 흥미롭고 중요한 것들을 생각하게 되기 때문이다.

정신적 중독은 호기심과 딴생각과는 반대되는 속성이다. 이는 우리가 한 활동에 너무 깊이 몰두해서 현재 우리가 해야 할 다른 일들을 포함해서 세상과 완전히 단절될 때 발생한다. 이런 깊은 몰두는 창의적인 일을 할 때나 몰입력 있는 책을 읽을 때, 혹은 어렵지만 흥미로운 문제를 해결할 때 대단히 생산적이다. 일을 마무리하는 데 필요한 집중력이지만 종종 다른 활동들에 피해를 입히게 된다. 즉, 마음이 완전히 사로잡히는 것이다. 미하이 칙센트미하이Mihaly Csikszentmihalyi는 이러한 정신 상태를 '몰입Flow'이라고 부르며 이 개념을 광범위하게 연구해왔다. 그러나 우리 세계에서 보통 그렇듯이, 어떤 개념이든 긍정적이거나 부정적인 방식 모두로 사용될 수 있으므로 '몰입' 역시 '중독'으로 뜻이 전환되었다. 기업들은 사람들이 자신들이 하고 있는 것을 멈추기 어렵다고 느끼는 중독 상태로 만들기 위해 최선을 다한다. 컴퓨터 게임을 하거나 도박을 하는 것 또는 소셜미디어의 사소하고 유혹적인 정보에 시간을 보낸 것 등이 여기에 해당한다.

이렇게 가정해보자. 어려운 문제를 두고 고민해봤지만 어떻게 해도 해답을 찾을 수 없다. 얼마나 오랫동안 열심히 고민했건 간에 말이다. 물론 의식적으로 그 문제를 포기하고 다른 문제로 넘어갈 수 있다. 하지만 이미 한참 동안 잠재의식 속에서 동기 부여를 한 탓에 쉽게 놓지 못한다. 때로는 몇 시간에서 몇 주 심지어 몇 달 동안이나 계속해서 같은 문제로 고민한다. 심리학자들은 이 기간을 '부화기Incubation'라고 부른다. 그러다가 갑자기 예고도 없이 잠재의식이 가능한 해답을 의식으로 전달한다. 잠재의식은 사실 꽤 똑똑해서 의식적 사고가 어떤 것에 깊이 집중하고 있으면 알림을 주지 않는다. 대신 마음속이 조용해질 때까지 기다린다. 그런 순간이 오면, 현재 하고 있던 일이 무엇이든지 간에 우리가 해결할 수 없다고 생각했던 중요한 문제로 생각이 다시 전환되게 된다. 다른 모든 행동과 마찬가지로, 이 역시 적절한 시간에 적절한 양으로 생각이 전환될 때는 호기심을 활용하거나 변화에 주의를 기울이는 것 혹은 딴생각을 하게 두는 것이 강력한 도구가 될 수 있다. 물론 호기심이나 딴생각이 중요한 활동에 집중하지 못하게 한다면, 함께 일하는 다른 사람들에게는 매우 짜증 나는 일일 수 있으며, 그 일이 중대할 경우 심지어 위험할 수도 있다. 이런 경우, *주의 부족*이라는 부정적인 용어는 타당하다.

기술은 인류의 삶에 필수적이다. 결국 우리 주변에 있는 거의 모든 것은 인공적이고, 그 인공성의 많은 부분은 우리에게 옷을 제공하는 것부터 우리가 쓰고 읽을 수 있게 해주는 것, 우리를 위해 요리하는 것, 우리를 보호하는 것, 그리고 우리를 이동시켜주는 것까지 다양한 방식으로 우리를 지원하는 기술이다. 그 목록은 방대하다. 기술의 새로운 발전은 많은 유익한 방식으로 우리의 삶을 도울 것을 약속한다. 어떤 기술은 대기, 토지, 그리고 바다를 오염시키는 폐기물을 청소하고, 파괴적인 대기 중 가스로 이어지는 것을 방지하기 위해 개발되었다. 그리고 또 어떤 기술은 생태계를 해치지 않으면서 전 세계적으로 생명체들을 유지할 수 있는 삶의 방식을 알려주기 위해 고안되었다. 우리 모두 이런 기술들이 인류 중심이 되도록 주의를 기울여야 한다. 즉, 모든 생물과 환경의 필요에 관심을 기울이고, 의도적인 것과 의도하지 않은 편견과 선입견 모두를 주의 깊게 고려해야 한다. 기술의 미래가 기대된다.

35.

기술의 미래

과학, 공학, 그리고 기술. 이 분야에서 일하는 사람들은 창조하고 꿈꾸고 발명하는 일을 멈추지 않는다. 내가 어떻게 아냐면 나도 그들 중 한 명이기 때문이다. 나는 항상 새로운 아이디어와 새로운 방법을 고민한다. 엔지니어였을 때는 무언가를 만들었다. 심리학자이자 인지과학자였을 때는 실험을 하며 새로운 연구 결과, 새로운 해석, 그리고 문제에 대한 새로운 사고방식을 찾으려고 노력했다. 기업 임원이자 스타트업 기업에 조언자였을 때도, 그리고 디자이너로 활동할 때도 나는 새로운 방법과 새로운 도구, 새로운 기술에 대해 생각했다. 지금도 여전히 이 모든 것을 하고 있지만, 이제는 대부분의 시간을 세계 각지의 디자이너를 위한 자문과 새로운 교육 과정 개발에 할애하며, 내가 배운 것에 관한 글을 쓰는 데 사용하고 있다. 이 책 역시 그런 노력의 일환이다.

과학과 기술은 결코 멈추지 않으며, 이는 기술이 항상 변하고 있다는 것을 의미한다. 그러므로 오늘날 우리가 기술에 대해 무엇을 말하든, 그건 내일에는 구식이 될 것이다(단, 문과 수도꼭지, 전등 스위치는 제외다. 아마도 20년 이상 지난 후에도 이 세 가지는 변함이 없을 것이다).

과학에서 어떤 새로운 진전이 결국 새로운 기술로 이어지게 될까? 과학에서 발견된 원리가 제품에 일부 사용되기까지는 오랜 시간이 걸리며, 그다음에 엔지니어들과 기술자들이 믿을 수 있고 가격이 적당한 유용한 제품을 생산하는 데는 또다시 여러 해가 걸린다. 새로운 제품이 소개된 후에도 일상생활에 받아들여지고 흡수되기까지 또다시 10년이 훌쩍 걸릴 수 있다. 이렇게 긴 리드타임Lead time(아이디어부터 실제로 제품화되기까지의 시간)은 다음 10년이나 20년 후에 어떤 제품이 시장에 나오게 될지를 예측하는 것을 쉬워 보이게 만든다. 그저 연구실에서 어떤 작업을 하고 있는지 확인하면 되니까 말이다. 어떻게 하면 될까? 저널을 읽고 학회에 참석하고 특허 출원을 검토하면 된다.

주의할 점은 연구실에 있는 대부분의 아이디어가 결코 상품으로까지 이어지지 않는다는 것이다. 상품이 된 아이디어들 중에서도 대부분은 시장에서 성공하지 못한다. 스타트업이라고 불리는 새로운 회사들은 대부분 실패한다. 그들의 상품이 좋지 않아서가 아니다. 실패는 여러 가지 이유로 일어날 수 있다.

나는 확신을 갖고 예측할 수 있다. 미래의 모든 기술적인 돌파구는 그것이 세상에 나오기까지 10년에서 20년 앞서 연구 개발 연구소에 처음 등장할 것이라고 말이다. 언젠가 허버트 사이먼은 내게 이렇게 말한 적이 있다. "미래를 예측하는 것은 쉽다. 사람들은 항상 그렇게 하고 있다. 어려운 건 정확하게 맞추는 것이다."

스스로 기술자이자 디자이너로서 어려움을 알면서도 미래에 대한 고민은 멈출 수가 없다. 예측이 아닌 전망하는 관점에서 말이다. 전망한다는 것은 미래의 가능성을 탐구하는 것이다. 때로는 다양한 합리적인 시나리오를 제시하면서 때로는 모두 다르더라도 (기상예보의 경우처럼) 사건이 발생할 가능성을 논의하면서 말이다. 목표는 정확한 것이 아니라 (가능하지 않기 때문에), 대신 준비태세를 갖추는 것이다. 획기적인 기술은 자주 나오는 것이 아니며, 예기치 않은 경우가 많다. 더욱이 획기적인 기술의 등장과 그것이 유용하고 신뢰할 수 있으며 적당한 가격으로 세상에 나타나는 것 사이의 간격은 수십 년으로 추정된다. 전 세계의 연구실에서의 활동은 전망을 위해 중요한 원천이다. 위대한 획기적인 발견들 중 많은 것들이 실사용되기에는 충분하지 않은 경우가 많을 테지만, 일부는 가능할 것이다. 그러나 이러한 모든 가능성에 대비한다면, 어떤 일이 일어나더라도 준비가 되어 있을 수 있다.

여기 기술의 미래에 대한 몇 가지 전망들이 있다. 마이크로와 나노 일렉트로닉스의 발전은 사물을 점점 더 작게 만들 것이고, 속도와 정확도는 증가하는 반면에 전력 사용은 점점 줄어들 것이다. 사이즈의 축소로 인해 작은 휴대용 장치에서 고급 기술의 처리가 가능해지며, 이는 다시 다양한 새로운 기술들이 알맞은 가격으로 유용하게 사용되도록 할 것이다. 새로운 센서들은 물리적인 것과 생물학적인 변수 모두를 측정할 수 있게 될 것이며, 이는 인간과 동물 행동 관찰에서의 추론을 포함할 것이다. 통신 기술은 매우 작아지고 어디에서나 가능하게 될 것이며, 작고 강력한 컴퓨팅 장치 및 다양한 센서들과 결합되면 세상의 거의 모든 중요한 것들을 모니터링하고 감독할 수 있게 될 것이다. 이러한 새로운 장치 중 많은 것들이 이동식일 것이며, 심지어 오늘날의 드론처럼 프로펠러를 사용해서 공중을 날 수 있을 것이다. 특히 작은 물체의 경우에는 다양한 생물학적인 메커니즘을 사용하여 펄럭이는 날개를 다는 것도 가능해질 것이다. 1990년대에 논의되고 예측되었던 보이지 않고 어디에나 존재하는 컴퓨팅의 세계는 오늘날 가능한 것보다 훨씬 더 우리와 함께 할 것이다. 배터리와 모터의 발전은 많은 것들에 엔진을 달아줄 것이며, 여기에는 유모차와 쇼핑카트뿐 아니라 보행이나 균형에 어려움을 겪는 사람들을 위한 보행기와 보행 보조기가 포함된다. 사실 이런 장치들 중 일부는 엑소스켈레톤Exoskeleton이 더 작아지고 성능은 더 강력해지고 지능적으로 되면서 불필요해질 수 있다. 오늘날의 자동차들은 이미 수백 개의 모터를 가지고 있으며, 이 중 대부분이 전기 모터다. 이미 모터로 구동되는 서핑보드와 스케이트보드가 있는데, 이런 것들을 만들 수 있었다면 이제는 움직이는 부품으로 이루어진 거의 모든 물체로 우리가 무엇을 할 수 있을지 생각해보자.

엑소스켈레톤, 그것은 무엇일까? 종종 외골격이라고 불리며, 외부 구조를 가리키는 용어가 '엑소스켈레톤'이다. 이 장치는 부상으로 인해 몸에 장애가 있는 사람이 걷거나 팔다리를 사용할 수 있도록 도와주는 장치다. 또한 무거운 물체를 들거나 혼자서 수행하기 어려운 작업을 수행할 때 더 많은 힘을 발휘할 수 있도록 돕는 역할을 한다. 이 기술은 100년 이상('걷기를 용이하게 하는 장치'로 1890년에 미국 특허가 등록되었음)이 넘는 기간 동안 연구해온 기술로, 많은 공상과학 소설과 영화에서 꿈꾸는 기술이다. 외골격의 과도한 무게와 에너지 공급 문제를 극복할 수 있다면, 언제가 외골격은 일상적인 장치가 될 것이다. 일반적으로 가장 흔한 에너지 공급원은 배터리인데, 전력 사용량이 너무 많아서 배터리의 무게와 제한적인 수명이 심각한 문제점으로 작용한다. 현재로서는 외골격 기술이 병원에서 재활 목적으로 사용되거나 일부 제조시설에서 무거운 물체를 다루는 데 도움을 주는 상용장치로 활용되고 있다. 또한 군대에서는 다양한 테스트 단계에 있는 외골격 장치를 개발 중이다.

생물학적인 발전은 어떤가? 그 분야는 아주 다양해질 수 있다. 모든 질환을 위한 감지기, 몇 시간 안에 저렴하게 이루어지는 유전체 서열 분석, 새로운 생체지표와 감지기. 그리고 진단과 모니터링 및 통증 완화를 비롯해 근육제어 향상을 위한 새로운 스마트 시스템 등 치료법은 아니더라도 기저 질환의 부정적인 영향을 최소화해줄 다양한 장치들이 있다. 이러한 기기들 중 많은 것들이 의료 보조원의 감독 없이 가정에서 사용되거나 몸에 착용할 수 있으며, 때로는 신체 내부에 장착될 것이다.

생물학적 및 신경학적 처리에 대한 새로운 이해는 많은 발전을 가능하게 할 것이다. 그리고 생물학적으로 영감을 받은 제품의 사용이 증가할 것이다. 의학의 발전은 가정에서의 분석과 모니터링이 가능해지고, 각 환자의 필요에 적합한 개별화된 의학을 통해 환자의 의학적 상태에 대한 더 나은 예측과 치료로 이어질 것이다.

에너지를 사용하는 모든 장치에는 새로운 에너지원이 생기고 효율성도 높아질 것이다. 그리고 전 세계가 계속해서 보호되고 생산적인 직업, 교육, 그리고 삶을 이어가는 데 필요한 기술을 생산하는 새로운 방법이 생길 것이며, 이 모든 것이 세계의 생태계에 해를 끼치지 않으면서 이루어질 것이다.

돈의 개념은 아마도 매우 많이 바뀔 것이다. 당장 암호화폐만 보더라도 새로우면서도 혼란스러운 개념이다. 암호화폐는 디지털 형태의 돈이지만 차이점이 있다. 돈 자체가 혼란스러운 개념이라 그 개념을 이해하는 사람은 거의 없다. 돈이 단순한 개념이라고 주장하기 전에, 왜 사람들이 종잇조각이 가치 있다고 가정하는지에 대한 답을 해보자. 돈은 주로 정부에 대한 신뢰 때문에 가치를 가지지만, 그 신뢰는 무엇에 기반하는가? 따라서 암호화폐가 비록 혼란스럽기는 하지만, 그건 원래 돈의 본질이 혼란스럽기 때문이며, 거기에 완전히 새로운 방식의 돈의 생성과 이전 그리고 사용이 결합되었을 뿐이다. 오늘날, 적어도 글로벌 노스에서는 사람들이 점점 물리적인 화폐 사용에서 멀어지고 있다. 나는 개인적으로 일주일 동안 미국에서 유럽으로 여행을 다녀왔는데, 종이나 동전으로 된 돈을 사용할 필요가 없었다. 세계의 많은 돈이 신용카드든 송금이든 그 형태를 막론하고 물리적인 것이 아니라 디지털화되었다. 오늘날 우리는 지갑에서 돈을 꺼내 건네주는 대신 스마트폰과 같은 스마트 기기를 사용하여 개인 간이나 상점으로 직접 지불할 수 있으며, 이를 보통 '모바일 머니'라고 부른다. 수많은 저소득 국가들에서는 여전히 대부분의 목적으로 현금이 사용되지만, 모바일 머니의 사용도 빠르게 증가하고 있다. 소위 스마트폰 혁명은 세계 곳곳의 매우 빈곤한 지역까지 단순하고 저렴한 스마트폰을 제공했기 때문에 가능했다. 점점 더 많은 사람이 농산물의 가격 같은 정보(이를 통해 중개업자의 과도한 수수료를 줄임)를 얻거나 자금을 디지털 이체할 수 있게 되었다. 국제통화기금IMF, International Monetary Fund은 모바일 머니 계좌가 많은 저소득 국가와 중간소득 국가에 널리 퍼져있다고 보고했다. 브루킹스연구소는 디지털 화폐 거래가 빈곤 종식이라는 유엔의 지속가능개발목표를 달성할 수 있다고 내다봤다. 돈의 미래가 디지털이라는 것이 점점 더 분명해지고 있다.

오늘날 모든 디지털 화폐는 여전히 정부 기관을 포함한 은행 시스템을 통해 유통된다. 암호화폐는 이 과정을 만족스럽고 신뢰할 수 있는 방식으로 바꾸게 될까? 어떤 사람들은 암호화폐가 아직 초기 단계이므로, 오늘날 암호화폐에 대해 알려진 것이 앞으로 그것이 할 수 있는 잠재력을 의미하지 않는다고 믿는다. 돈은 그저 종이일 뿐이거나 데이터베이스 속에 존재하는 디지털 수치일 뿐이다. 돈은 사람들이 그것을 발행한 정부에 대한 신뢰가 있기 때문에 작동하는데, 이는 여러 나라의 돈은 서로 다른 신뢰 가치를 가진다는 것을 의미한다. 암호화폐에 깊이 관여하는 많은 사람은 암호화폐가 근본적으로 화폐에 대한 새로운 관점과 시각을 나타낸다고 믿는다.

앞으로 기술, 생명공학, 센서 및 모터의 많은 발전은 인공지능이 주도해 나갈 것이다. 인공지능은 얼마나 위협적일까? 어떤 기술이든 마찬가지일 테지만 가장 위협적인 부분은 이 기술을 현명하지 못하게 사용하는 것이다. 그건 고릴라와 같다. 고릴라는 야생에서는 평화롭다. 초식동물이기 때문에 하루의 많은 시간을 풀과 나뭇잎, 씨앗 그리고 과일 등을 먹으며 보낸다. 만약 종용하고 지혜롭게 접근한다면, 고릴라와의 상호작용은 즐거운 경험이 될 것이다. 인공지능은 위협적일 필요는 없지만, 상호작용하게 될 인간에 대한 충분한 이해와 인간을 대체하는 것이 아닌 인간의 활동을 향상시키는 것을 목표로 지능적으로 접근하고 디자인하며 구현되어야 한다.

불행하게도 인공지능 및 대부분의 혁신적인 기술을 디자인하고 출시하는 기술전문가들은 종종 자신들의 특별한 기술적 전문성에 자부심을 가질 뿐, 윤리적 고려와 사회적 공정성 그리고 개인들의 통제력을 보장하는 데 필요한 사항들을 무시하는 경향이 있다. 이들은 새로운 기술을 어떻게 디자인하여야 사람들이 그 작동 방식과 성능을 편안하게 받아들이게 만들지에 대해 거의 생각하지 않는다. 이러한 사회적 관계와 조직적 문제들은 개발팀의 기술적 전문성의 영역을 벗어난 것처럼 느껴질 때가 너무도 많다. 사실 이런 한계는 이해할 만한 것인데, 기술은 특정 유형의 전문성을 필요로 하며, 인간과 인류 중심의 디자인 원칙들은 윤리와 형평성과 마찬가지로 전혀 다른 전문 분야이기 때문이다. 이는 왜 모든 기술자 팀에는 이러한 원칙들을 이해하고, 기술자들이 그 문제를 다룰 수 있도록 도울 사회과학자들이 포함되어야 하는 이유다. 새롭고 놀라운 기술을 기다리고 있는 대중에게 서둘러 제공하려는 과정에서 기술자들과 디자이너들은 종종 사회적인 문제를 제쳐두게 되었으며, 이는 인공지능이 현재의 나쁜 평판을 갖게 이유 중 하나다.

자동화는 인공지능이든 로봇 또는 기타 기술 등을 통해 작업 방식을 바꾸게 될 것이다. 그 변화가 작업 개념의 변화로 이어진다면 긍정적인 일이 될 것이다. 33장에서 논의했듯이 우리가 일이라는 개념에서 직업이라는 개념으로 전환할 수 있다면 어떨까? 일을 번거롭고 부담스러운 활동으로 여기는 많은 사람에게 필요한 소득을 제공하되 매일 해야 하는 활동이 아닌 직업의 개념으로 말이다. 직업과 전문직으로 일자리를 대체하자. 그렇게 해서 근로자들이 자신들의 성취에 자부심을 가질 수 있는 수단으로 소득 활동에 의미를 부여해보자.

그리고 AI^{인공지능}의 문자 A에 주목해보는 것이 중요하다. A는 'Artificial^{인공}'을 의미한다. 인공지능과 인간의 지능은 상당히 다르며, 그 다양성은 양날의 검이 된다. 위협적일 수도 있지만 올바르게만 활용된다면 사람들의 능력을 강력하게 향상시키는 원천이 될 수 있다.

공학용 계산기가 값싸고 흔해졌을 때를 기억하는 사람이 있을 것이다. 학교에서는 학생들이 그런 계산기를 사용하도록 허용할 것인지를 두고 큰 혼란이 있었다. 만약 학생들이 항상 계산기를 사용할 수 있다면, 산술 능력을 잃게 될 것이라는 주장으로 논쟁이 이어졌다. 결국 그 소동은 대부분 끝이 났다. 학생들은 여전히 산술을 배우지만, 계산을 해야 할 때 (대부분의 성인도 마찬가지로) 계산기를 사용하는 경우가 많다. 나 역시 컴퓨터의 계산기를 자주 사용한다. 물론 덧셈과 뺄셈, 곱셈과 나눗셈을 할 줄 알지만, 실수를 하기도 한다. 그렇다면 컴퓨터 사용을 사용하지 않을 이유가 있는가?

대수방정식이나 미적분학의 적분 또는 미분방정식을 풀 때, 왜 계산기를 사용하면 안 되는 것인가? 나는 대학에서 공부할 때, 손으로 정리한 핸드북에서 적분의 답을 찾곤 했다. 이러한 핸드북은 때로 오류를 포함하고 있었으며, 심지어 모든 답을 주지도 않았다. 핸드북 하나가 모든 가능한 미분 도는 적분방정식을 다루는 것은 불가능하기 때문이다. 그래서 어떤 방정식을 핸드북에 있는 방정식 중 하나와 일치하는 형식으로 풀기 위해 많은 조정을 해야 했다. 오늘날에는 방정식을 빠르게 해결할 수 있는 다양한 컴퓨터 프로그램 중 하나에 해당 방정식을 입력하기만 하면 된다.

게다가 나는 복잡한 연산을 하기 위해 로그를 배우고, 큰 값이 표시된 까다로운 수식표를 사용해야 했다. 다행히도 지금은 그런 방식으로 작업할 필요가 없어져서 정말 다행스럽다. 나는 아직도 슬라이드 룰 Slide Rules이라고 불리는 장치들을 가지고 있다. 이 장치는 유리 커서 아래에 나무 막대를 앞뒤로 움직여서 산술 및 삼각함수의 해달을 찾는 데 사용하는 기계 장치로, 로그 스케일로 눈금이 배열되어 있어 복잡한 계산이 가능했다. 그러나 이러한 장치의 정확도는 소수점 이하 네 자리까지로 제한되어 있으며, 이는 머릿속으로 계산할 때의 정확도와 유사한 수준이라는 점을 기억하자. MIT에서 로켓 디자인에 관한 수업을 들은 적이 있는데, 과제를 완성하는 데 꼬박 일주일이 걸리기도 했었다. 그건 이해하기 어려워서가 아니라 너무 많은 계산을 수행해야 했기 때문이다. 그러고도 우리는 항상 틀린 답을 얻었는데, 이유는 우리가 무엇을 하고 있는지를 이해하지 못한 게 아니라 너무 많은 계산 문제로 인해 어느 부분에서 오류를 범하면 그 오류가 전체 문제에 영향을 미쳤기 때문이다. 오늘날에는 계산기나 첨단 컴퓨터 프로그램을 사용해서 그때와 동일한 문제를 30분 안에 풀 수 있다. 오늘날 컴퓨터 도구와 인공지능을 사용하면 학생들은 내가 대학 시절 풀 수 있던 것보다 훨씬 더 복잡한 문제를 풀 수 있으며, 더욱이 학생들을 단순히 수치적인 답을 얻는 것이 문제 뒤에 숨겨진 과학적 원리에 집중하게 할 수 있다.

방정식을 풀기 위해 컴퓨터를 사용하는 것이 나쁜 일일까? 그렇지 않다! 이 도구는 공학자들이 실제 문제에 집중하고, 여러 가지 대안을 시도하며, 가정을 다시 생각해볼 수 있게 해준다. 지루하고 따분하며 비생산적인 수학 방정식을 푸는 데 시간과 에너지를 낭비하는 대신 공학자가 될 수 있게 해준다. 방정식 풀이? 그건 기계가 수행하는 것이 가장 적합한 기계적 작업을 포함한다.

하지만 컴퓨터가 문제를 해결할 수 있다고 해서 공학자들의 일이 없어지는 건 아니다. 오히려 그 반대로 공학자들은 방정식으로 개발하는 첫 단계에서, 그리고 나중에 답이 실제로 요구 사항을 충족했는지를 결정하기 위한 평가 단계를 위해 필요하다. 만약 충족하지 않는다면, 방정식 개발 단계로 돌아가 가정을 재검토하고 나서 다시 시도해야 한다. 우리가 수동으로 방정식을 풀어야만 했을 때, 각 상호작용 단계마다 몇 시간이 소요될 수 있다. 하지만 오늘날에는 단 몇 분이면 처리할 수 있다. 이 속도는 개선된 풀이법으로 이어지며, 이전에 해결할 수 없었던 문제를 해결할 수 있게 한다. 방정식을 푸는 기계적인 지루함을 컴퓨터로 대체하면서 공학자들은 실제적인 기술, 즉 방정식을 공식화하고 결과를 해석하는 것에 집중할 수 있다. 고급 도구들이 그 일을 긍정적인 방향으로 바꾼 것이다.

컴퓨터와 계산기를 사용할 때 공학자들의 능력이 향상되는 것과 마찬가지로, 한 사람이 지능형 기계와 결합하면 향상된 능력을 갖출 수 있다. 나는 많은 활동에서 이와 동일한 현상이 가능하다고 본다. 〈뉴욕타임스〉의 기술 칼럼니스트인 존 마코프John Markoff는 이 주제에 관해 《축복의 기계Machines of Loving Grace》라는 훌륭한 책을 썼다. 이는 기계와 기술의 역사를 검토하고, 인공지능AI 대신 지능증폭IA, Intelligence Amplification을 활용할 때 진정한 이익을 얻을 수 있다고 제안한다. 다시 말해, 기계가 인간의 능력을 증폭하고 강화시키며 협력자와 조력자가 되는 것이다. 과학·공학·의학 국립 학술원은 인공지능 사용에 대한 연구를 진행한 후 '인공지능 시스템이 인간과 팀 동료가 되어 효과적으로 기능해야 할 필요성이 증가할 것'이라고 결론 내렸다. 더욱이 '단순히 제한된 행동만 수행하는 도구가 아니라 팀의 일원으로 인공지능 시스템을 바라보면, 인간과 인공지능이 한 팀을 이뤄 성공해나갈 수 있도록 인공지능 시스템의 디자인을 향상시켜야 힐 필요성이 부각될 것'이라고 덧붙였다.

우리는 인공적인 세상에 살고 있다. 우리의 삶을 지배하는 인공적인 제품들 없이는 더 이상 살아남을 수 없는 상황이다. 그러나 오늘날 기술은 종종 우선순위를 가지며, 사람들에게 인위적인 요구 사항에 따라 행동하도록 강요한다. 이런 관점을 바꿀 때가 왔다. 이제는 사람을 최우선시하고, 원하는 활동을 할 수 있도록 허용하고 장려해야 할 때이며, 기술은 사람이 하지 못하는 작업을 하도록 만들 때이다. 어떤 작업이 있을까? 그건 3D 작업으로 알려진, Dull지루한, Dangerous위험한, Dirty더러운 작업이다.

6부
디자인 행동

36.

무엇을 할 수 있을까?

지구가 직면한 문제들은 너무도 엄청나다. 일반 사람들이 개인적인 행동을 바꿈으로써 긍정적인 기여를 할 수도 있겠지만, 이 과제는 방대하며 변화의 규모도 너무 크기 때문에 많은 부분이 국가와 대규모 단체, 기업 등을 통해 이루어져야 한다. 필요한 변화와 관련된 엄청난 비용은 주요 정치적 갈등을 일으키기도 한다. 게다가 큰 영향력을 가진 많은 힘 있는 개인과 기관들은 변화가 자신들의 이익을 해칠 것이라고 느낀다. 이 모든 요소가 많은 정부들이 앞으로 나아가는 것을 망설이게 되는 이유가 된다. 여기서 시민 참여가 반드시 필요한데, 투표가 정치인들의 권력 유지에 필요하며 매출도 기업에 필수적이므로 거대한 여론이 강력한 영향을 미칠 수 있기 때문이다.

세상이 직면한 문제들은 우리 모두에게 영향을 미친다. 따라서 우리의 행동 또한 전 세계적 범위를 목표로 해야 한다. 영향력을 미치는 다양한 방법들을 분류하는 여러 방법이 있지만, 하향식과 상향식 접근법의 구별이 필수적이며, 두 가지 모두 필요하다.

이 책의 제목은 《행동 디자인》이다. 이 모든 것에서 디자인의 역할은 무엇인가? 이 마지막 6부에서는 책의 주제를 돌아보면서, 개인과 조직이 할 수 있는 역할, 다양한 학문 분야가 해나갈 역할 그리고 세계의 디자이너들이 기여할 수 있는 것이 무엇인지를 이해해보고자 한다. 나는 이 장을 하향식 참여와 상향식 참여를 검토하는 것으로 시작한다. 하향식 참여는 주로 정부를 비롯해 유엔, 세계은행, 그리고 다양한 다국적 기관과 회의 또는 대규모 사립재단 등과 같은 국제적 조직을 통해 이루어진다. 상향식 참여는 개인이나 작은 그룹이 주도해 나가는 활동이다. 그중 일부는 비정부 기구NGO, Non-government Organization나 작은 재단, 때로는 작은 도시나 마을 정부 내에서 공식적으로 투입된 단체들일 수도 있다. 물론 모든 활동이 이 두 가지 주요 범주에 적절하게 부합하는 것은 아니다. 이 논의 이후에는 하향식 참여와 상향식 참여 모두에 의해 행해질 수 있는 주요 활동들을 검토한다.

37장에서는 다른 작업 방식에 대해 다루며, 마지막으로 38장은 이 책의 주요 요점을 재검토한다.

하향식 활동

하향식 활동은 정부(최상위) 수준의 가장 높은 곳에서 시작되는 활동이다. 여기서의 목표는 정부, 시민, 지도자 그리고 각계각층의 권위 있는 사람들과 조직들(재단, 산업계, 학계)이 입장을 취하고 긍정적인 행동을 시작하며, 부정적인 행동을 줄여나가도록 하는 것이다. 이러한 활동은 조직의 맨 꼭대기에서 시작하여 조직의 관료 체계를 통해 아래로 이동하면서 조치를 제정하고 실행한다. 이러한 움직임은 기관이 지침을 수립하고 정부가 정책과 법률을 제정하도록 만든다. 그리고 모든 시민에게 이런 조치들이 도달할 때까지 관료 체계를 통해 계속해서 아래로 이동할 것이다. 11장에서 논의한 유엔의 기후 변화에 관한 회의와 17가지 지속가능발전목표를 대상으로 하는 이니셔티브는 하향식 활동의 완벽한 예시다.

하향식 활동 구조는 일반적으로 감당하기 어려운 크고 비용이 많이 드는 다년간의 프로젝트를 생성한다. 따라서 25장에서 27장까지 이러한 프로젝트를 피할 수 있는 방법에 대해 강력하게 설명했다. 그리고 대형 프로젝트를 피할 수 없는 경우 어떻게 해야 하는지를 28장에서 논의했다.

일부 경우에 하향식 조치가 필수적이다. 특히 시민들에게 바람직한 조치가 산업계에는 비용이 너무 많이 든다고 판단되는 경우에는 더욱 그렇다. 비용이란 실제 지출이나 기업이 매출이나 이윤 감소를 우려하는 것까지 포함된다. 마찬가지로 중요한 무역단체나 노동조합 또는 설득력 있는 로비 능력과 의결권을 가진 대형 단체들도 구성원들에게 부정적인 영향을 미칠 것으로 인식하여 반대할 수 있다. 어떤 기업도 첫 번째로 나서서 값비싼 비용을 떠맡으며 행동을 취하기를 원하지 않는다. 따라서 비용은 더 증가하며 가격도 점점 더 상승하게 된다.

주요 에너지원을 화석 연료에서 생태학적으로 건강한 에너지원으로 바꾸려는 시도는 하향식 조치에 대한 많은 어려움을 잘 보여준다. 오랫동안 유엔의 호소와 국제 성명 등을 통한 노력이 이루어져 왔지만, 실제로 이러한 전환을 이루어내기까지는 정부의 조치 없이는 거의 불가능했다. 정부의 조치는 산업계와 다른 모든 사용자가 이러한 전환을 채택하도록 유도하는 힘이 있다. 또한 비용을 모두에게 공평하게 분산시키는 이점도 있다. 그런데도 미국의 상대적인 무대응과 대통령 한 명의 입장 변화 후 어떤 일이 벌어졌는지 살펴보자. 전 대통령 도널드 트럼프는 기후 변화에 문제가 있다는 사실을 전면적으로 부인하고 이를 고려한 모든 조치를 무효화하기 위해 애썼다. 그러고 나서 다음 대통령인 조 바이든이 무효화된 것들을 복귀시키려고 노력했지만, 그의 많은 제안은 불만이 많고 분열되어 있는 상원을 통과할 수 없었다. 게다가 석유와 천연가스의 정상적인 유통을 중단시킨 국제적인 위기는 새로운 에너지원이 서유럽 국가들에게 정상적으로 공급되는 것을 막았다. 이로 인해 해당 국가들은 석탄 발전소를 재개하고 친환경적인 비화석 연료로의 전환을 중단할 수밖에 없었다. 우크라이나에서의 전쟁이 러시아에서 북유럽 국가들로 가는 석유와 가스의 공급을 둔화시켰기 때문에, 미국은 이제 새로운 유정을 찾아 더 많은 석유 공급의 개발을 장려하기에 이르렀다. 에너지원으로 쓰이는 천연가스와 석유의 사용을 억제하고 중단하는 것을 번복한 것은, 정부가 선택의 여지가 없다고 느꼈기 때문이다. 그렇게 하지 않으면 국민들이 전기를 사용하지 않는 방법밖에 없다고 판단한 것이다.

정부의 개입이 늦어진 경우는 꽤 흔하다. 자동차 안전벨트의 역사를 생각해보자. 안전벨트는 1930년대에 몇몇 개별적인 상황에서 사용되었을 뿐, 생명을 구하고 부상의 심각성을 최소화한다는 강력한 증거에도 불구하고 모든 새 차량에 안전벨트를 설치해야 한다는 의무화는 1966년까지 이루어지지 않았다. 그로부터 미국의 모든 50개 주에서 안전벨트 사용을 의무화하기까지는 1997년까지 31년이 걸렸으며, 심지어 그때도 뉴햄프셔주는 성인이 아닌 유아에게만 안전벨트 착용을 요구했다. 이처럼 안전벨트 착용 법안을 시행하는 것과 같은 간단한 일도 반세기 이상이 걸렸다.

위 사례는 우리에게 필요한 변화에 대해 무엇을 시사하는가? 안전벨트가 한 예라면, 정부의 어떤 의미 있는 조치가 있기 위해서는 20년이 걸릴 수 있으며, 구체적인 조치가 시행되기까지는 어쩌면 수십 년이 더 걸릴 수도 있다는 뜻이 된다. 지금 자동차의 안전벨트처럼 비교적 간단한 것에 대해 이야기하는 것이 아니라는 점을 기억하자. 우리는 무엇을 어떻게 측정할지에 대한 방법과 그 측정치가 사용되는 방식에 있어 주요 변화를 이야기하고 있다. 우리는 채굴과 디자인, 제조 그리고 제품의 사용에서 일어나는 주요 변화를 이야기하고 있다. 현재는 세계 여러 곳에서 채굴된 재료를 사용하지만, 앞으로는 재배하고 가공할 수 있는 생물학적 물질을 사용하여, 이러한 물질이 다시 자연으로 돌아가게 하는 방향으로 전환해야 하는 주요 변화를 이야기하고 있다. 이러한 변화는 쉽게 이루어지지 않는다. 물론 2100년 정도에는 큰 성과가 있으리라고 상상할 수 있다. 그때가 되기까지, 우리 중 많은 사람이 더는 살아있지 않을 것이고, 어떤 국가는 존재하지 않을 것이며, 세계 여러 지역은 해수면 상승, 국가 내륙 지역의 홍수, 가뭄, 폭풍우, 화재, 그리고 대형 폭풍(토네이도, 허리케인, 태풍)에 의해 황폐화될 것이다.

상향식 활동

상향식 활동은 대중의 정서를 동원하고 국가의 관료들에게 행동을 취하도록 압력을 가하는 개개인의 시민들이 모여 시작된다. 수많은 단체들이 정부 조치에 영향을 미치기 위해 자신을 조직화하고 있다. 그레타 툰베리Greta Thunberg는 전 세계 수백만 명의 사람들을 움직인 단일 개인의 가장 성공적인 사례일 것이다. 그녀의 영향력은 학생부터 시작하여 주요 국가의 지도와 총리, 유엔의 고위 관계자뿐 아니라 교황까지 이르렀다. 하지만 이제는 수많은 학생들과 시민들도 단합하고 있다. 이런 종료의 대규모 동원은 중요하다. 어떤 단체들을 성공적이었다. 일부는 정부가 작은 조치라도 취하도록 설득했으며, 다른 일부는 지역 사회에 영향을 미칠 수 있었다. 하지만 또 어떤 그룹은 실패했다.

개인들도 이런 운동을 시작할 수 있다. 클린트 보르겐Clint Borgen은 코소보 전쟁 동안 난민 캠프에서 자원봉사자로 활동하고, 그 후 유엔에서 인턴으로 근무했다. 그렇게 알래스카 어선에서 일하며 번 돈으로 시작한 국가 캠페인이 현재는 두 미국 국회의원(한 명은 공화당이고 다른 한 명은 민주당인 아주 균형 잡힌 구성)을 이사로 두고 있는 규모가 되었다. 그는 이 캠페인을 '보르겐 프로젝트'라고 부른다. 이 프로젝트는 미국의 북서부 구석에 있는 워싱턴주 터코마에서 시작되었다. 식량 안보, 신생아 생존, 깨끗한 물과 위생 그리고 식량 원조 개혁을 주로 다루고 있으며, 이러한 목표를 달성하기 위해 국회의원들과 회동하고 전 세계 사람들을 동원하고 있다.

기타 활동

세계는 하향식 또는 상향식 분류에 딱 맞게 계층적 구조로 깔끔하게 정리되어 있지 않다. 많은 기업이 예산과 전 세계적 영향력 면에서 몇 개 국가들을 합친 것보다 더 큰 규모로 국제적인 위상을 가진다.

상당히 작은 것부터 매우 큰 규모에 이르는 많은 NGO와 재단들은 비계층적 구조를 가지고 있다. 한 NGO인 글로벌 저스티스^{Global Justice}가 전 세계 경제 주체 중 상위 100개를 순위별로 나열한 결과 69개가 기업이고 31개만이 국가인 것으로 나타났다(하지만 주의하라. 앞서 밝힌 이런 글로벌 순위에 대한 내 생각을 떠올려보자). 이 단체들은 하향식으로 된 거대한 조직들이다. 그렇다면 일반 사람들은 어떻게 해야 할까? 우리는 무엇을 할 수 있을 것인가?

37.

——————

우리는 무엇을 할 수 있는가?

오늘날 세계의 문제들은 단순히 인식을 높이거나 무엇을 해야 하는지 논의하는 것만으로는 해결될 수 없다. 해결책에는 행동이 필요하다. 우리는 어떤 긍정적인 행동을 취할 수 있을까? 다음은 우리가 할 수 있는 몇 가지 행동들과 더 나아가 이미 진행 중인 행동들이다.

단합: 기존 프로젝트 결합하기

많은 개인과 그룹, 조직, 정부가 행동을 취하는 모습이 관찰된다는 건 반길 만한 일이다. 논문과 책을 비롯해 접근 방식이 너무 많아서 모든 것을 따라갈 수 없을 정도다. 더 좋은 건 많은 사람이 연합을 결성하고, 개인의 노력을 증폭시키기 위해 힘을 합쳐 정치인과 기업 리더 및 영향력 있는 사람들과 같은 중요한 의사결정권자들이 대응에 나서도록 압박하고 있다는 것이다.

지구를 보호하고 불평등을 줄이며 환경을 개선하기 위한 많은 변화가 처음에는 일부 사람들의 삶에 부정적인 영향을 미칠 수 있다는 것은 주요한 어려움 중 하나다. 장기적으로 세계에 필수적이고 유익한 많은 변화가 가까운 미래에는 지역적으로 피해를 입힐 수 있다는 점을 인지해야 한다. 석탄 채굴이나 화석 연료의 채굴, 시추, 가공 및 유통을 직

업적으로 삼고 의존하는 사람들을 생각해보자. 더 말하자면, 제조 과정
에서 발생하는 폐기물과 같은 외부효과를 제거하기 위해 지금 당장 비
용을 지불해야 하는 기업에게 미치는 영향을 생각해볼 수 있다. 지구를
치료하는 데 드는 비용이 이러한 기업에게 상당한 시간과 노력, 비용을
지출하게 하는가? 당연히 그럴 것이다. 이러한 비용은 해당 기업 제품에
비용을 추가하게 하여 경쟁력을 잃게 만들 것이며, 이는 다시 회사를 운
영하는 데 필요한 매출과 수입의 손실을 의미하게 될 것이다. 인류는 이
모든 정당한 문제를 직시해야 한다.

사람들의 삶과 기업의 생존 가능성에 미치는 부정적인 영향은 반
드시 해결되어야 한다. 그렇지 않으면 앞으로 나아가는 길이 너무 느려
질 것이다. 여기가 전문 디자이너뿐 아니라 모든 사람의 창의성이 필요
한 지점이다. 이 책을 읽는 창의적인 사람들과 기업가들에게 주어진 특
별한 목표는 잃어버린 일자리를 대체할 새로운 직업을 만드는 것이다.
대체되는 직업은 근로자의 기존 능력과 관심사를 활용해야 한다. 사람
들을 재교육하자는 많은 시도들은 실직한 근로자들이 배워야 하는 기술
종류에 있어서 완전히 비현실적이다. 그보다는 기존 재능을 활용할 방
법을 찾는 편이 더 낫다. 직업을 잃은 사람들에게는 자신의 능력을 사용
하고, 흥미를 불러일으키며, 자신과 가족을 돌볼 충분한 수입뿐 아니라
성취감과 삶에 대한 통제력을 제공하는 활동이 필요하다.

산업은 디자인과 제조 과정을 바꾸어야 하며, 제품에 대한 변경이
필수적일 것이다. 산업의 변화에 따른 비용은 두 가지 방법으로 처리될
수 있다. 첫째, 록키 마운틴 연구소Rocky Mountain Institute의 공동 창립자
인 아모리 로빈스Amory Lovins의 선례를 따를 수 있다. 그는 산업체가 생
성한 폐기물 중 얼마나 많은 양이 실제로 상실된 수익을 나타내는지 알
수 있게 만들었다. 그리고 폐기물을 줄이거나 더 낮은 비용으로 재사용
되는 방법을 제안하고 추가 수입을 창출할 수 있도록 공장과 제조 과정

을 재구성하게 했다. 둘째, 모든 사람에게 이로운 정책을 개발하기 위해 중요한 의사결정자들과 함께 건설적인 회의들을 개최할 국가적인 협력 기관을 세우는 방법이 있다. 경쟁 기업 간의 회의는 무엇보다도 독점 금지 규정을 위반하는 것을 피하기 위해 섬세하게 다루어져야 한다. 이 과정은 유사한 산업과 직업을 하나로 모아서 건설적인 회의를 주최해온 기존의 협회와 그 네트워크를 통해 시작될 수 있다. 이는 모든 당사자가 계획을 발전시킬 수 있는 방안을 생각해낼 수 있게 한다. 회의는 모든 회사에 공개되어야 하지만, 구체적인 사업과 전략, 가격 또는 소유권 정보에 대한 논의를 포함해서는 안 된다.

추가 비용을 피할 수 없는 경우에도 기업들은 모든 기업이 동일한 기준을 충족하도록 요구하는 국가 법률에 동의할 수밖에 없다. 정책이 시행된 후에야 자동차 업계는 제조업체들에게 자동차에 크럼플 존, 안전벨트, 에어백, 제동장치 개선 및 미끄러짐 제어 등과 같은 안전 기능을 추가하게 만들 수 있었다. 정책이 모든 기업에 동일한 방식으로 영향을 준다면, 모든 기업이 동일하게 경제적 부담을 공유할 수 있다.

정책을 도입하기가 그렇게 쉬운 것은 아니다. 이미 36장 하향식 활동에서 지적했듯이, 미국의 모든 자동차에 안전벨트를 장착하기까지 유일한 방법은 자동차 제조사들에게 설치를 강제하는 정부 규제뿐이었으며, 그마저도 오랜 시간이 걸렸다. 우리가 지금부터 해야 할 투쟁은 훨씬 더 복잡할 것이다. 지금 당장 시작하는 것이 중요하다.

모두를 향한 경고

문제를 해결하기 위한 첫 번째 필수 단계는 문제를 인식하고 받아들이는 것이다. 여기에서 의사소통이 열쇠가 된다. 과학계, 그중 가장 대중적인 시야를 가진 과학자들부터 시작하여 정치인들 그리고 나서 이러한 집단에 속하지 않는 시민들로 이어지는 소통이 있어야 한다. 기후에 미치는 인간의 영향에 대한 우려는 1957년 로저 르벨^{Roger Revelle}과 한스 수에스^{Hans Suess}가 기후 변화와 지구 환경의 일반적인 악화에 대해 경종을 울렸을 때 제기되었다. 그들은 별 볼 일 없는 과학자들이 아니었다. 로저 르벨은 스크립스 해양학 연구소의 소장이자 케네디 행정부에서 내무부 장관의 과학 고문이었다. 한스 수에스는 방사성 탄소 연대 측정법을 개발하는 데 기여한 사람 중 한 명이었다. 르벨은 샌디에이고에 있는 캘리포니아대학교에 설립을 추진했다. 그리고 수에스는 그곳의 최초 네 명의 교수 중 한 명이 되었다(나는 1966년에 그곳에 합류했고, 르벨대학의 교수로 재직 중이다). 르벨과 수에스의 논문은 과학계에서 매우 중요했지만, 정부에는 아무런 영향을 미치지 않았다. 그런 다음 정치인들이 참여하기 시작했으며, 아마도 가장 잘 알려진 인물은 1993년부터 2001년까지 미국 부통령으로서, 강렬한 강연과 책 그리고 영화를 통해 기후 변화에 반대하는 행동을 오랫동안 옹호해온 앨 고어^{Al Gore}일 것이다. 그리고 나서 마침내 일반 시민들이 참여하기 시작했으며, 그들 중 몇몇은 세계적인 명성도 얻었다. 르벨과 수에스 논문이 발표된 지 약 65년 후인 2010년대 후반과 2020년대에, 36장에서 언급한 젊은 스웨덴 학생인 그레타 툰베리는 전 세계적으로 수백만 명의 사람들을 동원했다.

이를 '모두에게 경고하기' 접근법이라고 부르자. 현재와 예정된 문제들을 경고하고 전파하는 것은 중요하지만, 지구온난화의 타임라인이 보여주듯이 경고는 행동을 시작하는 데 필요한 많은 단계 중 첫 단계일 뿐이다. 불행하게도 기후 변화의 경우, 경고가 60년 이상 계속되었지만 거의 조치가 이루어지지 않았다.

30년 동안 유엔은 유엔기후변화협약 당사국총회^{COP, Conference of Parties}에서 매년 경고를 내고 있다. COP1은 1995년, COP26은 2021년

11월이었다. 26년간의 값비싼 세계열강들의 회의가 다양한 협정과 합의들을 만들어냈지만, 만장일치를 얻기 위해 심각하게 약화된 것들 뿐이었다. 그렇다면 회의가 끝난 후에는 어떨까? 협정들이 심각하게 약한 내용이었는데도 불구하고 당사국들은 이행하지 못했다.

COP26은 스코틀랜드의 글래스고에서 개최되었고, 목적에 대한 여러 가지 좋은 의견이 많았지만 결국은 상당히 약화된 설명을 내놓았다. 그렇다. 여러 조약이 작성되었지만, 정작 미국이 어떻게 대응했는지 들여다보자. 빌 클린턴 대통령은 1998년에 교토 의정서에 서명했지만, 그의 후임인 조지 W. 부시 대통령은 해당 조약을 포기했다. 2015년 COP에서는 버락 오바마 대통령이 파리 협정을 받아들였지만, 그의 후임자인 도널드 트럼프는 이 조약을 포기했을 뿐 아니라 화석 연료에 대한 의존을 없애기 위해 오바마 대통령이 시행했던 100개 이상의 규정을 철회했다. 대신 트럼프 대통령은 시추와 채굴을 확대했다. 2021년에 조 바이든 대통령이 회의에 다시 합류하며 미국이 선구자가 되리라고 약속했지만, 의회는 바이든이 이를 위해 제안한 야심 찬 계획에 지지를 거부했다. 미국 연방대법원은 현직 대통령이 오염을 줄이기 위한 노력을 강화하기 위해 부과한 대부분의 규제들이 제정법이 아닌 대통령 포고문에 의해 만들어졌기 때문에 불법이라고 판결했다. 하지만 입법부는 교착 상태에 빠져 있고 조치를 취하지 않을 것이다. 어떤 종류의 법안들은 입법 과정을 통과할 것으로 예상되지만, 필요한 변화를 이루기 위해 시행할 자금과 활동의 수가 현저히 감소할 것이다. 미국의 이러한 의견 변동은 주요 프로젝트가 직면하는 극도의 어려움을 보여준다. 세계의 지도자들이 행동하기로 합의했다고 하더라도, 그 지도자들은 한 국가의 정책을 모두 통제하지 않는다. 즉, 여러 의회와 국회에서 선출된 대표들이 통제하는 일이며, 지도자들은 다음 선거에서 교체될 수 있다.

기후 변화에 주목한 결과, 어떤 중요한 일이 있었을까? 앨 고어가 수년 전인 2008년 화석 연료 사용을 중단하도록 촉구했음에도 불구하고, 2021년 처음으로 화석 연료가 기후 변화의 주요 원인으로 지목되었다. 왜 COP 회의에서 화석 연료를 기후에 대한 주요 위협으로 지목하기까지 13년이나 걸렸을까? 전 세계의 석탄 소비 국가들이 반대했기 때문이다. 실제로 COP26에서는 석탄 연소를 단계적으로 중단해야 한다는 처음 제안된 용어가 변경되었다. 밤늦게까지 계속된 2주간의 긴 세션 후, 인도의 주장에 따라 원래 제안되었던 '단계적 중단'에서 더 약화된 '단계적 감소'로 변경된 것이다.

개발도상국들이 직면한 딜레마는 현실적으로 존재한다. 인도를 포함해서 석탄을 태우는 모든 국가는 선택의 여지가 많지 않다. 그들은 증가하는 인구 수요로 인해 점점 더 많은 전기가 필요하지만, 현재로서는 신뢰할 수 있는 전력 공급이 부족하다. 석탄 연소가 강력하고 위험한 스모그를 발생시키며 대도시 주민들에게 피해를 미치는 동시에 지구온난화에도 장기적으로 악영향을 미치는 것에도 불구하고, 이런 국가들은 화석 연료를 사용할 수밖에 없다. 더 깨끗한 에너지원을 구축하고 도입하는 데는 상당한 시간과 자원이 필요하기 때문이다. 만약 운송과 공장 가동에 화석 연료의 사용을 줄이면, 전력 생산과 송전 비용이 증가하게 될 것이다. 그렇게 되면 새로운 발전소를 건설해야 하고, 증가하는 전력 수요를 감당하기 위해 새로운 송전선과 변압기도 필요하게 될 것이다.

게다가 전기를 생산하는 무공해 에너지원(풍력, 태양, 수력)은 오늘날의 발전소 위치로부터 멀리 떨어져 있을 뿐 아니라 전기가 필요한 곳에서도 멀리 떨어져 있다. 이는 더 많은 송전선을 필요로 하는데, 이런 송전선을 생산하기 위해서는 화석 연료 에너지가 필요할 뿐 아니라 제안된 송전선 위치 주변에 거주하는 사람들로부터 많은 반대가 제기될 것이다. 사람들은 송전탑이 세워질 땅의 손실과 높은 구조물과 전선으로 뒤덮일 자연경관의 심미적 손실, 그리고 송전선에서 나오는 방사선에 대한 공포(공포는 증거에 근거하지 않을 수 있다. 인식만으로 프로젝트를 중단시키거나 지연시키기에 충분하다) 때문에 반대할 수 있다. 이 모든 요소는 이산화탄소와 메탄의 주요 배출원인 석탄과 석유 그리고 천연가스의 사용을 줄이려는 시도에 대해 심각한 정치적 그리고 경제적인 도전을 불러일으킨다. 실제 비용은 많은 사람이 우려하는 것만큼 크지 않을 수 있다. 록키 마운틴 연구소는 이러한 변화가 어렵지 않고 꽤 수익성이 있을 수 있다고 주장하는 〈중량 운송 및 산업열에 대한 수익성 있는 탈탄소화Profitably Decarbonizing Heavy Transport and Industrial Heat〉라는 낙관적인 보고서를 발행하기도 했다.

국가들을 대응하게 만드는 요소는 무엇인가? 중대한 재해로 인한 사망과 황폐화, 그리고 비용이 많이 드는 재건이 필요한 경우, 국가들에게 행동을 촉발시킬 수 있다. 하지만 이는 명백히 희생자들과 부상자 그리고 노숙자가 된 사람들 및 가까스로 해수면 높이와 비슷하게 살고 있는 국가들에게는 늦은 시기일 것이다. 경고는 필요하지만 그것만으로는 충분하지 않다. 31장에서 지적했듯이, 사람들은 재난을 예방하려고 하지 않고 재난 후에 회복하는 데만 노력을 기울이는 경향이 있다.

기술적 접근법

복잡한 시스템의 문제는 사회적, 정치적, 경제적, 기술적 등 매우 다양한 접근법으로 다뤄야 한다. 여기서 각각의 방법은 필수적이지만, 단일 접근법만으로는 충분하지 않다. 마이크로소프트와 게이츠 재단의 공동 창립자인 빌 게이츠는 탁월한 기술전문가다. 2020년에 그는 기후변화에 대한 자신의 접근법을 소개하는 《빌 게이츠, 기후재앙을 피하는 법: 우리가 가진 솔루션과 우리에게 필요한 돌파구》를 출판했다. 게이츠는 극복해야 하는 광범위한 기술적 도전 목록을 제시하고, 각 도전에 대한 문제점과 이를 해결하기 위해 제안된 다양한 기술들을 철저히 검토한다. 이러한 아이디어가 실행될 수 있다면, 기후 변화의 증상에 대처하는 데 필요한 강력한 대응이 가능할 것이다. 게이츠의 제안은 적절하고 가능하지만, 충분한 정치적 및 경제적 지원이 있을 경우에만 실현 가능하다.

캘리포니아 실리콘밸리의 유명한 벤처 투자가인 존 도어John Doerr는 자신의 책《존 도어의 OKR 레볼루션, 기후 변화와 새로운 부의 기회》에서 목표를 설정하고 주요 결과를 확인하는 자신의 방법OKRs(목표Objectives를 설정하고, 해당 목표가 달성되었는지 판단하기 위한 지표인 핵심 결과Key Results를 확인하는 것의 약자)을 활용하여 목표가 달성되었는지를 보여줄 것을 제안한다.

두 책 모두 훌륭하고, 많은 정보를 담고 있으며, 문제와 제안된 해결책에 대한 상당한 증거로 가득 차 있다. 게다가 두 사람은 문제와 가능한 해결책을 식별하는 데 있어서 상당히 일관성이 있다. 게이츠는 기술에 더 많은 비중을 두고, 도어는 의미 있는 목표를 설정하고 그 노력의 성패를 측정하는 절차에 더 많은 비중을 싣는다. 도어는 스타트업 기업들이 사용할 수 있는 OKR 방법을 개발했으며, 신출내기 스타트업 기업가 둘에게 그 효과를 납득시켰을 때 가장 성공적으로 빛을 발했다. 그 기업은 구글이다. 구글의 공동 설립자인 래리 페이지Larry Page와 세르게이 브린Sergey Brin은 성공의 많은 부분 OKR 방법 덕분이라고 생각하며, 구글은 오늘날에도 여전히 그 방법을 사용하고 있다.

그러나 위의 두 책과 유사한 기술 중심의 제안들은 이 책에서 설명하는 행동 및 사회적 문제를 해결하지 못한다. 두 책의 저자들은 모두 자신들의 기술 전문성을 활용하여 기후 변화의 증상에 대처하려고 노력하고 있지만, 기초적인 차별과 편견, 정단 간의 심화된 분열 및 기타 사회적 장벽으로 인해 의미 있는 개혁을 방해하는 문제들을 해결하지 못하고 있다. 이러한 문제는 아프리카, 아메리카, 아시아, 유럽 및 오세아니아 등 전 세계 국가에서 찾아볼 수 있다. 문제의 핵심은 인간 행동이다. 물론 기술적인 문제를 해결하는 것이 중요하지만, 인간의 행동을 한 문제는 계속될 것이다.

두 책은 기후 변화를 해결하기 위한 법률, 규제 및 정부 지출 정책의 역할에 대해 논의하고 필요한 정책 종류에 상당한 관심을 기울인다. 그러나 어느 책도 너무 많은 해를 끼치고 있는 오늘날의 관행이 생기게 된 원인이자 적절한 정책(예를 들어, 사람과 기업 및 생계에 단기적 피해만 입히는 정책)을 채택되지 못하게 만드는 핵심 문제에 대해 깊이 파고들지 않는다. 또한 이러한 문제를 극복할 방법에 대해서도 논의하지 않는다.

오늘날 세계에는 서로 충돌하는 두 개의 강력한 힘이 있다. 한편으로는 기후 변화의 위험에 대처하는 과정에서 일자리를 잃고 계속해서 수입과 주거지를 잃게 될 많은 노동자와 역시나 대응 과정에서 고통받을 많은 소상공인과 기업들의 강력한 목소리가 있다. 다른 한편으로는 우리가 신속하게 행동하지 않으면 모든 사람에게 더 좋지 않은 고난을 예측하는 과학계의 목소리가 있다. 첫 번째 목소리를 따르면 현상은 유지되겠지만, 어떤 대응을 하더라도 너무 적고 너무 늦을 것이다. 지금 당장 행동하기 위해 두 번째 목소리를 따른다면, 생태계는 안정화되지만 경제적으로 피해를 입을 많은 사람의 희생이라는 비용을 치러야 할 것이다.

우리가 직면한 주요 문제에 대한 적절한 접근법은 무엇인가? 간단한 답은 없다. 해결을 위해서는 원인 문제에 접근하기 위한 모든 측면에서의 다각적 공동의 노력이 필요하다. 기술적, 경제적, 정치적, 법적, 조직적, 상업적, 산업적 그리고 사회적 측면에서 말이다. 이 문제들은 거대하고 복잡하며, 사회기술 및 환경적 시스템뿐만 아니라 모든 것의 중심에 있는 인간의 행동도 포함하고 있다.

여기 위의 기술에 중점을 둔 두 책보다 더 큰 희망을 주는 세 번째 책이 있다. 바로 환경운동가 폴 호켄^{Paul Hawken}의 책인 《한 세대 안에 기후 위기 끝내기》다. 이 책은 매우 낙관적인 제목을 가지고 있다. 호켄의 책은 내 책과는 매우 다르지만 유사한 관점을 공유하고 있다. 예를 들어, 나는 이 문제가 많은 분야를 아우르는 복잡한 문제임을 강조한다. 그중에서도 가장 중요하고 어려운 부분은 인간의 행동이라고 지적한다. 호켄 또한 그의 책에서 이와 유사한 관점을 다음과 같이 표현하고 있다. '기후 위기는 과학적 문제가 아닌, 인간의 문제다. 세상을 변화시키는 궁극적인 힘은 기술에 있지 않다. 그건 우리 자신과 모든 사람, 더 나아가 모든 생명에 대한 존경과 존중 그리고 연민에 달려 있다. 그것이 바로 재생이다.'

호켄의 의견에 동의한다. 인간의 행동은 문제의 주요 원인이며, 따라서 해결책의 핵심이 된다. 내가 디자인 분야가 그 해결책에서 주요한 역할을 할 수 있다고 제안한 이유가 바로 여기에 있다. 왜 그럴까? 사례를 다시 한번 살펴보자. 디자인은 관련된 모든 중요한 기술적 문제에 대한 전문성을 가지고 있지 않다. 그래서 세계 최고의 전문가들을 활용하는 데 있어서 중립적인 당사자가 될 수 있다. 디자이너들에게는 다른 속성이 있다. 첫째, 디자인은 응용 분야다. 이는 기술 저널에 잘 인용된 논문을 쓰는 것이 아니라 문제에 대한 해결책을 구축하고 창조하는 것으로 알려져 있다는 뜻이다. 디자인 접근법은 인간 행동에 대한 깊은 이해를 바탕으로 하며, 인류 중심의 디자인 지침을 따른다. 즉, 사람을 *대신* 해서가 아니라 사람과 *함께* 디자인한다. 세계는 우리가 직면한 환경 문제를 해결하기 위한 조치로 인해 피해를 입는 사람들은 지원하는 동시에 신속하게 행동해야 한다. 이 지원은 비용을 증가시키겠지만, 이미 발생하고 있는 재난의 영향을 완화하는 데 도움을 주는 필수적인 투자다.

다시 말해, 두 문제는 동시에 다뤄져야 한다. 아이러니하게도 현재 일어나고 있는 재난은 한 가지 긍정적인 이점을 가지고 있다. 바로 세계에 행동이 필요하다는 것을 분명히 보여줌으로써 합의에 도달하기 쉽게 만든다는 것이다.

복잡한 사회기술체계 다루기

복잡한 사회기술체계는 종종 '사악한 문제Wicked Problems', 다시 말해 불명확한 난제로 표현될 수 있다. 1973년에 캘리포니아대학 버클리 캠퍼스의 디자인 교수 호르스트 리텔Horst Rittel과 도시계획 교수 멜빈 웨버Melvin Webber에 의해 정리되었다. 우리가 지금 다루려고 하는 복잡한 사회적 문제들은 '사악할 정도로 복잡한 난제'이다. 이러한 문제들은 아직 명확하게 정의되지 않았지만, 그렇다고 해서 실제적이지 않은 건 아니다. 이 난제들은 만족스러운 답이나 해결책을 가지고 있는 것은 아니지만, 그래도 상황을 개선하는 것은 가능하다.

이 책에서 제기된 문제들을 다루기 까다로운 이유는 이 모든 것이 불명확한 난제이기 때문이다. 이는 경제적, 정치적, 법적, 조직적, 사업적 및 사회적인 문제다. 그러나 그 모든 측면을 해결해야 할 필요는 없다. 우리는 단지 '낮게 매달린 열매Low-Hanging Fruit'라고 불리는 것부터 시작하면 된다. 즉, 각 문제에서 상대적으로 쉽게 해결할 수 있으면서도 그것이 해결되었을 때 중요하고 의미 있는 개선을 이끌어낼 원인을 찾아내는 것이다. 이렇게 성공적으로 해결한 각각의 원인은 다음 원인을 더 쉽게 해결할 수 있게 도울 것이다. 첫 번째 라운드에서 문제를 제거하면, 대개 두 번째 라운드의 난이도가 낮아진다. 비유하자면, 다른 열매가 달린 가지들이 저절로 내려와 닿기 쉬워지기 때문이다. 이 설명이 22

장의 '탐색자'와 27장의 '점진적 모듈식 디자인' 프로세스가 작동하는 방식과 정확히 동일하다는 점에 주목해보자. 즉, 항상 단계별로 '최소한의 실행 가능한 결과'를 만들어냄으로써 비교적 소규모의 프로젝트라도 빠르게 유익한 결과로 이어질 수 있게 하는 것이다.

디자이너들은 이러한 문제들을 어떻게 해결해 나가야 할까? 나는 이를 인류 중심의 디자인을 다루는 4부, 특히 25장에서 30장에 걸쳐 제시되어 있다. 또한 윌리엄 이스터리가 말하는 '탐색자들'의 행동과 찰스 린드블럼의 '머들링스루' 개념(25장에서 소개)을 따를 것을 제안한다. 이 두 개념은 유사하다. 점진적이고 작은 단계들로 문제를 공격하는 것부터 초기 결과에서 나온 피드백을 통해 지속적인 유연성이 가능하다는 점에서 말이다. 또한 천천히 점진적으로 작업하며 항상 인류의 향상을 목표로 하지만 변화를 신중하게 만들어나가는 점도 유사하다. 작은 변화는 큰 변화보다 쉽게 만들 수 있다. 작은 변화에 동의하는 사람들을 동원하는 것이 모두 사람을 대규모 변화에 동의하게 하고 행동하도록 만드는 것보다 쉽기 때문이다. 게다가 작은 변화는 소수의 사람에게만 영향을 미친다. 당연히 사람들은 혜택을 덜 받지만, 이보다 중요한건 해를 입거나 무시당하고 혹은 기타 다른 손해를 입는 사람들도 더 적다는 데 있다. 마지막으로 수천 또는 수백만 개의 작은 그룹들과 천천히 작업함으로써 작업이 유연해진다. 상황이 변하면 작업도 변할 수 있다. 이는 이전 변화의 영향이 어떤 평가를 받느냐에 따라 변경될 수 있으며, 효과가 있었던 변화를 기반으로 하여 실패한 것들에게서 나온 교훈을 바탕으로 변경될 수 있다.

더 심층적으로 읽어볼 수 있는 몇 가지 자료들을 참조 섹션에 소개해 두었다.

이미 여기서 소개한 것과 유사한 목표를 추구하고 있는 다른 그룹들이 많이 존재하며, 이는 매우 긍정적인 신호다. 이러한 문제들을 해결하기 위해서는 프로젝트를 운영하며 대규모 인원을 동원할 수 있는 그룹들이 필요하다. 유엔의 지속가능발전목표의 17번째 목표는 '글로벌 파트너십을 강화'다. 그렇다. 유엔이 아주 옳았다. 글로벌 파트너십은 필수적이다. 비슷한 목표와 방법을 가진 사람들은 많을수록 더 좋다. 현재 진행 중인 많은 시범 프로젝트와 조직들은 모두 훌륭하지만, 대부분 서로 독립적으로 운영된다는 단점이 있다. 그 결과, 많은 사람이 모일 때 가질 수 있는 힘이 소실되고 있다. 대신에 우리에게는 개인의 힘만 있을 뿐이며, 이는 항상 제한적이다.

기존의 노력을 가시화하고 더 효과적이고 강력하게 만들기 위해서는 우리 모두가 협력해야 한다. 성공에는 유연성이 필요하다. 문제는 방대하지만, 그렇다고 해서 대규모 프로젝트를 시행하면 실패한다. 대규모 프로젝트는 긴밀하게 결합된 시스템으로 이어져 있으며, 이는 조건이 항상 유동적인 복잡한 행동 문제를 처리하기에는 부적합한 방식이기 때문이다. 우리가 가야 할 길은 점진적인 전진과 탐색 그리고 시도와 실패를 반복하는 머들링스루다. 27장에서 제안한 점진적 모듈식 디자인 접근법은 우리가 따를 수 있는 적절한 절차 중 하나다. 여기에는 주도성과 유연성 그리고 자유를 허용하는 느슨하게 결합된 시스템이 필요하다. 또한 사람들이 서로의 방법과 성공 및 실패 사례를 공유하고 다른 사람들을 참여시키기 위한 의사소통 매체가 필요하다. 그리고 모든 노력을 전 세계의 영향력 있는 사람들과 의사결정권자들이 알려서, 우리 모두가 힘을 합쳐 직면한 문제에 대처하기 위한 평화롭고 건설적인 방법으로 통제할 수 있도록 돕는 것이 필요하다.

38.

지향점에 다다르려면

인공성

　우리가 사는 세상의 많은 부분은 오늘날의 디자인 전문가가 아닌 문명의 역사를 거치며 일반 사람에 의해 디자인되었다. 우리가 입고, 살고, 의지하는 대상들과 삶을 지배하는 생각과 신념, 법률, 정부 형태 및 관습은 모두 인공적이다. 여기에는 좋은 면과 나쁜 면이 모두 있다. 우리가 직면하고 있는 중요한 문제들이 이러한 인공적인 존재 방식과 삶의 방식 그리고 거버넌스를 중심으로 돌아간다면, 바로 그 인공성은 변경되고 재설계될 수 있다는 것을 의미하기에 좋은 면이다. 하지만 이러한 모든 인공적인 디자인은 이미 너무 오랜 시간 동안 존재하여 대부분의 사람들에게 더 이상 인공적으로 보이지 않는다는 것은 나쁜 면이다. 그런 디자인은 너무 자연스러워서 첫째, 변화에 대한 생각은 아예 상상하기 어렵고, 둘째, 변화 가능성을 인정하더라도 두려울 수 있다. 경로의존성, 즉 앞서 이루어진 결정의 영향력이 오늘날 내려지는 결정에 영향을 미친다고 할 수 있다.

　서로 다른 사회, 집단, 그리고 종교는 근본적으로 서로 다른 신념을 가지고 발전해왔으며, 이 모든 것은 그룹 내의 사람들에게는 모두 완전히 자연스럽게 보인다(때로는 그룹 밖의 사람들이 어떻게 이렇게 다른 견해를 가질 수 있는지 궁금해한다). 단기적 가치와 장기적 가치 간의 충돌은 세계가 지속 가능한 세계를 만들어가는 과정에서 필요로 하는 것들을 어떻게 받아들일지 고려하는 중에 가장 강하게 나타난다. 행동의 변화가 즉각적인 고통을 가져오고 장기적 이익은 멀리 있는 것처럼 보일 수 있는 지점이기 때문이다. 마지막으로, 많은 사람은 개인적인 이익에 동기부여를 받고, 단순히 미래 세대를 위해 자신들의 편안한 삶을 포기하며 세상을 구하는 일은 꺼리는 것처럼 보인다.

의미성

오늘날은 기술과 과학 그리고 경제가 중요한 역할을 했던 모더니즘의 잔재가 지배하는 세계다. 그 결과 측정할 수 없는 것조차 모두 측정하는 것에 어리석은 중점을 두고, 삶의 거의 모든 측면을 추상적이고 무의미한 숫자로 바꾸고 있다. 그에 따라 전문가가 아닌 사람들에게는 전혀 의미가 없고 이해하기도 어려운 추상화와 계산, 알고리즘 및 기타 메커니즘을 통해 결정과 행동이 이루어진다. 더 심각한 것은 현상이 실험실이라는 조건을 완전히 통제할 수 있는, 무감각하고 고립된 인공적인 상황에서 연구된다는 것이다. 경제학의 경우에는 실제 현상에 대한 관찰 없이 추상적인 '논리적' 사고 또는 수치 통계 분석을 통해 연구가 진행된다. 결과적으로 이러한 분석에서 나온 결과를 통제 불가능하고 복잡한 변수들의 현실 세계에 적용할 때, 실패할 수밖에 없다.

모든 것, 심지어 측정될 수 없는 것들조차 수치적인 척도로 측정해야 한다는 자연과학의 신조는 수정되어야 한다. 자연과학과 경제학은 인간 세계에 분명히 중요하지만, 그들의 연구는 좀처럼 사람들에게 초점을 맞추지 않는다. 초점은 이제 사람들의 필요와 자원 그리고 능력에 대한 강조, 즉 전 세계의 모든 사람을 위해 인류의 중대한 필요로 옮겨져야 한다. 이는 엄청난 오염이 우리가 숨 쉬는 공기와 우리가 마시는 물 그리고 식량 수요를 맞추기 위해 사용하는 땅에 영향을 미치는 지금 특히 중요하다. 원칙적으로 우리는 사회과학을 더 강조할 필요가 있지만, 이러한 학문들도 측정을 중요시하며 측정할 수 없는 것들까지 측정하려고 하는 경향이 생겨버렸다. 이들 역시 격리되고 신중하게 통제된 인공적인 환경에서 사물들을 연구하는 일에 갇혀버린 것이다.

삶의 가장 중요한 측면 중 많은 것이 쉽게 측정되지 않지만, 그렇다고 해서 그 중요성이 줄어드는 건 아니다. 인류 중심 디자인의 핵심은 인류의 필요에 집중하는 것이다. 만일 그 필요가 전통적인 측정 기준으로 측정될 수 없다면, 우리는 비전통적인 새로운 측정법을 개발해야 한다. 사회과학계에는 이미 그런 방법들을 구축했으며, 우리는 그 방법들을 사용해야만 한다. 심리학자들은 자연과학의 수치적인 방법들로는 분류할 수 없는 문제를 연구할 수 있게 해주는 다양한 측정 척도를 고안해왔다. 정성적 측정, 이야기 그리고 서술은 우리의 지식과 이해를 크게 확장시킬 수 있지만, 자연과학 교육을 받거나 그 분야에서 일하는 사람들이 지배적인 과학계에서는 이를 무시하는 경향이 있다. 물론 우리 일의 영향을 평가하기 위해서는 측정이 필수적인 것은 사실이다. 하지만 그건 사람들의 삶에 중요한 것들을 측정하는 것이어야 한다. 비용, 생산성, 효율성 및 일정 등 일반적인 사항에 집중하는 것이 아니라 말이다.

정성적 방법은 중요한 문제를 설명하고 강조하며, 어떤 부분이 좋은 상태인지 어떤 부분이 주의를 기울여야 하는 문제 지역인지 혹은 어디가 상황이 심각하고 주의를 필요로 하는지를 나타낼 수 있다. 이런 정성적 진술에 있어 수치값은 필요하지 않다. 항목은 수치값 없이도 중요도에 따라 순위가 매겨질 수 있다. 물론 순서는 엄격하게 정해져야 하며, 그중 일부는 정밀한 측정을 필요로 할 수도 있다. 그럼에도 불구하고, 정성적 진술은 복잡하고 다차원적인 요소들을 단일 수치로 요약하려는 어려움을 피할 수 있으며, 단일 수치가 숨기는 근본적인 문제를 파악하여 요소별로 다룰 수 있게 한다. 집약적인 수치 측정은 대개 극도의 오해를 야기할 수 있다. 마지막으로 돈이 근본적인 것이 아닌 것들(국가의 상태나 인간 삶의 가치 등)을 통화 측정치로 분류하는 것은 실제로 중요한 요소를 강조할 수 없게 한다. 조직과 지역 사회, 주, 국가 또는 시스템을 측정할 때, 명백한 합리적인 수치 측정 방법 중 많은 것들이 불평등을 강화하는 결과를 초래한다. 이러한 측정 방법들은 진작 바꿔야 했던 것들이다.

복잡한 시스템에서 즉각적인 주의가 필요한 문제를 요약하는 많은 방법 중에서, 11장의 정보 대시보드에 대한 논의는 그래픽 묘사가 어떻게 기업과 도시, 주 그리고 국가의 활동을 의미 있는 방식으로 나타낼 수 있는지를 보여준다. 이러한 그래픽은 문제의 다양한 측면을 신속하게 평가하고, 어디에 주의를 기울이고 노력해야 할지 쉽게 결정하도록 도와준다. 문제의 복잡한 상태를 단일 숫자 값으로 간단하게 표현하는 대신 중요한 구성 요소를 시각적으로 나타낼 수 있다. 물론 세계적으로 영향을 미치는 몇 가지 핵심 문제에 대해서는 상세한 정보가 많이 필요할 수 있다. 그렇다고 해도 잘 요약된 그래픽 묘사는 주요 의사결정자에게 충분할 것이다. 일단 중요한 영역이 식별되면, 각 영역을 여러 구성 요소로 분해하여 자체적으로 더 전문화된 대시보드에 표시할 수 있다. 이는 더 자세하게 읽어볼 수 있는 특수화된 표시로 확장될 수 있다. 중요한 점은 지나치게 단순화하거나 지나치게 상세한 정보 표시에서 오는 위험을 피하는 것이다. 무수히 많은 데이터와 수치표, 다이어그램 및 그래프는 의사결정자를 압도해버릴 수 있다.

대시보드는 복잡한 문제를 요약하여 의사결정자가 어디에 주의를 집중해야 하는지 알게 해주는 중요한 방법이다. 일단 한 부분에 주의가 집중되면, 해당 부문은 자체 특화된 대시보드로 표현되어야 하며, 이는 다시 여러 개의 다른 대시보드로 이어질 수 있다. 그리고 각각의 대시보드는 문제의 다른 구성 요소를 다룬다. 물론 세계는 복잡하기 때문에 복잡한 묘사가 필요하지만, 이 복잡성은 다른 수준의 분석으로 나누어 별도의 의미 있고 이해할 수 있는 묘사로 표시하여 관리할 수 있다. 따라서 가장 고차원의 분석은 11장에서 논의된 분석이 될 것이다. 문제가 전문화된 팀에게 전달되기 때문에, 각각의 전문화된 방식으로 문제를 보게 될 것이다. 서로 다른 모든 분석을 종합해서 보는 것은 무척 번거롭고 복잡하여 관리하기가 어렵다. 우리는 복잡성을 의미 있는 단위로 분해하여 의미 있는 분석을 할 수 있다.

그래프와 숫자 표에서 이야기와 서술은 필수적인 추가 사항이다. 이는 양적 및 질적 측정이 추상적으로 표시하는 문제를 사람들의 삶과 경험에 미치는 문제로 변환하여 설명해준다. 이야기와 서술은 측정의 필요성을 대체하지는 못하지만, 이를 보완하고 이해할 수 있도록 도와준다.

마지막으로 문제를 평가하고 처리하는 데 있어서 기술과 STEM이 미치는 지배력을 없애야 한다. 물론 STEM도 중요하지만, 모든 분야의 지식도 마찬가지다. 기술은 우리의 삶을 지나치게 통제하고 있다. 우리는 기계와 기술이 사람들의 충신이며 그 반대가 아니란 사실을 분명히 하기 위해 기술의 전반적인 기초를 바꿔야만 한다.

이러한 변화들은 국제적 연합을 비롯하여 재무분석가, 투자가, 그리고 정부 감독 기관들이 사용하는 척도에 변화를 일으킴으로써 주로 정부와 산업에 영향을 미친다. 이러한 변화들은 한편으로는 비교적 간단하지만, 다른 한편으로는 커다란 정책적 도전이다. 이는 기존의 방법을 바꾸기를 꺼리는 사람들을 설득할만한 조건이 충족되어야 한다는 뜻이다. 비용은 상당할 것이지만, 일단 행동을 측정하는 새로운 방법이 자리를 잡으면 현재의 방법보다 어렵거나 비용이 많이 들지 않을 것이므로 일회성 비용이 될 것이다.

정부와 산업의 운영 방식에 대한 변화는 모든 사람에게 주요한 영향을 미칠 것이지만, 사람들의 삶은 대개 더 나은 방향으로 영향을 받을 것이다. 이러한 변화가 이루어진 후에는 사람들이 거의 아무것도 하지 않아도 될 것이다. 게다가 기업과 정부가 주도하는 새로운 측정 방법은 오늘날의 매우 추상적인 절차보다 훨씬 이해하기 쉬울 것이다,

지속 가능성

폐기물은 사라져야 한다. 이 부분에 있어 전문 디자이너들이 지속 가능한 재료로 전환하고 수리와 재생, 재사용 가능한 디자인을 함으로써 큰 역할을 할 수 있다. 폐기물은 환경을 파괴하고 기후변화를 초래하며, 수많은 동식물을 죽이고 지구상의 수백만 명의 사람과 생명체들의 삶을 견딜 수 없게 만든다. 이 문제에 있어, 나는 순환 경제 원칙을 최선의 접근법이라고 추천한다.

오늘날 사람들은 재활용하는 방법을 배우지만, 제대로 하는 사람은 드물다. 왜 그런걸까? 제대로 재활용하기 위해서는 재료를 잘 아는 과학자가 되어야 할 뿐더러 지역 재활용 시설의 실제적 수용치를 잘 알아야 하기 때문이다. 그러나 순환 경제가 적용되면, 재활용은 재사용과 반환의 개념이 될 것이다. 여전히 약간의 재활용이 존재할 수는 있으나, 그 작업은 훨씬 더 간단하며 이해하기 쉬울 것이다.

가정의 에너지원도 변화가 있겠지만, 이는 삶의 방식에 큰 영향을 미치지 않을 것이다. 가정 내 주요 에너지원은 전기가 될 것인데, 아마도 석탄, 석유, 천연가스, 그리고 장작불로 구동되는 난방시스템 및 벽난로가 사라질 것이기 때문이다. 열펌프를 작동시키는 데 필요한 전력의

양은 전통적인 냉난방 방법보다 훨씬 적다. 필요한 전기는 다양한 원천에서 나올 수 있는데, 어떤 경우 소유지 내에서(가장 합리적인 것은 주택용 태양 패널과 먼 지역에 위치한 경우에는 풍력 터빈일 것이다), 또 어떤 경에는 먼 거리에서 지열, 수력, 태양력, 그리고 풍력 기술에서 나올 수 있다. 원자력은 폐기물 처리만 해결된다면, 계속해서 중요한 역할을 할 것이다. 핵융합이 만드는 전력은 지난 60년 동안 매년 예측된 대로 미래에 역할을 하게 될 것이다. 연구는 계속 진행 중이다.

에너지원에 대한 의존도를 줄이는 더 좋은 방법은 에너지의 필요성 자체를 줄이는 것이다. 건물들은 자연적인 환기와 햇빛을 사용하도록 디자인하여 여름에는 더 시원하고 겨울에는 더 따뜻하게 만들 수 있다. 전 세계적으로 기온이 상승함에 따라 우리가 입는 옷도 변할 수 있으며, 연중 내내 더 가볍고 더 시원한 옷을 입으면 된다. 이러한 비교적 간단한 조치들은 에너지 사용을 크게 줄일 수 있다.

모든 시민이 폐기물을 잘 재활용할 수 있도록 더 많은 노력을 기울이는 것은 원인이 아닌 증상에만 대처하는 것이다. 폐기물 문제는 산업 방식에서 비롯된 것이다. 원자재 획득 방식, 제품 제조 방식, 구매자가 제품을 효율적으로 수리하거나 업그레이드 또는 재사용할 수 없는 문제 그리고 디자인 및 제조 방식이 기본 재료의 재사용을 어렵게 만드는 문제 등이 그 예다. 산업이 순환 경제 방식을 시행하면 폐기물 문제는 크게 감소하고 수리와 재사용 및 반납이 훨씬 쉬워진다. 디자이너가 문제의 근본 원인을 공략하면 문제는 관리 가능하게 되며, 가장 좋은 경우에는 사라지게 될 것이다.

인류 중심성

디자인 업계는 물론 정부와 산업계는 디자인의 개념을 인간 중심에서 인류 중심으로 확장해야 한다. 인류의 권리를 존중하는 원칙에 따라, 디자인 프로세스를 지시적이 아닌 지원적으로 변화시켜야 한다. 다시 말해서, 특정 공동체의 문제를 해결하기 위한 프로젝트에 참여할 때, 서비스 대상이 사람들의 신뢰와 협력을 얻는 것이 필수적이다. 이는 전문가들이 사람들에게 무엇을 해야 하거나 무엇이 좋은지 지시하고 싶은 유혹을 물리쳐야 이루어질 수 있다. 사람들이 그들만의 삶을 살 수 있도록 해주자. 디자이너와 다른 분야의 전문가는 조력자이자 멘토의 역할을 해야 한다. 어려움을 겪고 있는 공동체를 돕고자 하는 디자이너와 많은 NGO와 재단들은 자신들의 생각을 공동체에 강요하지 말아야 한다. 공동체에 속한 사람들이 변화에 대한 의견을 직접 제시할 수 있도록 해야 한다. 이는 비교적 작은 공동체에서도 완전한 합의가 이루어지지 않을 정도로 어려운 일이다. 하지만 디자인 팀이 공동체 조직가들과 협력하며, 서비스 대상이 되는 사람들의 인간성을 인정한다면, 새로운 디자인은 해당 지역부터 시작해서 세상을 바꿔나갈 것이다.

변화의 필요성

변화에는 많은 장벽이 있는데, 그중에서도 가장 어려운 것은 인간 행동과 인간의 변화에 대한 저항이다. 이는 때로는 정당한 이유로, 때로는 이해 부족이나 현재 삶의 방식을 포기하기 꺼리는 마음으로, 또 때로는 개인의 이기심이나 부와 권력을 잃는 것에 대한 두려움 때문이기도 하다. 바로 여기에 훌륭한 사회적 기술이 필요하다. 의미 있고 지속 가능한 행동에 대한 필요성은 사람들이 개별적으로 여기저기서 충족해야 하는 것이 아니라, 사람들의 집단, 즉 세계적 조직이 주도해 나가야 하는 것이다. 이는 우리에게 희망적이다. 이미 많은 주요 국제기구들이 자신들의 행동을 수정하려는 의지를 표명했으며 정부는 필요한 변화를 권장하거나 어떤 경우에는 강제 시행을 위해 정책을 바꾸기 시작했기 때문이다. 주요 기구들과 정부들이 더 많이 변화할수록, 남아있는 사람들은 더 큰 압력을 받게 될 것이다.

내가 앞서 유엔의 기후 변화에 대한 더딘 진전, 특히 국제회의에서의 미미한 성과에 대해 지적한 후에도 이렇게 낙관적인 이유는 무엇일까? 나는 국제회의의 구조 자체가 드러내고 있지는 않지만, 어느 정도의 진전이 있다고 믿기 때문이다. 어떤 성명이든 반드시 참가국 100퍼센트의 찬성을 얻어야 하며, 여기엔 194개국이 참여하고 있다. 이는 높은 기준으로 어떤 합의가 이뤄진 것 자체가 놀라울 정도다. 이 투표들은 2부에서 논의된 경제 모델과 동일한 문제를 겪는다. 즉, 모든 근본적인 문제들의 복잡성을 대표하는 단일 숫자(이 경우, 단일 투표)를 만들려는 시도에서 나오는 문제를 말이다. 왜 이러한 복잡한 내규를 전체 투표로 정해야 하는가? 규정 자체를 모듈화하는 건 어떨까? 그리고 각 규정의 모듈화된 부분에 있어 개별 국가의 응답이 표로 작성되는 투표를 하는 건 어떨까? 그렇게 하면 내규의 모듈화된 부분 각각에 대해 각 국가가 어떻게 투표했는지 모든 사람이 알 수 있을 것이다.

만약 내규가 모듈을 통과하기 위해 정의된 임계값(투표권자의 과반수 또는 투표권이 있는 국가나 개인 중 60퍼센트 등)을 명시한다면, 일부 합의 사항은 통과될 것이며 강력한 성명 중에는 그에 동의한 중요한 국가들의 숫자 때문에 훨씬 더 강력해 보일 것이다. 동의하지 않는 국가들은 투표(또는 기권)를 통해 나타날 것이고, 이는 자국민들에게 긍정적으로 투표하도록 압력을 가할 수 있다. 유엔은 모든 국가와 모든 의견을 수용해야 한다는 약점이 있는 것으로 유명하다. 그 결과, 너무나 많은 타협이 필요해서 성명문은 종종 실질적인 내용이 없는 좋은 말만 가득한 것으로 전락한다. 지금은 행동해야 할 시간이다. 이제는 이러한 약점을 극복해야 한다.

곧 덮쳐올 재앙을 피하고자 하는 우리, 그러니까 전 세계 사람들을 방해하는 것은 무엇일까? 과학적 증거는 분명하다. 피해를 가져올 조짐들은 이미 나타나고 있으며, 이는 우리가 직면하게 될 어려움이 커지고 있음을 보여준다. 문제는 재난 전이 아니라 이후로 행동을 미루는 인간의 성향이다. 이 책에서 정의하고자 하는 문제가 바로 이것이다.

1972년, 도넬라 메도우스Donella Meadows와 로마 클럽Club of Rome은 사람들의 활동이 생명을 유지할 수 있는 세계의 능력을 초과하기 시작했다고 주장하는 선구적인 작업인 《성장의 한계》를 발표했다. 이는 책 속의 중요한 메시지는 무시한 채 세부 사항에만 집중한 학계의 수많은 맹렬한 공격에도 불구하고 센세이션을 일으켰다. 반세기가 지난 오늘, 작가들의 예측은 비록 수치 추정이 틀리더라도 정신적으로 옳다는 것이 증명되었다. 2022년, 로마 클럽은 후속 책인 《한계와 그 너머: 성장에 대한 한계로부터 50년, 우리는 무엇을 배웠고 다음은 무엇인가?Limits and Beyond: 50 Years On from The Limits to Growth, What Did We Learn and What's Next?》를 출간하여 예측의 진실성에도 불구하고 원래 출판물이 미치는 영향(또는 영향이 없음)에 대해 논의했다. 이 책은 원래 연구의 큰 약점 중 하나를 지적한다. 바로 인간 행동에 대한 논의가 전혀 없다는 점이다. 이 책의 편집자인 피렌체대학의 우고 바르디Ugo Bardi와 로마 클럽의 카를로스 알바레스 페레이라Carlos Alvarez Pereira는 각각 맨 처음 장과 마지막 장에 이전 연구에서 빠진 주요 구성 요소가 인간 행동에 대한 현실적인 이해와 처리였다는 점을 지적한다.

인간 행동은 오늘날 우리가 직면한 어려움 중에서 가장 핵심적인 측면이다. 물론 해결해야 할 물리적, 기술적 그리고 경제적 문제가 많이 존재한다. 그러나 이 모든 문제의 근본에는 인간의 행동과 그 행동이 미치는 영향력이 깔려 있다. 인간의 행동은 정치적 행동을 주도하며, 현재 지속되는 위기에 대한 적절한 정치적 대응이 없다면 우리는 실패하게 될 것이다. 지구에 살고 있는 우리에게는 해야 할 일이 있다. 바로 우리의 목소리를 내는 것이다. 모든 정치 지도자들과 산업 지도자들이 정책을 바꿀 필요성을 이해하고 행동할 수 있도록, 우리 모두가 함께 변화를 요구하며 움직여야 한다.

감사의 말

　　여러 사람과 자료의 도움 없이는 내가 쓴 책들은 세상에 나올 수 없었을 것이다. 이 책 역시 예외는 아니다. 이 책을 쓰기 시작한 건 2010년대로 해시태그 #BlackLivesMatter(흑인의 목숨도 소중하다), #MeToo(미투) 및 #WhatAboutUs(인종과 성별을 결합한 것)들로 상징되는 혼란의 시기였다. 더 많이 읽고, 듣고, 배우면 배울수록, 전 세계 자체가 문제의 일부라는 사실을 깨닫게 되었다. 그리고 '분류할 수 없는' 디자이너 레일라 아카로글루Leyla Acaroglu와 영상 통화를 하던 때였다. 그녀는 나에게 시야를 넓히라고 조언하며 이렇게 말했다. "인간의 행복을 위한, 서로를 위한 그리고 지구를 위한 디자인에 대해 글을 쓰라"고 말이다. 레일라는 내가 오랫동안 강조해온 인간 중심의 디자인이란 개념이 너무 편협하며, 디자인이 산업의 도구라는 개념과 너무 밀접하게 연결되어 있다고 설명했다. 내 시각을 인류 전반으로 확장할 필요가 있었다. 그렇게 레일라의 조언을 따랐다(왜 레일라가 '분류할 수 없는' 사람일까? 그는 스스로를 도발적이라고 부른다. 그의 웹사이트는 https://www.leylaacaroglu.com/다. 그녀를 분류해볼 것을 추천한다. 현재 레일라는 호주, 뉴욕, 런던 등에서 활동하고 있다).

　　집필 중에, 다섯 명으로 구성된 소규모 토론 그룹과 매주 모임을 가졌다. 이 그룹의 구성원에는 29장에서 언급한 인류학자이자 영향력 있는 저서 《플루리버스》의 저자 아르투로 에스코바르가 있다. 그리고 오랜 동료이자 친구이며 스탠퍼드대학의 컴퓨터과학 교수인 테리 위노그라드Terry Winograd와 철학 박사이자 경영 분야의 리더인 페르난도 플로어스Fernando Flores가 있다. 두 사람이 함께 집필한 《컴퓨터와 인지의 이해: 디자인을 위한 새로운 기초Understanding Computers and Cognition: A New Foundation for Design》는 존재론적 디자인이라는 강렬한 개념을 소개했다. 또 다른 멤버, 철학자 B. 호세B. Rousse는 페르난도가 설립한 컨설팅 회사인 '다원적 네트워크Pluralistic Networks'의 연구 이사다. 우리는 모임 명을 '컴퓨터와 인지를 넘어BCC, Beyond Computers and Cognition'라고 지었는데, 이유는 우리가 위노그라드와 플로어스의 책에서 시작해서 그 너머로 나아갔기 때문이다. BCC 모임의 모토는 '지구에서 사는 새로운 방식을 위해 힘을 모으자'라는 것이다. 이 책의 한 가지 목표는 독자들을 이 목표에 동참하게 만드는 것이며, 아마도 6부에서 논의된 활동을 통해 가능할 것이다.

캘리포니아대학교 샌디에이고 캠퍼스의 디자인 연구소 학생들과 교수진들 또한 나의 시야를 아주 풍부하게 해주었으며, 많은 영향을 주었다. 그들의 도움으로 디자인이 세상의 수많은 불평등에 기여하고 있음을 이해하게 되었다. 디자인은 산업을 보조하는 직업으로 탄생한 기원을 가지고 있다. 그래서 의도적으로는 아니지만, 기존의 관행을 그대로 받아들임으로써 많은 불의에 일조하고 있다. 캘리포니아대학교 내의 상호작용은 BCC 그룹과 함께 매주 열린 토론과 더불어 이 책의 1부로 이어지게 되었다.

이 책은 이렇게 시작되었다. 내 기록과 기억력의 한계 때문에 감사해야 할 사람들의 명단이 불완전할 수 있다. 그 점에 있어 양해 바란다.

또한, 에릭 폰 히펠의 작업은 매우 중요한 영감을 주었다. 그의 1980년대 중반의 리드 유저lead users에 관한 초기 연구를 알고 있었지만, 우리는 2008년 그와 그의 부인 제시Jessie가 캘리포니아 라호야에 있는 우리 집을 방문해서야 처음 만날 수 있었다. 우리는 즉시 유대감을 느꼈다. 그 후 10년 동안 계속 교류하며, 매사추세츠주 케임브리지에 있는 그의 집과 바로 옆에 MIT 슬론경영대학원 근처 사무실을 방문하기도 했다. 불행히도 코로나 팬데믹으로 인해 만남이 끝났지만, 폰 히펠 작업과 열정은 내게 영감을 주었다. 그리고 인류 중심 디자인에 관한 내 작업을 이끌어낸 주요 동기 중 하나이자 이 책의 4부에 해당하는 모든 내용에 영감을 불어넣었다.

2021년 10월, 사흘간의 런던 방문 중 긴 토론을 나누며, 지속 가능성 주제에 대한 내 글의 초안을 읽고 의견을 공유해준 엘렌 맥아더 재단의 사이먼 위드머Simon Widmer, 애나 카스탈렛Anna Queralt, 에밀리 마쉬Emily Marsh, 마크 버클리Mark Buckley, 조 일스Joe Iles에게 감사드린다.

미래 디자인 교육 이니셔티브의 지속 가능성 워킹 그룹의 초기 멤버인 제레미 팔루디Jeremy Faludi, 레일라 아카로글루, 아나 라페라Ana Rapela, 데보라 섬터Deborah Sumter, 신디 쿠퍼Cindy Cooper, 그리고 폴 가르디엔Paul Gardien에게도 감사의 인사를 보낸다.

뉴욕대학교의 에리카 로블레스Erica Robles와 사우스플로리다대학교의 스캇 퍼거슨Scott Ferguson은 어포던스에 대한 나의 연구가 중요하다는 것을 깨닫게 해주었으며, 이는 이 책의 많은 부분을 차지한다. 그 덕분에 4장의 '인공성은 사회적 안티어포던스를 초래한다'라는 섹션이 나오게 되었다.

톰 잉글리시Tom English는 내 이웃으로 미국환경보건국에서 에너지와 환경에 관한 큰 프로그램을 주관한 환경운동가다. 그는 이 문제에 대해 나와 장시간의 많은 논의를 해주었다. 《세지》의 편집장인 동시에 'MIT 출판부'의 디자인 시리즈를 편집하는 오랜 친구이자 동료인 켄 프리드먼Ken Friedman도 상당한 조언을 해주었다(25장에서 언급한 디자인X 팀의 일원이기도 했다).

그래픽 디자인 회사인 스튜디오 코노버Studio Conover의 데이비드 코노버는 나와 함께 몇 주에 걸쳐 이 책에 들어갈 그림을 시행착오를 겪으면서 반복 작업했으며, 우리의 디자인 역량을 발휘하려고 애썼다.

산드라 다익스트라 저작권 에이전시Sandra Dijkstra Literary Agency의 샌디 다익스트라Sandy Dijkstra, 엘리스 카프론Elise Capron, 안드레아 카발라로Andrea Cavallaro는 지지를 보내주었으며, 특히 초기의 매우 거칠었던 초고들에 힘을 보태주었다. 그 후 출판사에 대한 논의를 통해 MIT 프레스라는 최고의 선택으로 이끌어 주었다.

이 책의 초고를 2021년 겨울 학기 동안 캘리포니아대학교 샌디에이고 캠퍼스에서 열린 고급 과정 세미나의 교과서로 활용했다. 그 과정에서 초고의 내용을 분석하고 새로운 정보를 찾으며, 아이디어를 확장하는 작업을 진행했다. 그렇게 나온 최종 보고서가 아주 흥미로웠기 때문에 13명의 학생들과 함께 2022년 봄 학기에 이 책에 덧붙일 웹사이트를 만들기로 했다. 킴벌리 알론조Kimberly Alonzo, 스라브야 발라사Sravya Balasa, 앤드류 카바예로Andrew Caballero, *윌리암 듀안William Duan, 사이러스 곤잘레스Cyrus Gonzalez, 줄리 한Julie Han, *도나 킴Donna Kim, *주나 킴Juna Kim, 마일린 라크Mylinh Lac, 에반 람Evan Lam, *지밍(제시) 리Jiaming (Jessy) Li, 메이시 리Meishi Li, *라즈비르 로가니Rajvir Logani, *코리 로페즈Corey Lopez, *휘멍 루Huimeng Lu, *아만다 마크Amanda Mark, *스티븐 몰로트니코프Steven Molotnikov, 트레이시 응우옌Tracy Nguyen, *오마르 오르테가Omar Ortega, 니아 페이지Nia Page, *데이쉬나 파이Deyshna Pai, 카람 싱Karam Singh, *아담 사이에드Adam Syed, 미셸 테닌Michelle Tenin, *보양 왕Boyang Wang, *티파니 중Tiffany Zhong에게 감사를 표한다(별표는 주로 겨울 학기 수업에서 준비한 최종 보고서를 기반으로 웹사이트의 구성 및 자료를 디자인했던 두 번째 프로젝트에 참여한 사람들을 나타낸다).

웹사이트 주소는 DBW.jnd.org이다. 피그마 프로토타입을 실제로 구현하는 데 도움을 준 영국에 위치한 UX 컨설턴시UX Consultancy의 매트 고다드Matt Goddard와 그의 팀에게 감사드린다.

MIT 출판부의 기획 편집자인 노아 스프링어^{Noah Springer}는 책의 제목부터 시작하여 전반적으로 중요한 수정 과정을 함께 하며, 유익한 제안을 많이 해주었다. MIT 출판부에 보낸 초기 초안에 대해 의견을 준 네 명의 심사위원들에게도 감사드린다. 적절했던 그들의 비평을 참고하였다. 편집부의 버지니아 크로스먼^{Virginia Crossman}과 앤 M. 바르바^{Anne M. Barva}는 처음에는 원고의 전체 문단에 빽빽하게 새겨 넣은 빨간색 수정 사항으로 나를 놀라게 했지만, 이내 그들의 수정 사항이 글을 더 탄탄하게 만들고 흐름을 개선하면서도, 나의 일상적인 문체를 유지해주었다는 걸 깨달았다. 그 결과에 만족하며 그들의 노력에 감사를 표한다.

에릭 노먼^{Eric Norman}은 실리콘밸리의 첨단 기술 분야에서 상품과 금융에 관한 폭넓은 경험을 바탕으로 지속적인 피드백과 제안을 제공해주었다. 그중에서도 가장 중요한 사람은 줄리 노먼^{Julie Norman}이다. 그녀는 이 책을 계속해서 개정해나갈 수 있도록 많은 조언을 해주고 있다(내 다른 모든 책들에서 그랬던 것처럼).

참조

여기에서는 각 장에 대한 일부 참조를 포함했으며, 본문에서 언급한 저자 또는 주제에 대한 참고 자료를 제공한다. 본문의 설명이 충분히 명확한 경우에는 참조를 추가하지 않았다.

1장

'우리는 세상을 디자인하고, 세상 또한 우리를 디자인한다.' 디자인이 세상에 미치는 영향과 세상이 우리에게 미치는 영향 간의 상호작용은 '존재론적 디자인Ontological Design'이라 불리는 학문의 기본 원칙이다. 이는 1968년 테리 위노그레드와 페르난도 플로레스가 발표한 책《컴퓨터와 인지의 이해》를 통해서 디자인계에 소개되었다. 그러나 그 기본 개념은 책 출판 전에 등장한 것으로, 윈스턴 처칠Winston Churchill이 1943년에 기본 아이디어를 언급하고 마샬 맥루한Marshall McLuhan이 1967년에 관련 주제를 논의한 것으로 알려져 있다(팩트 체크 사이트인 쿼트인베스티게이터Quote Investigator에서 맥루한의 '우리는 우리의 도구를 규정한다We Shape Our Tools' 참고).

디자인된 세계가 자연스러워 보이는 이유

네루의 인용문은 알렉스 폰 투첼만Alex Von Tunzelmann의《인디언서머Indian Summer》에서 가져왔으며, 해당 인용은 책의 21쪽에 있다. 그레고리 베이트슨Gregory Batesson은 《199. 문화 접촉과 분열생성199. Culture Contact and Schismogenesis》에서 '분열생성'이라는 용어를 소개했다.

디자인이 우리를 오늘날의 혼란 속으로 몰아넣었다면, 우리를 구할 수도 있을까?

데이비드 그레이버David Graeber와 데이비드 윈그로David Wengrow의《모든 새로운 것의 새벽The Dawn of Everything New》은 사회, 문명, 계급 그리고 정부의 인위적 성격을 매우 철저하게 다루고 있다.

2장

허버트 사이먼,《인공물의 과학》

3장

빅터 파파넥의 인용문은 책《인간을 위한 디자인》에서 따온 것이다.

경로의존성

영국 동인도 회사에 대한 정의는《브리태니커 온라인 백과사전》에 실린 '동인도 회사East India Company'라는 검색어를 통해 나왔다.

기술과 현대성의 역할

1933년 시카고 세계 박람회의 모토는 해당 박람회의 공식 가이드북 중 11쪽에서 발췌했다. 그리고 현대성의 영향에 대한 설명은

《브리태니커 온라인 백과사전》의 '현대성
Modernity' 항목 중에서 나왔다.

현대성의 폐단
'디자인보다 더 해로운 직업들이 존재하더라
도 극소수에 불과하다'와 '쓰레기라는 풍경
을 망치는 영구적으로 지속될 새로운 종을
창조하고'라는 인용문은 빅터 파파넥 책《인
간을 위한 디자인》에서 따온 것으로, 첫 번
째판 서문의 첫 단락(1971), 두 번째판(1984)
의 9쪽에서 찾아볼 수 있다.

새롭게 하라
예술가들이 '동시대의 형식적이고 맥락적 기
준을 깨야 한다'는 말은 E. 블레드소E. Bledsoe
의 에세이 〈새롭게 하라Make It New〉에 인용
되어 있다. 성리학자 주희의 작품과 파운드
에게 미친 그의 영향은 마이클 노스Michael
North의 〈새롭게 하라Make It New〉를 참조했
다. '동일한 업종의 사람들은 서로 거의 만나
지 않는다'라는 애덤 스미스의 인용문은 그
의 유명한 저서《국부론》의 제1권 제10장
(1976년판 152쪽)에서 따온 것이다.

4장
어포던스의 개념과 용어는 지각심리학자 J.J.
깁슨이 1966년에 처음 만들었다. 이는 1979
년 그의 저서《지각체계로 본 감각》중 어포
던스에 관한 장에 잘 설명되어 있다.
어포던스의 개념은 깁슨의 설명을 훨씬 넘
어 일반화되었다. 1988년에 발표한《디자
인과 인간 심리》책에서 이 용어를 디자인에

소개했다(이후《일상적인 것들의 디자인The Design
of Everyday Things》으로 책 제목을 변경하였다). 그
러고 나서 빌 게이버Bill Gaver는《기술적 어
포던스Technology Affordance》를 출판하였으며,
에린 브래드너Erin Bradner가 학술지에 발표
한 〈컴퓨터를 매개로 한 통신 기술의 사회적
어포던스Social Affordances of Computer-Mediated
Communication Technology〉를 통해 '사회적 어
포던스'라는 용어를 소개하였다. 빅터 카프
텔리닌Victor Kaptelinin의 상세한 '어포던
스와 디자인'이라는 항목은 '인터랙션 디자
인 재단Interaction Design Foundation(온라인으로
UX 디자인에 관한 오픈 액세스 교육 자료를 제작
하는 기관)'의《인간-컴퓨터 상호작용 백과사
전》에서 참고한 것으로, 디자인 전문가에게
관련성이 있는 다양한 뉘앙스와 관련 개념
을 철저하게 분석하고 있다.

5장
코로나19 팬데믹으로 동안 여행 제한이 가
져온 대기오염 감소에 대한 논의는 무함마
드 우스만Muhammad Usman과 그의 동료들의
〈코로나19 팬데믹 동안의 기후 변화Climate
Change during the COVID-19 Outbreak〉 논문에서
다뤄지고 있다.

자본주의가 잘못된 지점
계획된 노후화는 수많은 출판물의 주제가
되어 왔다. 빅터 파파넥은 그의 책《인간을
위한 디자인》에서 그것을 '일종의 그레샴
의 디자인 법칙('실제 사물의 중요한 가치가 가
짜와 허위로 대체되었으므로, 디자인에 있어 일

종의 그레샴 법칙이라 할 수 있다', p.17)'이라 불렀고, 책의 색인을 보면 노후화에 대한 수많은 참조를 알 수 있다. 그레샴의 경제학 법칙은 종종 '악화가 양화를 구축한다'로 단순화된다. 파파넥은 그 법칙을 디자인 버전으로 '나쁜 디자인이 선을 몰아낸다'고 명확하게 해석했다. 자일스 슬레이드^{Giles, Slade}는 그의 책 《메이드 투 브레이크 ^{Made to Break}》에서 계획된 노후화에 대해 더 세밀하고 학문적으로 다룬다(물론 읽기 쉽고 유익한 책이기도 하다). 슬레이드의 책 5쪽에서는 계획된 노후화를 '제품 수명을 일부러 단축하는 것'이라고 정의한다. 런던 디자인 뮤지엄의 전시회 '폐기물 시대'를 위해 저스틴 맥거크^{Justin McGuirk}가 편집한 책은 전반적으로 계획된 노후화를 다루고 있지만, 특히 케이트 소퍼^{Kate Soper}(pp.35-36, 60-61)와 리 빈셀^{Lee Vinsel}(p.78) 그리고 줄리아 왓슨^{Julia Watson}과의 대화에서 맥거크는 노후화의 유익한 측면을 논의한다. 만약 제품을 자연적이고 생물학적인 재료로 만든다면, 결국 유용한 생분해 방식으로 스스로 분해(즉, 썩게)될 것이다. 맥거크는 디자인 산업이 '분해와 불완전함의 미학을 더 편안하게 받아들일 필요가 있다'고 제안한다(p.181).

6장

다루지 않는 내용

우리 시대의 다양한 사회문제에 대해 더 알기 위해 여러 책을 활용했다. 뿐만 아니라 많은 작가들과 이야기를 나눴으며 사회적 문제에 관심을 기울이는 세계 각지의 많은 단체들을 만났다. 오늘날 많은 책들과 기사들을 찾아볼 수 있다. 그중 다음은 나에게 가장 많은 영향을 미친 책들이다.

사샤 코스탄자 척^{Sasha Costanza-Chock}의 강력하고 중요한 책 《디자인 정의: 우리에게 필요한 세상을 위한》은 전통적인 디자인 교육에서 상당히 무시되었던 문제들(《디자인과 인간 심리》에서 무시된 것들을 포함하여)에 대해 나를 깨닫게 하는 데 큰 역할을 했다. 캣 홈즈^{Kat Holmes}의 책 《불일치: 어떻게 포용이 디자인을 형성하는가^{Mismatch: How Inclusion Shapes Design}》는 내 많은 연구와 컨설팅에 사용되었으며, 내가 많은 사람에게 추천하는 책이기도 하다. 홈즈는 우리가 자신과 다른 능력을 가진 사람들을 얼마나 무시하는지를 보여주며, 이런 행동이 우리 자신에게도 해가 된다고 말한다. 한 손만 사용할 수 있는 사람들을 위한 디자인에 대해 어떻게 생각하는가? 대개는 그렇지 않지만, 많은 사람이 자주 한 손만 사용한다. 예컨대, 어린아이를 한 손으로 안은 부모가 다른 한 손으로만 컴퓨터를 사용하거나 자동차 문을 열고 안에 물건을 넣으려고 하는 상황 등이 있다.

사피아 우모자 노블^{Safiya Umoja Noble}의 작품 《억압의 알고리즘: 검색엔진이 어떻게 인종차별을 강화하는가^{Algorithms of Oppression: How Search En- gines Reinforce Racism}》는 우리 기술의 실패를 보여준다. 이 책은 기업들이 어떻게 의도적으로 우리를 착취하는지 보여주는 쇼샤나 주보프의 《감시 자본주의의 시대: 권력의 새로운 개척지에서 벌어지는 인류의 미래를 위한 투쟁》과 입장을 같이 한다. 노블은 우리가 시스템의 편향성에 주의를 기울이지 않고, 검색 알고리즘과 신경망에 사용되는 데이터 집합을 무시하는 것으로 인한 피해를 논한다. 주보프는 우리를 속이려는 세력들이 이러한 주의 부족을 얼마나 은밀하게 활용하는지를 보여준다.

이브람 X. 켄디Ibram X. Kendi의 인종차별과 반인종주의에 관한 책들(예를 들어, 《반인종주의자가 되는 방법How to Be an Antiracist》)을 비롯해서 로빈 디앤젤로Robin J. DiAngelo의 《백인의 취약성: 왜 백인은 인종주의에 대해 이야기하기를 그토록 어려워하는가》를 통해 많은 것을 배웠다. 앤 베리Anne Berry 등이 편집한 《디자인에서 흑인들의 경험: 정체성과 표현 그리고 반영The Black Experience in Design: Identity, Expression & Reflection》이라는 총서는 인종차별이 흑인 디자이너들의 삶과 작품에 미치는 영향을 포착하고 있다. 케빈 배튠Kevin Bethune의 책 《디자인 대전환Reimagining Design》은 1장에서 젊은 흑인 디자이너로서 저자가 겪었던 어려움을 몇 가지 소개하며, 다른 장에서는 그가 오늘날 디자인 분야의 존경받는 핵심 리더가 되기까지 어떻게 미국 기업들을 헤쳐 나왔는지를 이야기한다. 아르투로 에스코바의 책 《플루리버스》는 문화와 세계 토착민들의 역할에 대한 내 관점을 바꾸었으며, 그의 다른 책과 글들, 특히 그와의 많은 대화를 통해 큰 도움을 받았다. 이는 디자인 분야에서 부족한 주제에 관한 많은 중요한 책들 중 간략한 모음에 불과하다. 이보다 더 중요한 것은 아마도 편견과 불평등을 극복하고 근절하는 것을 목표로 하는 많은 지역 사회의 단체들일 것이다. 독자들에게 책뿐만 아니라 지역 사회 단체들도 탐구해볼 것을 권장한다.

7장
과학자들이 기후 변화 위기를 설명하는 방법
해수면 상승에 대한 예측은 NASA지구 관측 프로젝트 소속 과학자들의 〈미래 해수면 예측Anticipating Future Sea Levels〉에서 참조했으며, 여기에는 '해수면의 먼 미래를 보기는 어렵다'는 경고가 들어가 있다.

8장
켈빈 경의 인용문은 그의 본명인 윌리엄 톰슨으로 명시된 《대중 강연과 연설문Popular Lectures and Addresses》에서 참고했다. 아이작 라이먼Isaac Lyman의 블로그인 '스택 오버플로Stack Overflow'에서는 프로그래밍과 같은 작업에서 생산성을 측정하는 것의 어려움(그리고 무의미함)에 대한 훌륭한 설명을 참고했다. 그의 블로그는 프로그래머들 정보 출처로 아주 적합하다. '측정할 수 있는 모든 것이 중요한 것은 아니며, 중요한 모든 것이 측정할 수 있는 것도 아니다'는 재치 있는 인용문은 자주 알버트 아인슈타인의 말로 여겨지지만, 실제로는 윌리엄 브루스 카메론William Bruce Cameron의 논문 〈비공식 사회학Informal Sociology〉에서 나온 것일 가능성이 높다(더 자세한 내용과 측정에 관한 다른 인용문들을 알고 싶다면 팩트 체크 사이트인 쿼트 인베스티게이터에 '측정할 수 있는 모든 것이 중요하지 않다Not Everything That Counts'를 검색해보기 바란다). 이는 스티글러의 법칙Stigler's law의 또 다른 예시이기도 한데, 사물 이름이 주변에서 가장 유명한 사람의 이름을 따서 지어진다는 법칙이다. 스티플러는 자신의 이름을 딴 이 법칙을 가장 먼저 언급한 사람은 사실 로버튼 버튼이라고 지적한다(위키피디아의 '스티플러의 법칙의 익명성' 참조).

측정할 수 없더라도 측정이 필요하다

루스 칼리츠의 인용문은 《아메리칸 사이언티스트》에서 그녀와의 인터뷰를 다룬 331쪽 〈팬데믹 데이터 컬렉션 Pandemic Data Collection〉에서 가져온 것이다. 《아메리칸 사이언티스트》의 승인을 받아 수록했다.

9장

심리학에서 소위 WEIRD를 대상으로 하는 연구가 우세한 상황을 최초로 비판한 것은 조지프 헨릭 Joseph Henrich 과 스티븐 하이네 Steven J. Heine 그리고 아라 노렌자얀 Ara Norenzayan 이 2010년 저널 《행동 및 뇌과학》에 발표한 논문 〈모든 사람 중에 위어드 The WEIRDest People of All〉이다. 위어드적 사고에 기여한 모든 요소들을 대규모로 분석하며, 위어드의 기원을 파악하려는 연구인 2018년에 발표된 조너선 슐츠 Jonathan Schulz 의 〈위어드 심리학의 기원 The Origins of Weird Psychology〉를 참조해보자.

경제학에서의 측정

애덤 스미스의 책은 경제학에 대한 최초의 엄밀한 접근으로 여겨지며, 이 학문의 시작을 알렸다. 해당 책은 일반적으로 《국부론》으로 불리지만, 원제는 《국부의 형성과 그 본질에 관한 연구 An Inquiry into the Nature and Causes of the Wealth of Nations》이다.

10장

저스틴 폭스가 언급한 《하버드 비즈니스 리뷰》 기사는 '웰빙의 경제학'이다. 데이비드 필링 David Pilling 의 인용문은 주간지 〈뉴 스테이츠먼〉에 실린 피터 코클라니스 Peter Coclanis 의 〈경제적 척도로 GDP에 대한 진정한 대안이 시급한 이유 Why We Urgently Need a Real Alternative to GDP as an Economic Measure〉에서 가져왔으며, 〈뉴 스테이츠먼〉의 허락을 받아 수록했다. 이는 필링의 책 《만들어진 성장》의 2쪽에서도 찾아볼 수 있다. 경제학 과목에 불만을 품고 그 불만을 표현하기 위해 《이코노크러쉬 The Econocracy》를 출판한 학생들은 조 이어 Joe Earle, 카할 모란 Cahal Moran, 자크 워드 퍼킨스 Zach Ward-Perkins 다.

GDP 대체를 위한 탐구

세계경제포럼 WEF 의 성장 척도는 〈GDP보다 나은 다섯 가지 성장 척도 Five Measures of Growth That Are Better Than GDP〉라는 기사에 나와 있다. 지니계수 Gini index 는 경제학 온라인 포럼인 인베스토피디아 Investopedia 에 있는 리사 스미스 Lisa Smith 의 기사 〈더 지니계수 The Gini Index〉에 잘 설명되어 있다.

GPI와 HDI

HDI 설명은 유엔의 기사 중 '인간 개발 지수 Human Development Index'에서 나온 것이다. 캘리포니아대학교 샌디에이고 캠퍼스의 디자인 연구소 학생들과 교수진들 역시 나의 시야를 아주 풍부하게 해주었으며, 많은 영향을 주었다. 그들의 도움으로 디자인이 세상의 수많은 불평등에 기여하고 있음을 이해하게 되었다. 디자인은 의도적으로는 아니지만, 산업에 보조하는 직업으로서 탄생한 기원을 가지고 그러한 관행을 그대로 받아들임으로써 많은 불의에 일조하고 있다. 이러한 상호작용은 BCC 그룹과 함께 매주 열린 토론과 더불어 이 책의 1부로 이어지게 되었다.

11장

유엔의 17가지 지속가능개발목표

17개 목표는 유엔개발계획의 웹페이지 '유엔: 지속가능개발목표'에 올라와 있다. 그 페이지에는 각각의 목표와 그동안의 진전에 대한 풍부한 정보가 올려져 있다.

행복과 복지 측정

펜실베이니아대학의 긍정심리학 센터의 웹사이트 주소는 https://ppc.sas.upenn.edu/이다. 국가의 복지를 측정하는 기술은 A. 아들러^{A. Adler}와 마틴 셀리그먼의 논문 〈공공정책에 웰빙을 사용하다^{Using Wellbeing for Public Policy}〉에서 설명되어 있다. 다차원 척도법은 현재 잘 알려진 기술이다. 심지어 엑셀 스프레드시트에서 분석을 수행할 수 있는 도구도 있다(https://help.xlstat.com/6702-multidimensional-scaling-mds-excel-tutorial 참조). 이 분야의 논문과 책의 수는 너무 많아 여기서 짧은 목록으로 다룰 수 없다.

기후 변화에 대한 의미 있는 접근법

그림 11.2a와 11.2b에 영감을 준 두 개의 논문은 《네이처》에 실린 요한 록스트롬과 그의 동료들의 논문 〈인류의 안전한 운영 공간^{A Safe Operating Space for Humanity}〉과 《사이언스》에 발표된 논문 윌 스테펜^{Will Steffen}과 그의 동료들의 〈지구한계위험선^{Planetary Boundaries}〉이다.

도넛 모델: 효과적인 대시보드

도넛경제학행동연구소의 웹사이트(https://doughnuteconomics.org)에는 도넛 경제 모델을 적용한 그룹과 도시들을 다양한 그래픽 연출로 보여주는 도구, 이론, 영상 및 사례 연구의 풍부한 자료를 제공한다. 웹사이트의 많은 자료는 크리에이티브 커먼즈 저작자표시-동일조건변경허락 4.0 국제 라이선스(https://creativecommons.org/licenses/by-sa/4.0/)에 따라 무료로 제공된다. 케이트 레이워스의 책 《도넛 경제학》은 도넛 표현에 대한 소개뿐만 아니라 현대 경제학의 많은 부분(본 책 2부의 주장과 상당히 관련됨)에 대한 간결하고 강력한 비판을 담고 있다. 레이워스는 '도넛은 그 자체로 살아있는 지표의 글로벌 대시보드다'라고 지적한다 (p. 206).

12장

라스베이거스에서 도박에 대한 워드 에드

워즈의 연구 중 대표적인 논문은 D. G. 프라이백D. G. Fryback과 W. 키스 에드워즈W. Keith Edwards의 '도박 중의 선택Choices among Bets'이다. 심리학자들의 연구 결과가 어떻게 활용되었는지에 알아보려면 나타샤 도우 슐의 《디자인이 만든 중독》을 참조하자.

이야기의 힘

쉴러의 인용문은 《내러티브 경제학》의 22쪽에 있는 내용이다.

내 논문 〈나는 '숫자에 대한 집착A Fetish for Numbers'〉에서 병원에서의 내 경험(이야기 1과 이야기 2)에 대해 썼다.

측정은 사실을 제공하고, 이야기는 의미를 부여한다

힐러, 켈리, 그리고 클링거는 기술적 과학 보고서 작성에서 서술형 스타일을 연구했으며, 서술형으로 쓰인 보고서가 더 자주 인용된다는 사실을 발견했다. 게다가 더 중요한 저널일수록(영향평가로 판단할 때), 서술형이 더 중요했다. 인용문은 그들의 논문 〈기후 변화 과학에서 서술 스타일은 인용 빈도에 영향을 미친다Narrative Style Influences Citation Frequency in Climate Change Science〉의 서문에서 가져왔다.

'복잡성은 세상의 사실이지만, 단순함은 마음속에 있다'는 인용문은 내 책 《도널드 노먼의 UX 디자인 특강: 복잡한 세상의 디자인》에서 가져왔다(책의 주제이기도 하다).

13장

런던 디자인 뮤지엄에서 열린 '폐기물 시대: 디자인이 무엇을 할 수 있나?Waste Age: What Can Design Do?' 전시회의 카탈로그는 8개의 훌륭한 장으로 구성된 폐기물의 역사와 현재 상황 그리고 미래의 기회를 이해하는 데 흥미롭고 가치 있는 도움을 준다. 이는 박물관의 수석 큐레이터인 저스틴 맥거크가 편집했다.

14장

일회용 경제

노후화를 위한 세 가지 디자인 기법은 여러 출처가 있지만, 자일스 슬레이드의 책 《메이드 투 브레이크Made to Break》를 추천한다.

15장

과학, 기술, 공학, 수학은 답이 아니다

'1900년 뉴욕에서는 10만 마리의 말 개체수가 하루에 250만 파운드의 배설물을 배출했다'는 인용문은 에드윈 버로우스Edwin Burrows와 마이크 월리스Mike Wallace의 저서 《고담: 1898까지의 뉴욕시의 역사Gotham: A History of New York City to 1898》에 해당 글이 있지만, 실제 인용 출처는 찾을 수 없었다. 칼 포퍼Karl Popper의 관용의 역설에 대한 입장은 위키피디아 항목 '관용의 역설paradox of tolerance'에서 찾을 수 있다.

16장

안정적 국가 경제 발전 센터Center for the Advancement of Steady State Economics의 웹사이트는 https://steadystate.org이며, 그들의 미션 선언문을 인용하였다. 'CASSE 소개 Meet CASSE' 페이지에서 '지속 불가능한 성장에서 안정적 국가 경제로의 전환을 촉진하는 선도적인 조직이 되겠다'라고 선언한다.

수리, 재사용, 재생의 순환 경제

엘렌 맥아더 재단은 영국 와이트섬에 위치하며, 순환 경제와 순환 디자인을 전파하는 데 중점을 둔다. 웹사이트 https://ellenmacarthurfoundation.org에는 많은 유용한 정보들이 있다. 나는 2021년 10월 런던 디자인 뮤지엄에서 열린 폐기물 시대 전시회에서 일부 직원들과 함께 3일을 보냈는데, 본 책의 감사의 글에 감사하는 마음으로 이름을 실어놓았다.

대략 1960년대부터 시작된 순환 경제는 많은 사람들이 근본적인 원리를 개발했으므로, 정확한 기원을 추적하기 어렵다. 윌리엄 맥도너와 마이클 브로가트의 공저 《요람에서 요람으로》는 이 문제를 공론화하는 데 중요한 역할을 했다('요람에서 요람으로' 문구는 아마도 순환 경제의 많은 핵심 아이디어를 발전시킨 스위스 건축가 월터 스타헬 Walter Stahel이 지은 것으로 추정된다). 엘렌 맥아더 재단과 순환 디자인 분야의 주요 인물들 중 일부(본 책 감사의 말에 언급됨)는 저에게 귀중한 정보원이었다. 켄 웹스터 Ken Webster의 책인 《순환 경제: 부의 흐름 The Circular Economy: A Wealth of Flows》은 웹스터가 재단의 혁신 책임자(그는 설립 멤버 중 한 명이었다)였을 때 저술한 것으로, 그 개념의 근본적인 아이디어에 대한 훌륭한 설명을 제공한다.

순환 경제에는 순환적 디자인

'자연은 폐기물을 최소화한다'는 비카스피디아 Vikaspedia에 있는 글 '자연은 아무것도 낭비하지 않는다 Nature Wastes Nothing'에 더 자세히 설명되어 있다.

17장

기술 매거진 《패스트 컴퍼니》에 실린 재활용에 관한 내 두 편의 글은 〈재활용을 이해할 수 없더라도 나는 복잡한 디자인 시스템의 전문가다 I'm an Expert on Complex Design Systems. Even I Can't Figure Out Recycling〉와 〈폐기물은 엄청난 문제지만 재활용은 잘못된 해결책이다 Waste Is an Enormous Problem, but Recycling Is the Wrong Solution〉이다.

폐기물을 최소화하려면

〈뉴욕타임스〉의 인용구는 숨야 칼만그라 Soumya Karlamangla의 〈리포니아의 랜드마크 플라스틱 법에 대해 알아야 할 것 What to Know About California's Landmark Plastics Law〉에서 가져왔다.

기업의 순환 경제 가능한가?

캐논의 인용문은 캐논이 미국인 대상으로 만든 환경 책자인 《캐논 레이저 소모품 반품 프로그램 Canon Laser Consumable Return Program》에서 가져왔다.

18장

긴밀하게 결합된 시스템과 느슨하게 결합된 시스템

긴밀하게 결합된 시스템과 느슨하게 결합된 시스템 구분은 사회학자 찰스 페로Charles Perrow가 쓴 《무엇이 재앙을 만드는가?》에서 처음 소개되었다. 이 책은 내가 인간의 실수, 항공 안전, 사고에 관해 연구함에 있어 지대한 영향을 미쳤다(페로우는 복잡한 조직을 주제로 한 저서로도 유명하다).

19장

인과관계

조건부 미각 혐오는 심리학, 생물학, 의학 등 여러 학문 분야에서 연구계의 큰 관심을 받아왔다. 지안유 린Jian-You Lin, 조 아더스Joe Arthurs 그리고 스티브 라일리Steve Reilly의 리뷰 논문 〈조건부 미각 혐오Conditioned Taste Aversions〉는 시작하기에 좋은 자료다.

'사후 과잉 확신 편향'에 관해 내가 가장 좋아하는 논문은 바루크 피셔프Baruch Fischhoff의 고전 〈사후 판단은 예측이 아니다Hindsight ≠ Foresight〉이다. 사건이 일어난 후에는 뒤를 돌아보며 그 사건의 계기가 된 것이 무엇인지 쉽게 알아볼 수 있다. 하지만 만약 그와 같은 결론을 내린 사람들을 타임머신에 태우고 사건 전 현장으로 돌아간다면 어떻게 될까? 그들이 적절하게 예측할 수 있을까? 그렇지 않다.

에어컨이 지구를 뜨겁게 만들고 있다

에어컨의 전력 사용에 대한 인용문과 많은 수치적 추정치는 국제 에너지 기구의 '냉방의 미래The Future of Cooling' 보고서에서 나왔다(인용문은 서문과 p. 29~30에서 발췌했다). 에어컨으로 인한 피닉스의 기온 상승에 대한 연구는 사라망카Salamanca 외 여러 연구진이 참여한 〈도시 환경의 인위적 가열Anthropogenic Heating of the Urban Environment〉을 참고했다.

에어컨에 대한 더 많은 정보는 루사드 나나바티Rushad Nanavatty가 작성한 세계경제포럼의 〈에어컨이 우리의 기후 변화 대응 능력을 위협하고 있다Air conditioning Is Threatening Our Ability to Tackle Climate Change〉라는 기사와 스네하 새커Sneha Sachar와 그의 동료들이 쓴 〈글로벌 냉각 과제 해결: 실내 에어컨의 기후 위협에 대한 대응 방법Solving the Global Cooling Challenge: How to Counter the Climate Threat from Room Air Conditioners〉 보고서에서 살펴볼 수 있다.

20장

복잡한 시스템: 피드백, 피드포워드, 재귀

가장 간단한 재귀의 예는 '계승factorial'이라고 불리는 수학 함수다. (계승 n)은 n까지 포함한 모든 숫자를 곱하는 것을 의미하므로, 계승 4 = 4 * 3 * 2 * 1 (여기서 *는 '항원'을 의미함). 따라서 계승(n) = n * 계승(n-1)이 된다.

위키피디아에 따르면, '우주 적응 증후군 또는 우주 멀미는 궤도에 진입한 후 우주 여행자의 절반이 무중력 상태에 적응하면서 겪게 되는 질환이다.'

자연과학, 공학, 그리고 사회과학

이 인용문은 루이스 아마랄과 훌리오 오티노의 〈복잡한 연결망Complex Networks〉 159쪽에서 가져왔다.

현대적 건축 방식에 대한 재검토

마리암 파젤리와 이메일 내용에서 인용한 모든 내용은 그녀의 허락을 받아 사용했다(관련 서신은 2022년 3월부터 7월까지 이어졌음). 파젤리는 '이란 건축물의 수동적 냉각 시스템'이란 주제에 있어 메흐디 바하도리Mehdi Bahadori의 논문 〈사이언티픽 아메리칸Scientific American〉을 추천했다. 이 논문을 통해 비노드 굽타의 논문을 알게 되고 이 장에서 인용했다. 더 관심이 있다면, 굽타의 논문 〈집을 시원하게 하기 위해 에어컨은 필요하지 않다. 전통적인 건축이 잘해낼 것이다〉를 읽어보기를 권한다. 오래된 논문이지만(1984년), 기본 원칙들은 여전히 적용된다. 또한, 파젤리는 최근 세계경제포럼에서 논의된 윈드타워 사용에 대해 언급했다(www.weforum.org 에 들어가서 따옴표를 포함하여 "wind tower"를 검색해보자). 위키피디아의 기사 '윈드캐처wind-catcher(윈드타워의 다른 이름)'는 이 주제에 대한 좋은 리뷰를 제공한다. 또한 "wind catcher 또는 wind tower" 단어를 인터넷에서 검색하는 것을 추천한다(다시 한번, 용어에 따옴표를 사용하고 'OR'를 포함). 그렇게 하면, A.R. 데그하니 새니지Dehghani-Sanij와 M. 솔타니Soltani 및 K. 라헤미파르Raahemifar가 발표한 〈수동적 환기를 위한 윈드타워의 새로운 디자인A New Design of Wind Tower for Passive Ventilation〉이라는 논문으로 이

어진다.

더 많이 검색할수록 나는 더 많은 것을 발견했다. 전 세계의 건축가들이 기후 위기에 대응하고 있었다. 위에서 설명한 윈드캐처와 윈드타워 외에도 인터넷에 '수동적 냉방 건물Passive Ventilation in Buildings'을 검색하고 다양한 제안들을 참고해보자.

호르헤 그라시아의 의견은 2022년 7월 1일에 나에게 보낸 이메일에서 인용한 것으로, 허락을 받아 수록했다.

22장

'인류 중심 디자인'의 초기 활용 사례를 보여주는 두 편의 논문은 크리스티 리드Christy Reed, 왕희원Hui-Wen Wang, 일라이 블레비스Eli Blevis의 〈시간과 이동면에서 인류 중심적이며 지속 가능한 사물을 디자인하는 경우, 개인의 필요와 욕구 인식Recognizing Individual Needs and Desires in the Case of Designing an Inventory of Humanity-Centered, Sustainability-Directed Concepts for Time and Travel〉과 일라이 블레비스Eli Blevis, 임연경Youn-Kyung Lim, 에릭 스톨터먼Erik Stolterman의 〈디자인의 재료로써의 소프트웨어Regarding Software as a Material of Design〉가 있다. 인용문은 후자의 논문에서 나온 것이다.

인간 중심 디자인의 네 가지 원칙

인간 중심 디자인의 수많은 원칙들이 존재한다. 여기에 제시된 원칙은 내가 쓴 책《디자인과 인간 심리》와 이후에 많은 저술에서 따왔으며, 산업체의 일원으로서나 컨설턴트

로서 실무 경험에서 비롯했다. 이를 '인간 중심 디자인의 네 가지 기본 원칙'에 정리했다.

디자인 식민화
케니의 2011년 책에 대한 이스털리의 평가는 케니의 책인 《더 나아지기》(loc. 4250개 중 107 위치, 킨들)에 나와 있다. 탐색자들과 계획자들에 대한 인용문은 이스털리가 편집한 《대외 원조 재창조》의 서문에 나온다.

23장
모두가 디자이너다
에릭 폰 히펠의 작업에는 그의 매우 영향력 있는 논문 〈리드 유저〉가 포함되어 있다. 이 논문에서 그는 제품을 실제로 사용하고 스스로 변화와 수정을 하는 사람들, 즉 그가 '리드 유저'라고 부르는 사람들의 경험을 바탕으로 제품을 디자인하는 것이 가치 있다고 강조했다. 그는 그 이후로 초기 개념을 크게 확장했는데, 특히 내게 중요했던 건 《이노베이션의 민주화 Democratizing Innovation》 및 《프리 이노베이션》과 같은 책이었다. 그리고 오늘날에는 의료와 가정을 포함한 다른 분야로 확장시켜 나가고 있다(더 용 de Jong 과 폰 히펠 공저의 〈가정 혁신 Household Innovation 참조). 나는 24장에서 환자 혁신에 관한 연구를 인용했다.

'디자인 전문가의 역할은 무엇인가?'라는 질문은 만치니의 《일상의 정치 Politics of the Everyday (127쪽)》의 마지막 쪽(p.127)에 나와 있다. 그의 다음 책 《리버블 프록시미티: 중요한 도시에 대한 아이디어 Livable Proximity: Ideas for the City That Cares》는 이러한 질문을 다루지는 않지만, 그럼에도 불구하고 부분적인 대답을 제공한다. 나는 이 책의 표지에 다음과 같은 추천사를 썼다. '만치니는 디지털 시대의 근접성을 재정의하며 매력적이고 창의적이고 사교적인 삶의 방식을 드러낸다……21세기에 지속 가능한 방식으로 살 수 있는 강력하고 중요한 방법이다.'
이반 일리치의 책, 《성장을 멈춰라! 자율적 공생을 위한 도구》에서의 인용문은 2011년 킨들판의 7쪽에서 가져왔다.

24장
보건, 의료 및 공중보건
〈바이오 시민의 출현 The Rise of the Bio-citizen〉 보고서는 엘레노어 포웰 Eleonore Pauwels 과 사라 W. 덴튼 Sarah W. Denton 의 작품으로, 인용문은 요약본의 마지막 부분에서 가져왔다.
비니트 팬데이의 작품은 그의 웹사이트 https://vineetp13.github.io/에서 찾아볼 수 있다. 팬데이가 다른 사람들과 함께 쓴 두 편의 논문을 추천한다. 하나는 〈본능적 직관〉이고 다른 하나는 〈도슨트 Docent〉다.
에릭 폰 히펠은 나를 페드로 올리베이라에게 소개해주었고, 2017년 리스본에서 그를 만났다. 리스본에 있는 그의 환자 혁신 그룹은 웹사이트 https://patient-innovation. com/를 운영하고 있다. 폰 히펠과 함께 발표한 논문인 〈환자가 혁신가가 될 때 When Patients Become Innovators〉도 참고해보자.
어글리 인도인 단체는 인도의 신문에서 기

사화되었지만, 아마도 가장 좋은 정보는 위키피디아의 '어글리 인도인^{Ugly Indian}' 항목일 것이다.

25장
시스템적 디자인 네트워크 컨퍼런스는 http://systemic-design.net/에서 확인할 수 있다. 전환 디자인 프로그램은 카네기멜론대학 전환 디자인 부서의 웹사이트 https://design.cmu.mu/transition/transition-design에 설명되어 있다.
본문에서 언급하는 디자인X 논문은 도널드 노먼과 피터르 얀 스타퍼스 공저의 〈디자인X: 복잡한 사회기술체계^{DesignX: Complex Sociotechnical Systems}〉이다.

점진적인 단계
머들링스루에 관한 다양한 논문은 다음과 같다. 존 플라흐의 〈복잡성: 머들링스루 학습〉, 찰스 린드블럼의 〈머들링스루의 과학〉과 〈아직 끝나지 않은 머들링〉 그리고 조너선 벤도르의 '머들링스루'의 현 상태에 대한 리뷰 논문인 〈점진주의, 사라졌지만 번성 중인〉이다.

28장
피터 존스와 크리스텔 반 아엘의 책 《복잡한 시스템을 통한 디자인 여행: 시스템 디자인을 위한 실행 도구》는 디자이너의 시각에서 대규모 디자인 프로젝트의 구현 단계를 다루는 내가 아는 한 유일한 출판물이다. 대규모 프로젝트는 프로젝트 매니지먼트와 그 하위 분야인 복합 프로젝트 매니지먼트에 관한 표준 문헌에서 매우 잘 다루어지고 있다. 하지만 그러한 책과 그곳에서 논의되는 기술이 필수적이더라도, 프로젝트 매니저를 디자인 팀의 일원으로 만들지는 못한다. 이는 디자이너, 건축가, 도시계획가, 엔지니어로 구성된 팀이든 다른 분야의 전문가들로 구성된 디자이너 팀이든 간에 모두 해당된다.

29장
소규모 기업의 부상
제레미 마이어슨 논문 〈규모 축소하기^{Scaling Down}〉는 2016년 《셰지》에서 발표되었으며, 인용문과 다섯 가지 원칙의 목록은 각각 291쪽과 292쪽에서 찾을 수 있다.
에스코바르의 책 《플루리버스, 자치와 공동성의 세계 디자인하기》의 제목을 약간 수정해서 인용하였다.

30장
디자인이 제공할 수 있는 것
이 장의 마지막 부분에 있는 인용문은 노먼과 스타퍼스의 〈Design X〉 논문 중 91쪽에서 가져왔다.

31장
변화: 가장 어려운 과제
대니얼 카너먼의 책 제목, 《생각에 관한 생각》은 그의 주요 개념을 요약하고 있다.

재난에는 반응하지만, 재난 예방에는 반응하지 않는다

CDC와 코로나19 대응의 불평등에 대한 자료는 미국 질병통제예방센터의 〈의료 형평성에 대한 고려 및 인종·민족 소수집단Health Equity Considerations & Racial & Ethnic Minority Groups〉과 손더스Saunders와 에반스Evans의 〈코로나19, 결핵 그리고 빈곤COVID-19, Tuberculosis, and Poverty〉에서 확인할 수 있다.

스쿠버 사망사고에 대해서는 위키피디아 항목인 '스쿠버 다이빙 사망자Scuba Diving Fatality'에서 특히 '웨이트 벨트 이탈 실패Failure to Ditch Weight' 부분을 참조하기를 바란다(SCUBA 다이버인 독자들에게는 전체 긴 글도 흥미로울 것이다).

32장

그렉 잭슨의 논문은 〈정의로운 전쟁을 위한 기도Prayer for a Just War〉이다.

'음모론을 믿는 대규모의 한 단체'에 관해서는 여기서 이름을 밝히고 싶지 않다. 이 단체는 더 이상 홍보되어서는 안 되기 때문이다. 두려운 건 《U.S. 뉴스 앤 월드 리포트》의 조사 결과, 약 4,400만 명의 사람들이 이 평가에 동의했다는 점이다. 수잔 밀리건Susan Milligan의 기사 〈공화당원의 4분의 1은 큐아논의 음모론을 믿는다A Quarter of Republicans Believe Central Views of QAnon Conspiracy Movement〉를 참조할 수 있다.

33장

일과 가정의 균형

요일 명이 천체의 이름에서 유래했지만 실제 이름과 일치하지 않는 것처럼 보여서 의문이었다면, 이는 언어와 문화에 따라 서로 다른 신을 천체와 연관시키기 때문이다. 로마어를 기반으로 하는 언어는 주로 로마인들이 지정한 라틴어 이름을 사용하는 경향이 있는 반면, 영어는 일요일(Sunday), 월요일(Monday), 토요일(Saturday)에 로마 이름을 사용하지만 나머지 날짜에는 게르만어와 노르웨이어 이름을 사용한다.

1922년, 포드 자동차 회사는 주6일 근무제를 주5일 근무제로 바꾼 최초의 대기업이 되었다. 포드가 착한 기업이 되려고 그런 것은 아니다. 포드사는 근무 시간을 하루 줄이는 것은 생산성에 큰 차이가 없지만, 근로자들이 제품을 구입하는 데 사용할 수 있는 여가 시간을 제공한다고 판단했다. 미국 노동총연맹의 회장 그린Green은 "대중들이 여가 시간을 갖지 않는 한, 과학과 산업이 생산한 제품을 구매하고 사용할 수 없다. 대량 소비가 없는 대량 생산은 프랑켄슈타인 같은 괴물이 될 뿐이다."라고 말했다. 이 역사는 프랭크 드 바이버Frank De Vyver의 논문 〈주5일 근무제The Five-Day Week〉 중 224쪽과 227쪽에 나온 내용이다.

일자리에서 직업으로

케이시 웍스의 인용구는 《우리는 왜 이렇게 오래, 열심히 일하는가》 2쪽에서 가져왔다.

완전 학습

위키피디아의 완전 학습 항목은 꽤 훌륭한 설명을 제공한다. 나는 폴 키르슈너 Paul Kirschner 와 함께 〈디자인 교육과 학습 Teaching and Learning Design〉이라는 프로젝트 기반 학습에 대한 논문을 썼다. 이외에 예룬 반 메리엔보어 Jeroen Van Merriënboer 와 키르쉬너의 책 《복합 학습을 위한 10단계 Ten Steps to Complex Learning》를 적극 추천한다.

34장
사람의 사물화, 기계의 하수인

테일러가 자신의 관리법을 소개한 책은 고전이 된 《과학적 관리의 원리》다. 로버트 카나이겔 Robert Kanigel 이 테일러의 작업과 영향에 대한 비판적인 역사를 다룬 책 《가장 좋은 방법: 프레드릭 윈슬로우 테일러와 효율성의 수수께끼 The One Best Way: Frederick Winslow Taylor and the Enigma of Efficiency》를 참조해보자.

나는 개인적으로 상징적인 추론을 통해 작동했던 GOFAI(기호주의 인공지능)의 좋은 부분들과 신경망의 좋은 부분을 결합하는 것을 선호한다. 나는 신경망 초기, 즉 캘리포니아대학교 샌디에이고 캠퍼스에서 개발한 최초의 시스템을 '병렬 분산 네트워크'라고 불리던 시기(빠르게 '연결주의 네트워크'로 대체되고, 이후 오늘날의 '신경망'이라는 이름을 얻음)에 처음으로 이에 대해 언급했었다. 나는 이 새로운 형태의 컴퓨팅에 대한 두 권짜리 입문서, 《병렬 분산 처리 Parallel Distributed Processing》에서 마지막 장 집필을 요청받았다. 내가 맡은 장은 '인지와 병렬 분산 처리에 대한 성찰 Reflections on Cognition and Parallel Distributed Processing'이다.

집중, 호기심, 딴생각 그리고 몰입

딴생각은 벤자민 베어드 Benjamin Baird 와 그의 동료들이 쓴 학술지 〈산만함에서 오는 영감: 딴생각이 창의성을 촉진한다 Inspired by Distraction: Mind Wandering Facilitates Creative Incubation〉에서 다루고 있다. 아담 알터 Adam Alter 는 저서 《거부할 수 없는: 중독적 기술의 부상과 우리를 유혹하는 사업들 The Rise of Addictive Technology and the Business of Keeping Us Hooked》에서 중독에 관해 논의한다.

미하이 칙센트미하이는 수많은 책과 기사에서 '몰입'의 개념을 논하고 있다. 그의 책은 두 권으로 시작해볼 수 있다. 몰입 개념의 본래 형태를 소개한 《몰입_미치도록 행복한 나를 만난다》와 《몰입의 즐거움》이 있다.

35장

국제통화기금과 브루킹스연구소의 보고서는 바자르바쉬 Bazarbash 등의 〈코로나19 팬데믹 속 모바일 머니 Mobile Money in the COVID-19 Pandemic〉와 쵸드리 Chowdhury 등의 〈세계 최빈국으로의 디지털 현금 이체 가속화 Accelerating Digital Cash Transfers to the World's Poorest〉를 참고하라.

유비쿼터스 컴퓨팅 ubiquitous computing 과 인비저블 컴퓨터 invisible computer 의 세계는 1991년 제록스 팔로 알토 연구소 PARC 소속의 마크 와이저 Mark Weiser 가 처음으로 언급하였다. 그 후 1997년에 와이저는 같은 PARC 소속의 존 실리 브라운John Seely Brown과 함께 해당 개념을 확장시켰으며(조용한 컴퓨팅calm computing으로 다시 명명됨), 내 책《보이지 않는 컴퓨터The Invisible Computer》에서도 더 확장되어 다뤄졌다. 조용한 기술calm tech에 대한 자세한 내용은 http://www.johnseelybrown.com/calmtech.pdf에서 실리 브라운의 리뷰를 참조해보자.

언급된 보행 보조기에 대한 특허는 니콜라스 야그Nicholas Yagn가 '보행, 달리기 및 점프 촉진을 위한 장치'로 출원했다.

과학·공학·의학 국립 학술원은 사람들과 동등하게 협력하는 AI 시스템을 개발할 필요성에 대한 보고서, 〈인간과 인공지능 팀: 최신기술 및 연구 요구Human–AI Teaming: State-of-the-Art and Research Needs〉를 발표했다(85쪽 참조).

36장
상향식 활동

보르겐 프로젝트는 https://borgenproject.org에서 확인할 수 있다.

37장
단합: 기존 프로젝트 결합하기

아모리 로빈스는 폐기물의 수익성을 다루며, 이는 〈중량 운송 및 산업열에 대한 수익성 있는 탈탄소화Profitably Decarbonizing Heavy Transport and Industrial Heat〉보고서로 이어졌다. 록키 마운틴 연구소의 웹사이트(https://rmi.org)에는 관련 있는 중요한 연구 자료의 방대한 라이브러리가 있다.

모두를 향한 경고

로저 르벨과 한스 수에스의 논문은 〈대기와 대양 사이의 이산화탄소 교환과 지난 수십 년 동안 대기권 이산화탄소의 증가에 대한 질문Carbon Dioxide Exchange between Atmosphere and Ocean and the Question of an Increase of Atmospheric CO2 during the Past Decades〉이다. 안타깝게도 이 제목은 2부에서 내가 설명한 의미성에 대해 우려를 드러내고 있다. 논문이 엄중한 경고를 담고 있다고 하더라도, 논문을 읽을지 여부를 제목만으로 결정하는 사람들에게 이 제목은 이해하기 어렵다. 이는 정치인과 의사결정자 또는 어떤 다른 비전문가가 아닌 기후 과학자만을 대상으로 하고 있다.

앨 고어의 책《우리의 선택: 기후 위기 해결을 위한 계획Our Choice: A Plan to Solve the Climate Crisis》은 읽기 쉬운 문체로 작성되었으며, 전자책 버전도 있어서 독자들이 다양한 통찰력을 얻을 수 있다.

기술적 접근법

폴 호켄의《한 세대 안에 기후 위기》중 9쪽을 인용하였다.

복잡한 사회기술체계 다루기

원래의 '사악한 문제'를 다루는 논문은 리텔과 웨버의 〈일반계획이론의 딜레마Dilemmas in a General Theory of Planning〉다.

제프리 찬Jeffrey Chan과 웨이닝 샹Wei-Ning Xiang은《사회생태학적 실천연구Socio-Ecological

Practice Research》의 객원 논설 〈사악한 문제 발생 후 50년 Fifty Years after the Wicked-Problems Conception〉에서 '사악한 문제'에 대한 탁월한 리뷰를 제공한다. 이 논설은 사악한 문제에 대한 공격과 관련된 주요 이슈들을 잘 검토하기 때문에 적극 추천한다. 이 저널은 2023년 창간 50주년을 맞아 사악한 사고에 집중하는 특별 호를 계획하고 있다. 지금 내가 글을 쓰는 시점은 아직 2022년이므로, 해당 호에 대한 기사를 사용할 수 없지만 많은 독자가 그 기사들을 활용할 수 있을 것이다. 존 콜코 Jon Kolko 는 자신의 핸드북《사악한 문제: 해결할 가치가 있는 문제들 Wicked Problems: Problems Worth Solving》을 인터넷에서 자유롭게 이용할 수 있도록 만들었다(URL은 참고 문헌 항목에 있음). 그 핸드북은 다양한 접근 방법을 설명하고 '사회적 기업가'의 개념을 소개한다. 사악한 문제에 대한 고전적인 디자인 논문 중 하나는 리처드 뷰캐넌 Richard Buchanan의 〈디자인 씽킹의 사악한 문제 Wicked Problems in Design Thinking〉이다.

참고 문헌

Adler, A., and M. E. P. Seligman. "Using Wellbeing for Public Policy: Theory, Measurement, and Recommendations." International Journal of Wellbeing 6, no. 1 (2016): 1– 35.

Alter, Adam L. Irresistible: The Rise of Addictive Technology and the Business of Keeping Us Hooked. New York: Penguin, 2017.

Amaral, Luís N., and Julio M. Ottino. "Complex Networks: Augmenting the Framework for the Study of Complex Systems." European Physical Journal B 38 (2004): 147– 162. https://doi.org/10.1140/epjb/e2004-00110-5. Atasu, Atalay, Céline Dumas, and Luk N. Van Wassenhove. "The Circular Business Model." Harvard Business Review, July– August 2021. https://hbr.org/2021/07/the-circular-business-model.

Bahadori, Mehdi N. "Passive Cooling Systems in Iranian Architecture." Scientific American 238, no. 2 (1978): 144– 155. http://www.jstor.org/stable/24955643.

Baird, Benjamin, Jonathan Smallwood, Michael D. Mrazek, Julia W. Y. Kam, Michael S. Franklin, and Jonathan W. Schooler. "Inspired by Distraction: Mind Wandering Facilitates Creative Incubation." Psychological Science 23, no. 10 (2012): 1117– 1122. http://journals.sagepub.com/doi /abs/10.1177/0956797612446024.

Bardi, Ugo, and Carlos Alvarez Pereira, eds. Limits and Beyond: 50 Years On from The Limits to Growth, What Did We Learn and What's Next? A Report to the Club of Rome. Exapt Press, 2022.

Bateson, Gregory. "199. Culture Contact and Schismogenesis." Man (1935): 178– 183.

Bazarbash, Majid, Jan Moeller, Naomi Nakaguchi Griffin, Hector Carcel Villanova, Esha Chhabra, Yingjie Fan, and Kazuko Shirono. "Mobile Money in the COVID- 19 Pandemic." International Monetary Fund, Special Series on COVID-19, October 7, 2020. https://www.imf.org/~/media/Files/Publications/covid19-special- notes/en- special- series- on- covid-19- mobile- money- in- the- covid- 19-pandemic.ashx.

Beckert, Sven. Empire of Cotton: A Global History. New York: Knopf, 2014. Washington Post review: https://www.washingtonpost.com/opinions/book-review-empire-of-cotton-a-global-history-by-sven-beckert/2015/01 /08/1ed81006-7b1e-11e4-b821-503cc7efed9e_story.html.

Bendor, Jonathan. "Incrementalism: Dead yet Flourishing." Public Administration Review 75, no. 2 (2015): 194– 205. http://dx.doi.org/10.1111/puar.12333.

Berry, Anne H., Kareem Collie, Penina Acayo Laker, Lesley- Ann Noel, and Jennifer Rittner, eds. The Black Experience in Design: Identity, Expression & Reflection. New York: Allworth, 2022.

Bethune, Kevin G. Reimagining Design:

Unlocking Strategic Innovation. Simplicity: Design, Technology, Business, Life. Cambridge, MA: MIT Press, 2022.

Bledsoe, Eric Matthew. "Make It New." 2016. https://doi.org/10.4324/9781135000356-REM1131-1 and https://www.rem.routledge.com/articles/make-it-new.

Blevis, Eli, Youn- Kyung Lim, and Erik Stolterman. "Regarding Software as a Material of Design." Paper presented at Wonderground— DRS International Conference, Lisbon, Portugal, November 1– 4, 2006.

Bradner, Erin. "Social Affordances of Computer- Mediated Communication Technology: Understanding Adoption." Paper presented at CHI'01: Extended Abstracts on Human Factors in Computing Systems, Seattle, WA, March 31– April 5, 2001.

Buchanan, Richard. "Wicked Problems in Design Thinking." Design Issues 8, no. 2 (1992): 5– 21. http://www.jstor.org/stable/1511637.

Burrows, Edwin G., and Mike Wallace. Gotham: A History of New York City to 1898. New York: Oxford University Press, 1999.

Cambridge Advanced Learner's Dictionary & Thesaurus. Cambridge: Cambridge University Press, 2022. https://dictionary.cambridge.org/dictionary/english/tool.

Canon. Canon Laser Consumable Return Program. Melville, NY: Canon USA, 2021. http://downloads.canon.com/nw/about/2021- Environmental - Brochure.pdf.

Carlitz, Ruth. "Pandemic Data Collection in Authoritarian Regimes: An Interview with Scott Gabriel Knowles." American Scientist, May 27, 2021, 331– 334.

Chan, Jeffrey Kok Hui, and Wei- Ning Xiang. "Guest Editorial. Fifty Years after the Wicked- Problems Conception: Its Practical and Theoretical Impacts on Planning and Design." Socio- ecological Practice Research 4, nos. 1– 6 (2022). https://doi.org/10.1007/s42532-022-00106-w.

Chowdhury, Anir, Cina Lawson, Elizabeth Kellison, Han Sheng Chia, Homi Kharas, Jacquelline Fuller, Michael Faye, Michal Rutkowski, Rodrigo Salvado, and Stefan Dercon. "Accelerating Digital Cash Transfers to the World's Poorest." Brookings Institution, February 17, 2022. https://www.brookings.edu /blog/future-development/2022/02/17/accelerating-digital- cash- transfers - to- the- worlds-poorest/.

"CLASP: Efficient Appliances for People & the Planet." CLASP, n.d., accessed February 20, 2022. https://www.clasp.ngo/.

Coclanis, Peter A. "Why We Urgently Need a Real Alternative to GDP as an Economic Measure." New Statesman, June 10, 2019. https://www.newstatesman .com/politics/economy/2019/06/why-we-urgently-need-real-alternative-gdp-economic-measure.

Costanza- Chock, Sasha. Design Justice: Community- Led Practices to Build the Worlds We Need. Information Policy. Cambridge, MA: MIT Press, 2020.

Csikszentmihalyi, Mihaly. Finding Flow: The Psychology of Engagement with Everyday Life. Masterminds. New York: Basic, 1997.

Csikszentmihalyi, Mihaly. Flow: The Psychology of Optimal Experience. New York: Harper & Row, 1990.

Dehghani- sanij, A. R., M. Soltani, and K. Raahemifar. "A New Design of Wind Tower for Passive Ventilation in Buildings to Reduce Energy Consumption in Windy Regions." Renewable and Sustainable Energy Reviews 42 (2015): 182–195. https://www.sciencedirect.com/science/article/pii/S1364032114008351.

de Jong, Jeroen P. J., and Eric von Hippel. "Household Innovation: Its Nature, Measurement, Applications, and Outlook." In Handbook of Innovation Indicators and Measurement, edited by Fred Gault, Anthony Arundel, and Erika Kraemer- Mbula, 2nd ed. Cheltenham, UK: Edward Elgar Publishing, 2022. http://dx.doi.org/10.2139/ssrn.4040262.

Demonaco, Harold, Pedro Oliveira, Andrew Torrance, Christiana von Hippel, and Eric von Hippel. "When Patients Become Innovators." MIT Sloan Management Review (2019): 81– 88. https://sloanreview.mit.edu/article /when-patients- become- innovators/.

De Vyver, Frank T. "The Five- Day Week." Current History (1916– 1940) 33, no. 2 (1930): 223– 227. http://www.jstor.org/stable/45333447.

DiAngelo, Robin J. White Fragility: Why It's so Hard for White People to Talk about Racism. Boston: Beacon Press, 2018.

Díaz, S., J. Settele, E. S. Brondízio, H. T. Ngo, M. Guèze, J. Agard, A. Arneth, et al. Summary for Policymakers of the Global Assessment Report on Biodiversity and Ecosystem Services of the Intergovernmental Science- Policy Platform on Biodiversity and Ecosystem Services. Bonn, Germany: IPBES Secretariat, 2019. https://www.un.org/sustainabledevelopment/blog/2019 /05/nature-decline-unprecedented-report.

Doerr, John. Speed & Scale: An Action Plan for Solving Our Climate Crisis Now. New York: Portfolio, 2021.

Earle, Joe, Cahal Moran, and Zach Ward- Perkins. The Econocracy: The Perils of Leaving Economics to the Experts. Manchester Capitalism. Manchester, UK: Manchester University Press, 2017.

Easterly, William, ed. Reinventing Foreign Aid. Cambridge, MA: MIT Press, 2008.

Easterly, William. The Tyranny of Experts: Economists, Dictators, and the Forgotten Rights of the Poor. New York: Basic, 2013.

Economics Online. "Alternatives to GDP in Measuring Countries." October 6, 2020. https://www.economicsonline.co.uk/managing_the_economy /alternatives- to- gdp- in- measuring- countries.html/.

Ellen MacArthur Foundation. "Butterfly Diagram Animation." N.d. https://ellenmacarthurfoundation.org/circular-economy-diagram and https://youtu .be/Lc-FQvPO89Y.

Encyclopaedia Britannica Online. "East India Company." January 2020. https://www.britannica.com/topic/East-India-Company.

Encyclopedia Britannica Online. "Modernity." May 2016. https://www.britannica .com/topic/modernity.

Escobar, Arturo. Designs for the Pluriverse: Radical Interdependence,

Autonomy, and the Making of Worlds. New Ecologies for the Twenty- First Century. Durham, NC: Duke University Press, 2018.

Fischhoff, Baruch. "Hindsight ≠ Foresight: The Effect of Outcome Knowledge on Judgment under Uncertainty." Journal of Experimental Psychology: Human Perception and Performance 104 (1975): 288– 299. A nice reflection on this paper written in 1992 (declaring the paper a "citation classic") is at http://www. garfield.library.upenn.edu/classics1992/ A1992HX83500001.pdf.

Flach, John M. "Complexity: Learning to Muddle Through." Cognition, Technology & Work 14 (2012): 187– 197. https://doi. org/10.1007/s10111-011-0201-8.

Flach, John, and Fred Voorhorst. What Matters: Putting Common Sense to Work. Dayton, OH: Wright State University Libraries, 2016. https://core scholar. libraries.wright.edu/books/127/.

Fox, Justin. "The Economics of Well- Being." Harvard Business Review, January– February 2012. https://hbr. org/2012/01/the-economics-of-well-being.

Friedman, Ken, Yongqi Lou, Don Norman, Pieter Jan Stappers, Ena Voûte, and Patrick Whitney. "DesignX: A Future Path for Design." 2014. http://www .jnd.org/dn.mss/ designx_a_future_pa.html.

Fryback, D. G., and W. Keith Edwards. "Choices among Bets by Las Vegas Gamblers: Absolute and Contextual Effects." Journal of Experimental Psychology 98 (1973): 271– 278.

Gates, Bill. How to Avoid a Climate Disaster: The Solutions We Have and the Breakthroughs We Need. New York: Doubleday, 2020.

Gaver, William W. "Situating Action II: Affordances for Interaction: The Social Is Material for Design." Ecological Psychology 8, no. 2 (1996): 111– 129.

Gaver, William W. "Technology Affordances." Paper presented at the Proceedings of the SIGCHI Conference on Human Factors in Computing Systems, New Orleans, LA, April 27– May 2, 1991.

Gibson, James J. "The Theory of Affordances." In The Ecological Approach to Visual Perception, 127– 143. 1979. Reprint, Hillsdale, NJ: Lawrence Erlbaum Associates, 1986.

Giedion, Siegfried. Mechanization Takes Command: A Contribution to Anonymous History. New York: Oxford University Press, 1948.

Gore, Albert. Our Choice: A Plan to Solve the Climate Crisis. eBook ed. Emmaus, PA: Push Pop Press, Rodale, and Melcher Media, 2011. http://pushpoppress.com/ ourchoice/.

Graeber, David, and David Wengrow. The Dawn of Everything: A New History of Humanity. New York: Farrar, Straus and Giroux, 2021.

Gupta, Vinod. "Indigenous Architecture and Natural Cooling." Energy and Habitat, 1984, 41– 48. http://space-design.com/wp- content/uploads /2018/04/indigenous- architecture-and-natural-cooling.pdf.

Gupta, Vinod. "You Don't Need Airconditioners to Cool Your Home; Traditional Architecture Does It Well. Even Rich Families Living in the Heart of the Desert Cool Their Homes

Naturally." Science Age, June 1984, 18– 27. http://space-design.com/wp-content/uploads/2018/04/You-dont-need-airconditioners-to-cool-your-home.compressed.pdf.

Hacker, Andrew. The Math Myth: And Other STEM Delusions. New York: New Press, 2016.

Hawken, Paul. Regeneration: Ending the Climate Crisis in One Generation. New York: Penguin, 2021.

Henrich, Joseph, Steven J. Heine, and Ara Norenzayan. "The WEIRDest People in the World?" Behavioral and Brain Sciences 33, nos. 2– 3(2010): 61– 83. https://www.cambridge.org/core/journals/behavioral-and-brain-sciences/article/abs/weirdest-people-inthe-world/BF84F7517D56AFF7B7EB58411A554C17.

Hillier, Ann, Ryan P. Kelly, and Terrie Klinger. "Narrative Style Influences Citation Frequency in Climate Change Science." PLOS ONE 11, no. 12 (2016): e0167983. https://doi.org/10.1371/journal.pone.0167983.

Hofstadter, Doug R. Gödel, Escher, Bach: An Eternal Golden Braid. New York: Basic, 1979.

Holmes, Kat. Mismatch: How Inclusion Shapes Design. Simplicity: Design, Technology, Business, Life. Cambridge, MA: MIT Press, 2018.

Illich, Ivan. Tools for Conviviality. 1973. London: Marion Boyars, 2011. Kindle.

International Energy Agency. The Future of Cooling. Paris: International Energy Agency, March 2018. https://www.iea.org/reports/the-future-of-cooling.

Jackson, Greg. "Prayer for a Just War: Finding Meaning in the Climate Fight." Harper's Magazine, June 2021, 55– 69. https://harpers.org/archive/2021/06 / prayer-for-a-just-war-finding-meaning-in-the-climate-fight/.

Jones, Peter, and Kristel Van Ael. Design Journeys through Complex Systems: Practice Tools for Systemic Design. Amsterdam: BIS, 2022.

Kahneman, Daniel. Thinking, Fast and Slow. New York: Farrar, Straus and Giroux, 2011.

Kanigel, Robert. The One Best Way: Frederick Winslow Taylor and the Enigma of Efficiency. New York: Viking, 1997.

Kaptelinin, Victor. "Affordances and Design." In Encyclopedia of Human– Computer Interaction, 2553– 2628. N.p.: Interaction Design Foundation, n.d. https://public-assets.interaction-design.org/ebooks/hci/hci.pdf.

Karlamangla, Soumya. "What to Know About California's Landmark Plastics Law." New York Times, July 5, 2022. https://www.nytimes.com/2022/07/05 /us/california- plastics- law.html.

Kendi, Ibram X. How to Be an Antiracist. New York: One World, 2019. See a two- minute video by the author that summarizes the theme of the book: https://youtu.be/_OXMgA0Fwsk.

Kenny, Charles. Getting Better: Why Global Development Is Succeeding: And How We Can Improve the World Even More. New York: Basic, 2011. Kindle.

Kirschner, P. A., and D. Norman. "Teaching and Learning Design." Future

of Design Education, 2021. https://www.
futureofdesigneducation.org/essays-2 /
published-essays.

Kolko, Jon. Wicked Problems: Problems
Worth Solving: A Handbook & a Call
to Action. Austin, TX: Austin Center
for Design (AC4D), 2012. https://
wickedproblems.com/.

Lin, Jian- You, Joe Arthurs, and Steve
Reilly. "Conditioned Taste Aversions:
From Poisons to Pain to Drugs of Abuse."
Psychonomic Bulletin & Review 24,
no. 2 (April 2017): 335– 351. https://doi.
org/10.3758/s13423-016-1092-8.

Lindblom, Charles E. "The Science
of 'Muddling Through.'" Public
Administration Review 19 (1959): 79– 88.
https://faculty.washington.edu/mccurdy/
SciencePolicy/Lindblom%20Muddling%20
Through.pdf.

Lindblom, Charles E. "Still Muddling,
Not Yet Through." Public Administration
Review 39 (1979): 517– 526. http://
www.sietmanagement.fr/wp-content/
uploads/2016/04/Lindblom1979.pdf.

Lovins, Amory. "Decarbonizing Our
Toughest Sectors— Profitably: Cutting
Carbon Emissions from Harder- to-
Abate Sectors Like Heavy Transport
and Industrial Heat Will Create New
Strategic Opportunities for Business." In
"Sustainable Businesses," special issue
of MIT Sloan Management Review, Fall
2021, 49– 58. https://sloanreview.mit.
edu/article/decarbonizing-our-toughest-
sectors-profitably/; also see https://rmi.org/
press-release/decarbonizing-our -toughest-
sectors-can-be-profitable/.

Lovins, Amory B. Profitably Decarbonizing
Heavy Transport and Industrial Heat:

Transforming These "Harder- to- Abate"
Sectors Is Not Uniquely Hard and Can Be
Lucrative. Emeritus Insight Series. Basalt,
CO: Rocky Mountain Institute, 2021.
https://www.rmi.org/profitable-decarb/.

Lyman, Isaac. "Can Developer Productivity
Be Measured?" Stack Overflow,
December 7, 2020. https://stackoverflow.
blog/2020/12/07/measuring-developer-
productivity/.

Manzini, Ezio. Design, When Everybody
Designs: An Introduction to Design for
Social Innovation. Translated by Rachel
Anne Coad. Design Thinking, Design
Theory. Cambridge, MA: MIT Press, 2015.

Manzini, Ezio. Livable Proximity: Ideas for
the City That Cares. Translated by Andrew
Spannaus and Anne Kendall. Milan:
Bocconi University Press, 2022.

Manzini, Ezio. Politics of the Everyday.
Translated by Rachel Anne Coad.
Designing in Dark Times. London:
Bloomsbury Visual Arts, 2019. Kindle.

Markoff, John. Machines of Loving Grace:
The Quest for Common Ground between
Humans and Robots. New York: Ecco/
HarperCollins, 2015.

McDonough, William, and Michael
Braungart. Cradle to Cradle: Remaking the
Way We Make Things. New York: North
Point Press, 2002.

McGuirk, Justin, ed. Waste Age: What Can
Design Do? London: Design Museum, 2021.
https://designmuseum.org/exhibitions/
waste-age-what-can -design-do, https://
designmuseum.org, and www.artbook.
com.

Meadows, Donella H., Dennis L. Meadows,

Jørgen Randers, and William W. Behrens III. The Limits to Growth; a Report for the Club of Rome's Project on the Predicament of Mankind. New York: Universe Books, 1972. https://www .clubofrome.org/ publication/the- limits- to- growth/.

Merriënboer, Jeroen J. G. van, and Paul Arthur Kirschner. Ten Steps to Complex Learning: A Systematic Approach to Four-Component Instructional Design. 2nd ed. New York: Routledge, 2012.

Milligan, Susan. "A Quarter of Republicans Believe Central Views of QAnon Conspiracy Movement." U.S. News and World Report, February 24, 2022. https://www.usnews.com/news/ politics/articles/2022-02-24/a-quarter-of -republicans-believe-central-views-of-qanon-conspiracy-movement.

Myerson, Jeremy. "Scaling Down: Why Designers Need to Reverse Their Thinking." She Ji 2, no. 4 (2016): 288– 299. https://doi.org/10.1016/j.sheji .2017.06.001.

Nanavatty, Rushad. "Air Conditioning Is Threatening Our Ability to Tackle Climate Change. Here's What We Need to Do." World Economic Forum, January 2019. https://www.weforum.org/agenda/2019/01/ why-keeping-ourselves-cool-doesnt-have-to-mean-heating-the-planet/.

NASA Earth Observatory Project. Anticipating Future Sea Levels. Greenbelt, MD: NASA Earth Observatory, Goddard Space Center, 2022. https://earth observatory.nasa.gov/images/148494/ anticipating-future-sea-levels.

National Academies of Sciences, Engineering, and Medicine. Human– AI Teaming: State- of- the- Art and Research Needs. Washington, DC: National Academies Press, 2022. https://doi. org/10.17226/26355.

Noble, Safiya Umoja. Algorithms of Oppression: How Search Engines Reinforce Racism. New York: New York University Press, 2018.

Nodder, Chris. Evil by Design: Interaction Design to Lead Us into Temptation. New York: Wiley, 2013.

Norman, Don. The Design of Everyday Things. Rev. and exp. ed. New York: Basic, 2013; UK edition, London: MIT Press, 2013.

Norman, Donald A. Emotional Design: Why We Love (or Hate) Everyday Things. New York: Basic, 2004.

Norman, Donald A. "A Fetish for Numbers." Interactions 15, no. 2 (2008): 14– 15.

Norman, Don. "The Four Fundamental Principles of Human- Centered Design." jnd.org, 2019. https://jnd.org/the-four-fundamental-principles-ofhuman-centered-design/.

Norman, Don. "I'm an Expert on Complex Design Systems. Even I Can't Figure Out Recycling." Fast Company, 2020. https:// www.fastcompany.com/90452707/im-an-expert-on-complex-design-systems-even-i-cant-figure-out-recycling.

Norman, Donald A. "In Defense of Cheating." Ubiquity (an ACM IT Magazine and Forum) 6, no. 11 (April 13– 19, 2005). www.acm.org/ubiquity/views/v6i11 _ norman.html. Also available at the author's website: www.jnd.org/dn.mss /in_ defense_of_cheati.html.

Norman, Donald A. The Invisible

Computer: Why Good Products Can Fail, the Personal Computer Is So Complex, and Information Appliances Are the Solution. Cambridge, MA: MIT Press, 1998.

Norman, Donald A. Living with Complexity. Cambridge, MA: MIT Press, 2010.

Norman, Donald A. The Psychology of Everyday Things. New York: Basic, 1988. Reissued as The Design of Everyday Things. New York: Doubleday, 1990. Reprint, New York: Basic, 2002; London: MIT Press, 2002.

Norman, Donald A. "Reflections on Cognition and Parallel Distributed Processing." In Parallel Distributed Processing: Explorations in the Microstructure of Cognition, vol. 2: Psychological and Biological Models, edited by J. L. McClelland, D. E. Rumelhart, and the PDP Research Group, pp. 531– 546. Cambridge, MA: MIT Press, 1986.

Norman, Don. "Waste Is an Enormous Problem. But Recycling Is the Wrong Solution." Fast Company, 2020. https:// www.fastcompany.com/90463116 /waste-is-an-enormous-problem-but-recycling-is-the-wrong-solution.

Norman, Don, and Pieter Jan Stappers. "DesignX: Complex Sociotechnical Systems." She Ji 1 (2016): 83– 106. http:// www.sciencedirect.com/science/article/pii/ S240587261530037X.

North, Michael. "The Making of 'Make It New': Ezra Pound's Slogan Was Itself the Product of Historical Recycling." Guernica Magazine, August 15, 2013. https://www. guernicamag.com/the-making-of-making-it-new/#comments.

Official Guide- Book of the 1933 Fair: A Century of Progress International Exposition. Chicago: Century of Progress, 1933.

Organization for Economic Cooperation and Development (OECD). "Better Life Index." 2021. https://www. oecdbetterlifeindex.org/#/11111111111.

Packard, Vance. The Waste Makers. 1960. Reprint, Brooklyn, NY: Ig, 2011. https:// www.igpub.com/the-waste-makers/.

Pandey, Vineet, Amnon Amir, Justine Debelius, Embriette R. Hyde, Tomasz Kosciolek, Rob Knight, and Scott Klemmer. "Gut Instinct: Creating Scientific Theories with Online Learners." Proceedings of the 2017 CHI Conference on Human Factors in Computing Systems (2017): 6825– 6836. https://doi.org/10.1145/3025453.3025769.

Pandey, Vineet, Justine Debeliu, Embriette R. Hyd, Tomasz Kosciolek, Rob Knight, and Scott Klemmer. "Docent: Transforming Personal Intuitions to Scientific Hypotheses through Content Learning and Process Training." Paper presented at the ACM Learning at Scale Conference, London, 2018.

Papanek, Victor J. Design for the Real World: Human Ecology and Social Change. 2nd ed. New York: Van Nostrand Reinhold, 1984.

"Patient Innovation: Sharing Solutions, Improving Life." N.d., accessed February 17, 2022. https://patient-innovation.com/.

Pauwels, Eleonore, and Sarah W. Denton. The Rise of the Bio- citizen. Washington, DC: Wilson Center, January 2018. https:// www.wilsoncenter.org/sites/default/ files/media/documents/article/rise_of_ biocitizenfinal.pdf.

Perrow, Charles. Normal Accidents: Living with High- Risk Technologies. Princeton Paperbacks. 1984. Reprint, Princeton, NJ: Princeton University Press, 1999.

Pilling, David. The Growth Delusion: Wealth, Poverty, and the Well- Being of Nations. New York: Tim Duggan Books, 2018.

"Positive Psychology Center." 2022. https://ppc.sas.upenn.edu/.

Positive Psychology Center. "Measuring Well- Being of Nations." 2021. https://ppc.sas.upenn.edu/learn-more/measuring-well-being-nations.

Pound, Ezra. Make It New: Essays. New Haven, CT: Yale University Press, 1935.

"Quantified Self Institute." N.d., accessed February 17, 2022. https://qsinstitute.com/.

"Quantified Self Knowledge through Numbers." N.d., accessed February 17, 2022. https://quantifiedself.com/about/what-is-quantified-self/.

Quote Investigator. "Not Everything That Counts Can Be Counted." May 26, 2010. https://quoteinvestigator.com/2010/05/26/everything-counts-einstein/.

Quote Investigator. "We Shape Our Tools, and Thereafter Our Tools Shape Us." June 26, 2016. https://quoteinvestigator.com/2016/06/26/shape/.

Raworth, Kate. Doughnut Economics: Seven Ways to Think Like a 21st Century Economist. White River Junction, VT: Chelsea Green, 2017.

Reed, Christy, Hui- Wen Wang, and Eli Blevis. "Recognizing Individual Needs and Desires in the Case of Designing an Inventory of Humanity- Centered, Sustainability- Directed Concepts for Time and Travel." Proceedings of DPPI '05 Designing Pleasurable Product Interfaces (2005): 181– 212.

Revelle, Roger, and Hans E. Suess. "Carbon Dioxide Exchange between Atmosphere and Ocean and the Question of an Increase of Atmospheric CO2 during the Past Decades." Environmental Science, February 1, 1957. Reprinted in Tellus 9, no. 1 (March 2010): 18– 27.

Rittel, H., and M. Webber. "Dilemmas in a General Theory of Planning." Policy Sciences 4 (1973): 155– 169. Reprinted in Developments in Design Methodology, edited by Nigel Cross, 135– 144. Chichester, UK: Wiley, 1984.

http://www.uctc.net/mwebber/Rittel+Webber+Dilemmas+ General_Theory_of_Planning.pdf.

Rockström, Johan, Will Steffen, Kevin Noone, Åsa Persson, F. Stuart Chapin, Eric F. Lambin, Timothy M. Lenton, et al. "A Safe Operating Space for Humanity." Nature 461, no. 7263 (September 1, 2009): 472– 475. https://doi .org/10.1038/461472a.

Sachar, Sneha, Iain Campbell, and Ankit Kalanki. Solving the Global Cooling Challenge: How to Counter the Climate Threat from Room Air Conditioners. Basalt, CO: Rocky Mountain Institute, 2018. www.rmi.org/insight/solving _the_global_cooling_challenge.

Salamanca, Francisco, Matei Georgescu, Alex Mahalov, Mohamed Moustaoui, and M. Wang. "Anthropogenic Heating of the Urban Environment due to Air Conditioning." Journal of Geophysical Research: Atmospheres 119, no. 10 (2014): 5949– 5965.

Sanders, Elizabeth, and Pieter Jan Stappers. Convivial Toolbox: Generative Research for the Front End of Design. Amsterdam: BIS, 2012.

Santayana, George. The Life of Reason, or, The Phases of Human Progress. London: Constable, 1905. https://www.gutenberg. org/files/15000/15000-h/15000-h.htm.

Saunders, M. J., and C. A. Evans. "COVID- 19, Tuberculosis, and Poverty: Preventing a Perfect Storm." European Respiratory Journal 56, no. 1 (2020). https://doi. org/10.1183/13993003.01348-2020.

Schüll, Natasha Dow. Addiction by Design: Machine Gambling in Las Vegas. Princeton, NJ: Princeton University Press, 2012.

Schulz, Jonathan, Duman Bahrami- Rad, Jonathan Beauchamp, and Joseph Henrich. "The Origins of WEIRD Psychology." June 22, 2018. https://ssrn. com/abstract=3201031 or http://dx.doi. org/10.2139/ssrn.3201031.

Shiller, Robert J. Narrative Economics: How Stories Go Viral and Drive Major Economic Events. Princeton, NJ: Princeton University Press, 2020.

Shiller, Robert. "Richard Thaler Is a Controversial Nobel Prize Winner— but a Deserving One." Guardian, October 11, 2017. https://www.theguardian.com / world/2017/oct/11/richard-thaler-nobel- prize-winner-behavioural-economics.

Shneiderman, Ben. Human- Centered AI.

New York: Oxford University Press, 2022.

Simon, Herbert A. The Sciences of the Artificial. 3rd ed. Cambridge, MA: MIT Press, 1996.

Slade, Giles. Made to Break: Technology and Obsolescence in America. Cambridge, MA: Harvard University Press, 2006.

Smith, Adam. An Inquiry into the Nature and Causes of the Wealth of Nations. Reprint of the 1904 ed. Edited by Edwin Cannan. With a new preface by George J. Stigler. Chicago: University of Chicago Press, 1976.

Smith, Lisa. "The Gini Index: Measuring Income Distribution." Investopedia, 2021. https://www.investopedia.com/articles/ economics/08/gini-index.asp.

Steffen, Will, Katherine Richardson, Johan Rockström, Sarah E. Cornell, Ingo Fetzer, Elena M. Bennett, Reinette Biggs, et al. "Planetary Boundaries: Guiding Human Development on a Changing Planet." Science 347, no. 6223 (2015): article 1259855. https://www.science.org/doi/ abs/10.1126/science .1259855.

Taylor, Frederick Winslow. The Principles of Scientific Management. New York: Harper & Brothers, 1911.

Thaler, Richard H., and Cass R. Sunstein. Nudge: Improving Decisions about Health, Wealth, and Happiness. New Haven, CT: Yale University Press, 2008.

Thomson, William (Lord Kelvin). Popular Lectures and Addresses. Nature Series. 1st ed. Vol. 1 of 3. London: Macmillan, 1889. http://books.google.com/ books?id=JcMKAAAAIAA J&oe=UTF-8.

United Nations. "Human Development Index (HDI)." 2020. http://hdr.undp.org/en/content/human-development-index-hdi.

United Nations Development Programme. "United Nations: Sustainable Development Goals." 2019. https://www.un.org/sustainabledevelopment/sustainable-development-goals/.

US Centers for Disease Control and Prevention. "Health Equity Considerations & Racial & Ethnic Minority Groups." January 25, 2022. https://www.cdc.gov /coronavirus/2019-ncov/community/health-equity/race-ethnicity.html.

Usman, Muhammad, Mudassir Husnain, Aimon Riaz, Areej Riaz, and Yameen Ali. "Climate Change during the COVID- 19 Outbreak: Scoping Future Perspectives." Environmental Science and Pollution Research International 28, no. 35 (2021): 49302– 49313. https://pubmed.ncbi.nlm.nih.gov/33934308.

Verganti, Roberto, and Don Norman. "Why Criticism Is Good for Creativity." Harvard Business Review, July 16, 2019. https://hbr.org/2019/07/why-criticism -is-good-for-creativity.

Vikaspedia. "Nature Wastes Nothing." 2014. https://vikaspedia.in/energy /environment/waste-management/nature-wastes-nothing.

von Hippel, Eric. Democratizing Innovation. Cambridge, MA: MIT Press, 2005.

von Hippel, Eric. Free Innovation. Cambridge, MA: MIT Press, 2017.

von Hippel, Eric. "Lead Users: A Source of Novel Product Concepts." Management Science 32 (1986): 791– 805.

Von Tunzelmann, Alex. Indian Summer: The Secret History of the End of an Empire. New York: Holt, 2007. Kindle.

Webster, Ken. The Circular Economy: A Wealth of Flows. 2nd ed. Cowes, UK: Ellen MacArthur Foundation Publishing, 2017.

Weeks, Kathi. The Problem with Work: Feminism, Marxism, Antiwork Politics, and Postwork Imaginaries. Durham, NC: Duke University Press, 2011. https://libcom.org/files/the-problem-with-work_-feminism-marxism-kathi-weeks.pdf.

Weick, Karl E., and Kathleen M. Sutcliffe. Managing the Unexpected: Sustained Performance in a Complex World. 3rd ed. Hoboken, NJ: Wiley, 2015.

Weiser, Mark. "The Computer for the 21st Century." Scientific American (September 1991): 94– 104.

Weiser, Mark, and John Seely Brown. "The Coming Age of Calm Technology." In Beyond Calculation: The Next Fifty Years of Computing, edited by Peter J. Denning and Robert M. Metcalfe. New York: Springer- Verlag, 1997.

Wiener, Norbert. Cybernetics, or Control and Communications in the Animal and the Machine. Cambridge, MA: MIT Press, 1948.

Wikipedia. "Mastery Learning." August 24, 2021. https://en.wikipedia.org/wiki/Mastery_learning.

Wikipedia. "Paradox of Tolerance." October 3, 2021. https://en.wikipedia.org /w/index.php?title=Paradox_of_tolerance&oldid=1047930820.

Wikipedia. "Scuba Diving Fatalities."
December 16, 2021. https://en.wikipedia
.org/wiki/Scuba_diving_fatalities#Failure_
to_ditch_weights.

Wikipedia. "Space Adaptation Syndrome."
March 26, 2022. https://en.wikipedia.org/
wiki/Space_adaptation_syndrome.

Wikipedia. "Stigler's Law of Eponymy."
January 5, 2013. http://en.wikipedia .org/
w/index.php?title=Stigler%27s_law_of_
eponymy&oldid=531524843.

Wikipedia. "The Ugly Indian." November
23, 2021. https://en.wikipedia.org/wiki/
The_Ugly_Indian.

Wikipedia. "Windcatcher." June 19,
2022. https://en.wikipedia.org/wiki/
Windcatcher.

Winograd, Terry, and Fernando Flores.
Understanding Computers and Cognition.
Norwood, NJ: Ablex, 1986.

World Atlas. "Former British Colonies."
2021. https://www.worldatlas.com /
articles/former-british-colonies.html.

World Economic Forum. "Five Measures
of Growth That Are Better Than GDP."
April 19, 2016. https://www.weforum.org/
agenda/2016/04/beyond -gdp-is-it-time-to-
rethink-the-way-we-measure-growth/.

Wulf, Andrea. The Invention of Nature:
Alexander Von Humboldt's New World.
First American ed. New York: Vintage,
2015.

Yagn, Nicholas. "Apparatus for Facilitating
Walking, Running, and Jumping." US
Patent 420,179, filed July 25, 1889, and
issued January 28, 1890.

Zuboff, Shoshana. The Age of Surveillance
Capitalism: The Fight for a Human Future
at the New Frontier of Power. New York:
PublicAffairs, 2018.

도널드 노먼, 인류를 위한 디자인
더 나은 세상을 위한 디자인 전략

초판 발행   2025년 1월 3일
펴낸곳   유엑스리뷰
발행인   현호영
지은이   도널드 노먼
옮긴이   김보미
편 집   김지숙
디자인   강지연
주 소   서울시 마포구 월드컵북로 58길 10, 팬엔터테인먼트 9층
팩 스   070.8224.4322
이메일   uxreviewkorea@gmail.com

ISBN   979-11-93217-90-0

* 유엑스리뷰는 골드스미스 출판그룹의 디자인 전문 콘텐츠 브랜드입니다.

* 출판사의 허가 없이 본 도서를 편집 또는 재구성할 수 없습니다.